"十四五"普通高等教育国际经济与贸易专业核心课程教学案例丛书

经济学
教学案例

鲁朝云 王萍 程晓阳 李小青 主编

JINGJIXUE

JIAOXUE ANLI

东北财经大学出版社
Dongbei University of Finance & Economics Press
大连

图书在版编目（CIP）数据

经济学教学案例/鲁朝云等主编．—大连：东北财经大学出版社，2023.10

（"十四五"普通高等教育国际经济与贸易专业核心课程教学案例丛书）

ISBN 978-7-5654-4706-8

Ⅰ.经…　Ⅱ.鲁…　Ⅲ.经济学-教案（教育）-高等学校　Ⅳ.F0

中国国家版本馆CIP数据核字（2023）第134244号

东北财经大学出版社出版

（大连市黑石礁尖山街217号　邮政编码　116025）

网　　址：http://www.dufep.cn

读者信箱：dufep@dufe.edu.cn

大连永盛印业有限公司印刷　　东北财经大学出版社发行

幅面尺寸：170mm×240mm　字数：424千字　印张：21　插页：1

2023年10月第1版　　　　　　2023年10月第1次印刷

责任编辑：李　彬　王　斌　　　责任校对：孙　平

封面设计：原　皓　　　　　　　版式设计：原　皓

定价：65.00元

教学支持　售后服务　联系电话：（0411）84710309

版权所有　侵权必究　举报电话：（0411）84710523

如有印装质量问题，请联系营销部：（0411）84710711

"十四五"普通高等教育国际经济与贸易专业核心课程教学案例丛书

丛书主编：李勤昌

丛书编委（按姓氏笔画排序）

方韵诗　关建波　何　芬　袁　柳

常　崑　鲁朝云　曾莉婷　潘银坪

总序

　　教材是体现教学内容和教学要求的知识载体，是教与学的基本工具，是提高人才培养质量的重要保证。为进一步贯彻落实《教育部关于加快建设高水平本科教育全面提高人才培养能力的意见》（教高〔2018〕2号）、《教育部关于一流本科课程建设的实施意见》（教高〔2019〕8号）、《高等学校课程思政建设指导纲要》（教高〔2020〕3号）和《普通高等学校教材管理办法》（教材〔2019〕3号）等文件精神，更好地服务于学校全面深化教育改革、提升教育教学水平和人才培养质量，支持一流本科专业和一流本科课程建设，我们组织编写了"'十四五'普通高等教育国际经济与贸易专业核心课程教学案例丛书"。

　　根据应用型人才培养目标，运用OBE理念下的"多元组合教学法"，包括问题导向教学法（PBL）、合作学习、自主课堂、研讨式教学、探究式教学、翻转课堂、对分课堂等，抓住"一个中心三个基本点"（以学生为中心，问题导向、课堂思政、能力培养），实现为党育人、为国育才的教学目的，应该是普通高等教育高质量发展的总体趋势和重要内容。

　　多元组合教学法的要义还是PBL教学法（也可称为案例教学法），就是倡导学生通过自主学习培养主动学习的能力和运用知识解决实际问题的能力，其他的方法只是侧重点不同而已。PBL教学法就是根据以学生培养为中心的理念，老师按照教学计划，给出特定的问题，让学生课前通过自主学习，准备出问题解决方案，再通过翻转课堂等手段，通过课上的学生变老师、老师变导师的生生互动、师生互动、审辩创新，优化解决方案，由此激发学生学习的主动性，培养自学能力、创造能力、团队精神的一种教学方法。PBL教学法应该具备以下要素：一是要具有真实的带有普遍性的特定问题，作为学生学习的起点；二是要建立学习小组，以便小组合作，自主学习，培养学生自学能力和协作能力；三是要有课上讨论，让学生在讨论中优化解决方案，培养思辨能力、挑战精神和沟通能力；四是要有具备教练能力的教师，维持学习秩序和指引方向；五是要有课后的自我评价，观察学生的知识、能力升华状况，反馈至课程的初始设计。

　　与传统的讲授式教学法相比，PBL教学法是颠覆性的。在这种教学方式下，课堂的主体是学生，由学生通过对思考问题的讨论，锻炼前述各项能力，教师只是课堂的组织者和学习的促进者。为了解决来自现实世界的特定问题，学生必须在课堂讨论之前主动收集和学习相关理论知识，运用自己的智慧分析特定问题并提出解决问题的方案，由此提高学生学习的主动性和自觉性，培养学生的知识运用能力和决策能力。正因如此，自美国哈佛商学院在1921年正式采用案例教学法后，这一方法在全球商学院迅速传播开来，我国的相关专业也在大力推行这一教学方法。

实施PBL教学的一个先决条件是要有好的教学案例。这里所说的教学案例不是传统教学中使用的简短的说明性案例，一个标准的教学案例应当包括案例正文和案例使用说明两个部分。案例正文是对某个企业所发生的需要解决的问题的客观情景描述，有时间、地点、人物、事件发生过程和所遇困惑的交代，结构通常包括背景、情景描述、思考问题和参考资料等，其编写目的是让学生能够识别案例所设置的问题，然后通过主动学习相关理论知识，提出解决这些问题的方案。案例使用说明是为教师组织和引导学生课堂讨论提供指导，通常包括教学目的、分析思路、理论指导、教学组织等内容。

案例教学的实施过程也是颠覆性的。在经典的案例教学课程中，教师应当指定课前阅读材料，包括案例正文、思考问题、相关教材和理论文献等。学生必须课前阅读所有材料，识别和认真分析案例中设置的特定问题，提出问题的解决方案。在进入正式课堂讨论前，学生还应当进行小组讨论，通过相互学习，完善自己的决策方案。在课堂讨论中，教师是学习的组织者和促进者，而不是简单的知识灌输者。教师应当努力将教室营造成为一个合作性的讨论场所，围绕特定问题，组织和动员每个学生有序地参与各个具体问题的讨论，通过讨论让学生去发现知识、运用知识，使课堂成为自主学习和锻炼合作决策的场所。

正是基于上述认识，本教学团队近些年来在积极尝试推行国际贸易和国际商务专业的PBL教学和案例编写工作，《海上货物索赔教学案例》已于2016年由东北财经大学出版社出版，其中3个教学案例被中国专业学位教学案例中心收录。现在呈现给大家的教学案例丛书目前暂定七部，为国际经济与贸易本科专业核心课程的PBL教学改革而编写，包括《经济学教学案例》《世界经济概论教学案例》《国际贸易教学案例》《国际贸易实务教学案例》《国际货物运输教学案例》《国际商法教学案例》《国际结算教学案例》。

各分册采用统一编写体例。总体架构采用盯住主教材架构的方法，章、节、目名称总体上与其服务的主教材的章、节、目保持一致。原则上，每一章编写综合性的引导案例，涵盖该章的主要知识点。主要节、目（若目下有若干个知识点，则每一知识点）编写随堂案例，每一章（包括主要的节）编写若干综合案例，供该章（节）的学习总结与能力培养效果检验之用。各类型案例有中文表达的，也有全英文表达的。

各类案例原则上采用哈佛商学院的案例编写框架与构成要素。

引导案例是在讲授新的章节之前引出主题，激发学生兴趣，启发学生思考的短篇案例。其正文应当是涵盖该章、节、目的知识点的，或综合性的或单一性的短篇案例，可以不编制案例使用说明。

随堂案例是针对本次课程的核心知识点，在课堂上发放、现场阅读、即时展开讨论的短篇案例，讨论时间一般为 10~15 分钟。该种案例短小精悍，主要预埋有特定问题的故事情节、讨论思考题等。为加强课程思政建设，还编有较为丰富的课程思政类教学案例。

综合案例通常是针对一次或几次课程的内容，需要学生课前或课后自行阅读、认真准备，课上以小组为单位作案例分析报告，并进行自由讨论的长篇案例。该种案例正文包括时间、地点、人物、预埋有特定问题的跌宕起伏的故事情节、讨论思考题、参考文献、附录等。

各分册主编和参编人员均具有长期专业或课程的教学经验，成果丰富，从而保证了本丛书的先进性、创新性和挑战度。各分册既包括编者自己开发的教学案例，也包括对国内外权威机构公开发布和其他学者编辑的案例改编形成的教学案例，在此谨向这些机构和学者表示衷心的感谢。为多门课程编写系统的教学案例乃首次尝试，不妥之处欢迎读者和使用者提出宝贵修改意见。

本教学案例丛书为"广州工商学院 2021 年度校级教材建设项目"成果。

李勤昌

前言

"经济学"是教育部规定的经管类专业的必修核心课程，是学习和理解其他经济类课程的前提和基础。课程目标是为中国现代化经济体系建设培养懂经济理论、擅应用理论、敢突破创新的经世济民之才。经济学包括微观经济学和宏观经济学，主要内容涉及微观经济主体的资源配置理性抉择和宏观政府资源利用的理性决策。经济学理论枯燥、流派众多、模型深奥，教师难教、学生难学一直是困扰应用型本科高校经济学教学的两大痛点。如何化解两难，教学改革势在必行。基于此，特编著《经济学教学案例》，尝试在枯燥深奥的经济理论与现实经济实践中搭建一座桥梁，促进经济学课堂教学提质增效，同时注重课程思政，大量引入鲜活的中国经济实例，引导学生领略中国经济风采，读懂中国经济故事，理解中国经济逻辑，并激发运用经济理论工具为解决中国经济实践问题献计献策，进而提高为党育人、为国育才实效。

本教材以高等教育出版社和人民出版社共同出版的马克思主义理论研究和建设工程重点教材《西方经济学》的章节为框架编写，为该教材的主要知识点对应性地配备教学案例。每一章编配有激发兴趣的开篇案例，让学生体会本章主要学什么、为什么学。主要小节编配了丰富的解释性案例，帮助学生理解知识点、运用知识点。每章最后编配有综合案例，着重精选富有时代性特征的经济实例，其间隐含了本章涉及的多个重要知识点，启发学生自主地运用所学知识为我们身边经济发展中遇到的实际问题献计献策，具有高阶性和挑战度，能够培养学生独立思考的习惯和运用知识解决复杂问题的能力。为落实课程思政育人任务，典型案例中单独设置了"思政启发"栏目，其他案例中也含有思政元素，便于使用者根据具体情况挖掘使用。

本教材由鲁朝云、王萍、程小阳、李小青主编，周健珊、施皓明参与了部分案例编写和文字整理工作。教材中部分引用了公开出版的案例集、主流媒体相关事件报道中的资料，我们尽量给出资料来源，在此对相关权利人表示衷心感谢。尽管编者在编写中付出了极大努力，但难免存在瑕疵，衷心期望读者和使用者提出宝贵修改意见。

　　本教材为广州工商学院教材建设项目和国际经济与贸易省级一流专业建设项目成果。

《经济学教学案例》编写组

2023年9月

目 录

第十五章 宏观经济政策 / 274

第十六章 经济增长 / 302

参考文献 / 314

导　论

【案例正文】

A国有一个小镇，镇上的人们过着简单而幸福的生活。小镇上有一家面包店，老板叫汤姆，汤姆是这个小镇上唯一的面包师，他用自己的秘方制作出了最好吃的面包，深受当地人的喜爱。

某一天，A国政府宣布将在小镇旁边修建一条高速公路，这条公路将使小镇与周边地区的交通更加便利，也将带来更多的商业机会和就业机会。但是，修建这条公路需要开发一块当地生态环境比较好的土地。于是，政府需要在保护环境和发展经济之间做出权衡取舍。

汤姆也面临着一个类似的问题。他的面包店生意越来越好，人们对他的面包越来越依赖。但是，汤姆的面包制作需要消耗大量的面粉和燃料，而这些资源的价格伴随需求的增长逐渐上涨。他需要在保持质量和扩大规模之间做出权衡取舍。

同时，社会也面临着一个问题。人们对于环保和可持续发展的意识越来越高，人们期望政府和企业都能够采取措施来保护环境和促进可持续发展。社会需要在保护环境和推动经济发展之间做出权衡取舍。

政府、汤姆和社会都需要运用经济学的知识和工具来做出权衡取舍，并制定合适的政策和计划。政府需要权衡公共利益和经济利益，汤姆需要权衡质量和成本，社会需要权衡环保和经济发展。通过综合考虑各种因素，他们最终做出了最佳的决策，使得小镇可以保持环境的美丽和生态的完整性，同时也能够实现经济的发展和人们的福祉。

【讨论问题】

1.经济学产生的原因是什么？

2.经济学主要解决什么问题？

【参考答案】■━━━━━━━━━━━━━━━━━━━━━━━━━━━━━━

人类社会的基本问题是生存与发展。生存与发展就是不断地用物质产品（或劳务）来满足人们日益增长的需求。需求来自欲望，相对于人类社会的无穷欲望而言，经济物品，或者说生产这些物品所需的资源总是不足的，这种资源的相对有限性就是稀缺性。在日常生活中我们常遇到这样那样的烦恼，烦恼主要源于资源稀缺所致的决策烦恼。在经济学中，我们通常将人们面临的决策问题描述为"权衡取舍"问题，这些问题包括但不限于：家庭需要在有限的收入和开支之间做出选择，公司需要在扩大规模和控制成本之间寻求平衡，国家需要在促进经济发展和保护环境之间做出决策，等等。了解经济学的知识和方法可以帮助我们更好地分析这些问题，从而做出更理性的选择、明智的决策，实现个人、组织和国家的目标和利益。

因此，掌握正确的经济学知识，将经济学思考问题的方法运用到日常生活中来，使我们能够更加理性地面对生活中的各种事情，小到油盐酱醋，大到治国理政，就会减少工作和生活中的诸多郁闷和不快，多一些快乐，少一些烦恼。经济学的理论告诉我们：资源是稀缺的，时间是有限的，选择是有代价的。我们要学会放弃一些眼前得失，而选择机会、选择未来，坚持学习，不断地给自己充电，适应新的变化。如果你能多懂得一点经济学，就会多一点机遇，少一点风险。

┌╌╌╌╌╌╌ 案例2 ╌╌╌╌╌╌┐

实证分析与规范分析

【案例正文】■━━━━━━━━━━━━━━━━━━━━━━━━━━━━━━

张先生是一位经济学教授，他正在进行一项研究，研究的问题是关于最低工资政策的影响。他对最低工资政策进行了实证分析和规范分析，以便更好地了解这一政策的影响。

在实证分析中，张先生研究了最低工资政策对低收入工人的影响。他收集了相关数据，包括低收入工人的就业率、工资水平和其他相关因素，并使用统计方法分析了这些数据，得出了相应结论。例如，他发现最低工资政策实际上导致部分低收入工人失去了工作，而另一部分低收入工人的工资有所增加。

在规范分析中，张先生研究了最低工资政策应该如何实施才能达到最佳效果。他评估了政策的目标和影响，并提出了建议。例如，他建议政策应该采取不同的工资标准，因为不同地区和不同行业的经济情况不同，同时还建议政策应该考虑到对雇主和低收入工人的激励效应，以最大限度地提高政策的实效性。

这样，张先生的研究通过实证分析和规范分析，提供了有关最低工资政策影响的全面信息。该方法不仅可以帮助经济学家了解现实世界的客观经济问题，而且可以为政策制定者提供政策依据，以最大限度地提高政策效果。

【讨论问题】■————————————————————————

1.经济学常用的研究方法有哪些？

2.如何选择实证分析法与规范分析法？

【参考答案】■————————————————————————

经济学常用的研究方法有实证分析和规范分析。实证分析主要回答经济现象"是什么"，规范分析则回答经济运行"应该是什么"。实证分析强调对经济现象的客观描述和解释，探究其发生的原因和影响，不存在价值判断；而规范分析则更加关注对经济现象的评价和指导，依据实证分析提出应该如何解决经济中客观存在的问题，以及对经济行为的正确规范，包含了价值判断。两者相辅相成，共同构成了现代经济学的重要分析方法。

————————— 案例3 —————————

无形之手——价格机制

【案例正文】■

市场经济最重要的核心机制就是自由定价，即价格机制由市场的供求关系决定。这点如果被破坏了，很多东西就会改变，之前的商品短缺或过剩现象将会重现。

例1：假设某个地区的出租车市场存在供过于求的现象，即出租车数量过多，而乘客数量相对较少。这种情况下，出租车司机会面临价格下跌和收入下降的困境。

在微观经济学的框架下，市场供求理论可以用来解释和解决这个问题。出租车的供给量太多，需求不足，供过于求。在这种情况下，市场价格会下跌，而交易量也会下降，出租车司机通过提高服务质量、降低价格或开展促销活动等策略来吸引更多的乘客，随着供给价格的不断降低，对出租车的需求量逐渐增加。最终，这些策略帮助出租车司机更好地适应市场变化，使出租车市场回到满足市场供求关系的均衡的结果，从而实现该市场最大的经济效益。

例2：2019年，气候异常导致美国玉米收成大幅下降。在供给量减少的情况下，市场上的需求依然不减，因为玉米是人类和动物饲料中的重要组成部分。

短时间内玉米大幅减产，导致供求失衡，需求大于供给，市场出现供不应求的状况。市场中，许多消费者开始减少玉米的使用量，并开始寻找其他替代品，玉米的价格也因此而慢慢回升。生产商受到价格上涨的刺激，增加了玉米的生产量，以满足市场需求。最终，玉米市场回到供求均衡的结果。

可见价格是资源配置在供求均衡中的信号，当市场上需求量大于供给量时，价格上涨，这将鼓励生产者增加生产，提高供给量，同时鼓励消费者减少购买，减少需求量，直到市场达到供求平衡。一般来说，价格上涨的信号激励生产者增加生产，消费者也相应地减少对产品的需求。最终，市场实现供求平衡。

总之，微观经济学的市场供求理论可以用来分析和解决市场失衡问题，市场自身总是可以使经济回到均衡的结果，像一只无形的手，促使实现市场出清的结果，以达到经济效益最大化的目的。

【讨论问题】

1.微观经济学主要解决什么问题？

2.微观经济学的中心理论是什么？

【参考答案】

理论与实践表明，市场是配置资源最有效率的方式。在市场经济中，家庭和企业的行为都受价格的支配，生产什么、如何生产和为谁生产都由价格决定。哪个部门与地区的收益率高，这个部门与地区的资源流入量就会大于流出量。这种配置是通过价格引导要素自由流动实现的。当要素资源按照市场价格配置资源时，不仅每个资源主体收入会得到提高，而且整体的资源配置效率也会得到改善。价格就像一只看不见的手，调节着整个社会的经济活动，通过价格的调节，社会资源的配置实现了最优化。微观经济学正是要说明价格如何使资源配置达到最优化，价格理论是微观经济学的中心，其他内容都是围绕这一中心问题展开的，也正因为这样，微观经济学也被称为价格理论。

【思政启示】

提高资源配置效率是实现高质量发展的重要动力源泉。习近平总书记指出，"使市场在资源配置中起决定性作用"，"要切实转变政府职能，大幅减少政府对资源的直接配置"。实践证明，市场配置资源是最有效率的形式。高质量发展阶段的一个重要特征就是全要素生产率的提高，那些要素市场化程度越高的行业或领域，资源配置的效率也越高，市场主体的活力也越强。

--------- 案例4 ---------

有形之手——宏观调控

【案例正文】

例1：在一个美丽的国度"阳光国"，每天阳光明媚、空气清新、鸟语花香，让人们感到舒适和愉悦。可是，由于国际环境的不稳定和政治问题的持续加剧，"阳光国"的经济开始陷入低迷，失业率上升，人们的生活水平受到影响。

政府深知经济困境的危害，他们决定运用政府的有形之手进行宏观调控来有效解决这些经济问题。政府决定采取一系列措施来增加总支出。首先，政府减税，鼓励人们消费和投资。其次，政府增加公共支出，提高社会福利和公共服务水平。最后，政府降低利率，以激发更多的投资。为了更好地实现这些目标，政府制定了一系列针对性的政策，如鼓励创新、加大投资、扩大基础设施建设等。在政策的推动下，"阳光国"的经济逐渐好转，人们消费和投资的意愿不断提升，失业率开始下降，GDP开始回升。

经过一段时间的持续努力，"阳光国"的经济已经从低谷中逐渐崛起，政府和人民携手共进，创造了一个更加繁荣和美好的国度。政府的正确决策和行动，不仅解决了经济问题，更重要的是，也为国家的未来发展奠定了坚实的基础。

例2：在我国，中国特色宏观调控助推中国经济创造增长奇迹，为中国式现代化打下了坚实的历史基础。改革开放以来，中国经济创造了举世瞩目的增长奇迹，从贫困落后的低收入国家一跃成为全球第二大经济体。2022年中国GDP总量已突破120万亿元。中国经济实力的大幅跃升，为中国式现代化的推进提供了坚实的经济基础和物质条件。在这一过程中，中国特色宏观调控起到了不可或缺的重要作用，尤其是以下两方面优势得到充分体现。

在短期内，由于中国特色宏观调控的调控方式较为灵活，所以具备更强大的逆周期调节能力，有效地保证了经济在高增长过程中平稳运行。西方国家宏观政策实践主要是遵循单一规则，较少进行相机调控。其优势在于可以提高政策透明度与预期管理能力，但弊端在于难以对经济波动及时作出反应。相比之下，中国特色宏观调控更加强调相机调控，根据经济形势的变化及时调整调控目标、调控工具与调控力度。例如，2008年国际金融危机爆发之前，中国宏观调控的首要目标是"稳物价"；危机爆发之后，首要目标迅速调整为"保增长"，政策力度随之显著增加，较好地应对了国际金融危机的冲击；党的十八届三中全会明确提出将提高相机抉择水平，增强宏观调控前瞻性、针对性、协同性；党的十八大以来，中国特色宏观调控体系更加完善，既兼顾了对公众预期的引导，又能够有效对宏观经济进行预调微调，从而使宏观调控的逆周期调节能力得到进一步提升；疫情中的2020年和2021年，中央经济工作会议均强调"六稳""六保"工作；面对内外需求不足甚至出现收缩的问题，2023年《政府工作报告》明确提出要"着力扩大国内需求，把恢复和扩大消费摆在优先位置"。

长期来看，由于中国特色宏观调控以国家中长期发展规划为导向，所以能更好地促进经济增长，确保长期经济增长目标顺利实现。西方国家的宏观政策实践主要以新凯恩斯主义为指导，仅聚焦实现短期内的产出稳定与通胀稳定，而不聚焦于长期经济增长，这导致西方国家的宏观政策往往存在局限性，特别是在后国际金融危机时期，面对短期产出下滑与长期增长疲软相叠加的新问题，难以提供行之有效的对策。相比之下，中国特色宏观调控将短期稳定目标与长期发展目标有机结合，对经济运行的短期调节是在"五年规划""'三步走'战略""'两个一百年'奋斗目标"等中长期发展规划的指导下进行的。这就使得宏观调控能充分兼顾长期经济增长的需要，"寓改革于调控之中"，在调控中不断推动经济增长方式的转变与经济结构的优化，从而激发经济长期增长内在动力，为长期经济增长目标的实现提供保障。

（资料来源：学习强国）

【讨论问题】

1.宏观经济研究的基本问题包括哪些？

2.宏观经济学的中心理论是什么？

3.中国特色宏观调控有何特点？

【参考答案】

在20世纪30年代之前，并没有微观经济学与宏观经济学的提法。在凯恩斯之前，经济学家也研究过经济增长、经济周期这类宏观经济问题。现代宏观经济学是在凯恩斯1936年出版《就业、利息和货币通论》之后才形成的，但微观经济学与宏观经济学这两个名称不是凯恩斯提出的，第一次使用微观经济学和宏观经济学这两个名词的是荷兰统计局一位并不知名的经济学家沃尔夫。美国经济学家萨缪尔森在1948年出版的《经济学》中把这两种理论构建在同一个经济学体系之内，成为迄今为止几乎所有初级教科书的标准模式。

宏观经济学主要研究整体经济运行的规律，以实现经济稳定和增长。它研究的基本问题包括失业、通货膨胀、经济周期和经济增长等，国民收入决定理论是其中心理论。中国特色宏观调控助推中国经济创造增长奇迹，为中国式现代化打下了坚实的历史基础，注重短期与长期调控有机结合。短期来看，调控方式较为灵活，具备强大的逆周期调节能力，有效地保证了经济在高增长过程中平稳运行；长期来看，坚持以国家中长期发展规划为导向，更好地促进了经济增长，确保了长期经济增长目标顺利实现。

第一章 需求、供给和均衡价格

房贷利率下降影响房价吗

【案例正文】■

2022年9月30日下午，中国人民银行、财政部双剑齐发放松楼市。

中国人民银行决定，自2022年10月1日起，下调首套个人住房公积金贷款利率0.15个百分点，5年以下（含5年）和5年以上利率分别调整为2.6%和3.1%。第二套个人住房公积金贷款利率政策保持不变，即5年以下（含5年）和5年以上利率分别不低于3.025%和3.575%。

税收政策方面，财政部新政表示，自2022年10月1日至2023年12月31日，对出售自有住房并在现住房出售后1年内在市场重新购买住房的纳税人，对其出售现住房已缴纳的个人所得税予以退税优惠。

商业贷款方面，更是有不少地方已步入首套房贷利率4.0%以下的水平。

房贷利率下降、税收优惠一定会引发需求端快速反弹吗？

【讨论问题】■

结合案例分析政府政策对房价的影响。

【参考答案】■

房贷利率、税收政策的变化对房价可能产生的影响，我们要结合需求端、供给端、供求市场预期三方面因素综合考量。

从需求端看，房贷利率的变化，直接影响购房的成本，进而影响潜在购房者的购买意愿。近年受疫情影响，部分行业收入锐减导致居民购买力和购买意愿的下降，市场需求收缩，部分居民甚至无法按时还房贷。此时房贷利率下降和税收优化政策有利于降低各种房贷付息成本，提升居民购房意愿，促进购房者的合理住房需求的恢复，目的也是稳增长。

从供给端看，5年期以上LPR下降后，房地产企业的中长期贷款利率也随之下降。这有助于房企降低融资成本，缓解部分房企的资金链紧张困境，为"保交楼"创造条件。同时融资成本降低能够减少房企的生产成本，保障房地产企业合理融资需求。二者综合作用，房地产市场投资可能出现回暖，从而增加供给。

从供求对市场预期看，房贷利率下降会影响供求双方对市场的预期，而预期又是影响住房价格的重要变量。2022年,多地疫情反复、多个期房项目停工等超预期因素频出,叠加中长期住房需求动能释放减弱,房地产行业面临的挑战前所未有。从当前市场与经济的情况看,楼市放松政策更多的是释放宽松的信号,有效提振房地产市场信心,以扭转之前供求双方对市场预期的不确定性。预期稳则价格稳、市场稳。当前,不论是房贷利率下降,还是保障房地产合理融资需求,都是稳定预期的必要举措。

由此可见,由房贷利率下降直接得出房价上涨与"房住不炒"相违背的结论,缺少依据。此次房贷利率下降的主要影响是帮助购房者降低购房成本,降低实体经济融资成本,提振房地产市场主体信心,促进信贷有效需求回升,从而增强消费信心,进一步巩固经济恢复基础,保持经济运行在合理区间。

【思政启示】■━━━━━━━━━━━━━━━━━━━━━━━━━━━━

"房住不炒"不是限制房地产市场,而是规范房地产市场,保持楼市平稳健康发展,同时保持各地因城施策的灵活性。稳地价、稳房价、稳预期,因城施策,以促进房地产行业良性循环和健康发展。在"稳"的目标下,强调对合理住房需求的支持。

1.1 需求

━━━━━━━━━━━━━ 案例1 ━━━━━━━━━━━━━

大学生"零首付"购房政策可行吗

【案例适用】■━━━━━━━━━━━━━━━━━━━━━━━━━━━

需求的含义

【案例正文】■━━━━━━━━━━━━━━━━━━━━━━━━━━━

2016年3月1日,沈阳市政府下发《沈阳市人民政府办公厅关于促进房地产市场健康发展的实施意见(试行)》。该意见最引入关注的是:沈阳市房地产政策鼓励高校、中等职业学校在校生、应届毕业生购房。对于毕业未超过5年的高校、中等职业学校毕业生在沈购买商品房,给予住房公积金政策支持。公积金连续缴存时限由6个月降为3个月,首付比例实行"零首付"政策,最高贷款额度为单方60万元、双方80万元。对于高校、中等职业学校在校生购买商品房,给予每平方米200元的奖励政策。同时,对于高校、中等职业学校在校生、应届毕业生购房,给予契税全额补贴政策。该房地产新政因大学生可以实现"零首付"买房而引起广泛传播并引发热议。当晚,沈阳市官方发布消息称,"零首付"暂不具备出台条件。

【讨论问题】

1.什么是需求？

2.你认为应届大学毕业生是否有购房需求，为什么？

【参考答案】

1.需求是指消费者在某一特定时期内，在某一价格水平上愿意而且能够购买的某种商品的数量。作为需求必须具备两个基本特征：一是购买欲望，二是购买能力，即出于自身意愿做出选择并具备支付能力。

2.从上述需求必须具备的特征来分析，应届毕业生可能没有购房需求。因为应届毕业生可能有购买意愿，但因刚刚参加工作，可能不具备支付能力。

-------- 案例2 --------

海南鲍鱼大王——苏志铭

【案例适用】

需求的影响因素——互补品价格

【案例正文】

鲍鱼一直被认为是昂贵的食材，不是所有人都吃得起。但随着人们消费能力的提高，对这类食材的消费量也在加大。一位高雄商人苏志铭看准商机，远赴海南从事鲍鱼养殖，历经多次失败，终于成立了海南最大的鲍鱼养殖场，年产50吨，连远在西安的消费者，都可以吃到他养殖的鲍鱼。

苏志铭养殖鲍鱼需要大量的鱼饵——海藻，他带动了周围乡村的渔民养殖海藻而致富。许多鲍鱼养殖场用细江蓠海藻喂养鲍鱼，因而使得细江蓠海藻供不应求，价格一度走俏，养殖经济效益显著，大大增加了农民养殖细江蓠海藻的信心。而养殖海藻需要经常翻动才能存活，否则就会腐烂，这又带动了放养鸭子的农民致富。

放养鸭子的目的：一方面鸭粪可作为肥料，增加水体营养；另一方面由于鸭子的游动可使水体循环流动，促进上下层水交换，起到改善水质的作用，对细江蓠海藻的生长大有好处，故养殖的细江蓠海藻生长旺盛，养殖20天左右便可采收。若含氮量过多，可通过换水的方法进行调控。生产实践证明，在养殖细江蓠海藻的池塘里放养鸭子，是细江蓠海藻增产增收的有效措施。

这样由于鲍鱼-海藻-鸭子形成互补品关系，实现了鲍鱼-海藻-鸭子"三赢"的经济效益。

【讨论问题】

1.什么是互补品？举例说明具有互补关系的商品。结合案例分析有互补关系的两种商品，当一种商品降价了，对其互补品的需求有何影响。

2.该案例对企业经营的启示是什么？

【参考答案】■━━━━━━━━━━━━━━━━━━━━━━━━━━━

1.所谓的互补品，是指使用价值上必须相互补充才能满足人们某种需要的商品，如汽车和汽油、打印机与墨盒、牙刷和牙膏、手机与电池等。在互补商品之间，其中一种商品价格上升，需求量减少，会引起另一种商品的需求随之减少，需求曲线左移。

在本案例中，由于养殖鲍鱼的数量增加，价格下降，对鲍鱼的需求量大增，因此，引起对养殖鲍鱼有互补性的海藻和鸭子的需求增加，需求曲线右移，出现了一种商品带动一方经济发展、富一方百姓的良性循环的良好局面。

2.如果企业生产经营的两种产品互补，可以通过综合定价策略来实现市场的突破。常见的策略一是可以实行捆绑式销售，即以单一价格，将一组不同类型但是互补的产品捆在一起出售；二是实行交叉补贴策略，即有意识地出售一种产品以促进其互补产品的销售。其定价策略往往是对互补产品中的基本产品定低价，吸引大量消费者来购买，带动对配套产品的销售，但对配套产品定高价，以此来补贴基本产品上的低利润。

━━━━━━━━━━━━━ **案例3** ━━━━━━━━━━━━━

新能源汽车实现对燃油车的市场替代效应

【案例适用】■━━━━━━━━━━━━━━━━━━━━━━━━━━━

需求的影响因素——替代品价格

【案例正文】■━━━━━━━━━━━━━━━━━━━━━━━━━━━

目前，传统燃油车和新能源汽车市场竞争异常激烈，据中国汽车流通协会汽车市场研究分会（乘联会）零售销量数据统计（见表1-1），随着新能源汽车品类和综合能力的提升，新能源汽车在消费市场认可度持续提升。

表1-1　　　　　　2017—2022年燃油车和新能源汽车销量对比

年份	燃油车（万辆）	涨跌幅	新能源汽车（万辆）	涨跌幅	总计（万辆）	涨跌幅
2017	2 364.9	—	55.6	—	2 420.5	—
2018	2 222.9	−6.0%	100.8	81.3%	2 323.7	−4.0%
2019	1 963.8	−11.7%	106.0	5.2%	2 069.8	−10.9%
2020	1 817.9	−7.4%	110.9	4.6%	1 928.8	−6.8%
2021	1 715.7	−5.6%	298.9	169.5%	2 014.6	4.4%
2022	1 486.8	−13.3%	567.4	89.8%	2 054.3	1.9%

从表1-1燃油车与新能源汽车销量可以看出，燃油车销量逐年下降，2022年下跌更为明显，较2021年减少近230万辆。与此同时，新能源汽车销量逐年增加。这表明，我国消费者对新能源汽车接受程度正在快速提高。

两相对比，无论是由于各项政策的促使还是人们环保理念的加持，似乎燃油车正在丢失消费者，并已然流向新能源汽车。这说明，在汽车消费方面，国人的消费认知已经发生转变，人们当初对于新能源汽车的排斥、质疑等抵触情绪已逐渐消逝，反而正在以惊人的速度接受新的交通方式。

【讨论问题】

1.什么是替代品？如果两种商品是替代关系，当一种商品降价了，对其替代品的需求有何影响？

2.未来新能源汽车会全面取代燃油车吗？

【参考答案】

1.所谓替代品，是指价值相近，可以相互替代来满足消费者的同一需要的商品，如本案例中的新能源汽车与燃油车。一般来说，在相互替代商品之间某一种商品价格提高，消费者就会把其需求转向其替代品上，从而使替代品的需求增加，需求曲线右移；反之亦然。

2.从"中汽协"发布的数据来看，新能源汽车产销继续保持增长势头，燃油车加速萎缩。出于节能减排和环保需要，新能源汽车已经逐渐成为未来的主流发展方向。随着近年来电动车的电池、电机、电控等技术越来越成熟，在加速、噪声、能耗、维修便利性、智能化和全生命周期成本等方面都超越了燃油车，许多人预测也许10年后，新能源汽车将取代燃油车，燃油车会逐渐退出市场。世界上很多国家也已经先后公布了禁售燃油车的时间，我国海南省也已经宣布将于2030年停止燃油车的发售。

【思政启示】

汽车产业是我国高碳排放产业之一，因此推进汽车产业低碳化发展对于实现我国"双碳"目标具有重大意义。新能源汽车因其低能耗、低排放等优点，在低碳减排战略中具有重要的地位。目前我国的石油对外进口依存度高，我国很大部分石油进口通过海运，而海运需要经过漫长的国际海运航线，也要经过非常多的动荡地区，一旦国际形势紧张对我国不利，石油运输路线很容易被切断，直接会影响到我国经济的发展。新能源汽车不再使用汽油、柴油，而是使用新的能源作为替代品，可以缓解能源消耗压力问题。

案例 4

D公司的顺利转型原因是什么

【案例适用】
需求的影响因素

【案例正文】

在教育领域"双减"政策下，D公司从教育行业向电商行业转型，转战直播带货，其直播带货平台一度成为人们关注的热点，公司股价上涨、主播爆红，深受大家喜爱。D公司的顺利转型、主播的爆红，给其他的直播带货商带来什么样的启发呢？

【讨论问题】
D公司与其主播的爆红带给企业什么启示？

【参考答案】

D公司的顺利转型，其主播的爆红，主要是因为他们的直播内容、形式贴合了当下消费者的消费心理。

首先，战略定位恰当，以扶农助农为战略定位。与其他直播企业产品定位不同，D公司的定位为"以农产品筛选和销售为核心的电商平台"，农产品是其主要的带货类型，帮助解决更多农产品推广和销售问题，其定位与其转型前的定位类似，带有公益标签。

其次，带货的方式创新，将货品售卖和知识输出结合。带货的方式是一边介绍产品，一边普及各类知识以及进行英语教学，以"上课"的风格进行直播。D公司的直播间没有常见的各种催单套路，没有各种不断叠加的福利，而是以一个个动人的故事、以丰富的知识底蕴，给产品注入丰富的场景，赋予精神内涵，带动了用户与主播间、与产品间的共鸣；突破了仅仅只是卖货的逻辑，而是用更好的、更丰富的、更有深度的内容留住用户；不仅仅是提供给用户物质价值，而且给用户提供精神价值。

最后，人性带货、情怀带货。D公司的直播间带给人们满满的情怀。D公司的主播在直播间以平和的语气娓娓道来，戳中了观众的情怀——对家乡的思念、对童年的回响，也有对历史和家国的传承。比如主播售卖玉米，他从一根玉米，讲到你在祖父母膝下，无忧奔跑的童年。说起樱桃，他会说起小时候摘外婆家樱桃树上的果子的快乐，以及和那份快乐相伴的人。D公司的直播间将枯燥的卖货变成了情怀与人生的感悟交流，满足了人们情感需求，引发人们的共鸣。

```
━━━━━━━━━━━━ 案例 5 ━━━━━━━━━━━
```

月饼里蕴藏的经济学原理你知道吗

【案例适用】 ■━━━━━━━━━━━━━━━━━━━━━━━━

需求的影响因素

【案例正文】 ■━━━━━━━━━━━━━━━━━━━━━━━━

每到中秋节前夕，市场上总少不了一批品类众多、口味丰富的月饼，如盒马工坊推出"冷锅串串现烤月饼"；螺蛳粉品牌螺霸王推出螺蛳粉月饼；杏花楼则与雀巢联名，推出植物肉五仁月饼。而且现今月饼的比拼早已不局限于口味层面，各大品牌在包装材质、设计创意、潮流元素等多个方面发力，从造型到包装堪称豪华。随着月饼种类越来越多，包装越来越豪华，价格也越来越贵。制作成本和馒头烧饼一样的普通食物，月饼售价却能卖到几百元甚至上千元，往往偌大的包装盒里，只"躺着"几块月饼。即便"性价比"如此之低，购买的人依旧不在少数，消费者似乎已经习惯于用购买奢侈品的态度购买月饼。

月饼销售窗口期短，前后不足两个月，却成为部分餐饮食品企业的营收主力。财报数据显示，2020年，广州酒家的月饼系列产品实现营收约13.78亿元，同比增加27.54%，占公司总营收的42.39%，月饼产品毛利率高达58.37%。全聚德2020年年报显示，中秋节期间，全聚德共推出30余款礼盒，60余种口味的月饼，一半以上为创新产品，销售同比增长22.13%。

食用价值基本和馒头烧饼一样的普通食物，月饼是怎么在中秋节前夕引发高需求，并自抬身价，卖出几十上百倍的价格的呢？

【讨论问题】 ■━━━━━━━━━━━━━━━━━━━━━━━━

结合案例分析影响月饼高需求，并自抬身价的因素有哪些。

【参考答案】 ■━━━━━━━━━━━━━━━━━━━━━━━━

影响月饼高需求，并自抬身价的因素有：

购买欲望。月饼作为中秋节必备食品，和端午节吃粽子、生日吃蛋糕一样，中秋吃月饼是一种仪式化的行为。在这一段时间内月饼是每家每户必须采购的东西，有钱人买贵的，平凡人家买便宜的，有整个市场的购买欲望做支撑，自然价格肯定不会低。

附加价值。月饼虽然成本低廉，制作简单，但其中被赋予了"幸福团圆"的特殊含义。中秋佳节阖家团圆，在一轮圆月下共享月饼，这是自古以来的文化传统，月饼蕴含着"幸福团圆"的美好象征，一年就这么一次，消费者的价格敏感度非常低，即使再昂贵他们也愿意掏腰包。有了附加价值，它的价值就远远高于制作成本了。

替代品。在月饼被赋予"幸福团圆"这种独有的附加价值下，与馒头烧饼比，月饼就几乎没有替代品了，平时不吃馒头烧饼，还可以选择吃米饭面条。但中秋节除了吃月饼还能吃啥？所以即使再贵，消费者也有购买的欲望。

消费者偏好。现代社会，月饼除了品尝，还承担了重要的"礼尚往来"功能，而且后者的占比正变得越来越高。也就是说，月饼对于消费者的使用价值从简单的"食用"拓展到了"社交和人情"。月饼一旦被赋予了送礼功能，功能改变了，自然价值衡量标准也不一样了，购买者就会衡量其社交属性背后的人情价值，500元的月饼即使其制作成本不到50元，只要大家都认可其500元的市场价值，消费者也会乐得其所地支付高额溢价。

包装成本。承载着社交和礼品属性的月饼，为了让消费者觉得礼品拿得出手，配得上自己所支付的高价，厂商在礼盒包装上也是下足了功夫。月饼的品质没有特别大的提升，包装上却越来越上档次，也无形中给月饼增色不少，为月饼涨价腾出了更大的空间。所以，在月饼市场，高价的月饼反而卖得好，因为更有档次，送月饼的人也感觉更有面子。

---------- 案例6 ----------

口罩在疫情下诞生的吉芬属性

【案例适用】

需求规律的例外

【案例正文】

2020年年初暴发的新冠疫情，将口罩推向了大众视野，在极短的时间里，口罩摇身一变从"无人问津"到"一罩难求"，抢购现象频发。

疫情前一次性医用口罩售价0.2~0.5元一个，即使是3M9501V口罩也只有2.6元左右一个。但疫情期间，一次性口罩涨到2~5元一个，3M更是突破15元大关，直逼20元一个。口罩价格不断上涨，却一度出现紧急断货的情况，药店、超市、电商平台……往日我们连看都不会看的口罩，居然哪里都买不到。

【讨论问题】

1.需求规律是什么？

2.口罩价格上涨，需求量却不降反升，这是否违背需求规律？为什么？

【参考答案】

1.需求规律是指在其他条件不变的情况下，某种商品的需求量与其价格之间的反向变动关系。即某种商品的价格越高，消费者愿意且能够购买的该商品数量就会减少；反之，价格越低，消费者愿意且能够购买的该商品数量就越多。

2.从现象看，这显然是与需求规律不容，但这并不意味着需求规律是错的，因为我们还没有考虑"其他条件"。疫情期间，出门戴口罩成为强制性规定，口罩成为生活必需品。危急情况下，人们担心基本的生存问题，会通过购买大量口罩以确保生活正常进行，在这样的背景下，口罩成功晋升为吉芬商品。

------------------------------ 案例 7 ------------------------------

疫情催化中国自行车出口爆单

【案例适用】

需求量变动与需求变动的区别

【案例正文】

中国制造网数据显示，2020年1—5月，两轮车行业（包含自行车、摩托车、电动车）询盘涨幅达65%，其中自行车涨幅高达171%。

海关总署统计数据也显示，我国自行车出口金额2022年4—8月份连续5个月实现环比增长。2022年第二季度、第三季度自行车出口金额分别为8.07亿美元、11亿美元。这是自1995年以来自行车行业首次单季度出口金额突破10亿美元大关，创下近25年来单季度新高。

据了解，自2020年第二季度开始，侧重C端的跨境电商平台上的自行车销量就已经出现"爆单"现象。比如，2020年5月份，速卖通平台上西班牙市场自行车销售额比上年增长超过22倍，意大利、英国等市场也增长了4倍。而进入2020年第三季度，随着海外消费需求进一步上升，商家库存见底，B端的业务也开始加速向线上迁移。

对此，业内人士表示，疫情对大家出行习惯的改变是催化此轮自行车出口需求增长的主要原因之一。

作为自行车产销大国，中国生产了全球70%以上的自行车，拥有从零部件到组装整车的完整产业链。成熟的配套产业，稳定的技术工人，加上疫情后有序的复工复产，使得中国成为稳定全球自行车供应的"中流砥柱"。

而经历此轮自行车行业出口爆单，一些中国的自行车制造工厂在与海外消费者更频繁的互动中也开始有意识地推动产品的升级。

【讨论问题】

1.如何区分需求量的变动和需求的变动？请结合图形来说明。

2.疫情催化我国自行车出口暴增是需求的变动还是需求量的变动？

【参考答案】

1.需求量的变动和需求的变动的区别可以从两方面来看：

（1）二者的影响因素不同。需求量的变动是指消费者的收入及其他条件不变的情况下，商品自身的价格变动引起的消费者需求量的变动；需求的变动是指商品自身的价格不变，而是消费者收入及其他条件变动引起的消费者需求量的变动。

（2）二者的图形表现不同。需求量的变动表现为同一条需求曲线上点的移动。图1-1中的（a）图中某种商品价格为P_a时，需求量为Q_a，当商品价格降低到P_b

时，需求量减少到 Q_b，从图上来看，价格变动使得需求量沿着需求曲线 D 由 a 点移动到 b 点。需求的变动表现为需求曲线的移动，例如图1-1中（b）图中需求从 D_0 移动到 D_1。图1-1中（b）图给出的需求曲线可以看成是某消费者在不同收入水平下一定时期对某种商品的需求，其中假设 D_0 表示消费者在收入水平为 6 000 元时的需求，D_1 表示消费者在收入水平为 7 000 元时的需求。当某种商品价格为 P_0 时，消费者收入增加使得需求曲线 D_0 上的 a 点变动到需求 D_1 上的 b 点。

2.疫情催化中国自行车出口暴增是需求的变动。出口需求量增加不是自行车本身价格的变化导致的，而是价格之外的因素影响的，其原因主要有：

首先，疫情导致公共交通停摆，私家车的密闭空间也不利于防疫，而自行车节能减排、避免拥堵，成为出门采购交通工具的首选，因此导致需求大增。同时，欧洲国家本身有自行车文化，海外消费者对健康生活的追求也是自行车需求大增的重要因素之一。

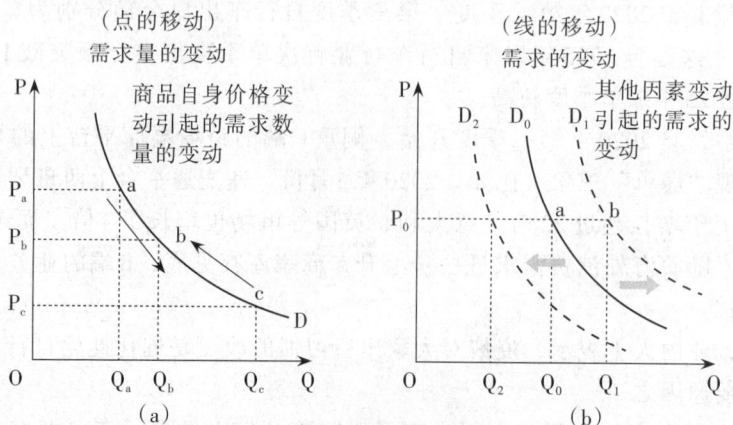

图1-1 需求量的变动与需求的变动

其次，疫情使各国政府都看到了自行车的必要性，欧美国家和地区对自行车购买以及自行车道的建设均有补贴。

最后，其他一些国家也向自行车进口大国出售自行车，但由于疫情，当地生产力停滞，而中国的复工复产都走在世界前列，有着足够的供给能力，所以全世界都从中国进口自行车。

1.2 供给

案例 1

为什么我国大豆产能问题受到格外关注

【案例正文】

我国大豆进口依存度过高的问题，每每成为社会关注的焦点，如何突破大豆困局，也成为农产品供给保障中的难点。

一方面，我国大豆的消费需求增长迅速。大豆具有蛋白质食物原料和油料双重属性，在我国食品行业和食品加工行业中占有重要的地位。伴随着我国经济发展和人民收入水平的不断提升，居民对食用植物油和植物蛋白的需求迅速增加。此外，我国大豆产业链条不断完善以及畜牧行业不断发展，极大地刺激了市场对大豆及相关附属产品的需求。根据《经合组织-粮农组织农业展望报告（2021—2030）》，1996年我国大豆消费量为1 547.70万吨，而2021年消费量为1.17亿吨，增长约6.53倍，年均增长8.26%。

另一方面，国内大豆生产发展缓慢。国家统计局数据显示，总体上看，1996年我国大豆播种面积是1.12亿亩，2021年增加到1.26亿亩，年均增长率为1.38%。同期，产量由1 322万吨增加至1 640万吨，单产由118.01千克/亩增加至130.16千克/亩，年均增长率为0.33%。

从上述我国大豆消费和供给情况来看，我国大豆需求与生产矛盾日益突出，存在着国产大豆自给率低、进口依存度高等问题，如何保障大豆安全供给承受着一定的冲击。

【讨论问题】

1.供给的构成要素有哪些？

2.结合案例分析制约我国大豆供给能力的原因有哪些。

【参考答案】

1.供给是指生产者在某一定时期内，在每一价格水平上愿意而且能够提供出售的某种商品的数量。根据上述定义，供给必须具备两个基本特征：一是提供出售的意愿，二是提供出售的能力。

2.造成我国大豆生产和供给能力不足的原因主要有三个方面：

一是我国种植大豆的面积有限，造成供给能力不足。我国农业资源禀赋有限，尤其是耕地资源，在保证粮食安全前提下，用于大豆生产的耕地资源非常有限。2021年我国大豆消费量1.17亿吨，单产130.16千克/亩，若需求全部由国内生产来满足，则需要耕地8.95亿亩，拿出这么多耕地用于生产大豆不现实。

二是我国大豆单产水平相对较低，造成供给能力不足。2021年，我国大豆平均亩产130.16千克，仅为世界平均单产的66%，不到美国、巴西单产的60%。主要原因是我国大豆生产主要是千家万户小规模种植，良种化程度不高、植保措施不强，机械化程度也不高，科研投入不足，科技创新不足。

三是种植大豆比较效益偏低，导致种植积极性不高。一方面，大豆的单产仅相当于玉米和小麦的三分之一、稻谷的四分之一；另一方面，种植大豆的人力成本、土地成本和其他生产要素的成本不断攀升，在同等的人力物力投入下，比较效益低，农民种植大豆积极性受挫。

【思政启示】■

国产大豆依然是老百姓的"刚需"食品，并不能被进口大豆替代。我国必须保有一定的大豆产量，才能在大豆国际谈判桌上拥有一定话语权。在种植面积难以大规模提高的情况下，提高大豆产量的另一途径，在于依靠科技力量增加亩产量。这就需要依靠科研人员持续攻关，选育出更多高产、稳产的优质品种，在有限的土地上持续提高大豆产量，保障国内食用豆制品供给。

------ 案例2 ------

猪肉价格坐上了"过山车"

【案例适用】■

供给的影响因素

【案例正文】■

生猪生产波动带来猪肉价格周期性变化，称为"猪周期"，在发达国家一个周期为6～7年，我国"猪周期"一般为4～5年。每一轮猪肉价格暴涨，都会吸引大批资金进入养猪业，造成供过于求而导致价格暴跌；每一轮价格暴跌，都迫使养殖户大量宰杀母猪、缩减生猪饲养数量，造成供不应求而导致价格暴涨。猪肉价格波动犹如坐上了"过山车"，如图1-2所示。

价格（元/千克）

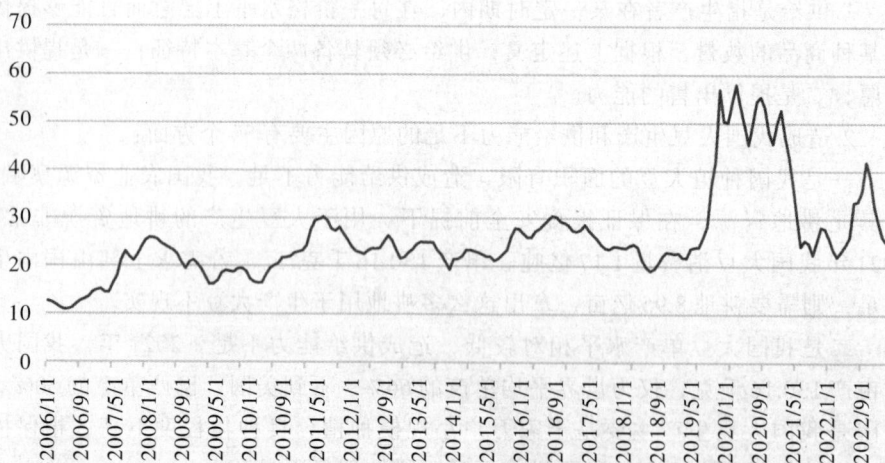

图1-2　2006年1月—2022年9月猪肉（去骨统肉）集贸市场价格变动图
（数据来源：国家统计局）

本轮"猪周期"自2018年8月至今。从2018年8月我国首次发现非洲猪瘟疫情直到2019年的全国蔓延，2019年国内几乎有1/3的生猪死亡，造成了非常严重的生猪供应缺口，猪肉价格从2018年6月的16元/千克上升至2019年年末的56元/千克，涨幅为250%，为历次"猪周期"的最大涨幅。随着储备肉投放、进口肉增加，猪肉价格高位回落，但随着2020年1月国内疫情暴发，各地运输受阻、屠宰企业停工等令猪肉价格再度上涨。3月份国内疫情转好，屠宰企业复工，养殖端加快生猪出栏、储备肉投放以及进口肉增加，而市场需求受疫情影响超预期下降导致猪肉价格大跌，5月中旬猪肉价格最低跌至24元/千克，较最高点跌幅达30%。随后养殖端挺价惜售，生猪供应减少，价格触底反弹，叠加新发地疫情引发全国冻肉检查，进口肉也减少，助推猪肉价格再度攀升。

【讨论问题】■━━━━━━━━━━━━━━━━

1.生猪价格剧烈波动的根本原因是什么？

2.政府的扶持政策对生猪的需求、供给和价格有何影响？

【参考答案】■━━━━━━━━━━━━━━━━

1.生猪价格的波动与其需求和供给有直接关系。在当今中国社会，猪肉已经成为人们生活中的一种主要肉食品，家庭、饭店、食堂以及肉食的深加工等市场需求使得生猪需求表现出极大的刚性。造成生猪价格大幅波动的主因是供给。目前我国生猪养殖行业从业者众多，多为农户散养，生产规模小且分散。我国生猪养殖是充分竞争的市场，行情好时一窝蜂补栏，导致生猪供应量快速增加，猪肉供应量增加，猪肉价格下跌；行情不好时大量淘汰能繁殖母猪，致使生猪供应量快速下降，猪肉供应量随之减少，猪肉价格上涨。散养户抗疫防疫能力弱、抗风险能力弱，发生疫病会造成生猪供应减少，猪肉价格上涨，从而导致价格波动。比如禽流感疫情、非洲猪瘟疫情发生后，猪肉供应量就有所减少。

2.为建立生猪生产稳定发展的长效机制，国务院出台了一系列扶持政策，包括能繁殖母猪补贴、奖励生猪调出大县、生猪政策性保险、建立健全生猪疫病防控体系和生猪良种繁育体系、扶持标准化规模养殖场（小区）粪污处理和沼气基础设施建设、增加政府储备投放、向城乡低保对象和家庭经济困难的大中专院校学生发放临时补贴等，从而保证猪肉的稳定供应，满足人们的日常生活需求，减少猪肉价格的大涨大跌对人们生活的影响。

【思政启示】■━━━━━━━━━━━━━━━━

猪肉属于人们餐桌上的日常消费品，在消费价格指数（CPI）这一反映与居民生活有关的消费品及服务价格水平的变动情况的数据中，猪肉的比重长期处于高位。猪肉价格长期高企、高涨或周期性剧烈波动，不利于人民生活改善，不利于经济健康发展，不利于人们收入提高。国务院出台了一系列保供应稳价格政策，实行科学的宏观调控，稳定猪肉价格，保障人们生活。

------- 案例 3 -------

技术进步与计算机供给

【案例适用】

供给量的变动与供给的变动的区别

【案例正文】

20世纪80年代个人计算机的价格按运算次数、速度和储存能力折算，每台为100万美元，不但价格高昂，供给量也极少，只有少数工程师和科学家才能使用。如今具有同样能力的个人计算机已降至1 000美元左右，价格只是当初价格的千分之一，但供给量增加了不止1万倍。现在个人计算机的普及程度是许多学者所未预见到的。

【讨论问题】

1.供给量的变动与供给的变动的区别是什么？

2.案例中的计算机是供给量的变动还是供给的变动？是什么原因引起的？

【参考答案】

1.供应量的变动和供应的变动的区别可以从两方面来看：

二者的影响因素不同。供给量的变动是指在影响商品供应量的诸多因素中，如果其他条件不变时，商品自身的价格变动引起的该商品供应数量的变动；它具体表现为同一条供给曲线上点的移动。

供给的变动是指除商品自身的价格以外的其他条件变动引起的商品供应量的变动；它具体表现为供给曲线的位置发生移动。

2.计算机供给的增加不是由于价格的变动引起的，而是技术进步引起的，是供给的变动。自20世纪80年代末开始，计算机行业的生产技术发生了根本性变化。集成电路技术的发展、硬件与软件技术标准的统一、规模经济的实现与高度专业化分工使计算机的生产成本迅速下降，而质量日益提高。这种技术变化引起计算机供给曲线向右移动，而且移动幅度相当大，供给大大增加了，使价格下降。

技术已经成为影响计算机供给的重要因素。正因如此，经济学家越来越关注技术进步。

1.3　市场均衡

案例 1

买卖双方思想的碰撞——均衡价格

【案例适用】
均衡价格
【案例正文】
买者：这件衣服卖多少钱？

卖者：550 元。

买者：太贵了，我最多给 250 元。

卖者：250 多不好听啊，干脆我以进价卖给你，450!

买者：还是太贵了，300 元怎么样？

卖者：300 元太便宜了，要不咱们都让让，400 元就成交。

买者：350 元给不给？不给我就走人。

卖者：等会儿、等会儿，350 就 350 吧。这次绝对是亏本卖给你了。

当然卖者是不会亏本的，在买卖双方的博弈过程中，350 元成为双方都能接受的价格，于是一笔交易成功了。

从上述讨价还价中我们能理解什么是均衡吗？

【讨论问题】

1.什么是均衡价格？

2.结合图形说明均衡价格是如何形成的。

【参考答案】

1.均衡价格是指一种商品市场需求量与市场供给量相等时的价格。在均衡价格水平下的相等的供求数量被称为均衡数量。从几何意义上说，一种商品市场的均衡出现在该商品的市场需求曲线和市场供给曲线相交的点上，该交点被称为均衡点。均衡点上的价格和相等的供求量分别被称为均衡价格和均衡数量。

在图 1-3 中，假定 D 曲线为市场的需求曲线，S 曲线为市场的供给曲线。需求曲线 D 和供给曲线 S 相交于 E 点，E 点为均衡点。在均衡点 E，均衡价格为 $P_0 = 6$ 元，均衡数量 $Q_0 = 700$。显然，在均衡价格 6 元的水平，消费者的购买量和生产者的销售量是相等的，都为 700 单位。

2.案例中讨价还价的过程从经济学上来讲，实际上就是均衡价格的形成过程。均衡价格形成的过程，是在市场上供求双方的竞争过程中自发形成的，还是用图 1-3 说明一种商品的市场均衡价格的形成。当市场价格高于均衡价格为 7 元时，商

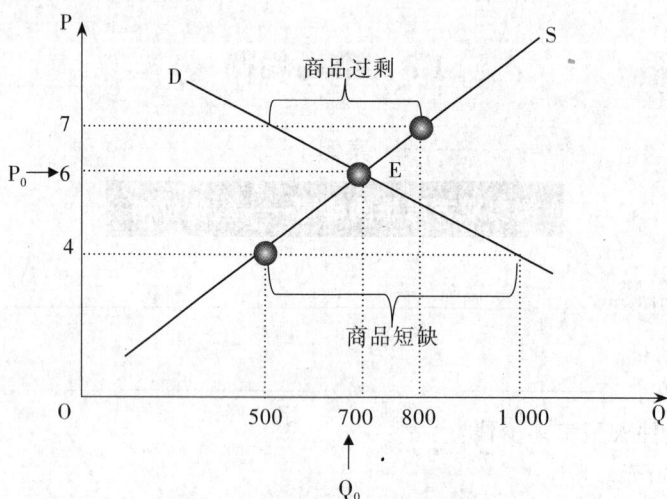

图1-3 均衡价格的形成

品的需求量为500单位，供给量为800单位。此时商品供给量大于需求量，市场存在商品过剩或超额供给，一方面会使需求者压低价格来购买商品，另一方面又会使商品供给者减少商品的供给量。这样，商品的市场价格必然下降，一直下降到均衡价格6元的水平。与此同时，随着价格由7元下降为6元，商品的需求量逐步地由500单位增加为700单位，商品的供给量逐步地由800单位减少为700单位，从而实现了供求量相等的均衡数量700单位。相反地，当市场价格低于均衡价格为4元时，商品的需求量为1 000单位，供给量为500单位。此时市场处于商品短缺或超额需求的状况，一方面会迫使需求者提高价格来得到他所要购买的商品量，另一方面又使供给者增加商品的供给量。这样，市场价格必然上升，一直升到均衡价格6元的水平。在价格由4元上升到6元的过程中，商品的需求量逐步地由1 000单位减少为700单位，商品的供给量逐步地由500单位增加为700单位，最后达成供求量相等的均衡数量700单位。

总之，一种商品的均衡价格是市场上需求和供给两种相反力量共同作用的结果。当市场价格偏离均衡价格时，市场上会出现超额需求或者超额供给的不平衡状态。市场的超额需求或超额供给迫使价格回归均衡状态，从而决定均衡价格和均衡数量。

-------- 案例2 --------

退烧药的市场均衡

【案例适用】
均衡的变动

【案例正文】
2022年12月，布洛芬、对乙酰氨基酚等退烧药"一药难求"，抢购、缺货等词条屡上热搜。在不少城市，面对市民的询问，"无""缺货""卖完了"是药店的常用词汇。在互联网电商平台，限时抢购的布洛芬、对乙酰氨基酚等热门产品，基本上一上架就被抢空。

我国是全球布洛芬原料药生产和出口大国，占全球产能的三分之一，而上述药品已经是成熟的仿制药品种。如此成熟的药品，为什么会面临缺货？零售渠道的采购商们认为原因之一是疫情防控管制政策的放开，短时间内爆发的大量需求，消费者扎堆囤货所致。

在此情形下，多部门发出保供倡议，呼吁药店采取拆零销售、延时销售等方式，缓解供需矛盾，最大限度地满足市民用药需求。由此，不少有条件的药店延长了服务时间，并公开夜间服务电话，便于市民随时联系购药。

【讨论问题】■

结合案例所述，作图分析我国疫情防控管制政策的放开，短时间内对布洛芬、对乙酰氨基酚等退烧药市场均衡的影响。

【参考答案】■

在图1-4中，横轴代表布洛芬、对乙酰氨基酚等退烧药的需求量，纵轴代表布洛芬、对乙酰氨基酚等退烧药的价格，D_0代表在疫情管控期间人们对退烧药的需求，S代表供给，因疫情管控措施的放开，短时间内爆发了大量对退烧药的需求，导致需求曲线右移，退烧药的均衡点上升，均衡价格上升，均衡数量增加。

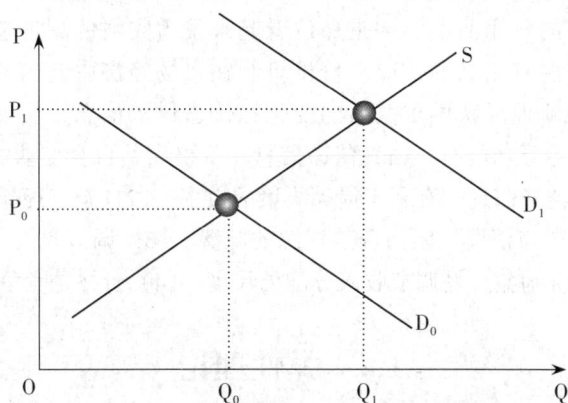

图1-4　需求变动对市场均衡的影响

案例3

暴雪天的杂货店

【案例适用】■

价格机制

【案例正文】■

1967年，一场大暴雪使得芝加哥市区的交通瘫痪，外面的生活必需品难以进入。此时，某居民区里有两家杂货店，一家杂货店以慈悲为怀，坚持在大雪天对店内商品不涨价，其店中的商品很快被抢购一空，但因不能以低价格采购新的商品，这家店很快就关门。另外一家杂货店则将所有的商品和价格暂时提高到原来的2倍，同时这家杂货店的老板出高价请当地的孩子乘雪橇从外地运进当地市民需要的各种商品。涨价的杂货店因为能够支付较高的雇用雪橇拉货的成本，在雪灾期间保证了对居民的基本供应，同时高的价格也自然促使居民根据新的价格状况调整自己的需求，将自己采购的物品控制在能够承担的、确实也是必需的范围内。

【讨论问题】

1.如何理解价格机制？结合案例分析价格机制在调节供求关系中的作用。

2.价格机制功能有哪些？

【参考答案】

1.价格机制是指在竞争过程中，与供求相互联系、相互制约的市场价格的形成和运行机制。价格机制包括价格形成机制和价格调节机制。

从上述案例中我们看到，不考虑均衡价格的波动而以"慈悲为怀"，往往不会获得预期的效果，维持低价的杂货店必然会面对居民的抢购，因为不能以低价格补充新的商品而在雪灾之中不得不关门，好心的低价杂货店没有赚到相应的利润，居民也因为杂货店的低价而没有调整自己的商品需求，同时在低价杂货店关门之后，居民也买不到所需的日用品了。倒是那位看起来发雪灾财的高价杂货店店主，维持了居民在雪灾期间的日用品的供应。价格机制在市场经济中起到了调节作用，它比较及时、准确、灵活地反映供求关系的变化，传递供求信息，实现资源优化配置。

2.价格机制的主要功能有：（1）传递信息。价格以其自身变动的方向和幅度，传递市场商品供销等经济信息，有利于提高决策的效率。（2）调节资源配置。价格高低，影响供求，引导生产与消费，因而调节资源的配置。（3）调节收入。价格高低决定生产者、消费者的经济利益，是调节收入分配的尺度。（4）价格是竞争的有力工具。

1.4 弹性理论

案例 1
以需求价格弹性浅析身边的小事

【案例适用】

需求的价格弹性——薄利多销

【案例正文】

在平时收到的宣传单或报纸上，有着花花绿绿的广告版面，从新店开业到学校招生、快餐店的打折券，再到某商场跳楼大甩卖，各种各样的促销信息堆积如山。最常见的当属各类商场、百货商店关于季节性新品上市和清仓促销信息，吸引着消费者的眼球。在这些促销信息中常见的现象是，品牌服装、名品和家具等中高档商品占了大部分；相反，一些生活必备的日用消费品则很难在促销单上觅到踪影，即便是偶尔有个别生活必需品在促销，大部分都在后面加了一个"限量发售"的小尾巴。

那么，为什么商家很少对生活必需品打折呢？

【讨论问题】

1.什么是需求的价格弹性？

2.大型百货商店为什么不对生活必需品进行打折？广告打折促销的产品多是什么样的商品？

3.用弹性原理画图分析"薄利多销"的含义。

【参考答案】

1.需求的价格弹性，表示在一个特定时期内，一种商品需求量相对变动相应于该商品价格变动的反应程度。需求的价格弹性通常由弹性系数加以衡量，定义为：

$$需求的价格弹性系数=\frac{需求量变动的百分比}{价格变动的百分比}$$

2.大型百货商店为什么不对生活必需品进行打折，答案很简单，这实际上体现的是经济学原理中对不同商品的需求价格弹性的把握。

在做商品促销计划时，首先应该考虑的是价格变动对销售的影响。根据需求价格弹性 $Ep=(P/Q)\times(\triangle Q/\triangle P)$，如果将价格降低10%，需求会提升10%，亦即 Ep 绝对值会大于1，那么总的销售额是会增加的，能够达到薄利多销的目的；反之，即使降价10%，而需求量增长不到10%的话，亦即 Ep 绝对值会小于1，那么打折反而会导致销售收入萎缩。它反映了商品需求量对其价格变动反应的灵敏程度。

生活必需品无论价格如何上涨，其需求量都不会有大幅度变化，其价格需求缺乏弹性，所以，大型百货商店不对生活必需品进行打折。

相反，高档品的价格如果很高的话，其需求量就会大幅下降，但是因为高档品的需求价格弹性大，商店便可以采取先吸引消费者的眼球，而后再打折的策略，这会让消费者充分享受打折带来的利益与满足感，让消费者获得更大的效用，同时使得商场收入增加，因此这类商品常常都会登上打折排行榜。

3."薄利多销"是指低价低利扩大销售的策略。"薄利多销"中的"薄利"就是降价，降价就能"多销"，"多销"就能增加总收益。在销售市场有可能扩大的情况下，通过降低单位商品的利润来降低商品的价格，虽然会使企业从单位商品中获得的利润量减少，但由于销售数量增加，企业所获利润总额可以增加。只有需求富有弹性的商品才能"薄利多销"。实行薄利多销的商品，必须满足商品需求价格弹性大于1，此时需求富有弹性。因为对于需求富有弹性的商品来说，当该商品的价格从 P_1 下降到 P_2 时，需求量（从而销售量）从 Q_1 增加到 Q_2，需求量增加的幅度大于价格下降的幅度，所以总收益增加，如图1-5所示。

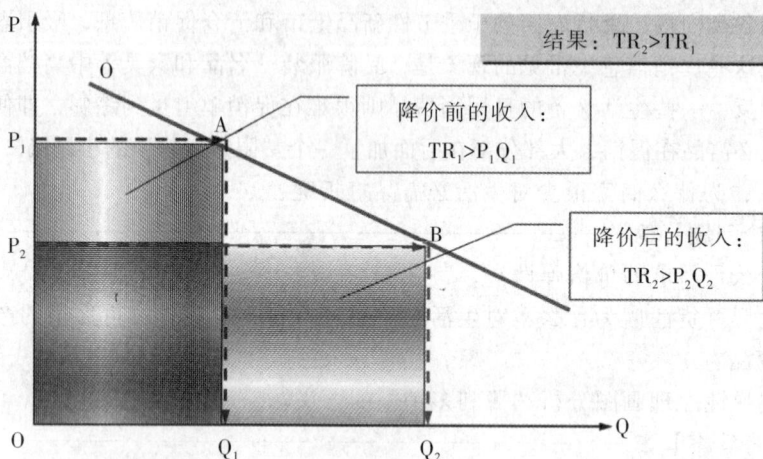

图1-5 薄利多销中涉及内容：

结果：$TR_2 > TR_1$

降价前的收入：
$TR_1 > P_1Q_1$

降价后的收入：
$TR_2 > P_2Q_2$

图1-5 薄利多销

案例2

中国恩格尔系数持续下降说明了什么

【案例适用】

需求的收入弹性与恩格尔系数

【案例正文】

1978年以来，我国居民恩格尔系数不断下降，从1978年的63.9%下降到了2021年的29.8%，反映出我国居民消费结构在改善。它与我国经济从高速发展迈向高质量发展相匹配，不仅从一个侧面佐证了中国经济社会的发展进步，更是民众分享到改革开放红利，告别温饱阶段、走向更加富裕生活的生动注解。中国历年恩格尔系数如图1-6所示。

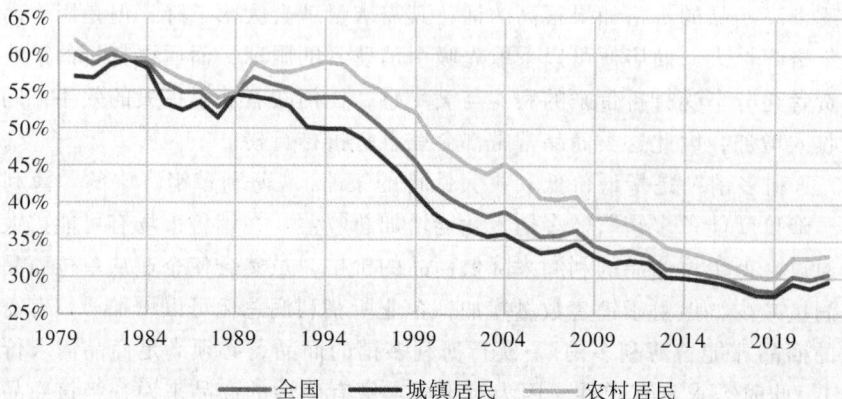

图1-6 中国历年恩格尔系数

全国　　城镇居民　　农村居民

图1-6 中国历年恩格尔系数

（数据来源：国家统计局）

收入是分配的基础，恩格尔系数连续下降反映出我国居民收入不断增加的过程，总体可分配的"蛋糕"持续增大，食品支出所占的比例自然会越来越小，而居民消费中非食物性支出会相应上升，这在消费的统计数据中已经得到明显体现。如2019年，品质化、个性化、多样化消费活跃，可穿戴智能设备、智能家用电器等商品快速增长，通信器材、化妆品类商品分别增长8.5%、12.6%，高于社会零售商品总额的整体增速。用于陶冶情操、增进身心健康的文化艺术、健身保健、医疗卫生等方面的支出稳步增长，用于子女非义务教育和自身再教育的支出大幅度提高。

同时我们可以看到，一直以来，我国农村居民恩格尔系数高于城镇居民，但这个差距在不断缩小。1978年城乡居民恩格尔系数相差10个百分点，2021年已经缩小到4个百分点，反映出农民逐渐走向了富裕，城乡差别在逐步缩小。

【讨论问题】 ▰━━━━━━━━━━━━━━━━━━━━━━━━━━━━━

1.什么是需求的收入弹性？

2.简要回答需求的收入弹性与恩格尔系数的关系。

【参考答案】 ▰━━━━━━━━━━━━━━━━━━━━━━━━━━━━━

1.需求的收入弹性简称收入弹性，表示在一定时期内，消费者对某种商品需求量的相对变动相应于消费者收入相对变动的反应程度。或者说，表示一定时期内当消费者的收入变动百分之一时所引起的商品需求量变化的百分比。

2.19世纪中期，德国统计学家和经济学家恩斯特·恩格尔在研究人们的消费结构变化时发现了一条规律，即随着家庭和个人收入的增加，收入中用于食品方面的支出比例将逐渐减小。这个家庭用以购买食物的支出与这个家庭的总支出之比，就叫恩格尔系数。恩格尔系数可以反映一国、一地区或一个家庭富裕程度和生活水平的高低。这是因为食品属于缺乏弹性商品，我们收入增加后，几乎不增加食物支出，增加的是弹性大的商品。由此可以得出结论，一个国家越穷，其恩格尔系数就越高；反之，这个国家越富，其恩格尔系数越低。

【思政启示】 ▰━━━━━━━━━━━━━━━━━━━━━━━━━━━━━

中国恩格尔系数连续稳步下降，是经济社会持续发展进步的生动见证。只要我们保持定力，咬定发展不松劲，大力破解区域经济发展不平衡不充分难题，深入推进收入分配改革，以满足消费升级需求为抓手，使消费红利充分释放，我国恩格尔系数还将从"下降"走向"下降"，我国经济社会发展将迈上更高层次和更高水平的新台阶。

------ 案例 3 ------

企业决策的重要依据

【案例适用】▮
需求的交叉价格弹性

【案例正文】▮

在打印机市场上，彩色喷墨打印机和墨盒的定价很反常，彩色喷墨打印机一台售价仅为 300 元人民币，低价很诱人，使得很多有计算机的用户购买这样的打印机。买到打印机后需要买墨盒时才发现，一个小小的墨盒的价格是 200 元人民币，而且在使用中如果一种色彩的油墨用完，就必须换墨盒，不换墨盒就不能保证画面质量，此时消费者才感到买得起打印机买不起墨盒。为什么商家要如此定价？

【讨论问题】▮

1.什么是需求的交叉价格弹性？

2.结合案例简要回答需求的交叉价格弹性原理的微观和宏观意义。

【参考答案】▮

1.需求的交叉价格弹性表示在一定时期内一种商品的需求量的变动对于它的相关商品的价格变动的反应程度。或者说，表示一定时期内当一种商品的价格变化百分之一所引起的另一种商品的需求量变化的百分比。

2.彩色喷墨打印机和墨盒是互补产品，根据交叉弹性的定价原理，如果基本品——打印机定价过高，消费者处于主动位置，需求弹性较大，只有定低价才能吸引消费者购买，一旦买了基本品，配套品的选择余地就小了，消费者往往处于缺乏替代的被动地位，此时定高价能够获取较高利润；如果反过来，基本品定价高就会导致需求者寥寥无几，那么配套品定价再低也就失去了意义。

懂得需求的交叉弹性对企业决策和个人投资有很大的帮助。总之，企业在制定产品价格时，应考虑到替代品与互补品之间的相互影响；否则，价格变动可能会对销路和利润产生不良后果。

1.5　供求分析的应用事例

案例 1

谁从最低工资调整中收益

【案例适用】■

最低限价

【案例正文】■

2021年11月26日，广东省人民政府印发《关于调整我省最低工资标准的通知》，从2021年12月1日起，调整提高月最低工资标准和非全日制小时最低工资标准。

此次调整仍保持四类标准，其中广州、深圳执行一类标准，广州调整为2 300元/月，深圳调整为2 360元/月，两市对应的非全日制小时最低工资标准均为22.2元/小时；二类标准调整为1 900元/月，执行地区为珠海、佛山、东莞、中山，对应的非全日制小时最低工资标准为18.1元/小时；三类标准调整为1 720元/月，执行地区为汕头、惠州、江门、湛江、肇庆，对应的非全日制小时最低工资标准为17.0元/小时；四类标准调整为1 620元/月，执行地区为韶关、河源、梅州等10个市，对应的非全日制小时最低工资标准为16.1元/小时。此外，根据湛江近年经济社会发展状况，将湛江从执行四类标准调整为执行三类标准。

【讨论问题】■

1.结合案例分析什么是最低限价。

2.结合案例画图说明其积极意义。

【参考答案】■

1.最低限价又称支持价格，是指政府为了支持某一产品的生产而对该产品的价格规定的一个高于均衡价格的最低价格。

2.案例中最低工资标准就是一种支持价格。最低工资标准是国家为了保护劳动者的基本生活，在劳动者提供正常劳动的情况下，而强制规定用人单位必须支付给劳动者的最低工资报酬。在图1-7中，劳动供给曲线 S 与需求曲线 D 相交于 E 点，决定了均衡工资水平为 W_0，均衡就业量为 L_0。政府为了提高低收入劳动者工资收入水平而规定了最低工资水平为 W_1，由图1-7可见，最低工资水平 W_1 高于均衡工资水平 W_0，均衡就业量为 L_1。

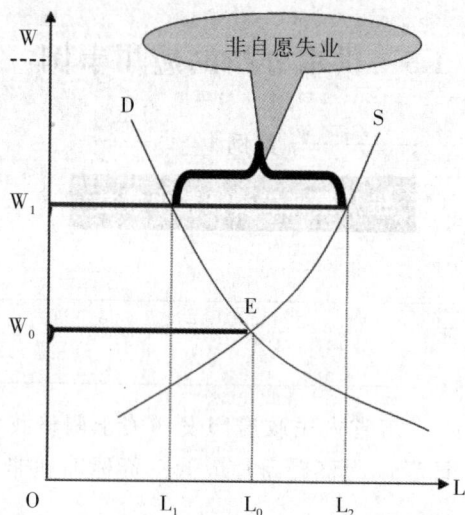

图1-7 支持价格

从图1-7可以看到，制定和提高最低工资标准有着积极的意义，主要表现为：有助于劳动者维护自己的劳动权益，能更好地保障低收入劳动者及其家庭成员的基本生活，有利于激发劳动者的积极性和创造性，保证社会经济平稳健康运行。

------ 案例2 ------

广州楼市调控政策

【案例适用】

限制价格

【案例正文】

2020年年初，受疫情冲击，中央层面发布了包括房地产行业在内的纾困政策，意在提振市场信心。广州市楼市闻令而动。自2020年3月起，白云区部分区域、花都区、黄埔区、南沙区、番禺区先后发布人才新政，降低购房门槛。与此同时，央行年内三度降准，LPR两度下调，房贷利率趋势性下移。

在种种因素的影响下，广州市房价走向新高位。国家统计局数据显示，"8·31"二手房新政前，广州市二手房房价连涨了15个月，其中有6个月的环比涨幅居于四大一线城市之首。反映在成交量上，亦是如此。2020年6月，广州市二手房成交量突破万套；之后，深圳、东莞先后加码楼市调控，外市购房需求涌进广州，促使8月二手房成交量超过15 000套。这万套高位水平持续了近一年。

2021年4月，住建部约谈5个城市政府负责人，强调"房住不炒"，其中就包括广州。4月21日，广州市出台楼市新政，将9区的个人销售住房增值税征免年限从2年提高至5年，二手房交易税费大幅提高。随后，多区收紧人才购房政策。

"4·21"新政效果立竿见影。2021年5月，广州市二手房成交量跌至万套出头水平，随后一跌再跌，2021年6月至8月，成交量均在9 000套以内。

2021年8月31日晚间，广州市宣布建立二手住房交易参考价发布机制。二手房参考价机制如同调控的"临门一脚"，广州二手房市场再迎降温。来自克而瑞的数据显示，2021年9月，广州市二手房成交6 191套，10月成交仅5 206套，同比大跌51.27%，为全年最低，成交连续6个月保持在7 000套以下。

【讨论问题】■

1. 如何理解限制价格？

2. 结合案例讨论限制价格的意义。

【参考答案】■

1. 限制价格，是政府为限制某些生活必需品的价格上涨，而对这些产品所规定的最高价格，限制价格一般低于均衡价格，是政府为保护消费者利益而制定的最高限价。

2. 国家对楼市采取"房住不炒"的态度，不允许将住房当成投资工具进行炒作，在一定期间内保持住房的价格稳定，避免房价大起大落。

坚持"房住不炒"是贯彻新发展理念的必然要求。我国经济已由高速增长阶段转向高质量发展阶段，振兴实体经济是推动高质量发展的着力点。房地产过快发展、房价过快上涨导致大量金融资金流向房地产行业，导致土地价格上升，企业房租负担过重。房地产对制造业、高新科技行业形成挤出效应，单纯依靠房地产对经济进行短期刺激、长期依靠房地产带动经济增长，是不健康的，也是不可持续的。

作为消费主体和购房主体的80后、90后，长期背负高额债务，不利于提升居民消费能力，不利于改善人民生活状态。通过坚持"房住不炒"，引导民众把住房消费和住房投资转移到服装、医疗、教育、文化娱乐、旅游等方方面面，才能真正释放国内需求潜力，拓展扩大最终需求，才能增强消费对经济发展的基础性作用。

------- 案例3 -------

谁支付奢侈品税

【案例适用】■

税收效应分析

【案例正文】■

1990年，美国国会通过一项针对游艇、私人飞机、皮衣、珠宝和豪华轿车这类物品的新的奢侈品税。该税的目的是增加购买者（富人）的税收以补助低收入者。实施之后反对者并不是富人，而是生产这些奢侈品的企业与工人，其中大部分是这项税所要帮助的低收入者。

【讨论问题】 ■━━━━━━━━━━━━━━━━━━━━━━━━━━━━━

案例中的这个法案达到其目的了吗？为什么这些并不消费奢侈品的人反而反对这项税呢？

【参考答案】 ■━━━━━━━━━━━━━━━━━━━━━━━━━━━━━

当供给与需求的力量发挥作用后，结果与国会所期望的非常不同。奢侈品市场对富人来说是极富有弹性的（需求弹性比较大），而且替代品多。当对游艇征收更多的税收时，其价格上升，需求量大幅减少，富人们将钱用来买更大的房子、去欧洲旅游或者留给继承人一大笔遗产。与此相比，游艇的供给是较为缺乏弹性的，至少在短期内是如此。游艇工厂不能轻而易举地转产其他产品，税收实际落在了生产者身上。生产这些奢侈品的企业不仅要承担税收，还面临需求减少引起的两种后果。一是企业不得不减少生产，二是企业不得不降价。这就使这类企业生产经营困难，不得不解雇工人。这个行业所有者利润减少，工人收入减少。本来这些行业的工人大多属于低收入工人，是这种"劫富济贫"政策要帮助的对象，结果反受这种政策之害。

生产奢侈品企业的所有者与工人深受高奢侈品税之害，又承担了绝大部分这种税收。所以，这种税并没有受到富人的反对，而是主要受到这些行业工人与工会的反对。美国国会迫于压力在1993年取消了这种奢侈品税。这是美国历史上最短命的税种。

（资料来源：梁小民.微观经济学纵横谈［M］.北京：生活·读书·新知三联书店，2000.）

综合案例

案例1

丰收的年份农民收入为何减少

【案例适用】 ■━━━━━━━━━━━━━━━━━━━━━━━━━━━━━

需求的价格弹性与厂商的销售收入

【案例正文】 ■━━━━━━━━━━━━━━━━━━━━━━━━━━━━━

每年收获季节，各地农产品销售难的现象时有发生，增产不增收已成为农业发展的制约因素，严重打击了农民生产的积极性。2016年四川成都双流区永安镇红提葡萄普遍丰产，但是果农发了愁，市场行情每斤较上年低了1元多钱，但还是没有客商光顾；2018年我国大蒜举国滞销，最低价位降到了每斤1毛，农民种植1亩大蒜就要亏损1 500元以上；2020年大白菜上市之际，白菜价格每斤1毛；2022年农户的西瓜获得大丰收，各个仓库都被填满，一辆辆卡车前来拉瓜，大家都为丰收高兴的时候，瓜农自己却一点也高兴不起来，因为西瓜丰产，导致各大市场饱和，西瓜的价格比上年低了一半还多。

丰收的年份农民收入为何减少？

【讨论问题】

1.用所学经济学原理解释丰收的年份农民收入为何减少。

2.如何破解农产品"增产不增收"的怪圈？

【参考答案】

1.丰收的年份农民收入为何减少？这一现象用一成语来表示就是"谷贱伤农"，是指农民在丰收年获得的收入却比平常年低，甚至比歉收年还要低的一种矛盾现象。这种现象出现的根本原因就是农产品的需求价格弹性低及生产周期长。明白一点说，消费需求对农产品的价格变动反应迟钝。就以西瓜为例来说，农民西瓜收割后到底能卖多少钱取决于两个因素：产量和价格，是二者的乘积。但这两个变量并不是独立的，而是相互关联的，其关联性由一条向下倾斜的对西瓜的需求线来决定。西瓜丰收了，供应量加大，各大农户之间展开价格战，导致价格不断下降。但是居民相应的消费需求并没有跟随西瓜价格的下调而大幅增加。因为西瓜的需求价格弹性缺乏，价格下调，需求量增加很少，这就导致农户无法通过"薄利多销"来增加收入。从图1-8可以看出，平年的销售收入 $TR_1 = P_1 Q_1$，而丰年的销售收入 $TR_2 = P_2 Q_2$，结果：$TR_2 < TR_1$。

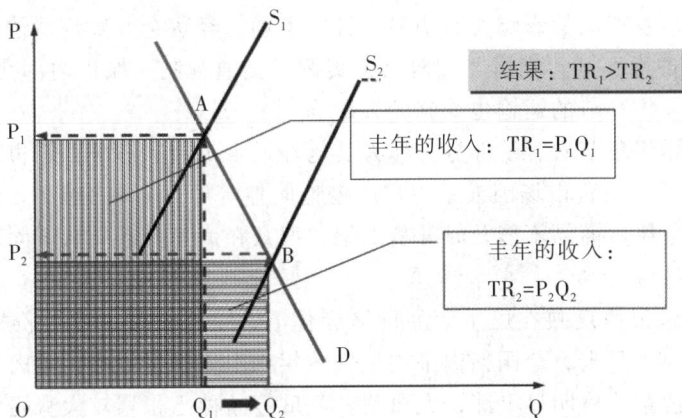

图1-8　谷贱伤农：需求缺乏弹性的产品分析

2.农产品"增产不增收"的主要原因是产业链条不健全，产销信息不对称，因此需要在生产与需求之间找到平衡点，破解"增产不增收"难题：一是需要在成本允许的前提下，不断提升农产品品质；二是要打破固有的产销模式，拓宽销售渠道，借助电商平台，将产品卖到更远的地方；三是要改变过去重生产、轻市场的观念，逐渐由"以产待销"向"以销促产"转变，让农民了解市场真正需要什么，按照市场需求种植；四是政府要当好组织者、服务者，搭建"小农户"对接"大市场"的桥梁。政府牵头，引导采购商、电商、物流、冷链、媒体等合力，形成强大的市场力量，搭建供销对接平台，培养良好的产业环境。

------------------------------ 案例 2 ------------------------------

疫情期间民生商品的价格表现和稳价措施

【案例适用】■—————————————————————————————————————

支持价格

【案例正文】■—————————————————————————————————————

2020年年初，疫情暴发与春节假期时点叠加，显著改变了供需结构和居民预期，市场发生相当大的变化调整，全国生活物资供需受到明显外在冲击，民生商品价格一度面临较大压力。

一是从生产环节看，受疫情影响，肉菜生产供应均面临较大压力。之前两年的非洲猪瘟疫情对猪肉产能造成冲击，存栏离往年正常水平本就有一定差距，屠宰加工还受到影响。蔬菜虽然总量充足，但疫情暴发后，农村生产受到影响，在田蔬菜生产和销售出现困难，不能及时转化为有效供应，进入流通环节的肉菜供应总量受到影响。

二是从流通环节看，疫情发生后，一些地区阻断交通运输，"封村""封路"，对经过重点地区的司乘人员执行隔离措施，一定程度上阻碍了民生商品的供应链，对蔬菜等鲜活农产品的影响尤为明显。批发市场、经贸企业对疫情估计不充分，营业率不高，备货不足。疫情严重地区还实行了交通管制，城市内部交通严格管控，民生商品到零售环节的运输也受到较大影响。

三是从零售环节看，受部分工作人员已经返乡等因素影响，零售环节面临较为突出矛盾。部分农贸市场因人手不足、疫情防控等原因暂停交易，商超压力激增，导致出现部分民生商品不能及时补货上架，群众在商超排起长队等问题，影响"最后一公里"供应。

这些问题很快反映在民生商品价格变化上，疫情初期，肉菜价格出现明显上涨，至2020年1月末，全国猪肉平均价格较年初上涨超过10%，禽肉价格向上快速小幅攀升，蔬菜价格明显上涨，大白菜、黄瓜等品种已积累较大涨幅。疫情重点地区受到影响更为明显，1月23日武汉采取更严格的防控措施时，猪肉价格已近80元每千克并居全国前列，蔬菜价格较年初出现较大幅度上涨，保供稳价工作面临较大压力。

关键时刻，党中央做出决策部署，中央应对新型冠状病毒感染疫情工作领导小组专门设立生活物资保障组。按照党中央、国务院决策部署，多部门组成的生活物资保障组聚焦问题、全力推进、高效运转，有力保障全国以及湖北省武汉市等重点地区民生商品供应。

一是备足库存储备，科学精准投放。疫情发生后，国家通过加强市场粮源调度，组织拍卖政策性粮源，保障粮油市场需求。我国还建立了中央和地方两级粮食储备体系，大中城市建立了一定数量的成品粮油储备，面对苗头性的消费量上升和短时集中采购，各地可向市场灵活投放，实现供求平衡。春节假期结束后，持续向市场公开组织投放中央冻猪肉储备，释放保供稳价信号，平抑价格波动，并对武汉及湖北其他市州安排应急储备，备投当地市场；部署北方大城市投放冬春蔬菜储备，合理安排零售终端投放布局。

二是加强供需对接，促进复工复产。针对疫情对肉菜供应产生的影响，印发猪肉和蔬菜等重要商品保供稳价工作实施方案，指导各地做好保供稳价工作。各地严格落实粮食安全省长责任制和"菜篮子"市长负责制，采取有力保供稳价措施。各有关部门和地方通力协作，促进民生商品生产、流通、零售衔接，打通应急条件下生活物资供应链。特别是针对湖北武汉生活必需品市场供应，启动九省联保联供协作机制，相关省份持续向湖北调运生活必需品。同时，促进重点保供企业加快复工复产并提供政策支持，支持全国超市门店在疫情期间保障供应、稳定物价、持续开工，逐步恢复和加强民生商品供应能力。

三是打通交通物流，畅通"最后一公里"。疫情防控期间，免收全国收费公路车辆通行费，有力地推动生产生活秩序恢复，同时降低民生商品物流成本；对运送生活物资车辆按照不停车、不检查、不收费、优先便捷通行的原则，畅通"绿色通道"。为便利车辆进出湖北，设置五个应急物资道路运输中转调运站，相关部门和地方政府相互协调配合，建立即时沟通机制，确保铁路、公路、民航、港口"路路"畅通。此外，针对武汉及湖北其他市州在社区封闭管理后"最后一公里"出现的问题，通过充实配送力量、发挥市场作用、加大财政支持、加强市场监管等手段，真正打通"最后一公里"。

四是加强分析监测，稳定社会预期。疫情发生后，各地加强价格监测预警，认真开展市场巡查，相关部门进行密切跟踪、分析研判，关注苗头性倾向性问题，及时妥善处理。同时，高度关注舆情，了解思想动态，做好新闻宣传，向社会释放正能量，及时解决人民群众反映的问题，增强社会信心。

在党中央坚强领导下，经过不懈努力，生活物资保障工作取得积极成效，前期出现波动的肉菜价格均很快回落。猪肉价格从比较高的水平回落，至武汉"解封"时，全国36个大中城市猪肉（精瘦肉）平均零售价格约每千克15.5元，比最高点下降10%左右。禽肉价格略有阶段性波动后下降，至武汉"解封"时，全国36个大中城市白条鸡平均零售价格约每千克7元，比最高点下降6%，低于疫情前水平。疫情初期出现的因流通环节货源、人力不足带来的蔬菜供应阶段性紧张、价格一定程度上上涨等很快得到缓解，至武汉"解封"时，全国36个大中城市蔬菜平均价格已回到疫情前水平。

疫情重点地区的民生商品价格也明显回落，2020年3月底，湖北全省精瘦肉均价约每千克15元，比疫情期间高点下降近20%，蔬菜平均价格约每千克1.5元，比疫情期间高点下降近38%。

（资料来源：张希圆. 应急条件下的民生商品保供稳价——对疫情期间民生商品保供稳价工作的思考［EB/OL］.［2021-07-10］. https：//theory.gmw.cn/2021/07/10/content_34984388.htm.）

【讨论问题】■━━━━━━━━━━━━━━━━━━━━━━━━━━━━━━━━

结合案例简述政府在疫情期间的调控对需求与供给所起的作用。

【参考答案】■━━━━━━━━━━━━━━━━━━━━━━━━━━━━━━━━

按照经济学理论，市场的供求变化势必影响商品价格的波动，通过价格的变化调整市场的供给量和需求量，并达到最终的均衡。但是，特定情境下的价格变动实现的供求均衡并不是最优的，甚至在资本、权力等的驱使下，市场供求关系失衡会出现天价商品和黑市交易等，甚至出现严重的市场失灵而使得经济运行陷入混乱，降低社会整体福利水平。

中国特色社会主义制度的优势就在于政府对企业生产、百姓生活和整体经济运行的有效调控。以2020年我国对疫情的防控为例，疫情暴发后，疫情防控物资的需求量猛增，但是当时的市场供给量有限，单纯依靠市场供求调节解决疫情防控物资生产、运输和使用问题是无法战胜疫情的。各级政府在紧急调配资源、扩大防疫物资生产、保障市场供应的同时，严厉打击个别企业提高售价牟利的不法行为，确保了防疫物资的重点配备和百姓的实际需求。在抗击疫情的特殊形势下，商品的生产、运输、销售等环节并不是完全按照自由市场的经济规律来运行的，而是在政府的统一部署下进行资源的整合与调配，最大限度地提高了疫情防控资源的使用效率。

【思政启示】■━━━━━━━━━━━━━━━━━━━━━━━━━━━━━━━━

疫情防控是一场没有硝烟的战争，特别是疫情管控期间，一些地方在市场信号不能及时传递、市场机制暂时失灵的情况下，政府切实承担起主体责任，进一步强化统筹能力、组织能力和调度能力，瞄准群众日常生活需求，打通"大动脉"、畅通"微循环"，保障物资安排及时到位，尽力满足群众生产生活物资供应需求。这是战胜疫情的物质基础，也是增强抗疫信心的精神力量。

第二章　消费者选择理论

幸福是什么

【案例正文】

从古至今，幸福就一直备受热议与关注，但怎样才叫幸福呢？不同的人对这个词语有着截然不同的观点。

古希腊的哲学家是这样来定义幸福的：幸福=身体无疾+灵魂无扰。

中国的老百姓对幸福的定义是：幸福=身体健康+家庭和睦。

诺贝尔经济学奖获得者保罗·萨缪尔森列过一个"幸福方程式"：幸福=效用/欲望。意思是说，如果人的欲望是既定的，效用越大就会越幸福。

打个比方：如果你的男友拿到奖金1 000块，可你期望他给你买10 000块的包，1 000除以10 000，幸福感只有0.1。但如果你的期望是让男友请自己吃顿200块的西餐，1 000除以200，幸福感是5。幸福指数是原来的50倍。

【讨论问题】

1. 你认为什么是幸福，欲望又是什么？

2. 幸福与欲望的关系是怎样的？

【参考答案】

1. 不同的人可能对幸福的理解不同，没有明确的答案。幸福，可以是指一个人得到满足而产生的喜悦，并希望一直保持现状的心理情绪。幸福也可以理解为是一种生活状态，一种人们对生活经验的主观感受，当然也是一种生活价值的评价，即人的生理、心理、思想需求的满足感。

欲望是指人的本性产生的想得到某种东西或想达到某种目的的心理状态。欲望是一种心理状态，而非实物。欲望是希望达到某种状态、获取某种东西，对象往往是社会生活中的客观存在。欲望反映了个体的需求，是一种缺乏、不平衡的状态。

2. 人们对幸福的感受与人们对幸福的追求和心理欲望是相辅相成的。从上面经济学的视角可以看到，人们想要获得幸福主要有两个途径：一是在既定的欲望上增加自己的效用，即消费更多的商品；二是在效用一定的情况下可以通过节欲来获得幸福感，即我们常说"知足常乐"，但是这一点对大多数人来说是很难的。所以，人们效用的满足（即幸福）主要来自商品的消费，这也是人类要发展生产、进行商品交换的根本原因之所在。

【思政启示】 ■━━━━━━━━━━━━━━━━━━━━━━━━━━━━━━━━

在物质丰富和外界诱惑巨大的今天,我们如何提升自己的幸福呢?首先我们要有明确的生活目的,满足自己应当满足的合理需要,要知足常乐;其次我们要有衡量幸福的客观依据,不至于被财富、权势、美色所累而陷入痛苦的深渊。最后,我们要处理好个人幸福与社会幸福的关系。个人幸福是社会幸福的基础和条件,社会幸福是其所有成员幸福的总和。个人的利益和幸福得不到满足,社会的利益和幸福就无从谈起。要保持个人幸福和社会幸福的和谐一致,一方面要依赖于人民在追求个人幸福时,也能适当地考虑他人的幸福和社会的幸福;另一方面要靠国家法律来保障。只要国家法律是妥当的和有效的,人们追求个人快乐的行为就不会成为社会秩序的障碍。

2.1 效用理论概述

```
----- 案例 1 -----
```
钻石和木碗

【案例适用】 ■━━━━━━━━━━━━━━━━━━━━━━━━━━━━━━━━

效用

【案例正文】 ■━━━━━━━━━━━━━━━━━━━━━━━━━━━━━━━━

一个穷人家徒四壁,只得头顶着一只旧木碗四处流浪。

穷人去一条渔船上帮工。一天,渔船在航行中不幸遇到了特大风浪,船上的人几乎都淹死了,穷人抱着一根大木头,才幸免于难。

穷人被海水冲到一个小岛上,岛上的酋长看见穷人头顶的木碗,感到非常新奇,便用一大口袋最好的珍珠宝石换走了木碗,派人把穷人送回了家。

一个富翁听到了穷人的奇遇,心中暗想,一只木碗都能换回这么多宝贝,如果我送去很多可口的食物,该换回多少宝贝!于是,富翁装了满满一船山珍海味和美酒,找到了穷人去过的小岛。

酋长接受了富人送来的礼物,品尝之后赞不绝口,声称要送给他最珍贵的东西。富人心中暗自得意。一抬头,富人猛然看见酋长双手捧着的"珍贵礼物"——木碗,不由得愣住了!

【讨论问题】 ■━━━━━━━━━━━━━━━━━━━━━━━━━━━━━━━━

1.结合案例,谈谈如何理解效用。

2.经济学上如何衡量效用的高低?

【参考答案】 ■━━━━━━━━━━━━━━━━━━━━━━━━━━━━━━━━

1.效用是指商品满足人的欲望的能力评价,或者说,效用是指消费者在消费商品时所感受到的满足程度。经济学家用它来解释有理性的消费者如何把他们有限的资源分配在能给他们带来最大满足的商品上。

由于效用是消费者对商品的主观评价，因此，同一商品会因人、因时、因地之不同而有不同的效用。案例中小岛上的人从没见过木碗，物以稀为贵，所以用一大口袋最好的珍珠宝石换走了木碗。同理，对于富人送来的山珍海味和美酒，他们也是从未品尝过，故要以他们认为的最珍贵的木碗来作为回报。

2.一种商品或服务对消费者是否具有效用，取决于消费者是否有消费这种商品的欲望。消费者欲望强烈，效用就高。对效用或者对这种"满足程度"的度量，西方经济学家先后提出了基数效用和序数效用的概念，并在此基础上，形成了分析消费者行为的两种方法，即基数效用论者的边际效用分析方法和序数效用论者的无差异曲线的分析方法。

------- 案例2 -------

钻石与水的"价值悖论"

【案例适用】
基数效用论对效用的衡量，理解总效用与边际效用
【案例正文】
钻石与水的悖论是由亚当·斯密在他的著作《国富论》里提出的。众所周知，钻石对于人类维持生存没有任何价值，然而其市场价值非常高。相反，水是人类生存的必需品，其市场价值却非常低。这种强烈的反差就构成了悖论。

为什么水那么便宜而钻石那么昂贵？——人类生存离不开水，而钻石却不是人类生存必需的。究竟是什么原因使得人们愿意为一颗钻石支付远高于一杯水的价格？
【讨论问题】
1.基数效用论是如何衡量效用的？
2.什么是总效用？什么是边际效用？
3.总效用与边际效用的关系是什么？
4.结合案例分析决定商品价格的是总效用还是边际效用，为什么？
【参考答案】
1.基数效用论认为，效用如同长度、重量等概念，是可以计量并加总求和的，所以效用的大小可以用基数（1，2，3，…）来表示。具体的效用量之间的比较是有意义的。

2.总效用是指在一定时期内消费者从消费商品或服务中获得的效用满足总量。

边际效用是指一定时期内消费者从增加一单位商品或服务的消费中所得到的效用增加量。

3.从图2-1可以看出，若边际效用大于零，则随着消费量的增加，总效用递减地增加。若边际效用等于零，则总效用达到最大值。若边际效用小于零，则随着消费量的增加，总效用就会减少。

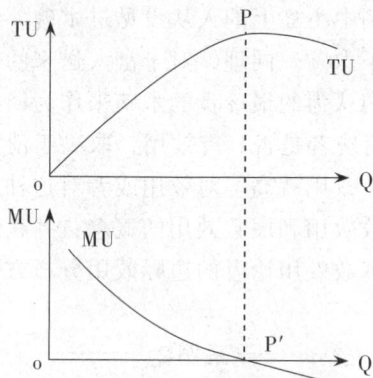

图2-1 总效用与边际效用的关系

4.消费者购买商品是为了取得效用，对边际效用大的商品，消费者就愿意支付较高价格，即消费者购买商品支付价格以边际效用为标准。按边际效用递减规律：购买商品越多，边际效用越小，商品价格越低；反之，购买商品越少，边际效用越大，商品价格越高。因此，商品需求量与价格呈反方向变化，这就是需求定理。

钻石于人的用处确实远不如水，所以，人们从水的消费中所得到的总效用要远远大于人们从钻石的使用中所得到的总效用。但是，商品的需求价格不是由商品的总效用而是由商品的边际效用决定的。人们对商品的支付意愿取决于额外一单位该商品所产生的边际效用，边际效用又取决于人们已经拥有的该商品数量。水对于生命是必需的，但是额外一杯水的边际效用很小，因为水的数量太多了。相反，钻石对于生存并非必需，但由于钻石非常稀缺，人们认为额外一颗钻石的边际效用很大。

------- 案例 3 -------

从春晚看边际效用递减规律

【案例适用】

理解边际效用递减规律

【案例正文】

从20世纪80年代初期开始，我国老百姓在过春节的年夜饭中增添了一份诱人的内容，那就是观看春节联欢晚会。1982年第一届春节联欢晚会的出台，在当时娱乐事业尚不发达的我国引起了极大的轰动。晚会的节目成为全国老百姓街头巷尾和茶余饭后津津乐道的题材。

晚会年复一年地办下来，投入的人力物力越来越大，技术效果越来越先进，场面设计越来越宏大，节目种类也越来越丰富。但不知从哪一年起，人们对春节联欢晚会的评价却越来越差了，原先的赞美之词变成了一片骂声，春节联欢晚会成了一道众口难调的大菜，晚会也陷入了"年年办、年年骂、年年骂、年年办"的怪圈。

【讨论问题】

1. 如何理解边际效用递减规律的含义？

2. 结合案例分析产生边际效用递减规律的原因是什么。

【参考答案】

1. 边际效用递减规律是指在一定时期内，其他商品的消费数量保持不变的情况下，随着消费者不断增加某商品或服务的消费量，消费者从每增加一单位商品或服务的消费中所获得的效用增加量是逐渐递减的。这种现象普遍存在，被视为一种规律。边际效用递减规律虽然是一种主观感受，但在其背后也有生理学的基础：反复接受某种刺激，反应神经就会越来越迟钝。

2. 边际效用递减规律成立的原因，首先，可以是由于随着相同消费品的连续增加，从人的生理和心理的角度讲，从每一单位消费品中所感受到的满足程度和对重复刺激的反应程度是递减的。其次，还可以是由于在一种商品具有几种用途时，消费者总是将第一单位的消费品用在最重要的用途上，第二单位的消费品用在次重要的用途上，如此等等。这样，消费品的边际效用便随着消费品的用途重要性的下降而递减。最后还有很重要的一点，在现实生活中消费者对任何一种商品的消费都有饱和点，与这一事实相对应的另一个事实就是边际效用递减。因为只有当消费商品的边际效用逐步递减为零时，消费者才达到消费饱和点。

第一届春节联欢晚会让我们欢呼雀跃，但举办的次数多了，由于刺激反应弱化，尽管节目本身的质量在整体提升，但人们对晚会节目的感觉越来越差了。在大多数情况下，边际效用递减规律决定了第一次最重要。

【思政启示】

边际效用递减规律告诉我们：一是没有任何一种商品或者服务是完美的。对于任何一种商品或者服务，其额外的消费并不能够一直带来同等程度的满足感。当我们不断增加消费量时，其带来的满足感会逐渐减少。这就说明，没有任何一种商品或者服务是完美的，消费者需要在实际消费过程中不断权衡所得到的好处和消费的成本。二是消费应当有限度。当我们在消费某种商品或者服务时，其满足程度会逐渐降低，最终可能变成负面效应。因此，消费者需要在边际效用逐渐减小的情况下，适度消费，并且要时刻考虑到自己的收支状况，做出明智的消费选择。三是经济决策需要考虑边际效用。消费者在进行经济决策时，需要考虑到边际效用的变化。因为边际效用在不同的消费量下是不断变化的，经济决策也应当在这种不断变化的环境下进行。

案例 4

支付意愿与消费者剩余

【案例适用】

理解消费者剩余

【案例正文】

在一场小型拍卖会上，有一张绝版的专辑在拍卖，小赵、小明、老李、阿俊4个人同时出现。他们每个人都想拥有这张专辑，但每个人愿意为此专辑付出的价格都不同。小赵的支付意愿为500元，小明为400元，老李愿意出350元，阿俊只想支付300元。

拍卖会开始了，拍卖者首先将最低价格定为200元，开始叫价。由于每个人都非常想得到这张专辑，并且每个人愿意出的价格都高于200元，于是价格很快上升。当价格高于300元时，阿俊不再参与竞拍，当专辑价格再次提升为350元时，老李退出了竞拍，最后，当小赵愿意出401元时，竞拍结束了，因为小明也不愿意以高于400元的价格购买这张专辑。

那么，小赵究竟从这张专辑中得到了什么满足呢？实际上，小赵愿意为这张专辑支付500元，但他最终只为此支付了401元，比预期节省了99元。这99元就是小赵的消费者剩余。

【讨论问题】

1. 如何理解消费者剩余？

2. 画图分析小赵的消费者剩余。

【参考答案】

1. 消费者剩余是指消费者在购买一定数量的某种商品时愿意支付的最高价格和消费者实际支付的总价格之间的差额。

消费者剩余是主观的，是消费者在买东西时对所购买的物品有一种主观评价，这种主观评价表现为他愿意为这种物品所支付的最高价格，即需求价格。这种需求价格主要有两个决定因素：一是消费者满足程度的高低，即效用的大小；二是与其他同类物品所带来的效用和价格的比较。

消费者剩余并不是消费者实际货币收入的增加，仅仅是一种心理上满足的感觉。买了消费者剩余为负的商品，感觉也不是金钱的实际损失，无非就是心理上挨宰的感觉而已。这就是我们认为所购买的东西值不值的含义。

2. 在图 2-2 中，横轴表述商品量 Q，纵轴表示价格 P，D 是消费者的需求曲线，表明消费者购买数量少时，愿意付出的价格较高；随着商品量的增加，消费者愿意付出的价格越来越低。如在图 2-2 中，当消费者购买 OQ_0 的商品时，愿意付出的货币总额为 OQ_0AP_1，但是，这时的市场价格为 OP_0，所以他购买 OQ_0 商品实际支付

价格为 OQ_0AP_0。他愿意支付的货币减去他实际支付的货币为 $OQ_0AP_1 - OQ_0AP_0 =$ AP_0P_1，这就是消费者剩余。案例中小赵愿意支付的价格是500元，即图2-2中的 $P_1 = 500$，其实际支付的价格为401元，即图2-2中的 $P_0 = 401$，所以小赵的消费者剩余为图2-2中阴影部分的面积为99元。

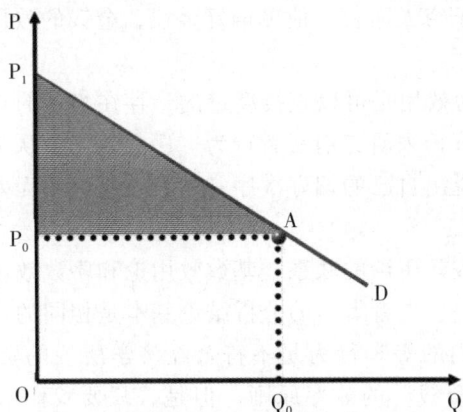

图2-2　消费者剩余

2.2　无差异曲线

案例 1

等车现象

【案例适用】
理解序数效用论

【案例正文】
在城市里我们常见的现象就是人们排队等公交车，几乎每个公交车停靠站都是人头攒动。等车占用了人们大量的时间，这点人人都明白，但事实是，只要你还没富裕到可以天天"打的"或自驾的地步，你就难免每天要耐着性子等候公共汽车。那么，如何来看待人们的等车行为，它是不是与我们常说的"时间就是金钱"这句话相矛盾呢？

【讨论问题】
1. 结合案例分析什么是序数效用论。
2. 序数效用论与基数效用论有何异同？
3. 结合案例分析人们的等车行为是否符合资源的最优配置。

【参考答案】

1.序数效用论认为，效用是不可以计量并加总求和的，所以只能用序数（第一，第二，第三，…）来表示满足程度的高低与顺序。案例中大款和穷人在打车时的行为说明大款在时间与金钱的排序上，他更偏好时间，时间的效用对他来说更高，金钱次之；而对于穷人而言，他更偏好金钱，金钱的效用更高，所以金钱排在时间的前面。

2.基数效用论认为效用是可以直接度量的，存在绝对的效用量的大小。基数效用论是运用边际效用分析来研究消费者行为。序数效用论认为消费者无法知道效用的绝对数值，而只能说出自己的偏好次序。序数效用论用无差异曲线来分析消费者行为。

基数效用论和序数效用论的联系：基数效用论和序数效用论的基本观点是分析消费者行为的不同方法，二者得出的分析结论基本是相同的。

3.初看起来，人们的等车行为是不符合经济学所说的资源的最优配置的，也即违背了"时间就是金钱"的效率原则。但是，只要我们不机械地理解经济学的定义，我们就会发现，它其实正是资源最优配置的表现。所谓资源的最优配置，无非讲的是充分地利用资源的比较优势而已。那么我们来看看等车行为的比较优势是什么。为了更好地说明问题，现在我们假定有两人，穷人和大款，同在一个地方上班。大款可以天天"打的"，而穷人只好天天挤公共汽车。两人的行为方式（资源配置方式）虽然是不同的，但同样是有效率的。这是因为，对于大款而言，他的比较优势是钱，而其稀缺资源是时间，在大款的效用函数中，"打的"虽然比坐公共汽车贵一点，但可以节约用在路上的时间，用节省下来的时间他可创造比花在"打的"上的费用更高的价值，即钱生钱，所以大款选择"打的"是完全值得的（当然大款还可能为了方便或显气派或别的什么原因"打的"，但最本质的是这点）。

穷人却不然。与大款相反，穷人多的是时间，少的是金钱，即其稀缺资源是钱。对于穷人来说，最重要的是能够少花钱办好事，时间用多少可以不在乎。等车就是一种既能消耗时间又能节约金钱的行为。换句话说，穷人用等车这一方式也能赚钱（公共汽车的相对价格更便宜）。如果穷人选择"打的"的话，节约下来的时间不能创造任何价值，这对他毫无意义（其实这种情况也适合于那些有钱但更有时间的人）。实际生活中我们还会看到穷人有时也很"慷慨"，但这多半是有什么重要事要办，这一刻，也仅仅在这一刻，他的稀缺资源变为时间，而不是金钱了。

这个案例说明穷人与富人在时间与金钱上的排序是不同的，他们各自按照自己的偏好去进行资源的最优配置。

-------- 案例 2 --------

"朝三暮四"与"朝四暮三"的区别

【案例适用】 ■————————————————————————

理解偏好

【案例正文】 ■————————————————————————

庄子《齐物论》中有个"朝三暮四"的故事,宋国有一个很喜欢饲养猴子的人,名叫狙公。他家养了一大群猴子,时间长了,他能理解猴子的意思,猴子也懂他的心意,狙公宁可减少全家的食用,也要满足猴子的要求。

然而过了不久,家里越来越贫困了,狙公必须减少猴子吃栗子的数量。但狙公又怕猴子不顺从自己,就先欺骗猴子说:"给你们的栗子,早上3个,晚上4个,够吃了吗?"

猴子一听,都站了起来,十分恼怒。过了一会儿,狙公又说:"给你们的栗子,早上4个,晚上3个,这应该够吃了。"

猴子一听,一个个都趴在地上,非常地高兴。

"朝三暮四"的成语故事,原本是揭露了狙公愚弄猴子的骗术,告诫人们要注意实际,防止被花言巧语所蒙骗。在这个故事里,因为栗子的总量并没有发生变化,所以猴子们的行为显得很愚蠢。

【讨论问题】 ■————————————————————————

1. 如何理解消费者的偏好?消费者的偏好对效用会产生什么样的影响?

2. 结合案例分析偏好如何影响消费需求。

【参考答案】 ■————————————————————————

1. 在经济学中,偏好是指消费者对商品或商品组合的喜好程度。消费者对商品的偏好可以根据某些客观指标,也可以基于因心理感受而给出的主观判断。每一个消费者拥有一个特定的偏好,消费者基于偏好对商品做出主观价值判断,并据此对商品及其数量组合所带来满足程度的大小进行排序。

2. 不同的消费者在购买商品时,即使相同的收入、相同的商品,所购买的商品差别很大,其中一个重要的原因是不同的消费者对不同的商品的喜欢和爱好程度不同。消费者对某种商品更喜欢,该商品的需求就大;对某种商品不喜好,该商品无需求或需求小。消费者的偏好支配着他在使用价值相同或接近的替代品之间的消费选择。偏好实际是潜藏在人们内心的一种情感和倾向,它是非直观的,引起偏好的感性因素多于理性因素。偏好有明显的个体差异,也呈现出群体特征。我们要了解消费者的偏好,才能更好地满足消费者,提高消费者的效用。

【思政启示】 ■————————————————————————

消费者的个人偏好具有自发性和随意性,是以自我为中心的。这种随意性的、以自我为中心的潜在价值取向可能偏离"常规"的行为方式，不可避免地导致对公共秩序的侵蚀。我们要注意适度限制和矫正个人偏好，使其向维护公共秩序的方向发展，有机协调二者的内在冲突，是建设和谐社会的内在要求，也是实现人的全面发展的必然趋势。

2.3　预算约束线

案例

新时代大学生的消费观

【案例适用】

理解预算约束线

【案例正文】

随着互联网经济的不断发展，互联网中林林总总的金融产品、各种贷款形式不断涌现，时刻撩动着大学生的消费心弦。大部分互联网金融信贷产品的门槛极低，只需要提供身份证和家庭信息就可以快速获批不小的信用额度，这对没有稳定收入而又向往及时享乐的部分大学生来说，无异于"雪中送炭"，具有极大的贷款诱惑力和消费煽动力。大学生群体作为近年来新兴的消费群体，对流行消费形式和观念的反应更为迅速，超前消费现象普遍。艾媒咨询数据显示，53.3%的受访大学生使用分期付款产品，此外，分别有19.8%、17.4%的受访大学生会通过分期付款、贷款购买超过预算的产品。

新时代大学生成长期的富庶程度远非父辈可比，这无疑造就了大学生较高的物质需求水平和物质感受体验。同时由于受到泛娱乐主义等思潮的冲击和影响，大学生容易形成追求感官刺激和物质满足感的享乐主义心态。在享乐主义思想的刺激和裹挟下，在众多"娱乐至死"视频媒体、广告媒介的影响下，一部分大学生沉迷于娱乐化、享受化、碎片化的物质生活，疏于认真学习和提升自我，逐渐形成生活上追求享乐、消费上挥霍浪费的行为模式。在这种消费模式下，大学生的消费有可能产生超前和浪费。手机是大学生进行娱乐的最常见的工具，有调查显示，大学生更换手机的周期为18个月，远高于手机淘汰周期17~43个月。大学生"充分享受"买买买带给自身的愉悦感，为了享乐而购买成为其提升快感的兴奋点，他们沉溺于这种快感构建而成的幻境中，失去了寻找自我价值、谋求自我提升、实现自我发展的内在动力。

【讨论问题】

什么是预算约束？结合案例，请分析新时代大学生应树立什么样的消费观。

【参考答案】■————————————————————————————

　　大学生的主要资金来源是父母给予的生活费，应当在预算约束下进行理性消费，之所以出现超前消费、享乐消费，原因主要包括三方面：一是家庭和学校消费教育的缺失；二是受西方消费主义文化的冲击、大众传媒的庸俗化、网络交易平台的监管缺位；三是大学生自身发展的不足，如消费心理不成熟、理财能力欠缺、人生观和价值观出现了偏差。

【思政启示】■————————————————————————————

　　新时代大学生要全面发展、健康成长，应树立理性消费观，根据自己的经济和消费需求状况，量入为出，在效用最大化原理的指导下进行适时适度消费；树立绿色消费观，在购买商品过程中践行符合生态发展要求、低能耗、低污染的消费。

2.4　消费者均衡

--------------------- 案例 ---------------------

把每一分钱都用在刀刃上

【案例适用】■————————————————————————————

消费者均衡的决定

【案例正文】■————————————————————————————

　　假定1元钱的边际效用是5个效用单位，一件上衣的边际效用是50个效用单位，消费者愿意用10元钱购买这件上衣，因为这时的1元钱的边际效用与用在一件上衣上的1元钱的边际效用相等。此时消费者实现了消费者均衡，也可以说实现了消费（满足）的最大化。低于或大于10元钱，都没有实现消费者均衡。我们可以简单地说在收入既定、商品价格既定的情况下，花钱最少得到的满足程度最大就实现了消费者均衡。

　　通俗地说，假定你有稳定的职业收入，你银行存款有50万元，但你非常节俭，吃、穿、住都处于温饱水平，实际上这50万元可以使你实现小康生活。要想实现消费者均衡，你应该用这50万元的一部分去购房，用一部分去买一些档次高的服装，银行也要有一些积蓄；相反，如果你没有积蓄，购物欲望非常强，见到新的服装款式，甚至借钱去买，买的服装很多，而效用降低，如遇到一些家庭风险，没有一点积蓄，就会使生活陷入困境。还比如你在现有的收入和储蓄情况下是买房还是买车，你会做出合理的选择。你走进超市，见到琳琅满目的物品，你会选择你最需要的；你去买服装肯定不会买你已有的服装。所以说经济学是选择的学问，而选择就是在你资源（货币）有限的情况下，实现消费满足的最大化，使每一分钱都用在刀刃上，这样就实现了消费者均衡。

【讨论问题】

1. 什么是消费者均衡？

2. 为什么说货币的效用与物品的效用相同时消费者得到的效用最大？

【参考答案】

消费者均衡就是消费者购买商品的边际效用与货币的边际效用相等。这就是说消费者的每1元钱的边际效用和用1元钱买到的商品的边际效用相等。我们前边讲到商品的连续消费边际效用递减，其实货币的边际效用也是递减的。在收入既定的情况下，消费者存储货币越多，购买物品就越少，这时货币的边际效用下降，而物品的边际效用在增加，明智的消费者就应该把一部分货币用于购物，增加他的总效用；反过来，消费者卖出商品，增加货币的持有，也能提高他的总效用。经济学家的消费者均衡理论看似难懂，其实一个理性的消费者，他的消费行为已经遵循了消费者均衡理论。

2.5   价格变动的替代效应和收入效应

------- 案例 -------

保姆赚小费的故事

【案例适用】

价格变动的替代效应和收入效应

【案例正文】

阿迪达斯和耐克是世界知名的两个运动鞋品牌，尤其是在篮球鞋领域，两家品牌所占市场份额较大，竞争力并驾齐驱。虽然两个品牌的篮球鞋在设计上有差别，但对于非专业篮球玩家来说，很难体验出它们减震、防滑、稳定性、保护等技术上的细微差别，在普通消费者选择购买两种品牌的篮球鞋时，更多考虑的是价格优惠政策。如果阿迪达斯实施全场7折优惠，当期销量马上会有大幅上升，耐克的销量也会受到很大影响。我们假定将耐克和阿迪达斯篮球鞋组成一个消费组合，如果阿迪达斯篮球鞋实施优惠政策对消费组合有什么样的影响呢？

【讨论问题】

1. 结合案例分析什么是替代效应，什么是收入效应。

2. 当一种商品降价了，替代效应与收入效应会使商品的需求量发生何种变化？

【参考答案】

1. 替代效应是指由于商品相对价格变化引起的消费组合构成比例的变化。案例中阿迪达斯篮球鞋降价引起了阿迪达斯篮球鞋和耐克篮球鞋间相对价格的变化，从而导致消费者购买阿迪达斯篮球鞋和耐克篮球鞋的数量发生变化，就是替代效应。

收入效应是指在消费者收入既定的前提下，由于商品价格变化导致实际购买力变化而引起的商品消费组合的变化。案例中阿迪达斯篮球鞋降价导致消费者实际购买力增强，引起消费者购买阿迪达斯篮球鞋和耐克篮球鞋的数量发生变化，就是收入效应。

2.如图2-3所示，横轴为耐克消费量，纵轴为阿迪达斯消费量。假设消费者初始消费预算线为RS。在此消费预算约束下，消费者能获得的最大效用为U_1，此时的消费组合位于无差别曲线U_1与RS的切点A。当耐克打折促销时，消费者对于耐克运动鞋的实际购买力提升，消费者的实际预算约束变为RT。当实际购买力上升时，消费者可以获得的最大效用为U_2，此时的消费组合位于无差别曲线U_2与RT的切点B。A和B对应的耐克消费量的变化F_1F_2就是总效应。作一条RT的平行线MN，使之与无差别曲线U_1相切于D，则D就是当阿迪达斯和耐克的相对价格发生变化后，如果消费者维持原有的效用U_1，对消费组合进行调整后的消费点。D对应的耐克消费量是OE，则F_1E就是替代效应，是相对价格变化引起的对耐克运动鞋消费量的变化。而EF_2就是收入效应，是消费者实际购买力增长引起的对耐克运动鞋消费量的变化。替代效应和收入效应之和就是总效应。

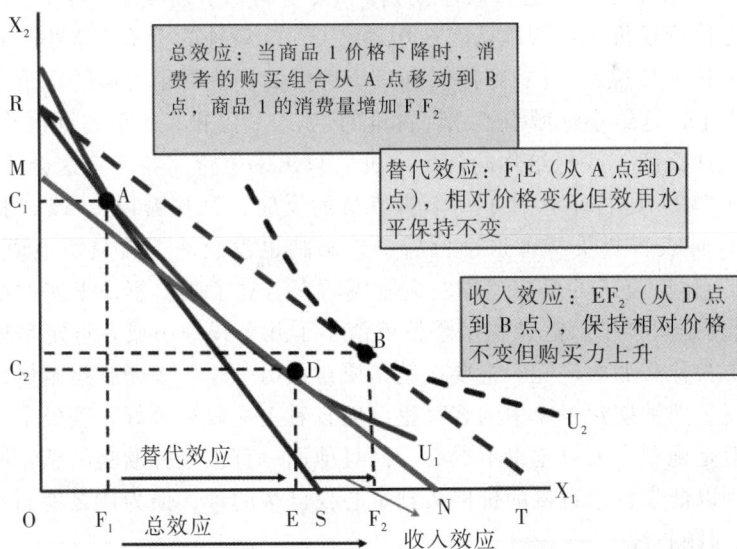

图2-3　价格变动的替代效应与收入效应

接下来看纵轴的阿迪达斯，由于替代效应的存在，消费者对阿迪达斯运动鞋的消费会减少，也就是消费组合从A变化到D的过程中，纵坐标绝对值变小；而收入效应因为提高了消费者实际购买力，又会提高阿迪达斯运动鞋的消费，也就是消费组合从D变化到B的过程中，纵坐标绝对值变大。

需要注意的是，并不是所有物品的替代效应和收入效应都会像案例中商品打折促销后与总效应同方向变化。经济学将消费品分为正常品和劣等品，正常品的消费是随着收入的增加而增加的，劣等品相反，其消费是随着消费者收入的增加而减少的。

综合案例

案例 1

消费者效用的实现

【案例正文】

有一对夫妻，花了 3 个月时间才找到了一只他们非常喜爱的古玩钟，他们商定只要售价不超过 600 美元就买下来。但是，当他们看清上面的标价时，丈夫却犹豫了。"哎哟，"丈夫低声说，"上面的标价是 800 美元，你还记得吗？我们说好了不超过 600 美元，我们还是回去吧。"妻子说："我们试一试，看店主能不能卖便宜点，毕竟我们已经寻找了这么久才找到。"夫妻俩私下商量了一下，由妻子出面，试着与店方讨价还价，尽管她认定 600 美元买到这只钟的希望非常小。妻子鼓起勇气，对钟表售货员说："我看到你们有只小钟要卖。我看了上面的标价，而且价标上有一层尘土，这给小钟增添了几许古董的色彩。"停顿了一下，她接着说："我告诉你我想干什么吧，我想给你的钟出个价，只出一个价。我肯定这会使你震惊的，你准备好了吗？"她停下来看了一下售货员的反应，又接着说："哎，我只能给你300 美元。"钟表售货员听了这个价后，连眼睛也没眨一下就爽快地说："好！给你，卖啦！"你猜妻子的反应怎样？夫妻俩欣喜若狂了吗？不，事实的结果是正好相反。"我真是太傻了，这钟本来恐怕就值不了几个钱……或者肯定是里面缺少了零件，要不为什么那么轻呢？再要么就是质量低劣……"妻子越想越懊恼。尽管后来夫妻俩还是把钟摆到了家中的客厅里，而且看上去效果很好，美极了，似乎走得也不错，但是她和丈夫总觉得不放心，而且他们一直被某种欺骗的感觉所笼罩。

夫妻俩以低于自己意愿的价格买到了心仪已久的钟，但为什么他们不开心呢？

【讨论问题】

1. 用消费者效用理论解释出现上述现象的原因。

2. 如果钟表店的售货员坚持不降价或只稍微降价，你认为这对夫妻还有可能购买这只钟吗，为什么？

【参考答案】

1. 效用是商品满足人的欲望和需要的能力和程度。从消费主体考察，消费者消费商品对自己某种需要满足程度的感觉，是消费者的一种主观感觉或感受；进一步说这种主观的感觉或感受，是一个心理的感知过程。故事中出现这种现象的原因就是那个钟表售货员居然爽快地以300美元就把那只钟卖给那对夫妻，售货员这种爽快的行为使那对夫妻认为钟表不值300美元，没有实现他们消费时的效用。深入到他们的内心分析一下他们的心理反应，就是他们在购买那只钟的同时，没有从购买行为中获得一种价值感，没有获得效用最大化的实现，也就是人们常说的这个价买这东西值了；相反，就感觉上当受骗了。

2. 如果售货员坚持不降价或只稍微降价，这对夫妻仍然可能购买这只钟，因为他们花了3个月时间才找到了这只他们非常喜爱的古玩钟，他们对这只钟具有特殊的偏好。尽管他们商定只要售价不超过600美元就买下来，但他们心里认定他们看上的这只钟不止值600美元，所以如果经过艰难的讨价还价后，价格高于300美元，他们仍然可能购买这只钟，这样能使这对夫妻获得心理满足。如果你此时计算消费者剩余为600-300=300美元，那就错了，因为当售货员爽快地答应把钟表卖给这对夫妻时，他们心里愿意为此支付的最高价格就不再是600美元了，也可能立即降为200美元，从他们的心理反应过程看，此时消费者剩余应该很小，甚至是负值。如果售货员掌握关于效用、消费者剩余等经济理论，可能就会提高营销技巧，使消费者在购买其商品时获得比较大的效用享受。

------ 案例2 ------
眼镜行业的暴利

【案例正文】■

随着时代的发展和生活节奏的加快，人们在学习、工作、生活等方面的压力越来越大。学生近视的比例一年比一年高，越来越多的中年人开始出现老花眼，所以人们对眼镜的需求逐年攀升，这就给从事眼镜行业的厂商带来了暴利。

这里所说的眼镜是指根据个人具体情况需要佩戴的、作为辅助视力工具的眼镜，如近视镜、远视镜、老花镜等，不包括太阳镜等装饰性眼镜和墨镜等通用型的功能性眼镜。

（资料来源：李宜达. "眼镜行业暴利" 迷局无解吗——基于微观经济学视角和博弈分析[J]. 社会科学动态，2018（11）：91-95.）

【讨论问题】■
尝试用弹性理论和效用理论分析眼镜行业暴利的原因。

【参考答案】■
对于眼镜行业的暴利，主要有以下三个原因：

眼镜需求的价格弹性较小。首先，眼镜的用途具有专一性，基本不能用于其他用途。所以，当眼镜的价格提升时，消费者没有办法舍弃次要用途而选择最重要的用途，只能被动地接受这个价格。其次，眼镜在消费者生活中占据了重要地位。对于患有近视或远视的人来说，眼镜在他们的生活中是必不可少的，没有眼镜他们的生活会有诸多不便。再者，眼镜在消费者预算总支出中所占的比例也较小，购买眼镜对他们的生活支出不会产生多大的影响。最后，眼镜的可替代性很弱。虽然现在用激光手术可以治愈近视眼，但是很多人还是不愿冒风险而选择戴眼镜来矫正视力。对于远视、老花，现在还没有成熟的技术可以治愈，只能通过眼镜来矫正。所以，当眼镜的价格升高时，人们对眼镜需求量的减少并不会很明显。因为 $0<E_p<1$，且由厂商的销售收入公式 $TR=PQ$ 可知，厂商可以借机大幅度抬高价格 P，而消费者需求量 Q 只会小幅度降低，厂商销售收入 TR 则可以增加。

眼镜的边际效用水平较高。对于那些患有中度以上近视和远视的人群来说，是否戴眼镜对他们生活的影响是有很大区别的。戴了眼镜，生活可以方便很多，比不戴眼镜的效用大大增加，也就是说眼镜的边际效用是很大的。从而，消费者对眼镜的依赖性是很强的。根据基数效用论的观点，当达到消费者均衡时，边际效用与价格之比等于货币的边际效用，即 $MU/P=\lambda$ 是一个常数。因为眼镜的边际效用很大，所以眼镜的价格 P 必然也要很大才能维持 λ 不变。所以，在满足消费者效用最大化的情况下，厂商可以提高价格来牟取暴利。

市场信息不对称严重。眼镜市场属于不完全竞争市场，所以买卖双方能获取的信息是不完全、不对称的。卖家非常了解眼镜的成本和各方面的性能，然而买方则对眼镜的成本和优劣不是很了解。因此，卖家常常通过设计美丽时髦的镜架款式来吸引顾客并借机抬高价格，有时它们也故意先抬高原价，然后降价促销，这就使得消费者误以为自己从中得到了优惠。此外，有些卖家还通过品牌效应来刺激消费者高价购买他们的眼镜，从而从中大赚一笔。

第三章 企业的生产和成本

开篇案例

大国粮仓根基牢　中国饭碗端得稳

【案例正文】

党的十八大以来，以习近平同志为核心的党中央高度重视粮食生产，把粮食安全作为治国理政的头等大事。我国粮食连年丰收，产能站稳了 13 000 亿斤台阶，2021 年，粮食迎来"十八连丰"。从当年 4 亿人吃不饱到今天 14 亿多人吃得好，我国以占世界 9% 的耕地、6% 的淡水资源，养育了世界近 1/5 的人口，有力回答了"谁来养活中国"的问题，中国人的饭碗越端越稳。

大米是我们日常生活中主要的粮食，它是怎么生产出来的呢？大米是由成熟的水稻脱壳加工而成，从种子播种开始经过 5 个月（各地因气候不同，种植到成熟期不同）左右的时间蜕变而成餐桌上的米。俗话说"谁知盘中餐，粒粒皆辛苦"，每一粒大米都来之不易，经过晒种、选种、育苗、插秧、水肥管理、田间管理、收割、加工这些过程，每一个环节都需要农民与农业企业付出辛劳的汗水与智慧。

我国西汉时期的文学家、史学家、思想家司马迁在《史记·货殖列传》中写道"天下熙熙皆为利来，天下攘攘皆为利往"，一语道破了厂商逐利的目标。自古至今利润最大化是企业永远的目标。

【讨论问题】

1. 什么是生产？结合案例分析大米生产过程中投入了哪些生产要素。经济学中把不同类型的生产要素划分为哪几类？

2. 厂商的生产目标是什么？厂商有哪些具体目标？

【参考答案】

1. 生产被定义为把各种投入转换为产出的一个过程，而把投入与产出联系在一起的就是企业。大米生产过程是农业企业通过投入农民的劳动、农业机械、水田和科研及管理团队等要素，运用先进的生产技术，最终生产出大米。人们把生产过程中的各种投入称为生产要素，因此，结合上述分析，大米生产过程中农业企业投入了劳动、资本、土地和企业家才能四种生产要素。

2. 企业的生产目标是追求利润最大化。从短期来看，厂商的具体目标呈现出多元化且不断变化的特点，如有的企业以销售收入最大化为目标，有的企业以市场份额最大化为目标，有的企业因更注重社会责任而把稳定与增长作为目标等。从长期来看，如果企业在经营中一直亏损，则注定不能生存，更谈不上发展。赢利丰厚的厂商更有实力积累资本，研发并采用先进技术，优先从银行借到资金，从而更具市场竞争力。利润最大化是企业生存发展的基本准则，一个不以利润最大化为目标的企业终将遭到市场的淘汰。

【思政启示】 ■━━━━━━━━━━━━━━━━━━━━━━━━━

追求利润最大化是企业经营的重要目标，但企业在追求经济利润的同时，还应实现自身发展与社会环境协调统一，勇于承担企业责任也至关重要。随着中国特色社会主义市场经济的发展和政府对企业合法生产、诚信经营的有效引导，企业的社会责任感明显增强。很多企业积极践行社会主义核心价值观，在持续推进生产技术的研发与创新，为社会提供更高质量产品和服务的同时，切实履行社会责任，为改善民生、推动经济社会高质量发展做出了积极贡献。

3.1 企业

```
------- 案例 1 -------
我国市场主体数量变化
```

【案例适用】 ■━━━━━━━━━━━━━━━━━━━━━━━━━

企业的类型与企业的本质

【案例正文】 ■━━━━━━━━━━━━━━━━━━━━━━━━━

作为广州总部经济最为密集的地方，天河 CBD 一直以来都是国内外名企落脚广州的热门选择。据了解，天河 CBD 拥有跨国公司总部 13 家，3 家世界 500 强企业的总部，以及 140 家世界 500 强企业设立的 184 家项目机构，境内 500 强企业 20 家。广汽集团、雪松控股、南方电网这 3 家上榜世界 500 强的广州企业，都与天河 CBD 有着强力链接。其中，广汽集团在这里有整栋写字楼作为总部办公室，雪松控股办公室设在西塔，南方电网公司则盘踞体育东路一带。除此之外，许多国内外知名会计师事务所、律师事务所也选择在天河 CBD 占领一席之地。放眼天河 CBD，各路网红店随处可见，粤菜、火锅、日料、泰国菜、烤肉，应有尽有。车水马龙里，挑着鲜花沿途摆卖的小贩、扛着冰糖葫芦沿街叫卖的小贩也络绎不绝。

【讨论问题】 ■━━━━━━━━━━━━━━━━━━━━━━━━━

1.结合案例分析厂商与企业这两个概念有何区别、有何联系。

2.查阅资料，分析案例里提及的多家企业，它们体现了哪几种厂商组织形式？它们之间有何区别？

3.企业的本质是什么？为什么多家国内外名企选择落脚广州？

【参考答案】

1.厂商也称生产者，是指能够做出统一生产决策的单个经济单位。企业是厂商的主要组织形式。例如，案例里跨国公司是厂商，街头小贩也是厂商。作为市场主体，厂商既是产品市场的供给者，也是要素市场的需求者。

2.按照财产的组织形式和所承担的法律责任的不同，可将厂商的组织形式划分为个人独资企业、合伙制企业和公司制企业。案例里提及的广汽集团、雪松控股和南方电网都是公司制企业，会计师事务所和律师事务所一般为合伙企业或个人独资企业。

三者之间的区别：（1）个人独资企业也称个人业主制企业，是指由单个人出资经营的厂商组织。业主享有企业全部的经营所得，同时对企业债务承担无限责任。个人独资企业利益动机明确而强烈，经营决策自由灵活，易于管理，但资金有限，规模较小，阻碍了生产的发展，抗风险能力弱，容易破产。（2）合伙制企业是指由两个或两个以上的自然人依合同或协议联合起来共同出资经营的厂商组织。合伙人共同分享企业所得，共同承担企业债务，并对企业债务承担无限连带责任。相对于个人独资企业，合伙制企业中合伙人分工合作，使专业化得到加强，具有一定的企业规模优势；但合伙人之间仅靠契约维系关系，组织不稳定，且合伙人集体决策，难以有效协调，企业的资金和规模仍有局限性。（3）公司制企业是指按公司法设立和经营的具有法人资格的厂商组织，是现代企业最重要的组织形式。企业由股东所有，股东按出资额对企业债务承担有限责任，主要利用债券和股票来筹集资金。公司制企业有效地实现了出资者所有权和管理权的分离，具有筹资范围广泛、投资风险有限、组织制度科学、组织形式相对稳定、管理团队专业等突出优点。但公司尤其是股份有限公司设立程序相对复杂，所有权与管理权的分离会带来一系列的问题。在我国，公司制企业主要包括有限责任公司和股份有限公司。

3.作为厂商的主要组织形式，企业是商品经济发展到一定阶段的产物。企业的本质是一种营利性经济组织，是一种与市场并存且能以更低的交易成本替代市场的资源配置方式。之所以多家国内外名企选择落脚广州，是因为广州拥有多方面的优势。例如，地理位置优越、人才资源丰富、政策优惠多、市场开放度高、产业链完整、交通便利、基础设施完善、市场潜力巨大等。

【思政启示】

近年来，我国营商环境不断优化，充分激发全社会的创业创新活力，各类市场主体活力迸发，成为促发展、稳就业、保民生、统筹发展与安全大局的最重要的经济基础。党的二十大报告提出："完善产权保护、市场准入、公平竞争、社会信用等市场经济基础制度，优化营商环境。""坚持和完善社会主义基本经济制度，毫不动摇巩固和发展公有制经济，毫不动摇鼓励、支持、引导非公有制经济发展，充分发挥市场在资源配置中的决定性作用，更好发挥政府作用。"引导学生关注中国企业发展状况，了解企业对我国社会经济的重要意义，了解我国企业的世界竞争力日益提升的情况，提升民族自豪感，增强制度自信。

-----案例2-----

廉价航空公司的典范：西南航空

【案例适用】

企业的目标

【案例正文】

廉价航空公司指的是票价比一般航空公司便宜的新型航空公司。1971年，美国西南航空公司推出了一种低成本运营的盈利模式，并在实践中取得了令人瞠目结舌的成绩。根据西南航空2022年年报，其营业收入238.14亿美元，同比增长50.82%。并且，自1980年上市以来，其股价涨了近84倍，表现出了较强的盈利能力和较高的成长性。

廉价航空运输成本的降低主要依靠两个手段：一是通过提高飞机利用率（高密度座位及飞行时间）降低单位成本；二是通过降低维护成本（单一机型及很低的人机比）来控制整体运营费用。双管齐下使其机票价格低于其他主流航空公司而受到很多旅客的欢迎。西南航空公司的另一个成功因素源于其差异化的定位，它是世界上唯一一家只提供短航程、高频率、低价格、点对点直航的航空公司。正如西南航空的总裁凯勒尔所说："我们在与汽车竞争，而不是飞机。我们正在降低我们的价格，这样就可以与福特、克莱斯勒、通用、丰田和日产相竞争。客运量早就在那儿，那它在陆地上，我们把它从高速公路上拉起来，把它放在飞机上。"

西南航空从客户群定位出发，走大众路线，与传统的民航工业相比，其面向更加广阔的用户群，拥有更多的短航线线路，这无疑使其他航空公司不敢比拼。成本的降低，加上满足客户的大众化需求无疑是西南航空致胜的法宝。

【讨论问题】

1.结合案例分析西南航空成功的因素有哪些。其做出降低运输成本、进行差异化定位等决策的目标是什么？

2.企业决策有哪些类型？不同类型的决策考虑的因素有哪些？

【参考答案】

1.西南航空成功的因素有：（1）通过两种手段降低成本（2）进行了合适的差异化定位。其做出相关决策的目标是追求利润最大化。

2.企业决策类型可分为短期决策及长期决策。经济学中长期是指所有的生产要素都可以改变，短期则是指，一部分生产要素可以改变，起码有一种生产要素不会改变。比如对于一家小型餐馆来说，一个月就可以算作是长期，因为它的生产资料、服务员等都可以很快进行调整。而对于一个钢铁厂来说，一个月只能算

是短期，因为它的生产规模来不及进行调整。因此，不同类型的决策考虑的因素可能涉及时间长度、生产要素调整难度、销售收益、企业增长速度等。

3.2 生产函数

 案例

小李创业之路

【案例适用】■———————————————————————
生产函数

【案例正文】■———————————————————————

到 2020 年，我国普通本专科在校生规模已达 3 285.3 万人。同时，随着我国经济的发展，家庭收入的提高，高校在校生的消费水平也不断提高，这意味着这个特通消费市场孕育着巨大的商机。

嗅到了这一商机，临近毕业的在校大学生小李决定在学校图书馆一楼大厅开设一家咖啡店，专营各品类咖啡。开业前，他花了 5 万元进行店铺装修，并花 2 万元购置了 1 台咖啡机、各种原材料并雇用了 2 名咖啡师。营业初期虽然客流量较少，但由于咖啡师技术较好、所选用的咖啡豆品质良好，顾客对出品的满意度较高，咖啡店的口碑逐渐建立了起来，生意也日益红火起来。但随之而来的是投诉增多。前来购买咖啡的同学们常常抱怨出品时间太长。为了解决这一问题，小李马上购置了一台咖啡机，并新雇用了两名咖啡师。看着投诉的减少及营业额的增加，小李深受鼓舞。

眨眼间几年过去了，看着经营情况日渐平稳的咖啡店，小李做出了一个大胆的决定——开设自己的咖啡生产厂！为此，花费数月，小李租了一栋厂房，建了 3 条专门用于咖啡生产的生产线，聘请了数位专业技术人才及大量生产工人。看着生产顺利步入正轨，甚至还开始有了供不应求的迹象，小李别提多高兴了。为了满足市场需求，小李向银行贷款了 30 万元用于扩大生产规模。一个月后，新建的咖啡专用生产线正式投入使用，新雇用的生产工人也如期到岗。没想到，天有不测风云，由于竞品的创新与推广，新口味果蔬汁在消费者当中快速流行起来。受此影响，消费者对咖啡的需求直线下降。

市场触觉灵敏的小李马上对校园咖啡店进行升级改造，投入一笔资金用于购买果蔬汁生产设备和原材料，聘请有果蔬汁制作经验的店长 1 名并对原有咖啡师进行果蔬汁调配培训。半个月不到，原来的咖啡店摇身一变打出了"内有各式新鲜果蔬汁提供"的广告。但是，这半个月间，小李看着刚扩大了生产规模的咖啡生产厂却犯了难——现有市场对咖啡的需求已近乎减半，厂房的租期还有 5 年，现有人才并不熟悉果蔬汁的生产，由产量降低带来的生产工人停工与生产线闲置……

【讨论问题】 ▰━━━━━━━━━━━━━━━━━━━━━━━━━━━━━

1.小李为经营咖啡店投入了哪些生产要素？这些生产要素与咖啡的产量间的关系如何表示？

2.如何区分"短期"和"长期"？案例中，"短期"和"长期"是如何体现的？

【参考答案】 ▰━━━━━━━━━━━━━━━━━━━━━━━━━━━━━

1.小李投入了资本（用于装修的现金、咖啡机）和劳动（咖啡师），分别用 K 和 L 表示，这两者和咖啡产量（Q）之间的关系可通过建立生产函数 $Q=f(L, K)$ 表示。

2.短期是指生产者来不及调整全部生产要素的数量，至少有一种生产要素的数量固定不变的一段时期，长期则是指生产者可以调整全部生产要素数量的时期。相应地，将可以调整的生产要素称为可变要素，而把不能或来不及调整的生产要素称为不变（或固定）要素。在案例中，半个月里，咖啡店购置了相关原料与设备并聘请了店长，对原有咖啡师进行了培训，即半个月间咖啡店完成了对所投入的所有生产要素（资本和劳动）的调整，因此这半个月对咖啡店来说是长期。但同样的半个月，咖啡生产厂的生产工人、生产线等均未来得及进行调整，因此这半个月对咖啡生产厂来说是短期。

3.3　短期生产函数

━━━━━ 案例 1 ━━━━━

ABS泵的生产

【案例适用】 ▰━━━━━━━━━━━━━━━━━━━━━━━━━━━━━
总产量、平均产量和边际产量

【案例正文】 ▰━━━━━━━━━━━━━━━━━━━━━━━━━━━━━

ABS泵是汽车安全史上最重要的发明之一，是汽车生产的重要零部件之一，假定一家生产企业用4条生产线进行加工。

刚开始，用8名工人加工，每2人管理1条生产线。由于工人们既要操作生产线上各个环节，又要进行必要的辅助工作（如卡零件、领取材料、借用工具、相互传递、打扫卫生等），机床的生产效率很低，日产量为16件，人均产量为2件，边际产量为2件。

当工人数增至12人时，每3人管理1条生产线。每个工人在完成生产线上各个环节操作的同时，还要完成相应的辅助工作，日产量增加到48件，人均产量为4件，边际产量为8件。

当工人数增至17人时，有1个人专做辅助工作，其他16人能将大部分时间用在生产线上各个环节的操作上，日产量增加到85件，人均产量为5件，边际产量为7.4件。

再增加1人后，有2人专做辅助工作，其他16人将全部精力放在生产线上，充分发挥设备效率，产量增加到90件，人均产量为5件，边际产量为5件。

当工人数增至19人时，日产量虽然增加到91件，但由于新增工人没多少活干，平均产量开始下降，边际产量大幅下降。此后，随着工人数的进一步增加，工人间的互相干扰增加，废品率也相应上升。

当工人数增至20人时，总产量仍为91件，边际产量为0。

当工人数增至21人时，由于人浮于事、工人间职责划分不清、互相分心闲聊，废品率进一步上升，总产量下降为86件，平均产量继续下降，边际产量为负。

当工人数增至22人时，总产量降至78件。

【讨论问题】

1.整理ABS泵生产的劳动投入量与产品产量统计表，需包括总产量、平均产量、边际产量。

2.画图分析劳动要素投入量的合理区域。

3.分析边际产量递增与递减的主要原因。

【参考答案】

1.ABS泵生产的劳动投入量与产品产量统计表见表3-1。

表3-1　　　　　　　　　　　ABS泵的生产函数

生产线 K（条）①	工人数 L（人）②	总产量 TP_L（件）③	平均产量 AP_L（件）④=③÷②	ΔTP_L⑤	ΔL⑥	边际产量 MP_L（件/人）⑦
4	0	0	0	0	0	0
4	8	16	2	16	8	2
4	12	48	4	32	4	8
4	17	85	5	37	5	7.4
4	18	90	5	5	1	5
4	19	91	4.8	1	1	1
4	20	91	4.6	0	1	0
4	21	86	4.1	−5	1	−5
4	22	78	3.5	−8	1	−8

2.首先，当劳动量较小时，其边际产量大于平均产量，称该阶段为第一阶段。在该阶段，新增加1单位劳动所获得的产量比现有劳动的平均水平都要高。于是，

企业应该雇用这1单位的劳动，即企业不会停止劳动投入量的增加。由此可见，该阶段是不合理投入区——如果把劳动投入确定在第一阶段而不增加，那就是不合理的。

其次，当劳动量很大时，其边际产量将小于0，即增加投入不仅不增加总产量，反而会使得产量下降，称该阶段为第三阶段。显然，理性的企业也不会把劳动投入确定在这一阶段内。

最后，当劳动量既不是很小也不是很大时，其边际产量将小于平均产量，但仍然大于零，称该阶段为第二阶段。第二阶段是劳动的合理投入区。换句话说，理性的生产者总是把劳动投入选择在第二阶段上（如图3-1所示）。

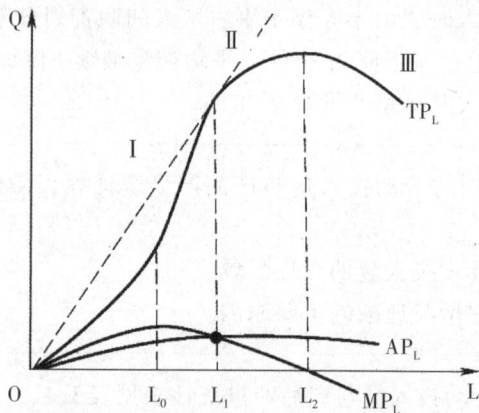

图3-1　一种可变要素投入的合理区域

3.当可变投入较少的时候，不变投入显得相对较多，此时增加可变投入可以使要素组合比例趋向合理从而提高产量增量；而当这个组合比例达到最有效率的那一点后，再增加可变投入，就使可变投入相对不变投入来说显得太多，从而使产出的增加量递减。

------ 案例2 ------

化肥对中国粮食产量的影响

【案例适用】

边际报酬递减规律

【案例正文】

2019年9月，中国农业农村部公布了中华人民共和国成立70年来农业生产取得的成就，1949年我国粮食平均亩产仅为68.6千克，1965年稳定在100千克以上，1982年突破200千克，1998年突破300千克，到2018年达到374.7千克，比中华人民共和国成立初期增加了4倍多。人均占有量翻了一番。1949年我国人均粮食占有量仅为209千克，2018年增加到470多千克，人均占有量高于世界平均水平。在同期人口增加一倍多的情况下，人均粮食占有量比中华人民共和国成立初期翻了一番多,十分不易。

为何我国人均粮食占有量有了如此喜人的增长?在众多因素中,化肥在其中发挥了重要作用。如图3-2及图3-3所示,2015年以前,粮食产量变化趋势与农用化肥施用量变化趋势大体保持一致,其产量呈现出随农用化肥施用量的增加而增加的态势。

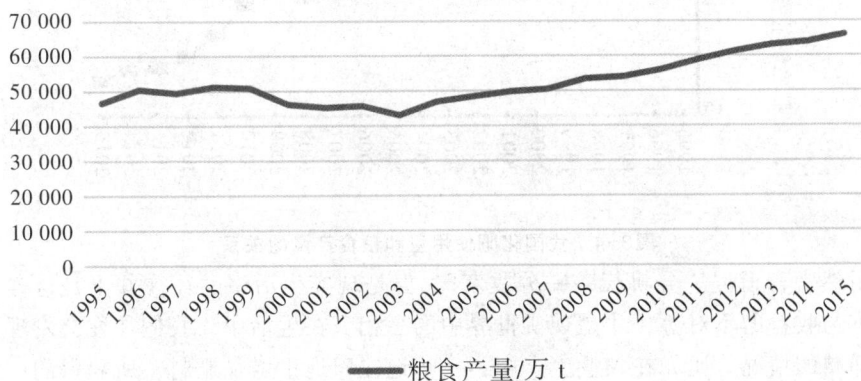

图3-2 我国1995—2015年粮食产量

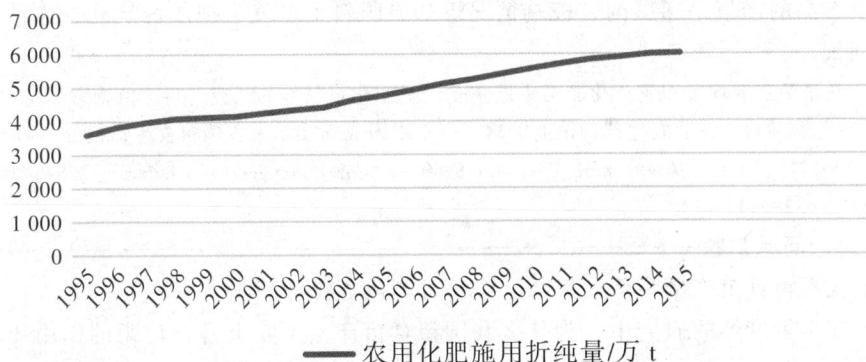

图3-3 我国1995—2015年农用化肥施用折纯量

对于我国农业生产中化肥投入量与粮食产出的关系这一重要课题,我国学者麻坤等人收集了1995—2015年中国30个省份粮食投入产出数据,剔除其他因素,研究了化肥使用和粮食产量的关系。该研究发现我国化肥使用量和粮食产量的关系如图3-4所示。

麻坤认为,该图较好地描述了我国1995—2015年单位面积粮食产量对化肥施用量的弹性系数的变化趋势,可以发现化肥施用量弹性系数的变化符合倒"U"形曲线,该弹性系数在2000年左右达到最大值,2000年以后开始呈现出明显下降的趋势。这说明化肥投入已经超过了经济学的最优施用量,进入边际报酬递减阶段,在其他要素投入相对稳定的情况下,再增加化肥施用量并不能带来预期的产量增加,反而会增加生产成本、污染农业生产环境。

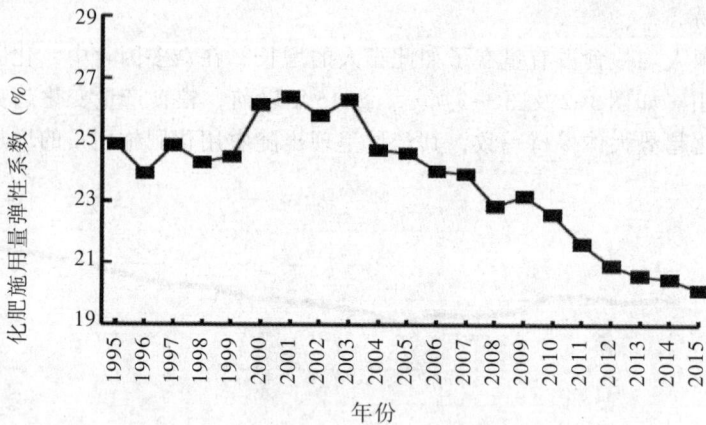

图3-4 我国化肥使用量和粮食产量的关系

虽然常言道"一分耕耘，一分收获"，但是现实生活中，往往并不是这样，投入成本与收益的不对等，才是现实世界中的真相。在生活中，我们往往会发现边际收益递减的情况。比如在农业生产中，一味地往田地里增加肥料，所获得的产量一般是：随着肥料的增加，农产品的产量先是递增的，当达到一个高度后，再增加肥料，农产品的产量是递减的，极端情况下如果肥料太多就会把庄稼烧死，连种子都收不回来。

（资料来源：麻坤，刁钢. 化肥对中国粮食产量变化贡献率的研究 [J]. 植物营养与肥料学报，2018，24（4）；农业农村部种植业管理司. 新中国成立70年来我国粮食生产情况 [EB/OL].[2019-09-17]. http://www.moa.gov.cn/hd/zbft_news/qzzhrmghgcl70zndshc/xgxw_25845/201909/t20190917_6328044.htm.）

【讨论问题】

1.我国粮食亩产量为什么不断上升？可能包含哪些因素？

2.在学者麻坤的研究中，为什么我国粮食亩产量不断上升，化肥的作用却越来越小？

3.从历史数据看，我国粮食亩产量是否遵循边际报酬递减规律？未来农业发展应该着重于哪些方面？

【参考答案】

1.可能包含技术进步、中央重视农业支持粮食生产的政策支持、农业基础设施与生产条件改善等。学者实证研究表明，土地投入的影响由强转弱，粮食增产日益依赖于促成单产增加的技术进步、资本投入等其他因素；不同类型的资本投入存在迥异的影响效应，以灌溉设施为代表的农业基础设施投入存在强烈的正向效应，以农业机械总动力为代表的劳动节约型投入呈现先正后负再正的演变特征，以化肥使用量为代表的农资投入符合边际报酬递减规律；农业结构调整、非农产业发展等宏观背景，以及邻近省份随机误差等其他因素均影响实际的粮食产量；各类型区的粮食产量变化机制存在显著差异，反映要素边际报酬递减、规模效应、政府调控等内外因素的共同影响。

2.在学者麻坤的研究中，其根据相关模型估计的化肥可变弹性系数已经处于下降趋势，并且依据两个模型结果计算的化肥在粮食变化中的贡献率均逐渐趋近于零，这说明在目前中国粮食产量增加过程中化肥的作用已经很低，继续增加化肥施用量并不会带来产量大幅增加。化肥投入已经超过了经济学的最优施用量，进入边际报酬递减阶段，在其他要素投入相对稳定的情况下，再增加化肥施用量并不能带来预期的产量增加，反而会增加生产成本、污染农业生产环境。

3.作为生产者来说，总希望收益越多越好，为此总要增加生产要素的投入。但是，生产要素的投入与收益之间并不是成正比的关系，并不是投入越多，收益就越多。投入尽可能多的成本，当然希望得到尽可能多的收益，但事实往往令人失望，因为成本与收益并不总是呈正比递增的。但是，从长期来看，技术进步的因素发挥作用，人们是可以突破边际收益递减规律的制约的。大力进行技术创新和制度创新就是突破边际收益递减的两个途径。本案例中的数据显示，我国农业生产水平不断提高，粮食总产量与亩产量在过去几十年中增长迅速。其原因可能包含了多种因素，这些因素在经济学中可以归类为主要的几种要素类型。不同的要素类型对农业生产的促进作用不是一种简单的关系，作用程度也不相同。

【思政启示】

我国历来十分重视粮食生产，自改革开放以来，中共中央国务院每年发布的一号文件绝大多数都着重于农业农村问题。我国粮食产量、亩产量呈现稳步增长趋势。但是农业生产和任何生产一样，都必须遵循客观规律，受到各种条件的约束。从边际报酬递减规律的角度看，我国农业生产必须在认识、遵循客观规律的前提下发挥主观能动性，多维度提升农业生产效率。同时，也要注意存在的各种隐患。

案例3

中国人养活自己靠的是农业技术进步

【案例适用】

边际收益递减规律

【案例正文】

边际收益递减规律早在18世纪就有经济学家提出。有人把这一规律应用到农业领域却描绘出一幅人类前景悲惨的画面来：因为耕地等自然资源毕竟是有限的，要增产粮食最终只能依靠劳动力的增加，但边际收益递减规律表明，劳动力投入带来的粮食边际产量递减，而人口在不断增长，带来的必然结果是人类将不能养活自己。无独有偶，1994年，一位叫莱斯特·布朗的人重复类似悲观的预言，发表了一篇题为《谁来养活中国》的文章，宣称人口众多的中国将面临粮食短缺，进而引发全球粮价猛涨的危机。

布朗先生的担忧并没有发生，是因为边际收益递减规律发挥作用是有条件的，其条件之一就是在生产过程中所使用的技术没有发生重大变革。一旦技术水平发生改变，该规律可能不再成立。中国有出色的农业科学家，推动着农业技术不断进步。

著名经济学家克拉克较早地发现了这一规律，他曾指出，"知识是唯一不遵守收益递减规律的工具"。如美国微软公司为开发第一套视窗软件投入了 5 000 万美元，其额外生产上千万套只需复制即可，成本几乎可以不计，但仍能以与第一套同样的价格发售。这样，在新经济部门，就出现了不同于传统产业部门的"边际收益递增"的情况。

【讨论问题】
1. 边际收益递减规律适用的条件有哪些？
2. 举例说明生活中的"边际收益递增"的事实是否违背了边际收益递减规律。

【参考答案】
1. 边际收益递减规律适用的条件有三个方面：第一，边际收益递减规律发挥作用的条件是生产技术水平保持不变。这一规律只能在生产过程中所使用的技术没有发生重大变革的前提下才可能成立。如果出现技术进步，边际收益递减规律可能不再成立。第二，边际收益递减规律只有在其他生产要素投入数量保持不变的条件下才可能成立。如果在增加可变要素投入的同时，增加其他生产要素投入，那么这一规律也可能不再成立。第三，边际产量递减在可变要素投入增加到一定程度之后才会出现。边际产量并非一开始就会出现递减，原因在于，生产过程中存在着固定不变的要素投入，在可变要素投入数量很低时，不变要素投入相对过剩，增加1单位可变要素投入可以使得固定不变的生产要素得到更加有效的使用，因而产量也会增加。但随着可变要素投入不断增加，不变要素投入相对不足，从而对产量增加形成制约。在这种情况下，可变要素的边际产量就会出现递减。因此，边际收益递减规律要在可变要素投入增加到一定程度之后才会发挥作用。

2. 没有违背边际收益递减规律。由于信息等高科技产业以知识为基础，而知识具有可共享、可重复使用、可低成本复制、可发展等特点，对其使用和改进越多，其创造的价值越大，因此，反而会产生边际收益递增。

【思政启示】
马克思主义哲学原理中，量变是指事物数量的增减和场所的变更，是事物在原有性质的基础上、在度的范围内发生的变化；质变是指事物性质的变化，是事物由一种质态向另一种质态的转变，表现为突变。边际收益递减规律正是哲学中"量变质变规律"的体现。

3.4　长期生产函数

眼镜的生产

【案例适用】

边际技术替代率及其递减规律

【案例正文】

假定一家眼镜厂商生产眼镜只使用劳动（工人）与资本（机器）两种生产要素，其生产目标是一小时生产50副眼镜。一台自动化生产机器一小时可以生产10副眼镜。一个工人可同时操作5台机器。于是厂商计划雇用一个工人并购买5台机器以完成其既定生产目标。一开始，机器运行顺畅，顺利完成产量目标。

但其中一台机器忽然坏了，衡量了手工生产眼镜的速度后，厂商决定以雇用两个新工人的方式来完成对应的产量。

随着时间推进，又一台机器坏了，可是由于工人逐渐增加，互相干扰导致降低工作效率的情况开始出现。厂商只能多雇用3个新工人，以完成生产目标。

很不幸，第3台机器也"罢工"了，为了维持一小时生产50副眼镜的产量水平，厂商只能又雇用了4个新工人。

第4台机器也不堪重负"倒下"了，厂商只能再雇用5个新工人。

唯一剩下的一台机器苦苦支撑。

可是，随着工人的增多，管理难度加大，工人之间产生矛盾等问题频频发生。此时，工人的生产效率严重低下，想要维持原有的产量水平变得非常困难。

【讨论问题】

1.整理表格说明为实现厂商的生产目标，劳动和资本的要素组合情况。

2.上述不同的要素组合体现了什么经济学原理？它存在什么规律？

【参考答案】

1.眼镜厂商劳动和资本的要素组合情况如表3-2所示。

表3-2　　　　　　　　　　　眼镜厂商劳动和资本的要素组合

生产要素组合	劳动L	资本K	产量Q	ΔL	ΔK	MRTS$_{LK}$
1	1	5	50	1	5	/
2	3	4	50	2	−1	0.50
3	6	3	50	3	−1	0.33
4	10	2	50	4	−1	0.25
5	15	1	50	5	−1	0.20

2.体现了边际技术替代率。边际技术替代率是指在维持产量水平不变的条件下，厂商增加一单位某种生产要素投入量时所减少的另一种生产要素的投入量。从表中可以看出，边际技术替代率呈递减的变动趋势。这就是边际技术替代率递减规律，即在维持产量水平不变的条件下，随着一种生产要素投入量的连续增加，每一单位的这种生产要素所能替代的另一种生产要素的数量是递减的。

------------------------------ 案例 2 ------------------------------

中国培育具有全球竞争力的世界一流企业：进展、差距和策略

【案例适用】■————————————————————

生产扩展

【案例正文】■————————————————————

中国的经济发展奠定了培育具有全球竞争力的世界一流企业的坚实基础。中华人民共和国成立以来，中国工业从无到有快速发展，尤其是改革开放以来中国企业快速融入全球市场经济体系，在全球范围内的影响力也在不断提升和增强。中国特色社会主义进入新时代以来，中国企业的国际影响力更是迅速提升，中国存在一批正在接近世界一流的企业。以下从规模、效益、创新、国际化和品牌5个维度纵向和横向国际比较分析，从总体上认识中国培育具有全球竞争力的世界一流企业的进展和差距。

中国培育具有全球竞争力的世界一流企业的进展呈现5个维度依次递进的规律。第一，企业规模历经多年扩大，与世界一流企业的差距已不突出，企业规模效应逐步显现。第二，企业效益在规模推动整体上有所改善，为加大创新力度和国际化发展提供了条件。第三，随着国家和企业经济实力的增强，创新投入和产出短期内有了明显的增加，成为企业走向世界市场的源泉和动力。第四，中国从利用外资"引进来"的内向国际化到对外投资"走出去"的外向国际化，短短40多年实现了跨越式发展，中国企业规模优势奠定了国际化的基础。第五，有的企业开始进行全球品牌建设，随着创新力度的加大，企业品牌价值整体有所升高，特别是随着中国企业进入海外市场，品牌国际影响力不断增加。总体上讲，5个维度分析可以视为培育具有全球竞争力的世界一流企业的5个阶段，中国500强企业大多处于第一、第二阶段；少数企业或领域处于第三、第四阶段；领先的企业已开始进入第五阶段。5个阶段具有一定的逻辑递进性，但是，以华为为代表的新兴领域的企业则有可能实现短期跨越式发展。

中国培育具有全球竞争力的世界一流企业的差距：第一，企业规模需继续壮大。中国企业规模有明显增长，与主要发达国家企业规模指标各有所长。但是，若考虑行业结构对企业规模的影响，则中国企业仍然存在差距，相关数据分析表明，世界500强企业营业收入总额和资产总额是中国500强企业的2～3倍。第二，企业

效益有待提高。中国企业竞争优势主要在传统行业，而战略性新兴产业仍有较大差距。中国企业与美国企业盈利能力普遍存在差距，仍呈现明显的发展中国家工业化阶段的特征。在保健、食品和娱乐等与人类生活和健康密切相关的行业里，以美国、日本和欧洲发达国家企业为主。第三，企业创新亟待加强。中国企业创新能力与发达国家企业相比仍十分薄弱。尽管近年来中国企业创新能力不断提升，在发展中国家和转型经济体中占有重要的地位，华为等企业进入世界前列，但总体上尚难以与世界一流企业相提并论。无论从研发投入总量还是研发强度上考察，中国企业在发展中国家中处于前列，但与发达国家企业还难以等量齐观。第四，企业国际化刚刚起步。改革开放以来中国企业国际化实现了质的飞跃，2019年中国100强跨国公司的跨国指数上升到15.96%，有6家企业进入2018年100强跨国公司榜单。但是无论从数量还是指标方面看，都远远滞后于发达国家。从跨国指数及其分指标看，英国企业跨国指数高达81.64%，是中国企业的5倍；美国企业跨国指数是中国的2倍多。英国在各个分指标方面均处于领先地位，海外资产占比、海外营业收入占比和海外员工占比分别是中国企业的2.79倍、3.52倍和7.17倍，其他发达国家也明显高于中国。第五，企业品牌建设任重道远。中国企业品牌进入世界品牌总数有限。发达国家品牌主要集中于高科技制造业和服务业，而中国则聚集于较为传统的能源业。中国企业品牌价值尚未达到世界一流水平。全球最大的综合性品牌咨询公司Interbrand发布的2018年全球最佳品牌100强显示，中国仅有华为一个品牌上榜，以品牌价值75.78亿美元位列第68位。

（资料来源：崔新健，欧阳慧敏. 中国培育具有全球竞争力的世界一流企业：进展、差距和策略［J］. 经济学动态，2020（5）：28-40.）

【讨论问题】◼━━━━━━━━━━━━━━━━━━━━━━

查阅资料并结合案例内容，谈谈你对中国培育具有全球竞争力的世界一流企业的看法。

【参考答案】◼━━━━━━━━━━━━━━━━━━━━━━

中国培育具有全球竞争力的世界一流企业的机遇与挑战同在。中国培育具有全球竞争力的世界一流企业有了显著进展，奠定了进一步发展的基础。人工智能、大数据、量子信息、生物技术等新一轮科技革命和产业革命的大规模快速发展，催生了大量新产业、新业态、新模式，世界经济正处于新旧动能转换的关键时期；新兴市场国家和发展中国家群体迅速崛起，使世界版图发展更加全面均衡，国际体系在各种制度、体制、机制的不断蜕变中呈现新的面貌，促使国际格局和力量对比加速演变，全球治理体系正发生深刻重塑；中国培育世界一流企业与共建"一带一路"倡议相辅相成，助推世界一流企业建设步伐。

【思政启示】◼━━━━━━━━━━━━━━━━━━━━━━

党的十九大报告提出"培育具有全球竞争力的世界一流企业"，明确了我国企业做强做优做大的目标。中国作为最大的发展中国家，正在不断融入全球市场经济体系，这一进程离不开世界一流企业的支撑。因此，培育世界一流企业既是顺应世界经济发展趋势的必然产物，也是中国经济实现高质量发展、从大到强的关键所在。

3.5 短期成本函数

案例 1

赵经理的投资决策

【案例适用】

经济学中的成本——机会成本

【案例正文】

随着市场经济的发展与深化，企业面临的成长环境更加严峻，为了获得效益增长的持续性，企业必须注重科学、合理的投资。企业进行项目投资可以充分利用货币性资产和实物资产，经过系统的研究、测算和分析，对投资可行性做出判断。然而，在当前的投资市场中，可供企业选择的投资机会具有多元性的特征，需要企业将投资进行合理的对比，做出正确的投资决策。

赵经理是某企业的投资经理，他所在的企业拟将100万元的货币资金用于一项目的投资，且该投资项目预计回报周期为一年且具有较强的排他性，经过测算，该投资项目可获得净收益1.6万元，即该项目的资产收益率为1.6%。但赵经理在调研中发现，拟用于投资的100万元货币资金中，50万元是企业内部的自有资金，剩余50万元来自银行贷款。若将50万元自有资金作为本金存于银行，一年可获得存款利息1.75万元（按一年定期存款利率3.5%计算）。对比之下，赵经理认为企业不应进行该项投资。

【讨论问题】

1.赵经理为什么认为企业不应该进行该项投资？从中体现了什么经济学原理？

2.如何理解机会成本？请举例说明你留意到的生活中的机会成本。

【参考答案】

1.因为经测算，该项投资一年的净收益仅为1.6万元，而在现行利率下，50万元的自有资金存款一年能获得1.75万元的利息收益，明显高于该项投资的净收益，因此赵经理认为企业不应该进行该项投资。从中体现了机会成本这一经济学原理。

2，机会成本是指某项资源用于一种特定用途而不得不放弃掉的其他机会所带来的成本，通常由这项资源在其他用途中所能得到的最高收入加以衡量。生活中的例子，比如小赵去面试，A公司开出的工资是3 500元，但B公司开出的工资是4 800元，小赵最终选择B公司，那么小赵在B公司上班的机会成本就是3 500元。

再比如，面对星期一早上八点的微观经济学课，小赵可以选择在宿舍睡懒觉，可以选择按时来到课室认真听讲，也可以选择去球场打篮球。已知机会成本通常由这项资源在其他用途中所能得到的最高收入加以衡量。假定以上这些选择带给小赵的效用分别为8效用单位、5效用单位、10效用单位。如果小赵选择了按时上课，那么小赵按时上课的机会成本是10效用单位；如果小赵选择了睡懒觉，那么小赵睡懒觉的机会成本也是10效用单位；如果小赵选择去球场打篮球，那么此时他的机会成本是8效用单位。

------- 案例2 -------

"下海"明智吗？

【案例适用】 ■
经济成本、会计成本

【案例正文】 ■
在"下海"的浪潮中，刚毕业的小李放弃到手的工作机会，选择用自己的30万元资金办了一个箱包厂。一年结束时，会计拿来了收支报表。当小李正看报表时，他的一个经济学家朋友小王来了。小王看完报表后说，我的算法和你的会计不同。小王也列出一份收支报表。这两份报表如表3-3所示。

表3-3　　　　　　　　会计的报表和经济学家的报表　　　　　　单位：万元

会计的报表（会计成本）		经济学家的报表（经济成本）	
销售收入	130	销售收入	130
设备折旧	5	设备折旧	5
厂房租金	10	厂房租金	10
原材料	60	原材料	60
电力	7	电力	7
工资	20	工资	20
贷款利息	25	贷款利息	25
总成本	127	小李应得的工资	15
		自有资金利息	2
		总成本	144
利润	3	利润	-14

【讨论问题】 ■
1.根据这两个报表判断，箱包厂老板小李"下海"是否明智？为什么？

2.什么是经济成本？经济成本与会计成本是一回事吗？

【参考答案】

1.虽然从会计成本的角度出发，小李"下海"办厂一年的成本是127万元，会计账面上盈利了3万元。但是，从经济学的角度出发，这一行为的经济成本为144万元，也即小李"下海"办厂一年实则亏损了14万元，因此小李下海是不明智的。

2.在经济学中使用按"机会"衡量的成本，称为经济成本。经济成本包含显性成本和隐性成本两部分。显性成本是指企业为生产一定数量的产品购买生产要素所花费的实际支出。例如，企业雇用工人所支付的工资、购买原材料的费用等都是显性成本。隐性成本是指企业使用自己拥有但并非从市场上购买的生产要素的机会成本。而会计成本是指企业在经营过程中所实际发生的一切成本，包括工资、利息、土地和房屋的租金、原材料费用、折旧等，也即显性成本。因此，经济成本与会计成本并不是一回事，经济成本包含了会计成本。

------------ 案例3 ------------

窄轨铁路改造项目的成本

【案例适用】

会计成本、机会成本、沉没成本

【案例正文】

某省曾经有一条特色窄轨铁路，建于1963年。这条"铁矿专用铁路"从某铁矿延伸到长江边，全长46千米，轨距762毫米。多年来，无论酷暑严寒，小火车准时往返于铁矿与钢铁厂之间。由于铁矿地处偏僻，铁矿职工也依赖该窄轨铁路上下班。

铁矿带来了经济发展和人员就业，每年还上缴大量的利税，围绕矿工的衣食住行，又催生出一批就业岗位和市场需求。但一个令人无比担忧的事情发生了：铁矿品质似乎有逐年下降的趋势，这意味着铁矿资源正在逐步衰竭！同时来自国外的价廉物美的铁矿石严重冲击了我国自产铁矿石销量。最终，该铁矿于2010年停止开采，被改造成铁矿地质博物馆。铁矿职工数量大幅减少，铁矿的通勤功能十分有限。因此，这条特色窄轨铁路在机车、运输车厢、信号控制系统及铁轨等工况十分良好的情况下也被迫停止运营。

当地政府于2014年本着废物利用的原则，对该窄轨铁路进行改造，投入500万元，将之打造成网红铁路。设计了多种铁路旅游项目，自行车、玩具车、矿列机车、KN调机（注：一种小型内燃窄轨机车）轮番登场，一时好不热闹。但是由于运营管理不当，且铁矿地质博物馆游客数量稀少，网红铁路随后逐渐悄无声息，被迫再次停止营业。铁矿职工对此相当不满，认为政府决策失误，既没有转型成功，又没有提供改善出行的方案。

【讨论问题】■————————————————————————————

1.该窄轨铁路改造项目的会计成本和机会成本分别是什么？

2.在改造前，如果当地政府未经过市场调研，没有提出项目改造方案，该窄轨铁路是否存在机会成本？

3.在最终停止运营后，该窄轨铁路的沉没成本是否存在？如果存在，是由哪些成本转化而来的？

【参考答案】■————————————————————————————

1.我们常常谈到成本，那么究竟什么是成本？每个企业都有自己的会计账户，它记录着企业在过去一段时期内生产和经营过程中的实际支出，这些支出被称为会计成本。会计成本常被用于对以往经济行为的审核和评价。而对成本，经济学家的定义是：成本就是为了得到某种东西而必须放弃的东西。机会成本在经济学上是一种非常特别的既虚又实的成本。其概念告诉我们，任何稀缺资源的使用，不论在实际中是否为之付出代价，总会形成"机会成本"，即为了这种使用所牺牲掉的其他使用能够带来的益处。案例中该窄轨铁路改造项目的会计成本是为将之打造成网红铁路所投入的500万元，而这一项目机会成本除包括这500万元以外还包括这500万元用于别处所可能带来的收益。并且改造项目决策时忽略了铁矿职工的出行需求，而满足铁矿职工出行需求所可能赚取的货币以及铁矿职工需求被满足的满意度也都是这一改造项目的机会成本。

2.依然存在。虽然在改造前该窄轨铁路已停止营业，但选择将资源闲置也是对资源的一种利用方式。因为这种资源仍可以再利用，去创造新的价值。所以，即使是在改造前当地政府未经过市场调研，没有提出项目改造方案，该窄轨铁路仍存在机会成本。

3.沉没成本是一种历史成本，对现有决策而言是不可控成本，会在很大程度上影响人们的行为方式与决策。对企业来说，沉没成本是企业在以前经营活动中已经支付现金，而经营期间摊入成本费用的支出。因此，固定资产、无形资产、递延资产等均属于企业的沉没成本。从成本的形态看，沉没成本可以是固定成本，也可能是变动成本。企业在撤销某个部门或是停止某种产品生产时，沉没成本中通常既包括机器设备等固定成本，也包括原材料、零部件等变动成本。通常情况下，固定成本比变动成本更容易沉没。从数量角度看，沉没成本可以是整体成本，也可以是部分成本。例如，中途弃用的机器设备，如果能变卖出售获得部分价值，那么其账面价值不会全部沉没，只有变现价值低于账面价值的部分才是沉没成本。因此，沉没成本是一种会计成本。

在本案例里，该窄轨铁路在最终停止运营后，其沉没成本是存在的。比如，这条窄轨铁路不再使用以及前期投入的500万元所设计的多种铁路旅游项目，为此购置的自行车、玩具车、矿列机车、KN调机等都会转化为其沉没成本。

-------- 案例 4 --------

利润在经济学家与会计师眼中是不同的

【案例适用】

会计利润与经济利润

【案例正文】

王先生应用经济学硕士毕业后，回到家乡继承了家族企业——一家机械制造厂。在经营管理的过程中，王先生发现某型号的螺栓总是供货不及时，限制了企业的产能。于是王先生用自己的银行存款300万收购了一个五金生产厂，以保证该型号螺栓的及时供应。王先生的会计师孙会计计算得出，五金厂一年的利润是30万元。而王先生依据自己的专业知识提出了不同的看法。我们用经济学的理论分析王先生眼中的成本和利润。

王先生如果不支取这300万元收购五金厂，而是把钱存在银行里，在市场利息5%的情况下他每年可以赚到15万元的存款利息。王先生为了拥有自己的工厂，每年放弃了15万元的利息收入。这15万元就是王先生开办企业的机会成本之一。

经济学家和会计师以不同的方法来看待成本。经济学家把王先生放弃的15万元也作为他企业的成本，尽管这是一种隐性成本，因此一年的利润是15万元。但是会计师并不把这15万元作为成本表示，因为在会计的账面上并没有货币流出企业去进行支付，一年的利润是30万元。因此利润在经济学家与会计师眼中是不同的。

【讨论问题】

在此案例中王先生会计利润和经济利润分别是多少？

【参考答案】

利润一般是指经济利润，也称超额利润，是指厂商总收益和总成本的差额。一般来说，会计利润的表达式为"会计利润=总收益-会计成本"，而经济利润的表达式为"经济利润=总收益-经济成本"或"经济利润=会计利润-机会成本"。这里的经济成本不仅包括会计成本（显性成本），还包括机会成本（隐性成本）。此案例中王先生用自己的银行存款开办工厂的机会成本是15万元，因此，会计利润是30万元，经济利润是15万元。

案例 5

旅行社在旅游淡季如何经营

【案例适用】

短期成本与长期成本

【案例正文】

某旅行社在旅游淡季打出从天津到北京世界公园 1 日游 38 元（包括汽车和门票）的广告。很多人可能不相信，认为这是旅行社的促销噱头。该广告可信吗？真的会这么便宜吗？ 38 元连世界公园的门票都不够。从经济学的角度我们来分析，认为该广告可能是真的。因为旅行社在淡季游客不足，而旅行社的大客车、旅行社的工作人员这些生产要素是不变的，一个游客都没有，汽车的折旧费、工作人员的工资等固定费用也要支出。任何一个企业的生产经营都有长期与短期之分，从长期看如果收益大于成本就可以生产。更何况就是 38 元旅行社也还是有钱赚的，我们给它算一笔账：假定旅行社的大客车载客 50 人，每位游客 38 元，收入共计 1 900元；高速公路费和汽油费假定为 500 元，门票价格每位游客 10 元共 500 元，可变成本共计 1 000 元，这样旅行社可以赚取 900 元。这 900 元可以用来弥补全部或部分固定成本的支出。如果不经营，那么所有的固定成本支出都需要旅行社自身来支付。因为在短期内旅行社即使不经营也要损失汽车的折旧费、工作人员的工资等固定成本的支出，所以只要每位乘客支付的费用等于平均可变成本就可以经营。另外，公园在淡季门票团体票也会打折也是这个道理。

【讨论问题】

1.什么是短期成本？什么是长期成本？

2.结合案例分析什么是固定成本，什么是可变成本，什么是平均可变成本。

3.旅行社在什么情况下就可以经营？

【参考答案】

1.短期成本是指厂商在短期内进行生产经营的开支，分为短期固定成本和可变成本。短期内使用的固定的生产要素（厂房、设备等）不能调整；短期内能够调整的是可变的生产要素（工资、原材料等）。在长期中，企业可以对所有的生产要素进行调整，因而所有生产要素都是可变投入，长期内没有不变成本和可变成本的区分。

2.在短期内，企业为生产既定产量所需要的生产要素投入的费用就是该产量下的总成本，它由不变成本和可变成本两部分构成。不变成本又称固定成本，是指不随企业产量变动而变动的那部分成本，它对应着不变投入的费用；可变成本是指随着企业产量变动而变动的那部分成本，它对应着可变投入的费用。平均可变成本是指每单位产量所花费的可变成本。在案例里，旅行社的大客车、旅行社的工作人员这些不变的生产要素带来的汽车的折旧费、工作人员的工资都是旅行社的固定成本。高速公路费、汽油费和门票价格是旅行社的可变成本。按照案例中给出的数据，可变成本共计 1 000 元，参团旅客 50 人，可计算出平均可变成本为 20 元。

3.旅行社在短期内不经营也要损失固定成本的支出，因此只要收益能够弥补可变成本，就可以继续经营下去。

3.6 长期成本函数

案例

快递行业中的规模经济

【案例适用】
规模经济（内在经济）与规模不经济（内在不经济）
【案例正文】
快递业包括揽收、运输、中转、派送等多个环节，是典型的具备规模经济的行业。快递行业的规模经济包括运输、网络、管理运营、外部等资源。

与运输资源相关的规模经济主要体现在移动载运工具方面。增加的运量可以分摊车辆的固定成本，单位运输成本随着运输工具载运能力的增加而降低。快递企业在干线采用大型、高效和专用运输设备，对支线车辆合理配载，提高车辆装载率，对实现运输资源规模经济具有重要意义。

与网络资源相关的规模经济体现在点线方面。快递网络由点（网点、转运中心）和线（干线、支线等运输线路）构成，形成直达网络、轴辐式网络以及直达与轴辐式的混合网络。从网络整体看，运输网络、经营网点增加和网络中基础设施数量的增加可以带来规模经济，即快递网点、转运中心的增加能够有益于原有网络的正外部性，提高网络的整体价值，新扩增网络所在区域的需求被纳入网络，新增需求可以分摊更多的固定成本。从网络组织看，轴辐式网络将一个或多个节点设立成枢纽中心站，承担分拣、集包、配载的功能，其规模经济不仅表现为对转运中心固定成本的分摊的集群效益，也会在网络干线上形成规模效应，提高资源利用率。

与管理运营相关的规模经济，一是可以体现在大规模管理的经济性上，技术上统一操作设备、信息系统、平台架构有助于集中管控、集中分析、集中优化；制度上统一监管标准，包括员工管理、结算管理、服务质量管理、服务价格管理、安全管理等，通过一套制度保持快递企业对各个经营网点的控制力；品牌上网点可以依赖企业统一的品牌营销带来的好处，分摊总公司的经营管理成本和其他为提高品牌竞争力进行的投资。二是体现在专业化分工和协作的经济性上，快递公司战略部、市场部、运营管理部、职能部等各部门通过发挥专业特长并相互协同从而推动公司稳定发展。此外，大批量采购和销售等也可以实现快递公司的规模经济性。

与外部相关的规模经济是多个同行企业共享当地的辅助性生产、基础设施与服务、劳动力供给与培训带来的成本节约。快递"最后一公里"通过物流联盟和搭载社区便利店配送，或是使用智能柜存放的方式，能够有效利用综合的配送时间和配送空间，优化配送时空利用结构，实现规模经济。

以顺丰为例，顺丰以商务件为主营业务，由于对时效要求较高，在揽收派件端需要 5～6 频次/天，干线运输频次也远大于通达系快递，成本大约为通达系的 3 倍，规模效益不及通达系公司。顺丰先后于 2013 年、2018 年、2019 年探索电商件快递市场，充分利用过去投入后的相对冗余资源以及科技优化，在不增加额外资源投入的情况下，通过业务量的增加来提升干支线装载率水平，从而降低整体成本，带来边际正贡献，助力公司成本红利释放。顺丰推出特惠专配后，单票人工成本在 2019 年二季度出现 6% 的增长后，随着业务量提速，2019 年三季度至 2020 年一季度持续同比下行，分别为-4%、-13%、-20%；单票运力成本 2019 年二季度与之前基本持平，2019 年三季度下降 1%，此后 2019 年四季度至 2020 年一季度均明显下行，分别为-3% 及-7%，较好地实现了规模效应。

（资料来源：张琳超. 快递行业中的规模经济与范围经济［J］. 物流工程与管理，2021，43（7）：148-150；135.）

【讨论问题】

1.什么是规模报酬？

2.规模报酬有哪些类型？

3.影响规模报酬的因素有哪些？

4.快递行业的规模经济包括哪些类型？

【参考答案】

1.规模报酬是指，在既定的技术水平和要素价格下，当所有投入物的数量发生同比例变化时产量的变化率，或各种生产要素按相同比例变化时，所能得到的产量变化。

2.规模报酬包含三种类型，具体来讲，在生产过程中企业同比扩大所有的生产要素投入，如果产量增加的倍数大于生产要素增加的倍数，称生产过程是规模报酬递增的，此时企业的生产存在规模经济；若产量增加的倍数等于生产要素增加的倍数，则称生产过程是规模报酬不变的；若产量增加的倍数小于生产要素增加的倍数，则称生产过程是规模报酬递减的，此时企业的生产存在规模不经济。

3.生产过程中为什么会出现不同的规模报酬？事实上，随着企业生产规模的扩大和产量的增加，生产存在着有利于节约成本的若干因素。这些因素包括以下几方面：（1）规模扩大有利于专业分工。（2）规模扩大有利于更加充分地发挥已有技术的作用。（3）随着规模扩大，企业更便于开展多级生产，也可以更为充分地开发和利用副产品。（4）规模扩大可以降低营销和研发支出。（5）从事大规模生产的企业可以在生产要素购买、融资和产品销售等方面获得更多的优势。

4.快递行业的规模经济包括内在经济和外在经济。内在规模经济指随着产量的增加，企业的长期平均成本下降。外在规模经济指在同一个地方同行企业增加，多个同行企业共享当地的辅助性生产、基础设施与服务、劳动力供给与培训所带来的成本节约。

无论是运输资源、网络资源，还是外部资源的充分利用，都可以实现快递企业的规模化经济。但是，在线上电商消费增长逐渐放缓、快递行业进入存量市场的过程中，快递企业也需提前布局。

综合案例

案例1
H电信公司的成长历程

【案例正文】

20世纪80年代末，王总在深圳市的一户单元房内创立了H电信公司，那一年王总43岁。成立之初，王总对企业发展没有什么方向，什么生意能赚钱就做什么。一次偶然的机会，王总得知国家在大力发展民族通信产业，他抱着试一试的心态，并通过熟人引荐代理了一款用户级交换机，王总做起了交换机代理销售生意，就这样误打误撞地进入了通信行业。起初，H电信公司着眼于基础电信设备行业，主要生产各种电信交换机、路由器等。20世纪90年代末，我国成立了很多电信公司，市场发展生机蓬勃。经过电信行业的激烈竞争和市场洗礼，H电信公司异军突起，已成为世界领先的电信设备企业，涵盖的业务包括程控交换机、传输设备、数据通信设备、宽带多媒体设备、电源、无线通信设备、微电子产品、软件、系统集成工程、计算机及配套设备、终端设备及相关通信信息产品。而同期成立的很多电信企业折戟沉沙，或慢慢淡出公众视野，或艰难维持。

王总事后复盘，总结经验，认为：在第一阶段，即创业初期，公司能实事求是，立足自身。公司实力弱小，谋生存是首要目标，因此选择了一条正确的市场道路。H电信公司避开国外优势电信企业，走农村包围城市路线，将市场定位于三四线城市及农村地区。最初以代理国外交换机为主，随着市场的不断拓展，为了降低成本及经营风险，H电信公司开始进行授权自主生产。在这一阶段，H电信公司通过低成本的方式迅速抢占市场，扩大市场占有率，也扩大了公司规模，公司对电信设备的相关技术积累也迅速增长，年销售额达到20亿元人民币。但是王总对此十分焦虑，认为公司以代理产品与授权生产为主，一旦上游厂家收回代理权，H电信公司就要破产倒闭，因此H电信公司必须拥有自己的产品。

在第二阶段，H电信公司开始进行自主产品研发，初期采取单一产品的持续开发与生产，进而进行多产品开发。在产品研发决策过程中，H电信公司坚持对标国际先进水平。这一点最艰难，体现在是继续做局用交换机还是研发新型的数字交换机。当时，H电信公司已经在局用交换机领域取得较好的市场业绩，这种模拟交换机技术路线成熟，公司技术储备足够，这样做是最稳妥的。如果研发数字交换机，其和公司原有交换机的技术差别非常大，基本等于从零开始。研发数字交换机就一定会影响到现在的交换机的研发和生产。并且，H电信公司还会面对各方面都已经成熟的公司的竞争。H电信公司在权衡利弊之后选择研发数字交换机，最重要的理由就是数字交换机是未来的发展方向，早晚都要做，不如现在开始。

同时，H电信公司在这一阶段做了一个令中国企业瞠目结舌的决策。2000年，H电信公司花费20亿元人民币引入著名国际管理咨询公司，建立适合电信企业的管理系统，这个金额相当于当时公司一年多的利润。高昂的报价遭到多数公司高层的反对，但是王总力排众议，认为管理出生产力，这是通往全球顶尖电信企业的必经之路。自管理咨询合作项目成立以来，双方投入了大量的人力、物力和财力，从小项目开始，逐步向大项目、核心管理流程变革推进，尤其是通过了IPD和ISC项目。这项持续10年、最终花费40亿元人民币的管理革命在H电信公司走向国际化的道路上发挥了巨大作用。

在第三阶段，H电信公司在公司战略运营上实行多元化和国际化并举的战略。在公司电信设备业务尚未发展到领先水平、市场尚未饱和的时候，手机市场已经是一个充满机会的蓝海市场，公司诸多高层都建议进入该领域。但是王总认为，基础电信设备市场尚未饱和，H公司无论在生产、研发，还是在营销等方面，都有巨大的提升空间，坚持认为做好电信设备市场是公司的重点，需要不断投入资金、人员等。王总甚至在一次会议上强硬宣称："H电信公司坚决不做手机！谁敢再提做手机，就给我走人。"但是随着市场的发展，电信设备业务逐渐触碰市场天花板，由于手机业务和电信设备存在研发与生产上的重叠，引入手机业务有利于公司实现规模生产和业务协同效应，因此最终H电信公司进入手机市场，并利用在电信行业的技术、营销与管理经验积累迅速成长，成为手机市场的领先者。

【讨论问题】■────────────────────────

1.H电信公司为什么始终保持危机感？其动力来自何方？

2.H电信公司为什么在初期仅考虑生产交换机，不考虑产品研发，直接和国外电信企业竞争？请从要素投入的角度思考。

3.为什么2010年王总强硬决策不进入手机行业，随后几年却大张旗鼓进入？请思考影响长期生产成本的因素。

4.H电信公司在其30多年的发展历程中几次重大决策成功的秘诀是什么？

【参考答案】

1.因为电信行业是一个技术变化十分迅速、竞争十分激烈的行业。企业生存依赖其盈利性，企业必须主动寻找市场，千方百计提升自身竞争力。

2.生产是一个过程，它既需要劳动、资本等生产要素的投入，也需要时间。H电信公司在初期考虑到当时公司自身实力弱小，在生产要素的质和量两方面都不如国外优势电信企业，因此选择代理和生产交换机这条生产要素要求相对较低的道路，通过低成本的方式迅速抢占市场，扩大市场占有率，也扩大了公司规模，公司对电信设备的相关技术积累也迅速增长，达到谋求生存的目标。

3.长期生产成本是厂商在长期内根据所要达到的产量调整全部生产要素的投入量所发生的费用。长期成本没有可变成本与固定成本之分。由于在长期中，企业可以根据计划产量对所有的生产要素投入量进行调整，从而在每一个产量水平上企业都将实现生产要素的最优组合，而手机业务和电信设备存在研发与生产上的重叠，引入手机业务有利于公司实现规模生产和业务协同效应，因此最终H电信公司进入手机市场，并利用在电信行业的技术、营销与管理经验积累迅速成长，成为手机市场的领先者。

4.H电信公司在短短30多年里从无到有，已经成为世界领先的电信企业。在这个历程中，H电信公司在各个重大关口都做出了正确决策，在正确的时间、正确的领域投入相应的资源。在其发展历程中几次重大决策成功的秘诀主要是H电信公司能实事求是，立足自身，审时度势，并且在产品研发决策过程中，H电信公司坚持对标国际先进水平，在公司战略运营上实行多元化和国际化并举的战略，也离不开王总自身的远见以及力排众议的魄力。

比如，仅在生产上，H电信公司就走过从纯代理到授权生产，再到自主研发生产的路径。在这个过程中，为了挖掘企业生产上的潜力，H电信公司坚持立足电信设备行业，不四面出击。在研发上，初期重点研发技术难度低、有以往技术积累的模拟交换机，随后咬定未来技术发展路线不放松，坚持投入重金研发数字交换机。产品种类也从单一产品发展成多元相关产品。这些策略较好地权衡了公司现实发展与未来市场之间的关系。

------------------------ 案例2 -------------------------

宝洁公司与沃尔玛的合作与竞争

【案例正文】

宝洁公司（以下简称宝洁）是美国大型的消费品企业，为保持在竞争中不断发展，其在降低成本、提高销售量等方面付出了巨大努力。

长期以来，宝洁把一部分产品出售给美国最大的零售商——沃尔玛，利用沃尔玛在世界范围内的5 100多家超市出售宝洁的产品。尽管这种销售方式要面对沃尔玛不断地压低价格，宝洁每年仍然通过沃尔玛销售价值80亿美元的消费品。通过合作，宝洁可以进入沃尔玛的电脑系统追踪其所有产品，以促进存货管理和成本降低，沃尔玛也可以帮助宝洁快速推广其产品；同时，宝洁也把自己的客户数据与沃尔玛进行分享，以期得到更有效的销售规划。

为了保持良好的合作关系，宝洁尽量满足沃尔玛在销售产品方面的要求。例如，为解决沃尔玛超市产品容易失窃的问题，宝洁派出300名员工专门负责监督公司分部向沃尔玛的供货，这些员工的工资是由宝洁支付的，但他们的工作性质更多的是为沃尔玛服务，并且对其产品外包装进行调整，以更好地防止盗窃问题。

2005年宝洁以540亿美元大举收购了吉列公司，使销售收入增加到100亿美元。此次收购，宝洁预期将每年节省140亿～160亿美元，销量将增长5%～7%，而利润也将有25%的增长。

在新产品研发方面，宝洁的玉兰油新生系列产品让消费者以较低的价格就可以得到抗衰老的效果；Whitestrip美白牙贴使得大部分消费者以25美元的低价就可以轻松美白牙齿，不必再去牙科医院做昂贵的牙齿美白手术；Actonel骨质疏松药物让妇女在商店里就可以轻易进行骨密度的测试。这些新产品一经推出，马上就受到了广大消费者的欢迎，一时间人们争相购买，产品销售量猛增。

【讨论问题】 ▰━━━━━━━━━━━━━━━━━━━━━━━━━━━━━━━━━━━━

1.从成本角度考虑，尽管不断有来自沃尔玛的压力，为什么宝洁仍坚持利用沃尔玛销售其产品？

2.从规模经济的角度考虑，为什么宝洁要收购吉利？

3.从产量角度考虑，为什么宝洁大力进行新产品研发？

4.深入思考一下为什么所有企业家特别关心产量、价格和成本之间的关系。

【参考答案】 ▰━━━━━━━━━━━━━━━━━━━━━━━━━━━━━━━━━━━━

1.虽然不断有来自沃尔玛压低价格等方面的压力，宝洁仍然和沃尔玛进行合作，主要是因为沃尔玛作为大型的零售商，拥有比较先进和完整的销售网络、销售管理系统，这是宝洁在产品销售方面所急需的。通过沃尔玛销售其产品，宝洁产品的价格虽然被压低，但是可以减少创建营销网络所需要的长期投资成本，也可以减少具体产品营销的短期成本，例如广告费用。宝洁利用沃尔玛的先进销售系统追踪所有产品，促进了存货管理以及成本降低。沃尔玛可以帮助宝洁快速推广其产品，提高销售量，降低了每单位产品的可变营销成本。作为生产商和零售商，宝洁和沃尔玛通过合作发挥各自的优势，弥补双方的不足，这种合作是"双赢"的。宝洁深知这种合作在降低成本方面的战略意义，坚持利用沃尔玛公司销售其产品，并尽量满足沃尔玛的要求，协助沃尔玛做好销售产品等工作，以维持良好的长期合作。

2.规模报酬是指一个企业随着生产规模不断扩大，长期平均成本呈下降趋势，而多家厂商则产生竞争，每家企业成本都会上升。因此，宝洁收购吉列后，通过生产要素的组合，可以使产量增长率大大快于生产要素投入增长率，使生产达到一种规模效益，实现宝洁所期望的每年节省成本140亿～160亿美元，销量增长5%～7%，利润增长25%。宝洁进行新产品的研发，可以迅速占领市场，打开销路，提高其产品销售量，实现销售利润的最大化。

3.宝洁公司通过研发生产出不同价格层次的产品来满足各种不同的需求。同时，一旦认定某种做法是正确的，它就会继续大力投入直到达到很大产量为止。生产100件产品的成本是高昂的，但是1 000件的平均成本就让人能够接受了，通过实现产量目标，产品成本因经济规模的壮大而逐步降低。此外，产品品牌多样化，可以让消费者有更多的选择。同一产品，价格越低，市场占有率越高，销售量就越高，产量就得跟着增加，利润也就增加了。

4.因为企业家都是"经济人"，会追求利润最大化。产量决定企业规模，价格与成本决定企业利润。成本、产量和价格，如果这三者达到最优配置，企业能获得最大利润。而不合适的搭配，不但会使企业减少利润，或者亏损，甚至会影响到企业发展。

第四章 完全竞争市场

集市中的竞争

【案例正文】

在全世界的大城市、小城镇中，集市通常是最充满生机和丰富多彩的地方。国际旅行者时常惊讶于那些专卖一种商品的大规模集市，比如水果、花卉、家具以及服装等。在许多国家存在大规模的市场，其中有上百甚至上千个小贩以完全相同的价格出售完全相同的商品。

这种情形也许看起来令人十分费解。在我国，我们身边也常会发现类似的情况。比如，汽车经销商常常都位于城市的同一条道路上，这增加了对于想要试驾不同品牌汽车的潜在消费者的吸引力。对于消费者而言，如果能够像在典型的超级市场或者购物中心那样，在同一个地方就可以买到需要的所有商品，是否更方便呢？而对于卖者而言，相比于面对数量众多的竞争对手，如果其是市场中特定商品的唯一卖者，是否更容易生存呢？

这些问题的答案也许是，集市是一种保证健全的市场竞争的古老方式。很久以前，你无法通过互联网搜索引擎了解不同卖者对同一种商品的卖价，要了解商品的价格，众多的消费者除了到店询价之外别无他法。另外，设法到达市场需要花费大量的时间。因此，如果在一个特定的地点只有一家店铺出售该商品时，消费者将不得不购买该店铺的商品。在这种情况下，店主将会具有强烈的涨价的动力。

作为消费者，你会光顾只有一家店铺的地方，还是有近百家相同店铺的地方？如果这些店铺都出售标准化的商品，你会十分确信这上百家店铺之间的竞争会让价格尽可能地降低。相应地，店主得知消费者更愿意光顾位于竞争激烈地段的店铺，那么，店铺必然会选址在同行鳞次栉比的地方。

简而言之，集市并不奇特，它们只是确保竞争有效的一种古老方式。

（资料来源：卡尔兰，默多克. 经济学［M］. 贺京同，等译. 北京：机械工业出版社，2016.）

【讨论问题】

结合案例分析说明集市是什么。它有何特点？会如何影响配置资源的效率？

【参考答案】

集市是指定期聚集进行的商品交易活动形式，随着经济的发展，其逐渐演变成为我们今天熟悉的"市场"。集市是一种周期市场，一些学者认为，集市的周期主要受人口密度的影响，较大的人口密度导致周期短的集市。集市从增加了厂商数量的角度，为市场注入了竞争元素，有利于激发市场主体活力，提高市场配置资源效率。

【思政启示】

市场配置资源是在竞争中实现的，而竞争取胜的关键在于科技进步，所以必须志存高远，努力学习，提升素质，才能在将来的市场竞争中有所作为。参与市场竞争就要自觉维护市场秩序、遵守市场规则，树立学法、懂法、守法的观念，培养诚信为本、操守为重的个人习惯。

4.1 完全竞争市场概述

------ 案例 1 ------

蔬菜定价的奥秘

【案例适用】

完全竞争企业面临的需求曲线与收益曲线

【案例正文】

在日常生活中，我们每天都免不了和各种蔬菜打交道。无论在家做饭，还是进饭店吃饭，菜价都是影响我们生活成本的因素之一。经常买菜的朋友会发现，同样一种蔬菜，在不同的季节不同的时间段，销售的价格都不一样，殊不知，蔬菜价格涨落的过程，也是诠释菜农酸甜苦辣的过程。

杨庄村的李大哥，是位种了近20年蔬菜的老菜农了，今年的蔬菜行情普遍不错，特别是他家的三亩西葫芦，这才生长周期过半，每亩销售就破万元了，虽然今后的价格会慢慢下调，但无论剩余的能卖多少钱，今年的这季西葫芦已经有了不错的收成。李大哥庆幸地说："每年五一劳动节前后，都是西葫芦价格猛跌的时候，没想到今年不跌反涨，前段时间还五毛一斤呢，这两天涨到八毛一斤了，真是天气帮衬，让咱菜农来弥补一下去年的损失。"为什么天气能让蔬菜涨价，这到底是怎么回事？影响菜价的因素又有哪些呢？

1. 种植面积

蔬菜种植面积大小一直是左右市场的主要因素。果树如果不进行及时疏果，就可能产生大小年现象；蔬菜种植如果不进行合理规划，而一味地跟风种植，也就是说行情好大伙一拥而上，行情差就无人问津，同样也会产生行情大小年现象。对于某种蔬菜种植面积的判断，专业菜农会通过当年菜价、种子销售状况、主产区种植规模等多方因素来进行种植调整，而不是看到当年行情好，下一年就疯狂种植。这样的风险，老菜农大多都会规避的。

因此，蔬菜品种那么多，蹭当年热度未尝不可，但"大热必死"也是有可能的，因此，当某种蔬菜种植面积过大时，来年市场风险也就较大，农民朋友一定要谨慎对待。

2.气候原因

对于气候原因，按照正常思维，也就是说某个蔬菜产区遭到自然灾害，或者天气不好外地蔬菜不能及时补充当地市场，就会造成当地蔬菜价格上涨。这些原因大伙儿都能看明白，也是影响菜价的主要因素之一。但李大哥所说的天气因素则比较有趣，他表示，今年的西葫芦在五一劳动节前后行情依然不错，就是因为和当前气温偏低有关。

往年这个时候，气温升高了，人们都开始穿短袖了。众所周知，温度是影响人们胃口的主要因素之一，比如天气热，大家爱吃一些清凉的蔬菜，黄瓜就开始大卖了，每年黄瓜在这个时段行情都好过西葫芦。但今年不同，由于气温较低，大家吃凉菜的需求较小，大多还是选择吃炒菜，而这个季节西葫芦是比较常见的蔬菜，因此需求量就造就了它的价值。

3.管理水平

影响菜价的第三大因素，就是品质问题了，而蔬菜品质高低，则和管理水平有关。李大哥表示，每天只需要在田间采摘好，傍晚或早晨都有收购商前来村头收购。为啥当地的西葫芦卖得好？一是这里的规模大，二是当地人种出来的西葫芦品质好。当地的西葫芦油光发亮、形状匀称，吃起来口感好，高品质的东西才能卖高价钱。即使遇到市场行情低迷的时候，这样的品质，同样也能在市场销售中保持竞争力。

【讨论问题】

1.结合案例分析影响菜价的因素有哪些。农户能否决定蔬菜的价格？

2.尝试应用均衡图来说明蔬菜市场价格的决定方法。

3.结合题2，画图说明农户面对的需求曲线与收益曲线。

【参考答案】

1.影响菜价的因素有：种植面积、气候原因、管理水平。农户不能决定蔬菜的价格。蔬菜等农产品市场竞争最极端，这类市场最接近完全竞争市场，又叫作纯粹竞争市场。完全竞争市场是指竞争充分而不受任何阻碍和干扰的一种市场结构。在这种市场类型中，价格完全由"看不见的手"进行调节，政府对市场不作任何干预，承担的只是"守夜人"的角色，厂商（案例中的农户）仅是市场价格的接受者。

2.一种商品的均衡价格是指该种商品的市场需求量和市场供给量相等时的价

格。在均衡价格水平下的相等的供求数量被称为均衡数量。从几何意义上说，一种商品的均衡出现在该商品的市场需求曲线和市场供给曲线相交的点上，该交点被称为均衡点，如图4-1均衡价格的决定中E点所示。

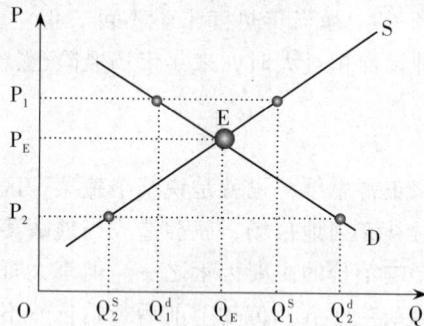

图4-1 均衡价格的决定

现在用图来说明均衡价格的形成，当蔬菜市场的实际价格高于均衡价格为 P_1 时，商品的需求量为 Q_1^d 单位，供给量为 Q_1^s 单位。这种供给量大于需求量的商品过剩或超额供给的市场状况，一方面会使需求者压低价格来购买商品，另一方面会使供给者减少商品的供给量。这样，该商品的价格必然下降，一直下降到均衡价格 P_E 的水平，从而实现供求量相等的均衡数量 Q_E 单位。相反地，当蔬菜市场的实际价格低于均衡价格为 P_2 时，商品的需求量为 Q_2^d 单位，供给量为 Q_2^s 单位。面对这种需求量大于供给量的商品短缺或超额需求的市场状况，一方面迫使需求者提高价格来得到他所要购买的商品量，另一方面使供给者增加商品的供给量。这样，该商品的价格必然上升，一直上升到均衡价格 P_E 的水平。由此可见，当市场上的实际价格偏离均衡价格时，市场上总存在着来自大量菜农与无数需求者的变化的力量，最终达到市场的均衡，从而确定蔬菜市场的均衡价格和均衡数量。

3.由上述分析得出此时完全竞争市场的蔬菜价格为 P_E，因为单个菜农无法影响均衡价格 P_E，只能是这个价格的接受者，因此农户面对的需求曲线是一条与横轴相平行的水平线，此时需求曲线与收益曲线如图4-2所示。

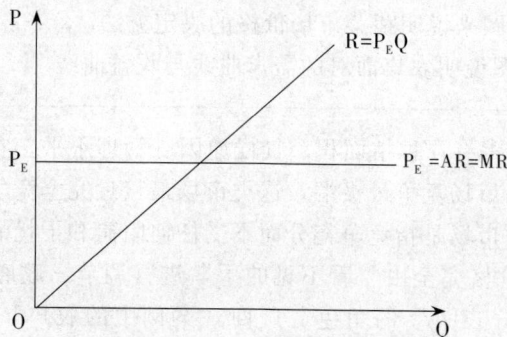

图4-2 需求曲线与收益曲线

--- 案例 2 ---

春联市场

【案例适用】 ■━━━━━━━━━━━━━━━━━━━━━━━━━━━━━━
市场结构

【案例正文】 ■━━━━━━━━━━━━━━━━━━━━━━━━━━━━━

贴春联是中国民间的一大传统，每当春节临近，春联市场总是红红火火，很是喜庆。而在农村，此种风味更浓。

假定在一春联市场中，需求者有 6 000 多农户，供给者为 1 500 多家零售商，市场中存在许多买者和卖者。供应商的进货渠道大致相同，且产品的差异性很小，产品具有高度同质性（春联所用纸张、制作工艺相同，区别仅在于春联所书写内容的不同）。供给者进入退出没有限制。消费者购买春联时的习惯是逐个询价，最终决定购买，因此其信息充分。供应商的零售价格水平相近，提价基本上销售量为零，降价会引起利润损失。供应商在销售产品的过程中，都不愿意单方面降价。春联是农村过年的必需品，购买春联的支出在购买年货的支中只占很小的比例，因此其需求弹性较小。某些供应商为增加销售量、扩大利润而采取的低于同行价格的竞争方法，反而会使消费者认为其所经营的产品存在瑕疵（例如，上年库存，产品质量存在问题等），反而不愿买。

【问题讨论】 ■━━━━━━━━━━━━━━━━━━━━━━━━━━━━

1.结合所学知识，什么是市场结构？它的划分依据是什么？

2.结合案例分析春联市场接近于哪种市场类型，有什么特征？

【参考答案】 ■━━━━━━━━━━━━━━━━━━━━━━━━━━━━

1.市场结构，是指某一市场中各种要素之间的内在联系及其特征，包括市场供给者之间、需求者之间、供给者和需求者之间以及市场上现有的供给者、需求者与正在进入该市场的供给者、需求者之间的关系。市场结构的主要要素有市场主体、市场格局、市场集中度。划分市场结构，主要依据有以下三条：（1）行业内的生产者数目或企业数目；（2）产品的差别程度；（3）进入障碍的大小。

2.春联市场接近于完全竞争市场。完全竞争市场是指由无数的买者和买者组成的、无任何外在力量控制或人为因素干扰的市场结构。在这种市场上，既没有政府的直接干预和控制，也没有厂商的相互勾结或集体行动。完全竞争的市场具有以下四个特征：

（1）产品同质。春联供应商的进货渠道大致相同，且产品的差异性很小，产品具有高度同质性（春联所用纸张、制作工艺相同，区别仅在于春联所书写内容的不同）。在完全竞争的市场上，各个厂商提供的产品完全相同，没有任何差别。各厂商提供的产品，从原材料、加工工艺到包装、服务，都完全一样，可以相互替代。

如果消费者购买不同厂商的产品，不会对消费者产生效用上的差别。

（2）厂商很多。春联市场上，有1 500多家零售商。在完全竞争的市场上，买者和卖者都有很多。每个买者的购买量和每个卖者的销售量只占市场交易量的很少一部分。个体的行为不可能影响市场的供求关系和价格。产品的价格是由市场供求关系决定的。买者和卖者只能接受既定的市场价格，是价格的接受者。

（3）要素自由进出。春联市场上，供给者进入退出没有限制。生产要素不受任何限制，可以自由地流动，即厂商可以自由地进入或者退出完全竞争行业，不会遇到任何行业壁垒或人为因素的干扰，因此，竞争非常激烈。

（4）信息充分。春联市场上，消费者购买春联时的习惯是逐个询价，最终决定购买，因此其信息充分。在完全竞争市场上，所有的顾客和厂商都掌握了充分的市场信息。消费者完全知道所有厂商提供的产品的现在和未来的市场价格，厂商掌握了各种生产技术和有关要素、产品的价格信息，要素的所有者知道要素的各种用途及其相应的收益。任何买者都不可能以高于或低于市场的价格购买自己所需要的产品，任何卖者也不可能以高于市场的价格销售自己的产品。

-------- 案例3 --------

这笔订单要不要接？

【案例适用】 ■
边际收益、平均收益、边际成本
【案例正文】 ■

陈老板有一家小型广告公司，手下有8名员工，这8人团队可以分工协作完成广告制作全流程的业务，每个月最大出片量为40支，每位员工的薪酬为固定工资5 500元，假定每支广告定价1 800元。广告的承接业务主要由陈老板负责。

截至目前，3月份陈老板只承接了33支广告，团队的产能明显还没有达到极限。这时，如果有客户上门说自己公司需要制作7支产品宣传广告，但预算只有7 000元。陈老板思量："这单的均价只有1 000元/支，几乎只有原定价的一半！这订单要不要接？"于是，他决定求助自己的经济学家朋友何先生。听完陈老板的描述，何先生给他分析道："虽然这笔订单的单价很低，但是这个月你才接了33支广告，你再接这7支广告也无须为员工多支付薪酬。也就是说，这7支广告的边际成本几乎为0，而边际收益，也就是你新增加的广告费有7 000元，边际收益明显高于边际成本，这7支广告是值得做的！"

假如陈老板心血来潮，4月份在满档（40支广告）基础上多承接了2支广告，虽然单价高达2 500元/支，但手下现有的员工并无法完成任务。陈老板不得不马上以6 000元的价格另招一名能马上上岗的员工。此时，陈老板的边际成本是新招的这名员工的工资，而边际收益则是这2支广告的广告费。明显边际收益小于边际成本，这买卖就不值了。

【问题讨论】

1.结合案例解释什么是边际收益、边际成本，生活中有什么例子可以体现这个经济学原理？

2.试算一下3月份陈老板的平均收益。

【参考答案】

1.边际收益是指增加一单位产量所引起的收益的增量，即最后一单位产品的售出所取得的收益。即案例里3月最后那1笔包含7支广告的订单所带来的7 000元的收益。边际成本指的是每一单位新增生产的产品（或者购买的产品）带来的总成本的增量。如案例里，3月最后那笔包含7支广告的订单，由于即使增加这1笔订单，并不会使陈老板支付更多的工资，因此这笔订单的边际成本为0。

2.［（33×1 800）+7 000］÷40=1 660（元）

------ 案例4 ------

大商场平时为什么不延长营业时间

【案例适用】

利润最大化原则

【案例正文】

节假日期间许多大型商场都延长营业时间，为什么平时不延长？现在我们用这一章学习到的边际分析理论来解释这个问题。从理论上说时间延长一小时，就要支付一小时所耗费的成本，这种成本既包括直接的物耗，如水、电等，也包括由于延时而需要的售货员的加班费，这种增加的成本就是我们这一章所学习的边际成本。假如延长一小时增加的成本是1万元（注意这里讲的成本是经济学成本概念，包括成本和正常利润），在延长的一小时里由于卖出商品而增加的收益大于1万元，那么作为一个精明的企业家，他还应该将营业时间在此基础上再延长，因为他还有一部分该赚的钱没赚到手；相反，如果在延长的一小时里增加的收益不足1万元，在不考虑其他因素的情况下，他就应该取消延时的经营决定，因为他延长一小时的成本大于收益。

【讨论问题】

结合案例分析为什么边际收益等于边际成本时利润最大。

【参考答案】

边际成本是指增加一单位产品所增加的成本。边际收益是指增加一单位产品的销售所增加的收益。无论是边际收益大于边际成本还是小于边际成本，厂商都要进行营业时间调整，说明这两种情况下都没有实现利润的最大化。只有在边际收益等于边际成本时（MR=MC），厂商才不调整营业时间，这表明已把该赚的利润都赚到了，即实现了利润的最大化。节假日期间，人们有更多的时间去旅游购物，使商场的收益增加，而平时工作紧张繁忙，人们没有更多时间和精力去购物，就是延时服务也不会有更多的人光顾，增加的销售额不足以抵偿延时所增加的成本。这就能够解释在节假日期间延长营业时间而在平时不延长营业时间的经济学道理。

4.2　完全竞争市场均衡

案例
大型养鸡场的无奈

【案例适用】■
完全竞争市场长期均衡

【案例正文】■
在20世纪80年代，为了实现"市长保证菜篮子"的诺言，许多大城市都由政府投资修建了大型养鸡场。结果这些大型养鸡场在市场上反而竞争不过农民养鸡户，往往赔钱者多。为什么大反而不如小呢？

从经济学的角度看，这首先在于鸡蛋市场的结构。鸡蛋市场有四个显著的特点：

第一，市场上买者和卖者都很多，没有一个买者和卖者可以影响市场价格。即使是一个大型养鸡场，在市场上所占的份额也微不足道，难以通过产量来控制市场价格。用经济学术语来说，每家企业都是价格接受者，只能接受整个市场供求决定的价格。

第二，鸡蛋是无差别产品，企业也不能以产品差别形成垄断力量。大型养鸡场的鸡蛋与农民养鸡户的鸡蛋没有什么不同，消费者也不会为大型养鸡场的鸡蛋多付钱。

第三，自由进入与退出，任何一个农民都可以自由决定养鸡或不养鸡。

第四，买者与卖者都了解相关信息。这些特点决定了鸡蛋市场是一个完全竞争市场，即没有任何垄断因素的市场。

在鸡蛋这样的完全竞争市场上，短期中如果供大于求，整个市场价格低，养鸡可能亏本；如果供小于求，整个市场价格高，养鸡可以赚钱。但在长期中，养鸡企业（包括农民和大型养鸡场）则要对供求做出反应：决定产量多少，进入还是退出。假设人们因为胆固醇不利于健康这种宣传的影响而减少了鸡蛋的消费，使鸡蛋价格下降，这时养鸡企业就要做出减少产量或退出养鸡业的决策。假设由于发生鸡瘟，供给减少，价格上升，原有养鸡企业就会扩大规模，其他人也会进入该行业。在长期中通过供求的这种调节，鸡蛋市场实现了均衡，市场需求得到满足，生产者也感到满意。这时，各养鸡企业实现成本（包括机会成本在内的经济成本）与收益相等，没有经济利润。

在完全竞争市场上，企业完全受市场支配。由于竞争激烈，成本被压得相当低。生产者要对市场供求变动做出及时的反应。换言之，在企业一点也无法控制的市场上，成本压不下来或调节能力弱，都难以生存下去。大型养鸡场的不利之处正在于压低成本和适应市场的调节能力远远不如农民养鸡户，鸡场的成本要高于农民，因此，大型养鸡场往往斗不过农民养鸡户。在短期中，养鸡的成本包括固定成本（鸡舍、蛋鸡、管理人员等）和可变成本（鸡饲料、劳动等）。大型养鸡场的固定成本（现代化养鸡设备和从场长、党委书记到职员的众多管理人员）远远高于农民养鸡户（农民养鸡户的固定成本除蛋鸡外其他很少），甚至农民养鸡户的可变成本也低（用自家粮食等代替部分外购饲料，自己的劳动也可忽略不计）。这样，当价格低时，大型养鸡场难以维持或要靠政府财政补贴，而农民养鸡户却可以顽强地生存下来。长期中，大型养鸡场每个蛋的平均成本也高于农民养鸡户，因为现代化大量养鸡带来的收益并不足以弥补巨额投资和庞大管理队伍的支出。农民养鸡户则以低成本和低价格占领了鸡蛋市场。大型养鸡场的市场适应能力也不如农民养鸡户。当供大于求价格低时，农民养鸡户可以迅速退出市场，不会有多大损失，大型养鸡场停产则很难。现代化养鸡设备闲置下来比鸡窝闲置的损失要大得多；解雇管理人员比农民不养鸡难得多。当供小于求价格高时，大型养鸡场的产量要受设备能力的限制，但有什么能限制农民多养鸡呢？在鸡蛋市场上需要的是"造小船成本低"和"船小好调头"，庞然大物的大型养鸡场反而失去了规模经济的优点。

（资料来源：刘华，李克国. 经济学案例教程［M］. 大连：大连理工大学出版社，2007.）

【讨论问题】▄▬▬▬▬▬▬▬▬▬▬▬▬▬▬▬▬▬▬▬▬▬

1. 养鸡场的规模如何确定？

2. 如今的养鸡场是否适合规模化？为什么？

【参考答案】▄▬▬▬▬▬▬▬▬▬▬▬▬▬▬▬▬▬▬▬▬▬

1. 应该根据长期利润最大化的条件，确定长期利润最大化产量，由此去确定相应的规模。也即 $LMR=LMC=P_0$（P_0 是企业面临的市场价格）时养鸡场的产量所对应的规模是"最优规模"。

2. 适合规模化。作为世界第一的鸡蛋生产、消费大国，中国 2015 年的鸡蛋产量为 2 400 万吨，中国人平均每 1.3 天消费一个鸡蛋，不过深加工量却只有 2%。值得关注的是，我国鸡蛋行业排名前十的商品蛋鸡养殖企业养殖量占全行业的比例不足 5%，行业集中度低，大规模小群体的养殖户仍然是鸡蛋的主要来源，这在一定程度上导致了鸡蛋价格波动和订单不稳定，鸡蛋从整个生产到流通环节的交易成本较高。由此看来，规模化可能是未来鸡蛋市场的大势所趋。因为养鸡场规模化具有以下优点：

（1）抵抗风险的能力较强，规模化养鸡场的营收一般较大，实力雄厚，即便碰上行情较差的时期，也能渡过难关。

（2）规模化带来标准化，全流程的标准化有助于降低养鸡的风险。

（3）成本优势，内部规模经济带来的成本降低以及规模化带来的原材料采购量巨大,有利于提高养鸡场采购时的议价能力。

【思政启示】■

世间的事物没有一成不变的,始终处在不停地运动、发展、变化的过程当中,所以要用发展变化的眼光分析经济问题,不能用静止的眼光去看待。

4.3 完全竞争市场效率

案例

推动有效市场和有为政府更好结合

【案例适用】■

完全竞争市场效率

【案例正文】■

"坚持和完善社会主义基本经济制度,充分发挥市场在资源配置中的决定性作用,更好发挥政府作用,推动有效市场和有为政府更好结合。"党的十九届五中全会对科学把握市场与政府关系这一重大的理论和实践命题进行了深刻总结,为当前和今后一个时期深化市场经济体制改革提出了明确目标和要求,对激发市场活力、制度活力和社会创造力,尽快形成市场作用和政府作用有机统一、相互补充、相互协调、相互促进的大格局具有重要的指导意义。

社会主义市场经济体制的建立,极大促进了生产力发展,推动我国成为世界第二大经济体、第一大工业国、第一大货物贸易国、第一大外汇储备国……在"十三五"时期,我国经济总量和综合国力再上新台阶。与此同时,与新形势新要求相比,我国市场体系还不健全、市场发育还不充分、政府和市场的关系还没有完全理顺,推动高质量发展仍存在不少体制机制障碍,尤其需要继续在社会主义基本制度与市场经济的结合上下功夫。

市场配置资源是最有效率的形式。市场决定资源配置是市场经济的一般规律,市场经济本质上就是市场决定资源配置的经济。建立和完善"有效市场"就要尊重经济运行规律,最大限度减少"有形之手"对微观经济活动的干预,着力打破行业垄断、进入壁垒、地方保护,增强企业对市场需求变化的反应和调整能力,提高企业资源要素配置效率和竞争力,充分激发出市场蕴藏的活力。

"有效市场"需匹配"有为政府",两者相伴共生、缺一不可。宏观上,政府要以问题为导向,将供给侧结构性改革的创新突破作用和国内大市场的需求引领作用有机结合起来,尤其在科技创新、产权保护、要素市场化配置、宏观经济治理、法治体系建设等具有重要牵引作用的领域,要在顶层设计上更加系统完备,实现更高水平的市场供需均衡,抢占发展的制高点。微观上,要从管理者向服务者转变,大力营造优良营商环境，完善市场规则准则，推动构建高水平社会主义市场经济体制。

"行之力则知愈进，知之深则行愈达。"在迈向全面建设社会主义现代化国家的新征程上，我们要切实按照十九届五中全会的精神内涵和战略部署，处理好市场与政府的关系。要在充分尊重市场规律的基础上，用改革激发市场活力，用政策引导市场预期，用规划明确投资方向，用法治规范市场行为，推动"有效的市场"与"有为的政府"更好结合、更出成效。

【讨论问题】■────────────────────────────────

1.结合案例谈谈如何理解竞争出效率。

2.市场作用由过去"基础性作用"变为"决定性作用"，谈谈你的看法。

【参考答案】■────────────────────────────────

1.市场效率是指参与市场活动的企业利用社会资源的程度。竞争程度越高，资源利用得越充分，经济效率就越高。完全竞争的市场竞争程度高，能够实现帕累托最优效率。习近平总书记指出，坚持社会主义市场经济改革方向，核心问题是处理好政府和市场的关系，使市场在资源配置中起决定性作用，更好发挥政府作用，这是我们党在理论和实践上的又一重大推进。

2.我们党对政府和市场关系的认识经历了一个不断深化的过程。早在改革开放之初，我们就在探索社会主义制度和商品经济的结合问题。党的十四大确立了我国经济体制改革的目标是建立社会主义市场经济体制，提出要使市场在社会主义国家宏观调控下对资源配置起基础性作用。这一重大理论突破，对我国改革开放和经济社会发展发挥了极为重要的作用。此后，对政府和市场的关系，我们党一直在根据实践拓展和认识深化寻找新的科学定位。党的十八大提出"更大程度更广范围发挥市场在资源配置中的基础性作用"。党的十八届三中全会把市场在资源配置中的"基础性作用"修改为"决定性作用"。党的十九大再次强调"使市场在资源配置中起决定性作用"。这个定位，是我们党对中国特色社会主义建设规律认识的新突破，标志着社会主义市场经济发展进入了一个新阶段。

过去"基础性作用"并没有明确在资源配置中政府与市场两者究竟谁起主导作用，也可以理解为以市场为基础、以政府为主导。这是我国社会主义市场经济体制还不完善的一个重要原因。因为，虽然商品的价格基本上是由市场决定的，但是资源和要素的价格相当程度上还是由政府决定或者由政府直接控制，市场在资源配置中还没有发挥基础性作用，更谈不上决定性作用。现在，对市场的定位从以往的"基础性作用"上升为"决定性作用"，凸显了我们党坚持社会主义市场经济改革方向的决心，有利于完善社会主义市场经济体制，也有利于转变经济发展方式。

需要明确的是，强调市场在资源配置中起决定性作用，并不是否定政府的作用，而是为了更好发挥政府作用，妥善解决以往政府存在的"越位"和"缺位"、干预过多和监管不到位问题。我们知道，虽然由市场配置资源的效率是最高的，必须让市场在资源配置中起决定性作用，但市场机制并不能自动调节宏观经济若干总量的平衡，同时在某些特殊领域（如公共物品领域）也不能起到自动调节供求平衡的作用。经济学把这种缺陷称为"市场失灵"。这就使得政府介入经济活动成为必要。一般来说，凡是市场管得了、管得好的，就要让市场管；凡是市场管不了、管不好的，就应当由政府管。当前，政府在减少微观经济干预的同时，必须加强市场管理、维护市场秩序，为各类市场主体创造统一开放、竞争有序的发展环境，同时增强公共服务职能。这也是发挥社会主义市场经济体制优势的内在要求。

【思政启示】

引导学生认识我国市场经济体制改革的新动向，理解"看得见的手"与"看不见的手"的最新科学定位，读懂中国坚持社会主义市场经济方向的坚决态度，增强制度自信。

综合案例

案例

完全竞争市场的短期均衡：春节的洗车服务涨价

【案例正文】

《楚天金报》2013年2月3日报道：春节假日，武汉洗车价格普涨到每台60元，不少网友发帖抱怨洗车店"趁节打劫"，但物价部门和受访律师表示政府对洗车业价格没有强制性规定，价格波动属于市场行为。位于汉口天门墩的一家汽车美容店店主说，从小年到初八洗车60元，别人涨，我们也得涨，去年同期也涨得蛮高，每天也不愁生意，一天要洗好几十台车。在常青花园机场高速高架桥下的一家洗车店，涨价信息在显眼处贴出：2月1日到3日（农历——编者注），普通车30元；腊月二十四到初六执行春节价格，普通车即5座轿车每次60元，越野车每次70元，商务车每次80元。武昌区物价局相关工作人员表示，政府对洗车业价格没有强制性规定，临近春节，洗车价格上涨，价格波动属于市场行为，物价部门没有法律依据来制裁这种涨价行为。湖北金卫律师事务所某律师说，根据《中华人民共和国价格法》的规定，我国大多数商品和服务价格实行市场调节价，洗车服务不属于重要的公用事业和公益性服务，因此不宜由政府部门对其价格进行指导和干预。另外，人工费在洗车成本中占了很大比重，临近春节，农民工纷纷返乡过年，洗车工人供不应求，洗车价随之上涨也在情理之中。

尽管物价部门和受访律师都称洗车价格波动属"市场行为"，但涨价还是引发大量车主抱怨。在一家医院工作的车主侯先生对记者说，这个价涨得太离谱了，如果其他行业也这样，那在春节期间出租车起步价岂不是可以涨到30元、40元，照样有乘客；医院也有理由涨到平时几倍，春节期间需要急诊的人高价也会看，建议工商、物价部门定个指导价。在一家科技公司上班的车主张先生也告诉记者，不能"瞎涨"。

《北京晨报》2013年2月12日也刊载了题为《北京春节洗车费涨至220元》的报道。文中称：趁着春节涨价的还不只饭馆，记者发现洗车的价格也翻了几番，在京广桥附近的一家洗车店有近20辆车排队洗车，原来20元的洗车价现已涨至150元，而之前在店中办理的洗车卡在春节期间不能使用。洗车店中仅剩下3个员工在忙前忙后。"春节期间大多数工人都回老家了，我们人手不够，不涨价也忙不过来。"洗车店的老板说道。而150元洗一辆车的价格还不是最高，记者调查中发现，航天桥附近的一家洗车店将价格从30元涨到了220元。

（资料来源：文建东. 西方经济学：精要与案例解析［M］. 北京：高等教育出版社，2013.）

【案例正文】━━━━━━━━━━━━━━━━━━━━━━━━━━━━━━━━━━━━━━

洗车市场接近完全竞争市场。一方面，一个城市有很多洗车店，尽管分布在不同的地方，但是对于快速移动的汽车而言，仍然近若邻居，尤其是在互联网时代；另一方面，无数汽车车主需要这些服务。在这个市场，春节期间的洗车又构成一个特殊的子市场，它同样是充满竞争的。

从平时的市场过渡到春节市场，洗车行业出现了变化，因此带来均衡的改变。一方面，车主都想洗干净爱车过年，因此春节期间对洗车的需求大大增加；另一方面，洗车店也面临员工短缺的情况，即使是现有的员工和经营者，在大家回家团聚的春节期间工作，其工作的机会成本也上升了。不仅如此，按照现行法规，春节期间工作属于加班，应该支付3倍的工资，这进一步增加了生产成本。因此，这个市场到了春节时供给在减少，而需求在增加，由此导致洗车价格上升，从原来的20元左右骤涨至50元甚至更高。供给减少的原因是，单个洗车店的洗车成本上升了。春节期间50元的洗车费用是新的均衡，是针对春节市场的，春节过后又会降回到平时市场的均衡价格。

那么这个价格是否合理？是否需要政府加以干预呢？理论上说，所有完全竞争市场的定价都需要有约束，不能恣意妄为。如果是竞争市场，定价的约束来自市场竞争，此时企业无法自行涨价，只能接受市场价格。如果是垄断市场，例如一个城市仅存少数几家洗车店，从而没有市场竞争来约束企业行为，此时就需要政府对定价加以规范。在中国，是由物价部门实施这一管制。

这样可以看出，洗车价格的上涨是完全合理的，是一种市场行为，不应在政府干预的范围之内。而且，进一步探究可以发现，它的成本上涨了，而竞争使洗车价格控制在成本附近。因此，即使价格上涨至50元，这也仍然是与春节期间的成本相当的，洗车行业并未获得超额利润。要知道洗车工放弃了休假，放弃了享受节日，放弃了与家人的团聚。但是对出租车行业而言就不一样了，它不是一个竞争市场，政府事先就限制了出租车牌照的发放量，在出租车行业形成了一定的规制，从而也就限定了其价格。即使因为春节期间成本上涨而需要调价，也不能任意而为，需要在政府规范下进行。而各个城市的实际做法是，定价时已经考虑到不同时期的成本，通过取其平均值而确定了固定价格。尽管不能上调的价格在春节期间或许略低于成本，可是在平时又略高于成本。

【讨论问题】 ■————————————————————————

1.怎样理解洗车行业是一个完全竞争市场？怎样理解春节洗车市场是一个特定的市场？

2.竞争市场的价格浮动需要政府介入干预吗？

3.一般而言，商品如何定价才是社会可以接受的？

4.为什么春节期间洗车价格会上涨？

【参考答案】 ■————————————————————————

1.首先，一个城市有很多洗车店（厂商）和很多需要清洗服务的汽车（消费者）；其次，进入的门槛相对较低，几乎没有进入壁垒。另外，"洗车"这个产品各家洗车店所提供的并无太大差距，而且在当下信息社会，洗车市场的价格、所能提供的服务都很透明，因此洗车市场的信息是相对完全的。综上，洗车市场接近完全竞争市场。之所以说春节洗车市场是一个特定市场，一是因为它是周期性的并且持续时间不长，通常是过年前的10~15天；二是因为此时需求剧增而服务的供给者却因为种种原因而骤减。

2.自由市场理论认为，政府不应该干预竞争市场的价格浮动。价格是维系市场主体间进行价值交换的最重要媒介，其表现形式是围绕着商品价值的上下波动。商品价格由供需双方共同决定，需求大于供给，价格上涨，这会使得商品流向那些真正有需要的人。此外，价格上涨也会刺激供给的增长。而如果政府抑制价格上涨，那么生产商和贸易商就不会有动力加强供给。可见，市场机制发挥着传递信息、给资源使用者提供激励使其接受信息的引导、给资源所有者提供激励使其遵循这些信息的积极作用。但是，由于市场机制天然具有滞后性、自发性和盲目性等缺陷而诱发的宏观经济不稳定、微观经济低效益与社会分配不公平等市场失灵现象客观存在，因此，市场机制作为社会资源唯一调控方式的合理性存疑，政府介入市场、干预价格成为必要和必需。因此，面对正常范围的市场价格波动政府不应该强制干预，但当价格浮动大幅偏离正常轨道时，则需要政府介入干预。

3.商品的价格由其价值所决定，受供求关系的影响。因此，商品的定价要符合上述两方面，才是社会可以接受的。

4.一方面，春节期间洗车服务供给减少。农民工纷纷返乡过年，洗车工人供不应求；即使是现有的员工和经营者，在大家回家团聚的春节期间工作，其工作的机会成本也上升了；按照现行法规，春节期间工作属于加班，应该支付3倍的工资，这进一步增加了生产成本。种种情况直接导致春节期间洗车服务供给减少。另一方面，春节期间洗车服务的需求剧增。车主都想洗干净爱车过年，因此春节期间对洗车的需求大大增加。

第五章 不完全竞争市场

开篇案例

华为连续五年专利合作条约申请量位居全球第一

【案例正文】

专利市场在某种程度上可以视为不完全竞争市场。专利是一种在法律上保护创新的产权，它允许创新者在一定时间内拥有独家使用权并排除他人。这种排他性使得市场竞争受到限制，创新者可以在独占的地位下收取高额的专利使用费，获得较高的经济利润。

截至2021年年底，华为在全球累计专利申请量超过20万件，累计授权量超11万件、PCT授权超6万件。其中2021年，华为已公布PCT申请就达6 952件，比上年增加了近1 500件。

这些来之不易的数据背后，是华为对于创新持续的投入和耐心。公开数据显示，最近10年华为累计投入8 500亿元人民币用于研发。其中2021年研发投入1 427亿元，占公司营收比例达22.4%，创新投入比例达到近10年的最高水平。华为2015—2021年专利申请及授权情况见表5-1。

表5-1 　　　　　　　华为专利申请及授权情况（2015—2021）　　　　　　　单位：件

年度	中国专利		PCT国际专利	美国发明专利		欧洲发明专利		其他国家	
	申请	授权		申请	授权	申请	授权	申请	授权
2015	3 831	2 753	3 898	2 414	1 268	1 832	514	2 412	609
2016	5 082	3 316	3 692	2 904	1 715	2 137	932	3 635	1 018
2017	6 459	3 521	4 024	2 924	1 970	2 371	1 284	3 698	1 177
2018	7 065	3 649	5 405	3 118	2 202	2 477	1 723	3 518	1 637
2019	8 752	4 906	4 411	3 919	2 937	3 496	2 143	5 348	1 986
2020	10 546	6 324	5 464	3 707	3 108	3 090	2 230	4 232	1 851
2021	11 835	7 913	6 952	3 784	2 935	3 538	2 128	4 803	2 226

（数据来源："华为2022创新和知识产权论坛"）

华为在中国的专利申请量持续上升，2020年突破了1万件，2021年接近12 000件。面对疫情以来的重重挑战，华为仍然坚持每年至少投入30亿美元用于基础研究。截至目前，华为是累计获得中国授权专利最多的企业。华为在美国的年度专利申请量接近4 000件，年度新增授权量约为3 000件。2021年，华为在美国的新增专利授权量排名第五，在美国累计共获得2万件专利。获得华为专利许可的美国公司包括智能手机、网联车和智能家居等领域的主流厂商。欧洲专利局发布的数据显示，2019年和2021年华为都是欧洲专利申请最多的申请人。欧洲是华为海外最大的市场之一。华为在欧洲已建立20个研究所，遍布德国、法国、英国、瑞典、比利时、波兰等多个国家。欧洲研发团队产出的专利申请量也逐年提升。

1995年华为在中国申请第一例专利，1999年在美国申请第一例专利，2001年在欧洲申请第一例专利。目前，华为已经连续5年位列PCT全球申请榜单第一名。作为科技企业的代表，华为在知识产权领域几十年的积累，对于越来越多走向全球的中国企业来说，同样具有重大的示范和借鉴意义。

（资料来源：根据相关资料整理）

【讨论问题】 ■━━━━━━━━━━━━━━━━━━

1.专利市场属于哪种市场结构？

2.除了专利外还有哪些原因会形成垄断？

【参考答案】 ■━━━━━━━━━━━━━━━━━━

1.专利市场可以说是某种程度上的垄断市场。因为在大多数情况下，专利持有者拥有独家的权利，可以控制他们所持有的专利技术的使用、开发和授权。这种垄断力度虽然没有单一垄断者或垄断企业那么强大，但是它对市场的影响程度是非常明显的。此外，专利所保护的技术和知识产权的特性决定了某些技术领域只有极少数企业或个人才能持有和掌握这些专利，因此也形成了某种程度上的垄断局面。

2.形成垄断的原因除了专利垄断，还有资源垄断、特许垄断和自然垄断。

【思政启示】 ■━━━━━━━━━━━━━━━━━━

知识产权是指可通过法定方式对其实施法律保护的创造性或创新性工作或成果。知识产权包括专利、商标、版权、工业设计、商业秘密等。专利是其中一种形式，它是为了保护创造性的技术、发明和创新而设置的。专利权利人拥有对其发明或创新的专有权利，可通过专利文书有效地防止他人在市场上不经授权地制造、销售、使用、进口、出租自己的发明或创新产品。因此，专利是知识产权的一种重要组成部分，也是知识产权保护的最为重要和常用的方式之一。而知识产权是创新发展的源头活水。不管是对于企业还是对于一个国家来说，用知识产权的数量和质量来衡量其科技创新能力，或许比财务数据更有现实意义。尤其在数字经济的背景下，知识产权日益成为核心要素，保护知识产权就是保护科技创新。案例中华为对于知识产权的态度折射出了华为面对创新的价值观——开放、自信、尊重成果，这是每一个攀登科技高峰的企业最需要的精神。通过案例可以引导学生了解我国民族企业创新发展的成绩，从而感悟中国企业家精神；同时增强科学创新意识，提升民族自豪感，厚植家国情怀。

5.1　垄断

----案例 1----

中国的稀土

【案例适用】◼———————————————————————————

垄断的成因

【案例正文】◼

19世纪是煤炭世纪，20世纪是石油世纪，21世纪则是稀有金属世纪。稀土是17种稀有金属元素的总称，是现代科技中不可或缺的元素，被称为高科技产业的维生素，它在荧光磁性激光、光纤通信、贮氢能源、超导等材料领域有着不可替代的作用。稀土材料还被用于制造高科技武器的核心部件。一句话概括，从手机到新能源汽车、巡航导弹都离不开稀土。在国际资源市场中有这么一句广为流传的话："中东有石油，中国有稀土。"中国是世界稀土第一大储备国与出口国，2020年中国稀土供应量在全球占比达到近90%，已成为对世界其他国家稀土的垄断供应者。

目前中国也是世界上唯一具有稀土全产业链的国家，对全球稀土产业链的某些环节有近乎绝对的主导权。除了稀土矿产资源的垄断性以外，中国还同时是全球稀土专利的第一大拥有国。截至2018年8月，中国的稀土专利已经超过了美国2.3万个，而自2011年以来，中国在稀土开采、冶炼和使用方面的专利，已经达到了全世界其他国家的总和。而且，现在中国在稀土开采、冶炼和应用上的专利数量，还在高速递增中，形成了一个由中国专利构成的、强大的技术壁垒，西方国家想要突破稀土冶炼和开发的技术，将会遭受来自中国的全面技术封锁，这就是中国在稀土产业上的技术垄断性。

（资料来源：根据相关资料整理）

【讨论问题】◼

1.我国稀土属于哪种类型垄断？

2.稀土企业短期均衡有哪几种情况？

【参考答案】◼

1.我国的稀土垄断属于矿产资源垄断。中国拥有世界上最大的稀土矿产储量，同时掌握了稀土开采、冶炼和加工等环节的核心技术，并对稀土出口实行严格控制，使得其他国家难以获得稀土资源。这种垄断地位给中国企业在全球市场上制定高垄断价格以获得高额利润的机会，从而形成了强大的垄断地位。

2.稀土企业短期均衡有以下几种情况：

盈亏平衡：当稀土企业的平均收入等于平均总成本时，就达到了盈亏均衡状态。这种情况下，企业能够覆盖所有成本，包括固定成本和可变成本，但并没有额外的利润。

亏损均衡：当稀土企业的平均收入小于平均总成本时，就达到了亏损均衡状态。这种情况下，企业不能覆盖所有成本，只能靠削减成本或者借债来维持运作。

盈利均衡：当稀土企业的边际收入等于边际成本时，就达到了盈利均衡状态。这种情况下，企业的利润最大化。

【思政启示】■▶

第一，资源禀赋。我国是全球稀土资源丰富的国家，拥有丰富的稀土矿产资源储量及品种，其中南方稀土资源富集程度全球领先，主要分布在江西、福建、广东等地区。第二，利益驱动。我国从20世纪80年代开始大力发展稀土资源的开采、冶炼和加工产业，形成了国内的稀土产业链，企业在这个产业链中积累了丰富的经验和技术优势。这使得中国企业能够在全球市场上制定高垄断价格以获得高额利润。第三，政府支持。中国政府已经将稀土作为国家支持的重点矿产资源之一，并制定了强有力的政策措施保护和规范了国内稀土资源的开采和出口。这些原因导致中国在稀土产业上形成了强大的技术优势和垄断地位，其他国家难以在短时间内和中国竞争。通过案例引导学生深入了解中国国情，认清我国资源大国的地位，提升民族自豪感，增强制度自信，厚植家国情怀。

------------------------------ 案例2 ------------------------------

景点向中国人收取的门票价格为什么比外国人低

【案例适用】■

价格歧视

【案例正文】■

100年来中国人的愿景之一就是在三峡建一座大坝。1919年，孙中山在《建国方略》中就提出修建三峡大坝的设想，提出改良宜昌以上长江段"以水闸堰其水，使舟得溯流以行，而又可资其水力"，用三峡的电力推动全国经济的发展。三峡工程1994年开始动工，2003年6月水库开始正式蓄水发电，到2023年恰好20年。三峡水库蓄水位是175米，总蓄水量可高达393亿立方米，成为全世界最大的水力发电站和清洁能源生产基地。

如今的三峡大坝，不仅是一座巨大的水电站，也是国家5A级景区"三峡大坝-屈原故里旅游区"的一部分，这是一处对全体中国人免费，但外国人仍需购买105元门票的景区。此外，从宜昌市区通往三峡坝区，全长38千米的三峡专用高速公路，也是免费通行的，但需要在入口处凭身份证和行驶证办一张两天有效的通行证。

类似地，浙江绍兴于2014年5月启动"绍兴人免费游绍兴"项目，山东万平口景区从2016年6月起围海收费，收费方案为旺季票价60元，淡季票价40元，本地人免费。

【讨论问题】▪━━━━━━━━━━━━━━━━━━━━━━━━━━━

案例中景点对不同的人收取不同价格的门票，这是什么现象？请从经济学视角对收取不同价格门票的现象进行解释。

【参考答案】▪━━━━━━━━━━━━━━━━━━━━━━━━━━━

案例中景点对中国人的门票价格远远低于外国人的门票价格，或者当地人门票价格远远低于外地人的门票价格，这是价格歧视，就是将相同成本的一种产品以不同的价格来出售。价格歧视的概念也可以扩大到产品并不完全相同的场合：如果这些不同产品的价格差异显著地不同于它们的成本差异，则也可以说存在价格歧视。

价格歧视包括三种类型：一级价格歧视，也称完全价格歧视，按人定价，是指根据个人的需求及支付能力制定个性化的价格，尽可能多地从个人那里收取消费剩余。例如，金融产品的个性化定价，很多信用卡、保险、贷款等金融产品的价格都会根据个人的信用、收入、风险等特点进行个性化定价，因此不同的人在同一款产品上的价格可能会有所不同。二级价格歧视，按量定价，把全部产品分成若干"堆"，对每一"堆"产品按消费者的边际意愿支付来定价。例如，"批发价""买一送一""满200减30""二件八折"等。三级价格歧视是指企业根据不同的市场、不同的需求弹性制定不同的价格，以获得利润最大化。例如案例中提及的景点实行的价格歧视就是三级价格歧视，这里的不同市场不仅指不同的地理位置上的市场，而且指由于消费者的偏好、收入和产品用途不同而形成的不同市场。外国人不远万里到中国旅游，到了旅游景点，不会因为门票价格比中国人高而不进去。此时他们的消费价格弹性非常小，公园制定高价格就可以获得较高的利润。如果对中国人也制定高价格，就会挡住一部分消费者，公园就会因此减少收益。本地人比外地人票价更优惠也是同样的道理。

5.2　垄断竞争

┌╌╌╌╌╌╌ 案例 1 ╌╌╌╌╌╌┐

国产手机着力差异化竞争

【案例适用】▪━━━━━━━━━━━━━━━━━━━━━━━━━━━

垄断竞争市场

【案例正文】▪━━━━━━━━━━━━━━━━━━━━━━━━━━━

2018年，中国智能手机市场陷入存量市场，消费者换机周期延长，使得品牌之间的竞争更加激烈。为了通过差异化竞争获得市场优势，很多国内品牌开始抛弃过去"薄利多销"和"娱乐营销"的策略，寻求品牌差异化，挖掘自身技术特色。360N7、一加、锤子等国产手机品牌在不同点上做出了新的创新，试图从操作系统、摄影性能等各方面争夺国内智能手机的存量市场。然而，中国智能手机企业的产品升级力度十分有限，当消费者对技术的理解、手机操控体验和交互应用要求提高时，"单纯的低价"已经不再具有吸引力。因此，各品牌将通过差异化竞争来互相抢占市场份额。如360N7手机主打游戏性能和大电池，试图拉拢爱好手游的年轻消费者。此外，手机厂商需要在核心技术方面下功夫，以用户需求和移动应用场景为导向，针对特定应用情境，结合生态伙伴的技术服务与内容优势，开发智能化服务，以此满足用户更苛刻的诉求。

（资料来源：根据相关资料整理）

【讨论问题】 ■━━━━━━━━━━━━━━━━━━━━━━━━━━━━━

1.智能手机市场属于什么类型的市场结构？该类型市场有什么特点？

2.你如何看待智能手机的差异化竞争？

【参考答案】 ■━━━━━━━━━━━━━━━━━━━━━━━━━━━━━

1.智能手机市场属于垄断竞争市场。垄断竞争市场的特点是存在许多企业，其中每一个企业在整个市场中所占的份额都微不足道，而且它们所生产的产品略有差异。这里所说的差异，不仅包括商品的质量、规格、品牌，还包括购物环境、售后服务等。

2.智能手机的差异化竞争可以为企业带来竞争优势，在垄断竞争的市场中，各个企业为了区分产品或服务，从而在市场上获得一定数量的市场份额，采取了不同的差异化策略。实施差异化策略是垄断竞争市场最常用的一种竞争策略。以下是一些常见的差异化策略：

产品差异化：将产品与竞争对手的产品做出不同之处，例如，配置、颜色、设计、品质等。

品牌差异化：通过建立品牌使消费者记住自己的产品，提高产品曝光度，形成品牌忠实度，同时可以凭借品牌溢价获取更高利润。

价格差异化：价格定位是差异化竞争中的重要策略之一。企业可以通过各种渠道促销，采用打折销售、销售绑定等手段，来降低产品的实际售价，带动销售，增加市场占有率。

渠道差异化：通过采取各种渠道策略，例如，直营、加盟、代理等方式，布局或加强网络、实体店、快递等不同的销售渠道来形成差异化竞争。

服务差异化：不同的企业可以提供不同的售前、售中和售后服务来吸引客户。

总之，差异化策略可以更好地满足消费者需求，同时也就促使企业提高销售量或允许企业制定更高的价格，也为潜在进入者设置了一道进入壁垒。

------- 案例 2 -------

广告最活跃的市场

【案例适用】◼━━━━━━━━━━━━━━━━━━━━━━━━

垄断竞争市场策略

【案例正文】◼━━━━━━━━━━━━━━━━━━━━━━━━

生活中广告随处可见，最经常看到的是化妆品、家用电器、洗涤用品等轻工业产品的广告，而很少看到过石油、煤炭、钢铁的广告，更没有看到过水、电的广告（不包括公益广告）。这是为什么？

【讨论问题】◼━━━━━━━━━━━━━━━━━━━━━━━━

为什么垄断竞争市场广告最活跃？

【参考答案】◼━━━━━━━━━━━━━━━━━━━━━━━━

打开电视映入眼帘的一般都是轻工业产品广告。这个市场就是垄断竞争市场。这个市场存在的基本条件是产品有差别，如自行车，消费者的个人偏好不同，每一款自行车都可以以自己的产品特色在一部分消费者中形成垄断地位。但这种垄断又是垄断不住的，因为不同品牌的自行车是可以互相替代的。这就形成一种垄断竞争的状态，这也正是为什么生产轻工业产品的厂商不惜血本大做广告的目的。不仅如此，在这个市场上各个商家的定价决策要充分考虑同类产品的价格，正确估计自己的产品在市场上的地位，定价过高会被同类产品替代，失去原有的市场份额。因此，垄断竞争市场通常是广告最活跃的市场之一，这是因为垄断竞争市场企业之间的竞争非常激烈，每家企业都在尝试用不同的方式来推广其产品和服务，以吸引消费者的关注和购买，从而获得更高的市场份额和更好的经济收益。

5.3　寡头

------- 案例 1 -------

中国的通信市场

【案例适用】◼━━━━━━━━━━━━━━━━━━━━━━━━

寡头的含义及特征

【案例正文】◼━━━━━━━━━━━━━━━━━━━━━━━━

中国移动、中国电信和中国联通三家公司合称为我国通信市场的"三大运营商"，它们占据着中国通信市场的绝大部分份额，形成了寡头垄断的局面。这三大运营商既拥有移动通信网络的基础设施，也掌握着大量的客户资源。此外，它们还能依照自身情况进行自由的定价。这使得其他通信企业的进入成本极高，难以与它们竞争。虽然近年来一些新兴的虚拟运营商也在一定程度上对市场的格局起到了调整作用，但仍难以改变整个市场的寡头格局。因此，通信市场在一定程度上存在寡头垄断的情况。尽管国家对通信市场有反垄断和维护公平竞争的政策，但寡头格局使得整个市场的竞争存在明显的局限性，从而影响消费者的福祉。

【讨论问题】

1.什么是寡头？

2.中国通信市场属于寡头市场结构吗？该市场有哪些特征？

【参考答案】

1.寡头是一种市场形态，通常用于描述只有少数几家企业或组织主宰某个市场的情况。这些企业或组织被称为寡头企业或寡头组织。在寡头市场中，这些寡头企业通常可以控制市场上的商品或服务价格，而消费者没有足够的替代选择，因为其他的供应商不够强大或者根本不存在。

2.中国通信市场的确是一个寡头市场，有以下的特征：

控制力集中：中国通信市场上的寡头企业主宰市场，例如中国移动、中国联通和中国电信，这三家企业占据了市场份额的绝大部分，控制着市场。

市场份额固化：寡头企业在市场上的地位非常稳固，并不断拓展自己的优势。市场份额的固化也导致其他企业进入市场的门槛很高。

产品同质化：在通信市场上，各大企业生产的产品种类相近，且难以区分。因此，消费者在选择上没有足够的替代品和选择。

价格竞争受限：由于控制力的集中，寡头企业可以相互协商，限制彼此之间的价格竞争。因此，商品价格不会过低，也不会出现恶性竞争，而是相对稳定。

总之，中国的通信市场具有典型的寡头市场特征，市场保持着相对的稳定性。

案例2
智猪博弈

【案例适用】

博弈论及策略行为

【案例正文】

在博弈论（Game Theory）中，"智猪博弈"是一个著名的纳什均衡的例子。假设猪圈里有一头大猪、一头小猪。猪圈的一头有猪食槽，另一头安装着控制猪食供应的按钮，按一下按钮会有10个单位的猪食进槽，但是谁按按钮就会首先付出2个单位的成本，若大猪先到槽边，大小猪吃到食物的收益比是9∶1；同时到槽边，收益比是7∶3；小猪先到槽边，收益比是6∶4。那么，在两头猪都有智慧的前提下，最终结果是小猪选择等待。

实际上小猪选择等待，让大猪去按控制按钮，而自己选择"坐船"（或称为搭便车）的原因很简单：在大猪选择行动的前提下，小猪也行动的话，小猪可得到1个单位的纯收益（吃到3个单位食品的同时也耗费2个单位的成本，以下纯收益计算相同），而小猪等待的话，则可以获得4个单位的纯收益，等待优于行动；在大猪选择等待的前提下，小猪如果行动的话，小猪的收入将不抵成本，纯收益为-1单位，如果小猪也选择等待的话，那么小猪的收益为零，成本也为零，总之，等待还是要优于行动。综合来看，无论大猪是选择行动还是等待，小猪的选择都将是等待，即等待是小猪的占优策略。

在小企业经营中，学会如何"搭便车"是一个精明的职业经理人最为基本的素质。在某些时候，如果能够注意等待，让其他大的企业首先开发市场，是一种明智的选择。这时候有所不为才能有所为。

【讨论问题】■————————————————————
智猪博弈带给你哪些启示？

【参考答案】■————————————————————
智猪博弈是博弈论中的一个重要概念，由美国著名数学家约翰·纳什于1950年提出。智猪博弈给我们的启示是，作为竞争中的弱者（弱小的猪）应该讲究竞争策略（选择等待），看准时机以逸待劳。因为企业竞争也是同样的道理：大企业是竞争中的强者（强壮的猪），小企业是竞争中的弱者（弱小的猪）。在残酷的企业竞争中，小企业要想生存，就得像智猪博弈中的弱小的猪一样，学会等待。这种"弱小的猪躺着强壮的猪跑"的现象在经济学上有一个更加形象的名字，叫"搭便车"。

与此相关的"搭便车理论"是由美国经济学家曼柯·奥尔逊提出的，其基本含义是像弱小的猪一样不付成本而坐享他人之利。典型例子便是所谓的"市场跟随者"，当某个大企业花了数额巨大的投资探索出某种商业模式后，很快就会有一些小的厂商模仿跟进，像弱小的猪一样搭便车，既省去了前期研发投入，又享受了大公司开拓出来的成熟市场。商业史上，这种强壮的猪栽树、弱小的猪乘凉的案例数不胜数，例如：IBM开发了个人计算机市场，却被苹果的图形化操作系统掠夺；网景炒熟了浏览器，却被微软的捆绑战略盖过。而苹果和微软，现在也成了强壮的猪，它们开拓出了智能手机和应用系统市场，同样被无数弱小的"猪"跟随着。

但是先驱者又不能不栽树，就像故事中的强壮的猪一样，踩按钮吃冷饭，不踩按钮就只能饿死了。而且像苹果、微软这种后来居上的毕竟只是少数，绝大多数时候，虽然挡不住弱小的猪不劳而获，但强壮的猪依然是多劳多得的。在智猪博弈的影响下，强壮的猪要防止被弱小的猪多吃多占，尽可能地让自己多劳多得，唯一的办法就是占据先发优势，在弱小的猪还没来得及做出反应之前，就迅速占据市场的垄断地位。

我们常说"后发优势"，这便是智猪博弈的强烈体现；而同时我们也常常说"先发制人"，先发的目的就是让弱小的猪搭便车的收益降至最低。

综合案例

------ 案例 ------
天价处罚与全球反垄断发展新趋势

【案例正文】■──────────────────────

一、182亿元处罚的经过

2021年4月10日，国家市场监督管理总局公布了对阿里巴巴集团控股有限公司（下称"阿里集团"）的"行政处罚决定书"（以下简称"处罚决定"），对其处以182.28亿元的罚款。自2020年12月开始，市场监督管理总局已经就阿里集团涉嫌平台"二选一"等行为展开了反垄断调查，经过4个多月的调查，终于给出了一个令公众意想不到的结果。182.28亿元，不仅是中国反垄断史上最大的罚单，也是世界反垄断史上排名前三甲的大罚单。

市场监督管理总局主要依据《中华人民共和国反垄断法》第十七条第一款第（四）项禁止"没有正当理由，限定交易相对人只能与其进行交易"认定阿里巴巴的行为性质属于滥用市场支配地位，进而依据《中华人民共和国反垄断法》第四十七条、第四十九条的规定做出了行政处罚。182.28亿元罚款是阿里集团2019年度中国境内销售额4 557.12亿元的4%。

滥用市场支配地位的认定通常需要从界定相关市场、认定是否具备市场支配地位、界定是否实施了滥用市场支配地位的行为等方面依次进行。

本次处罚首先界定相关市场为"中国境内网络零售平台服务市场"；其次，参考了阿里集团的市场份额、市场控制能力、相关市场进入难易程度等因素认定其具有市场支配地位；最后，认定其"通过禁止平台内经营者在其他竞争性平台开店和参加其他竞争性平台促销活动等方式，限定平台内经营者只能与当事人进行交易"，实施了滥用市场支配地位的行为，具有排除、限制竞争效果，最终被市场监督管理总局认定为违反《中华人民共和国反垄断法》，构成滥用市场支配地位。

二、我国反垄断近况

在反垄断立法领域，除了较早颁布生效的《中华人民共和国反垄断法》《中华人民共和国反不正当竞争法》等法律，我国又密集出台了一系列和反垄断相关的法规和指南，其中包括《国务院反垄断委员会关于平台经济领域的反垄断指南》《经营者反垄断合规指南》《国务院反垄断委员会横向垄断协议案件宽大制度适用指南》等一系列法规。

与此同时，近年来，国家市场监管总局及地方市场监管局对各种垄断行为做出了处罚。

（1）对山东康惠医药有限公司、潍坊普云惠医药有限公司、潍坊太阳神医药有限公司（以下称"康惠公司"、"普云惠公司"和"太阳神公司"）的滥用市场支配地位的行为分别做出2.527亿元、5 435万元、1 845万元的处罚。

2020年4月9日，市场监督管理总局对上述三家医药企业做出了高额处罚，认为康惠公司、普云惠公司和太阳神公司于2015年8月至2017年12月滥用在中国注射用葡萄糖酸钙原料药销售市场上的支配地位，实施了以不公平的高价销售商品、附加不合理交易条件的行为，排除、限制了市场竞争，损害了消费者利益。

市场监督管理总局认为上述三家企业的行为违反了《中华人民共和国反垄断法》第十七条第一款第（一）、第（五）项规定，构成滥用市场支配地位行为，进而依据《中华人民共和国反垄断法》第四十七条、第四十九条做出了高额处罚（三家公司分别处以2018年销售额10%、9%、7%的罚款并没收违法所得）。

（2）对上海食派士商贸发展有限公司滥用市场支配地位的行为做出116.86万元的处罚。

2020年12月25日，上海市市场监管局依法做出行政处罚决定，对上海食派士商贸发展有限公司处以其2018年销售额3%的罚款，合计人民币116.86万元。上海市市场监管局认为该公司在2017年1月—2019年10月期间，利用其在上海市提供英文服务的在线餐饮外送平台服务市场的支配地位，实施了限定交易的行为，锁定了相关市场内大量合作餐厅商户资源，严重削弱了竞争对手的竞争能力，在相关市场产生了排除、限制竞争效果，且没有正当理由，违反了《中华人民共和国反垄断法》第十七条第一款第（四）项的规定，构成滥用市场支配地位限定交易的行为。

（3）对唯品会（中国）有限公司（以下称"唯品会"）的不正当竞争行为做出300万元的行政处罚。

2021年2月8日，市场监督管理总局对唯品会做出了罚款300万元的行政处罚，认定唯品会构成《中华人民共和国反不正当竞争法》第十二条第二款第（四）项"其他妨碍、破坏其他经营者合法提供的网络产品或者服务正常运行的行为"，依据第二十四条规定进行顶格处罚。

三、欧盟、美国对平台经济反垄断的最新实践

不仅在我国，其他各国政府在近年都掀起了一股反垄断的大潮，无论在立法还是执法上，都对垄断行为，特别是大型互联网公司垄断行为，举起了反垄断的大旗。

1. 欧盟

欧盟委员会于2020年12月15日公布了两部法律提案（Proposal），包括：Digital Markets Act（《数字市场法》，缩写为DMA）以及Digital Services Act（《数字服务法》，缩写为DSA）。

其中，DMA与反垄断息息相关，其通过认定"Gatekeeper"（守门人）为大型

互联网公司设定额外的义务和更为严格的责任以防止其滥用市场权力。DMA第5条和第6条中列举的义务包括：避免数据合并、禁止使用非公开数据（竞争情况下）、允许企业选择其他第三方平台、非歧视性排名等。

该法律提案一旦通过并生效，守门人将在提供平台服务过程中面临比小型企业更多的义务，其在数据合并（在提供核心平台服务过程中获得的数据不得与守门人提供其他服务获得的数据合并）、数据使用、允许企业用户选择第三方平台等方面需要谨慎应对。

2.美国

2020年10月，美国众议院司法委员会发布了一份《数字市场竞争状况调查报告》（以下称《报告》），详细记录了过去16个月对苹果、亚马逊、谷歌和脸书的反垄断调查，报告显示前述四家公司在各自的相关市场具有显著的市场影响力。

报告显示：谷歌通过数据盗用和自家优待两种方式确定其优势，通过从未经许可的第三方获取信息来改善搜索结果，从而维持其搜索垄断地位。亚马逊存在恐吓其平台第三方卖家、占用第三方卖家数据和捆绑自家广告的行为。苹果利用其对Appstore的控制力来排挤竞争对手。脸书采取战略收购和抄袭产品的方式扼杀竞争对手。

2020年12月9日，美国联邦贸易委员会（Federal Trade Commission，FTC）对脸书正式提起反垄断诉讼，指控其通过长达数年的反竞争行为非法维持其在个人社交网络领域的垄断地位。FTC指控脸书通过收购潜在竞争对手Instagram、WhatsApp并对软件开发商施加反竞争条款等行为以消除潜在竞争，维持垄断地位；该行为损害了市场竞争，限制了消费者对于个人社交网络的选择，剥夺了广告商从竞争中可能获得的收益。

四、企业合规建议

欧盟、美国反垄断领域的实践表明，互联网企业将来可能面临反垄断领域和数据合规方面的双重规制；同时，为大型公司设定更为严格的义务和责任可能成为反垄断发展的新趋势。

因此，反垄断合规对于企业经营管理十分重要，其有助于企业避免高额罚款、节约企业应对反垄断调查的成本（如商誉损失）、保障合同效力（避免合同因违反反垄断规定而无效）。

在包括我国在内的许多国家，反垄断处罚都较重，滥用市场支配地位在我国可能被处以上一年度销售额1%以上10%以下的罚款；同时，企业在面对反垄断调查时也会产生大量的应对成本，如聘请外部顾问的费用、商誉损失等；另外，如果企业被认定为违反反垄断规定，可能造成相关合同因违反规定而无效，反垄断合规对于保障合同效力并避免之后因合同无效可能造成的损失具有重要意义。

2021年发布的《国务院反垄断委员会关于平台经济领域的反垄断指南》以及《网络交易监督管理办法》似乎预示着我国平台经济领域反垄断的发展方向，通过对阿里集团的处罚决定以及欧盟、美国最近的反垄断举措也不难看出：对于大型企业特别是大型互联网企业，反垄断领域的依法合规经营问题已经变得更加重要。

就反垄断合规机制的建立方式，有如下几点需要企业特别注意：

（1）企业应根据自身规模、所处行业特性、市场情况、反垄断法相关规定及执法环境识别面临的主要反垄断风险，建立风险清单及义务清单，并不断更新。

（2）企业应依据《中华人民共和国反垄断法》等规定，分析和评估合规风险的来源、发生的可能性以及后果的严重性等，并对合规风险进行分级。可以参考的评估因素包括：涉及的反垄断风险种类（垄断协议/滥用市场支配地位/经营者集中等）、涉及的处罚、风险级别、合同效力是否会受影响等。

（3）企业应根据不同职位、级别和工作范围的员工面临的不同合规风险，对员工进行风险评级，针对不同风险级别的员工开展针对性培训，进行风险提示，提高风险防控的针对性和有效性。

（4）企业应建立风险应对机制，及时应对反垄断风险，在面对反垄断调查时，立即停止相关行为并主动向反垄断执法机构报告和配合其开展工作，利用承诺制度和宽大制度等反垄断机制减轻或者免除处罚。

在依法合规经营的同时，也建议企业时刻关注反垄断领域的最新变化，并根据国家法规和政策的变化不断调整自身的反垄断合规措施。同时关注全球反垄断领域的最新举动和最新趋势，不断调整自身存在的反垄断领域的合规问题。

（资料来源：根据相关资料整理）

【讨论问题】━━━━━━━━━━━━━━━━━━━━━━━━━━

1.互联网企业形成垄断的原因有哪些？

2.欧盟、美国对平台经济反垄断有何举措？

3.新形势下我国下一步的反垄断风向是什么？谈谈你的看法。

【参考答案】━━━━━━━━━━━━━━━━━━━━━━━━━━

1.互联网企业形成垄断的原因有以下几个：

（1）过度规模经济：随着企业的规模增加，可以降低单件产品的生产成本，从而降低产品价格，吸引更多的用户和消费者，使企业变得更具竞争力。这种规模经济的积累可以让企业在市场上获得竞争优势，形成市场垄断。

（2）专利和技术壁垒：企业在特定的技术领域创造出新的创新性产品或服务，并获得相关专利权，这可以为企业提供一定的市场竞争优势，长期封锁其他公司进入市场，形成市场垄断。

（3）政策支持：政府对某个公司或行业存在政策支持，比如高速公路、风电等资源的分配和电子商务、移动支付等行业的法规规范，都会促使市场资源倾向于少数公司，造成垄断。

总的来说，互联网企业形成垄断的原因是多方面的，除单纯的先发优势和品牌优势外，更多的是由于网络特性上的反复利用，再加上与传统行业相比惊人的成长速度，加速了其向市场竞争中的"巨无霸"转型和垄断市场的形成。

2.欧盟针对平台经济反垄断的举措包括：颁布DMA和DSA两项法律提案，其中DMA主要认定"守门人"为大型互联网公司设定额外义务和更严格责任，包括避免数据合并、禁止使用非公开数据、允许企业选择其他第三方平台、非歧视性排名等。

美国方面，众议院司法委员会发布的调查报告显示苹果、亚马逊、谷歌和脸书在各自市场具有显著的市场影响力，且存在不同的反垄断行为，例如谷歌存在数据盗用、亚马逊存在恐吓平台第三方卖家、苹果利用控制力排挤竞争对手、脸书通过战略收购和抄袭产品扼杀竞争对手等行为。美国联邦贸易委员会也对脸书提起反垄断诉讼，指控脸书通过收购潜在竞争对手和对软件开发商施加反竞争条款等行为消除潜在竞争，限制了市场竞争。

3.在新形势下，我国下一步的反垄断风向应该会更加强劲。过去几年，我国反垄断执法力度逐步加强，涉及的领域也逐渐扩大。但是，中国经济的快速增长已经导致市场竞争的减少，市场垄断的现象越来越普遍，反垄断成为更紧迫的问题。因此，我们认为我国下一步反垄断的重点将会集中在以下几个方面：

首先，加强对互联网平台领域的监管力度。如今，我国的互联网企业已经成为全球巨头，其对于市场的掌控程度非常高，具有很强的掌控力和话语权。在此背景下，平台经济成为受到关注的焦点。我国反垄断的风向将会越来越多地聚焦在互联网平台上，会加大对互联网平台的监管和处罚力度，确保市场公平竞争。

其次，加强对外资市场的监管力度。随着外资市场的不断扩大，外国企业在我国市场上的影响力越来越大。原来一些本土企业的行业优势已经受到了外国企业的冲击。在这种情况下，我国需要加强对外资市场的监管力度，确保本土企业依旧有足够的市场竞争力，同时避免外资企业在中国市场形成不正当的市场垄断。

最后，加强反垄断立法。目前我国反垄断法立法基础不足，法律适用和实践存在较大的困难。因此，下一步，我国需要加快立法进程，进一步完善反垄断法律，赋予监管机构更多的权利和职责，确保反垄断执法的有效性，维护市场公平竞争。

总之，我国下一步的反垄断力度应该会越来越强劲，尤其是在目前的经济形势下，反垄断已经成为一个紧迫问题。加强监管、加强法治建设、确保市场公平竞争是我国反垄断工作下一步的重点。

第六章　生产要素市场和收入分配

开篇案例

劳动力成本的上升：凡客远走东南亚

【参考答案】

凡客诚品曾经是中国最大的电商服装品牌之一。作为大众时尚品牌，凡客诚品的价格定得很低，29元、69元、99元的价格吸引了大量用户，但也挤压了盈利空间，给它带来很大的盈利压力，甚至处于亏损状态。为缓解成本压力，2009年凡客诚品将部分订单转移至劳动力成本相对较低的孟加拉国，这也是国内服装类电商首次试水海外代工。

【讨论问题】

1.竞争性企业的要素使用原则是什么？

2.试举出一些其他竞争性企业要素使用的例子。

【参考答案】

1.我们从要素需求的角度来分析凡客诚品的出走。本章理论告诉我们，竞争企业对生产要素需求的原则是，将生产要素的使用量确定在确保边际产品价值与要素价格相等即VMP=W的水平上。本案例中，凡客诚品作为劳动力市场的买方，只是众多买方中的一员，没有形成垄断的力量，劳动力市场可以视为竞争性的市场，因而凡客诚品对劳动力的需求曲线与边际产品价值曲线重合。由此我们得到了一条向右下方倾斜的劳动力需求曲线，企业对劳动力的最优需求量随着工资的上升而下降。

2.例如，对于资本使用，企业可以通过融资、投资和资本结构调整等方式，优化资本的使用和配置，以支持企业的发展和扩张。对于人力资源使用，企业可以通过招聘、培训和福利待遇等方式，提高员工的工作效率和满意度，从而提高企业的生产力和竞争力。对于技术使用，企业可以通过研发和创新等方式，提高产品的技术水平和附加值，以满足市场需求和提高产品的竞争力。

6.1 完全竞争与要素需求

案例

田纳西的苹果园

【案例适用】
完全竞争企业的要素使用原则

【案例正文】
田纳西是一个小镇上的苹果园主，拥有一个约50英亩的苹果园。这个镇上有着几十个苹果园，因此苹果市场处于完全竞争状态。在完全竞争市场中，所有产品都被认为是同质的，没有区别，所以买家不关心他们的苹果来自哪个园主。因此，田纳西和其他园主无法控制苹果的价格，价格完全由市场供需决定。

今年，田纳西决定尝试雇用更多的工人来收获苹果，希望能够提高产量并增加销售。为此，他详细记录了每位工人的产量和相关成本。

他观察到：

第一位工人单独工作时，可以收获100箱苹果。

第二位工人加入，园里的总产量增加到190箱，说明第二位工人贡献了90箱。

第三位工人带来了额外的80箱，总产量达到270箱。

第四位工人，由于更好的地块已经被收获，并且工人们开始有些拥挤，只收获了额外的60箱。

每箱苹果在当地市场的售价固定为10美元。按照这个价格，四位工人分别为田纳西带来了1 000美元、900美元、800美元和600美元的收入。

但雇用工人是有成本的。田纳西与当地的劳务市场达成了一份协议，为每位工人支付750美元的工资。

这意味着前三位工人都使田纳西获得了利润，但第四位工人使他亏损了150美元。他意识到，尽管雇用更多的工人可以增加总产量，但并不总是带来更多的利润。

【讨论问题】
1.田纳西应该雇用几个工人呢？在决定工人的雇用量的时候，应该基于什么原则？

2.完全竞争企业的要素使用原则有哪些？

【参考答案】■————————————————————

1.在完全竞争市场中，田纳西通过对比边际产品的市场价值和边际要素成本来决策。他认识到，为了最大化利润，他应该只雇用三位工人。

2.为了最大化利润，企业在使用生产要素时会遵循边际生产要素的报酬递减原则。

要素使用原则可以简化为以下几点：

边际产品（MP）：是指每增加一个单位的生产要素（例如劳动），其他条件不变时，生产量增加的数量。

边际要素成本（MFC）：是指为了获得额外一个单位的生产要素所必须支付的增加的费用。

边际收益与边际成本相等原则：企业会增加生产要素的使用量，只要这些要素的边际产品（以价格表示的值）高于或等于这些要素的边际成本。换句话说，企业会在MP×P=MFC的地方停止使用额外的生产要素，其中P是产品的价格。

在完全竞争市场中，企业从使用额外单位的生产要素（例如劳动）获得的收入来自它的边际产品乘以产品的价格，即MP×P。要素使用原则指出，为了最大化利润，企业应该继续使用生产要素，直到该要素的边际产品的值等于它的边际成本。这可以通过上述公式MP×P=MFC表达。

6.2　要素供给的一般理论

————— 案例 —————
山谷市的土地发展

【案例适用】■————————————————————
要素供给的一般理论

【案例正文】■————————————————————
山谷市是一个位于风景秀丽的山谷中的中等大小的城市。随着都市化的进程，该市近年来经济发展迅速，吸引了大量的新居民和企业。这导致了对土地的需求激增。

价格上涨：随着土地需求的增加，土地价格开始上涨。山谷市郊外的农场主们注意到了这一变化，开始考虑将他们的土地出售给开发商。

土地固定供给：长期看，土地是固定供给的。山谷市的大小和形状限制了可用土地的总量。但在短期内，由于价格上涨，更多的土地可以转移到住宅或商业用途。

替代效应与收入效应，农场主们面临一个选择：

替代效应：高土地价格使出售土地变得更加有吸引力。农场主可能会因为更高的价格而放弃农业，转而出售土地。

收入效应：高土地价格意味着农场主的资产价值增加。这可能使得部分农场主感到更加富有，而选择继续耕种，享受他们所爱的生活方式。

外部因素：当地政府注意到了快速的都市化进程，并决定介入。他们发布了新的城市规划指导方针，限制了某些区域的开发以保护生态和文化遗产。这直接影响到土地的供给。

其他要素供给：随着土地价格的上涨，建筑商开始寻找劳动和资本投资来开发新购买的土地。这导致了对劳动和资本的需求也上升。

【讨论问题】

1. 要素供给的一般理论有哪些核心观点？

2. 高土地价格对农场主决策有哪些影响？他们更可能是出售土地还是继续耕种？

3. 政府规定对土地供给和价格有哪些影响？当地政府的干预会使价格进一步上涨还是下降？

【参考答案】

1. 要素供给的一般理论研究生产要素（如劳动、土地、资本和企业家精神）供给的决定因素以及它们如何响应价格变动。以下是关于要素供给的一般理论的核心观点：

（1）要素价格与供给量之间的关系：通常，要素的价格与供给量之间存在正相关关系。也就是说，当要素价格上升时，供给量也会增加，反之亦然。

（2）替代效应与收入效应：

替代效应：当要素的价格上升时，其他条件保持不变，提供更多的该要素会变得更有吸引力，因为它现在相对于其他活动更为有利可图。

收入效应：要素价格的变动会影响个体或家庭的收入水平。例如，如果劳动的工资率上升，一个人可能会选择休息更多时间（提供更少的劳动），因为他们现在可以以更少的时间赚取相同的收入。

（3）市场参与决策：不是所有的生产要素供应者在所有价格下都愿意提供他们的要素。例如，当工资低于某一水平时，一些工人可能会选择不参与劳动市场。

（4）长期与短期供给弹性：在短期内，某些要素的供给可能是固定的，例如土地或某些类型的资本。但在长期内，这些要素的供给可能会增加或减少，以响应价格变动。

（5）外部因素对供给的影响：除了价格外，还有其他因素会影响要素的供给，例如技术、教育和培训、文化和社会规范、政府政策和法律等。

（6）特定要素的供给：不同的生产要素具有独特的供给特征。例如，劳动供给受到人口、文化、教育、技能和其他因素的影响；而土地的供给是固定的，不会因价格变动而改变；资本的供给受到储蓄、投资和技术的影响。

总之，要素供给的一般理论关心的是生产要素如何响应价格变动以及其他影响要素供给的因素。这一理论为我们提供了深入理解资源配置和价格决策的框架。

2.高土地价格为农场主提供了一种诱人的机会，将其土地出售以获得利润。替代效应暗示，由于土地出售所能获得的利润大大超过农业的收益，因此，许多农场主可能会选择出售他们的土地。然而，收入效应意味着一些农场主可能会选择继续耕种，尤其是那些重视农业生活方式、与土地有深厚情感联系或相信长期持有土地能带来更大回报的人。总的来说，每位农场主的决策将取决于他们的个人价值观、经济情况和对未来市场的预期。

3.当地政府的规定，如限制某些区域的开发，实际上是减少了可用于开发的土地供应。从供需的角度来看，当供给减少而需求保持不变或增加时，价格往往会上涨。因此，可以预期政府的这种干预可能会导致土地价格进一步上涨。然而，政府规定也可能对需求产生影响。例如，如果政府规定将一个区域指定为生态保护区，那么那片区域的土地可能不再吸引开发商，从而降低了对那片土地的需求和价格。因此，具体结果取决于政府规定的性质和它如何影响供给和需求的动态。

6.3 劳动与工资

-------- 案例1 --------
"民工荒"的背后

【案例适用】■─────
无差异曲线与劳动力供给原理

【案例正文】■─────
"民工荒"即民工的短缺现象，最早出现在南方一些主要城市，并在春节时期尤为明显。"民工荒"曾因世界金融危机的爆发而一度淡出人们的视野。近些年，随着中国经济的逐渐回暖，关于"民工荒"现象的报道又开始占据各大媒体的版面。2009年8月以来，据多家媒体报道，在中国的珠三角、长三角等地，很多中小企业的订单大量增加，但是招不到工人。来自广州、深圳、东莞、佛山等珠三角城市劳动力市场的信息显示，劳动力市场求人倍率在1：1.14至1：1.51；在温州，2009年8月份该地区职介中心的用工缺口占比约为73%，相比同年6月上升了21个百分点。而且这种情况似乎一年比一年严重。不仅在传统的民工输入地——珠三角和长三角出现了"民工荒"，在传统的民工输出地——四川、重庆、河南、湖北、安徽等地也出现了"招工难"。然而，也有些观察发现，民工荒只是春节荒。那么，民工荒是真"荒"还是假"荒"？是局部现象还是普遍现象？这些又说明了劳动力供给方面的什么问题呢？

在一些企业大喊缺工的同时，有一些企业却并不慌张。例如，深圳富士康，其在2011年2月，每日平均招募人数约4 000人，但应聘者有8 000~10 000人。在深圳龙华富士康清湖招聘中心，相比富士康的火爆，一家来自观澜的电子企业的招聘现场气氛却颇为冷清，只有寥寥数十人在咨询。这家电子企业缺工1 000多人，三天也只招到100多人。一些在富士康接连排了三天队的求职者仍不愿意去这家企业，原因是与富士康相比，其待遇太低——经过调薪后的富士康，综合收入可达2 100~2 800元/月；新员工试用期满6个月，若考核合格，综合收入甚至可达2 700~3 600元/月。而在这家企业，只能拿到1 300~2 000元/月。一些打了多年工的求职者表示，即使小厂开出比富士康更高的工资，他们也愿意选择大厂，因为"名气大，比较规范，承诺的工资一般能拿到，而小厂最后能拿到多少不知道"。另一个例子是宇龙通信公司，这家以"酷派"智能手机在国内3G市场中崭露头角的通信制造商，在将生产基地从深圳搬到东莞松山湖科技产业园之初，原本100多人的招工计划，只招来了27人。宇龙通信公司不得不开出了1 600~2 400元/月的普工薪酬——这被他们称为"深圳待遇"，比当地许多企业要高出一大截。招聘的信息刚发布，马上就有应聘者跑过来。

从另一个现象中也能看出80后、90后农民工们，呈现出与他们父辈不同的人生观和价值选择。这使得一些内迁企业的招工经历并没有它们想象得那么顺利。全球最大的制鞋企业——台湾宝成集团进驻国家级贫困县——湖北省黄石市阳新县，其开出了普通工人月薪900~1 200元、熟练工1 500元的条件，但仍然留不住那些想看外面世界的年轻人。虽然薪酬水平提高了，又有县政府的鼎力支持，第一期1万余人的招工名额，只招来了约2 500人，并且大多是想照顾家庭的妇女。这边招工火热，那边背着行囊"东南飞"的人依然不少，阳新火车站总发送的农民工数比上年同期还要多出1万多人。相比父辈们的生存要求，新一代年轻人开始在意见识与尊严，这已经不仅仅是工资可以衡量的了。

【讨论问题】

1.劳动市场上既然存在过剩的劳动力供给，那么富士康愿意降低工资录用工人吗？为什么？

2.为什么受过更多培训的工人能得到更高的工资？

3.劳动力的供给有减少趋势的原因是什么？你能否利用无差异曲线来分析这一现象？

【参考答案】

1.在劳动力市场上，如果存在过剩的劳动力供给，富士康有可能愿意降低工资来招聘更多的工人。这是因为劳动力市场上的工资是由供求关系决定的，如果劳动力供给过剩，工人的竞争力就会下降，工资水平也会受到影响。如果富士康能够降低工资，就可以招聘到足够的工人，那就降低了生产成本，从而提高了企业的竞争力。

2.受过更多培训的工人能够得到更高的工资，是因为他们拥有更高的技能和更好的工作表现，可以为企业创造更高的附加值。另外，企业也愿意支付更高的工资来留住高技能的工人，以确保生产效率和竞争力。这也是为什么在某些行业中，受过专业培训的工人比普通工人获得更高的工资。

3.劳动力供给减少可能是由于以下一些因素：人口结构的变化、受教育水平的提高、劳动力参与率的下降等。例如，随着人口老龄化和生育率的下降，劳动力供给量可能会减少。此外，受教育水平的提高可能会导致更多的人选择接受高薪的职业，而劳动力参与率的下降可能会导致劳动力供给量减少。

无差异曲线可以用来分析这一现象。随着受教育水平的提高，劳动力的收入预期也会增加，从而使得工资和就业机会成为劳动力供给的决定因素。在无差异曲线上，劳动力的收入预期被看作是经济利益的一种度量，而劳动力的供给量则取决于经济利益和个人喜好之间的权衡。因此，随着受教育水平的提高，劳动力的供给量可能会减少，因为劳动力更倾向于选择高薪的职业。

-------------------- 案例2 --------------------

劳动与闲暇的选择：增加工资所不能解决的问题

【案例适用】■──────────────────────────
工资提高的替代效应与收入效应

【案例正文】■──────────────────────────
2005 年 3 月 22 日是法国人难以忘记的日子，从那天起天堂慢慢变成了法国人的回忆。因为在那一天，法国国会以压倒性多数通过了一项旨在提高国家竞争力法案，鼓励大家"多工作多拿钱"。然而新法案却引起了法国民众的强烈不满，他们已经习惯于所具有的支配丰富的休闲时光、拒绝牺牲休息的权利。于是乎，种种反对的言论遍布街头巷尾。的确，自工业革命以来，随着劳动生产率的不断提高，减少劳动时间一直是大势所趋。技术进步让人们通过较少的劳动生产出了较多的产品，并享有了较多的闲暇。乍看之下，法国增加劳动时间的行为似是"倒行逆施"，既有悖于人伦，又违反了社会发展的客观规律。其实不然，法国此举不仅本身颇有苦衷，而且实质上也有利于法国人民的长远利益。

增加工资会带来闲暇的增加还是减少呢？这就取决于闲暇这一商品的收入效应和替代效应的比较。对于低收入者来说，工资增加会使得闲暇的替代效应大于收入效应，也就是说，低收入者会选择更多的工作以增加收入；对于高收入者来说，其工资已经处于较高水平，闲暇的收入效应大于替代效应，工资的上涨不仅不会使其增加劳动供给，反而会带来劳动供给的减少。这表明，劳动供给曲线是一条向下弯折的供给曲线。

因而，在本案例中，尽管从长期看，法国国会的新法案将使劳动者增加劳动供给，带来更多的产出，实现经济增长，法国人民可以享受"做大蛋糕"的成果，但对于收入已经比较高的法国人来说，闲暇的收入效应更大，人们更愿意享受闲暇，新法案的出台引起民众的不满也就不足为奇了。

【讨论问题】

1.请用无差异曲线分析，在享受闲暇和消费商品的偏好中，中国人与法国人有何区别。

2.为什么法国劳动力市场中提高工资不能解决劳动力短缺问题？

【参考答案】

1.中国人与法国人在享受闲暇和消费商品的偏好上可能存在一些差异。由于文化、历史、社会结构等因素的不同，中国人可能更注重工作、家庭、社交等方面，而法国人则更注重个人享受、休闲和文化生活。因此，中国人可能会愿意牺牲部分闲暇时间以获得更多的收入和稳定的就业，而法国人则可能更注重闲暇时间的品质和数量，愿意在一定程度上减少工作时间以追求更高的生活质量。

2.在法国劳动力市场中，提高工资不能解决劳动力短缺问题是因为劳动供给曲线是一条向下弯折的曲线。也就是说，当工资已经处于较高水平时，闲暇的收入效应大于替代效应，工资的上涨不仅不会使其增加劳动供给，反而会带来劳动供给的减少。因此，即使提高工资，也可能无法吸引更多的劳动力进入市场，从而造成劳动力短缺的问题。此时，政府和企业应该采取其他措施来解决劳动力短缺问题，比如提高劳动力的技能和素质、改善工作条件和环境等。

案例3
孩子们要他们自己去劳动

【思政案例】

李富春（1900—1975），杰出的无产阶级革命家，忠诚的马克思主义者，党和国家的卓越领导人，我国社会主义经济建设的奠基者和组织者之一。曾任黄埔军校武汉分校政治教官，北伐战争期间任北伐军第二军副党代表兼政治部主任期间，为第二军的政治工作付出了大量心血，把这支旧军队改造成为北伐军中屡建战功的革命军队。抗日战争和解放战争时期，李富春同志曾先后在陕甘宁边区和东北解放区负责财经工作，发挥了重要作用。中华人民共和国成立后，李富春同志全身心地投入国家建设的伟大事业中。他协助周恩来、陈云同志领导经济工作，为推进社会主义经济建设、实现国家工业化做出了卓越贡献。

1975年1月9日，李富春与世长辞，弥留之际，他和夫人蔡畅商量，把他们的全部积蓄作为特别党费上交中央。秘书问他："是否给子孙留一点？"李富春坚决地说："不要！孩子们，要他们自己去劳动。"这让我们看到了一名共产党人把一生奉献给党和人民的磊落胸怀和不变初心。

【讨论问题】■————————————————————————————

在新时代新征程上，我们应如何学习李富春同志等老一辈无产阶级革命先辈们，做好社会主义经济的建设者？

【参考答案】■————————————————————————————

李富春同志等老一辈无产阶级革命先辈们用一生的艰苦奋斗为我们树立了自立自强的榜样。

新时代新征程上，我们要学习弘扬李富春同志等老一辈革命家的革命精神和崇高风范，保持高尚道德情操，廉洁修身、廉洁齐家，无论公事私事都必须坚持党性原则。

6.4 土地与地租

案例

旧金山湾区：土地供给、地租与都市发展的经济学

【案例适用】■————————————————————————————

土地与地租

【案例正文】■————————————————————————————

旧金山湾区，一个充满活力的都市区域，位于美国加利福尼亚州的西海岸，历史、文化和经济发展交织成一个引人注目的故事。然而，近年来，由于土地供给与需求的不平衡，地租与房地产价格的显著上涨成为这个地区的焦点。

湾区的地理环境独特。北部的红木森林、东部的山脉以及旧金山湾本身，使得土地供给受到了严格的自然限制。与此同时，自20世纪末以来，科技行业的快速发展把湾区变成了全球科技的重心。大型科技公司，如Apple、Google和Facebook等，都选择在此建立总部，吸引着全球的顶尖人才前来。

随着时间的推移，需求的增加与供给的固定性造成了明显的不平衡。在这种情况下，地租开始飙升。地租，作为土地所有者因出租或使用土地而获得的收益，反映了土地的价值。在湾区，高地价使得地租达到了前所未有的高度，对于没有土地或只拥有有限土地的居民来说，这意味着生活成本的显著提高。

除了自然因素，政府政策也在加剧这一不平衡。例如，为了保护环境和维护地区的文化遗产，地方政府制定了许多严格的土地使用和建筑规定。这进一步限制了

新的建筑项目和房地产开发，导致供给更加固定。

这种供需不平衡和地租上涨的现象也带来了社会和经济的挑战。许多年轻人和新移民发现自己难以负担高昂的生活成本。一些本地居民也被迫搬离他们生活多年的社区。与此同时，企业面临着为员工提供住房补贴的压力，以确保他们可以在这个高成本地区继续工作。

为应对这些挑战，不少提案和解决方案开始浮出水面，包括鼓励更高密度的建筑、修订土地使用政策，或者建设更多的公共交通设施来缓解中心地区的压力。然而，如何平衡经济增长与可持续发展、如何确保所有居民的住房权益，依然是一个复杂且亟待解决的问题。

【讨论问题】

1.为什么旧金山湾区的固定土地供给会导致地租上涨？

2.政府的哪些政策可能进一步加剧了土地供需失衡和地租上涨？它们是如何起作用的？

【参考答案】

1.旧金山湾区的土地供给由于地理条件是固定的，而随着该地区经济的增长，对土地的需求持续上升。在经济学中，当土地供给固定且需求增加时，土地的价格或地租也会随之上涨。因为增加的需求只能通过提高价格来平衡，而不是通过增加供应量。

2.政府的一些政策，例如限制高楼建筑、严格的审批流程、环保政策等，可能进一步限制了有效的土地供应。这些政策减少了可供开发的土地量或增加了开发的成本。由于土地供给进一步受到限制，而需求继续上升，这导致了更大的供需失衡，从而推高了地价和地租。

6.5 资本和利息

---案例---

新加坡的主权财富基金与全球经济

【案例适用】

资本和利息

【案例正文】

新加坡，这个小国家坐落在马来半岛的南端，面积虽小，但其在全球金融领域的影响力不容忽视。作为一个贸易和金融中心，新加坡累积了巨额的外汇储备，这促使其建立了两个主权财富基金：淡马锡控股和新加坡政府投资公司

（GIC）。

淡马锡和GIC与众不同。它们不是简单的投资基金，而是新加坡政府用于多样化投资和风险管理的工具。这两个基金的投资组合遍布全球，涉及许多行业，包括科技、健康、能源和基础设施。

由于新加坡经济的健康增长和连续的贸易顺差，这些基金得以不断扩大资产规模。GIC和淡马锡经常在全球范围内寻找有潜力的投资机会，这也意味着它们在很大程度上影响了全球的资本流动。

随着这些基金的投资力度加大，新加坡逐渐成为全球资本的主要供应者。在一个充满不确定性和风险的全球经济环境中，新加坡的这些基金经常被投资者视为"安全的避风港"。这种大量的资本供给，加上全球其他经济体的低利率政策，导致了全球利息率的降低。

这一变化带来了明显的经济效应。一方面，全球低利率鼓励了各种经济体中的投资和消费。企业由于融资成本低廉，开始扩大生产规模，推动了技术创新和雇佣。另一方面，这也加剧了资产价格上涨，尤其是在房地产和股票市场。

不仅如此，由于新加坡的基金对于全球经济健康和稳定的重要性，它们的投资决策经常受到其他国家和国际金融机构的密切关注。这些决策对于全球经济的方向，以及其他投资者的决策，都有深远的影响。

总的来说，新加坡的主权财富基金在全球资本市场中扮演着一个不可忽视的角色，而这对于理解当今的全球经济格局具有重要意义。

【讨论问题】 ■━━━━━━━━━━━━━━━━━━━━━━━━━━━━
1.为什么新加坡的主权财富基金投资增加会导致全球利息率下降？
2.全球低利息率可能会带来哪些长期的经济挑战？

【参考答案】 ■━━━━━━━━━━━━━━━━━━━━━━━━━━━━
1.新加坡的主权财富基金，如淡马锡和GIC，具有巨额的资本，这些资本在全球范围内寻找投资机会。当资本供给增加，尤其是在一个相对固定或缺乏足够投资机会的市场中，价格（即利息率）会下降。因此，新加坡基金的大量投资导致了资本的供应增加，从而推低了全球利息率。

2.全球低利息率可能会导致多种经济问题：第一，资产泡沫，因为低成本的资金导致投资者追逐各种资产，从而推高其价格；第二，过度投资，企业可能会在不那么有益的项目上进行投资，因为融资成本低；第三，债务积累，由于贷款成本低，家庭、企业和政府可能会积累过多的债务；第四，为了对抗低利息率，中央银行的货币政策工具可能会受到限制，难以应对未来的经济震荡。

6.6 垄断与要素使用量和价格的决定

---案例---

微软公司与生产要素的战略运用

【案例适用】

垄断与要素的使用量和价格的决定

【案例正文】

微软公司，作为全球知名的软件巨头，拥有 Windows 操作系统的垄断地位。由于其在操作系统市场的主导地位，微软在生产要素的使用上有其独特的考虑。

1.要素的边际产品：当微软考虑扩大其云计算团队时，它评估了每个新工程师可能为 Azure 云服务带来的新增功能或优化效果。例如，假设新的工程师可以为 Azure 带来一个能提升客户满意度的新功能，那么这个工程师的边际产品就是这个新功能。

2.要素价格与边际收益：当微软招聘高级软件工程师时，它可能会为其提供 150 000 美元的年薪。但是，如果这名工程师能够开发出一个新功能，使 Azure 的年收入增加 500 000 美元，那么雇用这名工程师对微软来说是有利可图的。

3.垄断性价格制定：凭借 Windows 的市场主导地位，微软可以决定其操作系统的价格。这可能使得微软更倾向于投资于更高端的硬件或技术，因为它可以通过提高 Windows 的定价来获得更高的回报。

4.市场劳动需求：微软作为一个大型技术公司，在技术人才市场上具有很大的影响力。微软可能会利用这种市场力量来吸引顶尖的工程师，提供具有竞争力的薪酬和福利，但相对于小型创业公司，微软的工资增长速度可能更为稳定。

5.长期与短期决策：短期内，微软可能会集中精力优化现有的技术和产品。但从长远来看，微软可能会考虑投资于新的研发项目或并购策略，以确保其在市场上的主导地位。

总结：微软，作为一个垄断企业，会根据生产要素的边际产品、要素价格、定价权、劳动市场需求以及长短期的决策差异来制定其生产和运营策略。

【讨论问题】

1.考虑到微软对 Windows 操作系统的垄断地位，当它面临劳动市场中工程师供应减少和工资上涨的情况时，它如何使用其市场力量来权衡要素的边际产品与要素的价格？

2.假设一个新的竞争者推出了一个与 Windows 操作系统相似但价格更低的产

品。基于垄断性价格制定的知识，微软应如何决定其生产要素的使用量和定价策略来维持其市场地位？

【参考答案】 ■————————————————————————————

1.微软可以运用其市场地位来调整劳动力的需求。具体来说：

（1）劳动的边际产品：微软首先需要评估额外雇用一个工程师所能带来的边际产品，即这个工程师能为公司带来多少额外的价值或产品。

（2）权衡边际收益：当评估了边际产品后，微软可以将其与工程师的工资进行比较。如果一个工程师虽然要求高薪，但其为公司带来的边际收益明显高于其薪资，那么雇用他是有益的。

（3）利用市场力量：由于微软在市场上的垄断地位，它可能有能力提供更有吸引力的工作条件、职业发展机会或其他非货币性福利，以吸引顶尖的工程师，而不仅仅依赖高薪。

2.微软需要重新评估其生产和定价策略：

（1）重新评估边际成本：微软需要考虑其生产Windows的边际成本，确保它的生产成本低于其产品的售价，同时还要有竞争力。

（2）垄断性定价：由于微软对Windows有定价权，它需要考虑如何根据新竞争者的价格进行定价，以确保其产品仍具有吸引力。

（3）优化生产要素：微软可以考虑重新分配其资源，如调整研发预算、优化生产流程或使用替代原材料，以降低生产成本。

（4）品牌和质量：微软可以利用其品牌的力量和Windows操作系统的历史记录来突出其产品的质量和可靠性，与竞争对手的产品进行区分。

综合案例

案例
中国利率的市场化改革

【案例正文】 ■————————————————————————————

中国人民银行（以下简称央行）决定，自2012年6月8日起下调金融机构人民币存贷款基准利率，并自同日起，将金融机构存款利率浮动区间的上限调整为基准利率的1.1倍，将金融机构贷款利率浮动区间的下限调整为基准利率的0.8倍。在此之前，央行一直对存款利率实行基准利率上限管理，对贷款利率实行基准利率的90%的下限管理。央行本次放宽金融机构存贷款利率浮动范围，尤其是首次增加存款上浮幅度，是为利率市场化试水，通过逐步增加和扩大利率浮动区间，最后达成完全市场化目的。这一举措标志着我国利率市场化改革的又一次重大进展。

利率市场化是我国金融改革的重要内容。亚洲金融危机之后，我国利率市场化的进程主要包括下列步骤：

第一，外币存贷款利率。分几步放开国内外币存贷款利率，这主要发生在2004年之前。

第二，扩大银行的贷款定价权和存款定价权。2003年之前，银行定价权浮动范围只限30%以内，2004年贷款上浮范围扩大到基准利率的1.7倍。2004年10月，贷款上浮取消封顶；下浮的幅度为基准利率的0.9倍，还没有完全放开。与此同时，允许银行的存款利率都可以下浮，下不设底。

第三，在企业债、金融债、商业票据方面以及货币市场交易中全部实行市场定价，对价格不再设任何限制。随着各种票据、公司类债券的发展，特别是OTC市场和二级市场交易不断扩大，价格更为市场化，很多企业，特别是资信比较好的企业，可以选择发行票据和企业债来进行融资，其价格已经完全不受贷款基准利率的限制了。

第四，扩大商业性个人住房贷款的利率浮动范围。2006年8月，浮动范围扩大至基准利率的0.85倍；2008年5月汶川地震发生后，为支持灾后重建，央行于当年10月进一步提升了金融机构住房抵押贷款的自主定价权，将商业性个人住房贷款利率下限扩大到基准利率的0.7倍。

至此与间接融资直接相关的人民币贷款利率下限和存款利率上限仍处于管制之中，在很长一段时间内并无明显松动迹象。进入2011年后，随着国有银行的股份制改革基本完毕，以及银行机构之间的市场竞争日益加剧，我国信贷市场利率呈现双轨化趋势，即银行存贷款利率与民间融资利率之间的双轨并行和银行存款利率与理财产品收益率之间的双轨并行，这意味着市场已自发形成管制利率向市场利率转向的动力。2012年年初，时任央行行长周小川在采访时就明确指出，"推进利率市场化改革的条件已基本具备"，而这次央行对存贷款利率浮动区间的调整可以说也是顺势而为的结果。

经过本轮对存贷款利率的调整，存贷款利率实际上分别形成了"明降暗升"和"一降再降"的局面，存贷款利率各自的浮动区间也相应进一步拉大。随着存贷款利率浮动区间的拉大，在短期内，本来就面临存款吸收压力和企业贷款需求不足问题的商业银行，在存贷款业务上的竞争可能会更为激烈，这将导致存贷款息差收窄，利润也相应降低。然而从长期看，此次调整将促使商业银行转变传统经营模式，加快中间业务开展，将推动其整体竞争力的提升。此外，从宏观层面看，本次利率浮动区间的调整在一定程度上有利于信贷资源的优化配置，完善货币政策传导机制，提高宏观调控的有效性，促进经济的长期稳定增长。

【讨论问题】■━━━━━━━━━━━━━━━━━━━━━━━━━━━━━━━━━━

1.你如何理解"利率是资金的价格"？

2.市场化利率是由什么决定的？

3.为什么说理财产品是利率市场化的一个表现？

4.利率市场化会带来哪些结果？

【参考答案】■━━━━━━━━━━━━━━━━━━━━━━━━━━━━━━━━━━

1."利率是资金的价格"是指借款人需要支付一定的费用（即利率）来获取资金，就像购买商品一样，需要支付商品的价格一样。在借贷市场中，资金供给方愿意出借资金的代价是能够获得一定的回报，这个回报就是利率。因此，利率可以视为资金的"价格"，反映了资金的供需关系和借款人信用风险等因素的影响。

2.市场化利率是由市场供需关系和中央银行的货币政策等因素共同决定的。市场供需关系的变化会影响市场利率的水平和波动，例如资金供给增加或需求下降时，市场利率可能会下降。中央银行的货币政策则通过影响市场上的货币供应量、利率水平等因素来影响市场化利率。例如，如果中央银行通过降低存款准备金率、降息等措施增加了市场上的流动性，市场利率可能会下降。

3.理财产品是利率市场化的一个表现，因为理财产品通常是由银行等金融机构发行的一种理财工具，其收益率往往与市场利率挂钩。市场利率的变化会直接影响理财产品的收益水平，因此理财产品的收益往往是与市场利率联动的。

4.利率市场化会带来以下几个结果：

（1）利率水平更加合理。利率市场化能够反映市场供需关系和中央银行货币政策等多种因素的影响，从而使利率水平更加合理，符合市场实际需求。

（2）金融机构竞争更加充分。利率市场化可以使金融机构之间的竞争更加充分，从而促进市场上的金融产品和服务的创新和发展。

（3）资金配置效率更高。利率市场化能够使资金流动更加自由，促进了资金的有效配置，从而提高了经济效率和社会福利。

（4）风险管理能力提升。利率市场化能够促进金融机构提高风险管理和风险控制能力，从而降低了金融风险和金融危机的发生概率。

第七章 一般均衡与经济效率

马路摊点不再一律封杀

【案例正文】

2007年全国两会前夕,上海、重庆两市先后实施"不再一律封杀马路摊点"和"有序开放马路摊点"的举措。其后南京、郑州、石家庄等地一份份路边摊解禁的地方性文件,引发了一场涉及数百万人口谋生方式及管理方式的变革。2020年全国两会上,有人大代表建议,在进一步加强规范城市管理的同时,因地制宜释放地摊经济的最大活力。2020年5月27日,中央文明办明确,在2020年全国文明城市测评指标中,不将占道经营、马路市场、流动商贩列为文明城市测评考核内容,推动文明城市创建在恢复经济社会秩序、满足群众生活需要的过程中发挥更加积极的作用。

上海市环卫局市容环卫处表示,上海无证摊贩可能不低于5万个,一味采取冲击、取缔的简单管理办法是行不通的,而且有些摊点确实方便了居民的生活,与其死堵不如有选择地疏导,让一些老百姓赞成的摊贩安心经营。对无证摊贩疏堵结合、因势利导。能不能设摊要听各方意见,尤其是设摊者和周边居民的意见,只要是老百姓赞成的、真正便民的,政府就发临时许可证。这样既节约了城市资源,也有效利用了城市空间。对无证设摊"开禁",要在便民利民和维护市容的两难中走出一条新路,寻找一种受老百姓欢迎的折中方案,这是对城市管理水平的一种挑战。

【讨论问题】

你认为如果将你身边的马路摊点全部封杀,你和你所在的城市生活福利一定会增加吗?如果不是,有什么更好的增进福利的办法?

【参考答案】

在城市化过程中,大量进城农民与城市无业人员需要在服务业中寻找生存机会。在有税费负担的情况下,他们只有靠"无照经营"才能获得微薄收入;这些行业的人毋庸讳言是良莠不齐的。

于是,两难的情形出现了:如放任自流,城市的基本秩序将无法保障;如彻底治理,一批人将失去生存机会。由于存在这样两难的矛盾,因此经常发生执法者和"无照经营者"之间的冲突,有时甚至还会发生暴力事件。从经济学的角度分析,在执法中,目前我国城市管理的原则,应当是在这两个原则之间的一种兼顾,这符合帕累托改进的原则。

　　根据帕累托标准我们知道，一种制度的改变中没有任何人受到损害，而至少有一些人受益，这种改变才可以被称为帕累托改进，说明这种改变使整个社会的福利水平获得了提高。对于生存和秩序而言，如果用帕累托标准来衡量的话，二者同等重要。社会应不应该为了弱势群体的生存而牺牲城市的秩序？社会应不应该为了城市的秩序而剥夺弱势群体的生存权利？帕累托改进则要求我们一个都不能少。社会不该为了弱势群体的生存而牺牲城市的秩序，社会也不该为了城市的秩序而剥夺弱势群体的生存权利。任何一场伟大的改革都不可能使社会中的每一个成员都成为受益者，有受益者必定就有受损者。阿罗不可能定理告诉我们，追求一个全社会人人都满意的改进是不可能的，我们在处理各种社会问题的时候，只能把帕累托改进作为不懈追求的一种理想境界，我们只能退而求其次。弱势群体的生存我们要照顾，对生存在城市里这个阶层的人们我们要通过政策给他们更广阔的生存空间，取消各种各样的限制，给予他们与城市人群同等的生存权利；在市容管理方面，要改进管理方式，提倡人性化管理，在影响不是很严重的一些地方也没有必要把小商小贩赶得到处流窜。

【思政启示】 ▮━━━━━━━━━━━━━━━━━━━━━━━━━━━━━━━━

　　有选择地让马路摊点存在，方便市民生活、保护摊贩利益，更重要的是体现了以人为本的现代文明核心，使每一个人都能够从中享受到便利的服务与真实的归属感。

7.1　一般均衡

┄┄┄┄┄┄┄┄ 案例 ┄┄┄┄┄┄┄┄

汽油价格与小型汽车的需求

【案例适用】 ▮━━━━━━━━━━━━━━━━━━━━━━━━━━━━━━━━

局部均衡与一般均衡

【案例正文】 ▮━━━━━━━━━━━━━━━━━━━━━━━━━━━━━━━━

　　20世纪70年代，美国的汽油价格上升，这一变化马上对小型汽车的需求产生了影响。在70年代，美国市场的汽油价格两次上升，第一次发生在1973年，当时石油输出国组织切断了对美国的石油输出；第二次是在1979年，由于伊朗国王被推翻而导致该国石油供应瘫痪。经过这两件事件，美国的汽油价格从1973年的每加仑1.27美元猛增至1981年的每加仑1.40美元。作为"轮子上的国家"，石油价格急剧上升当然不是一件小事，美国人面临一个严峻的节省汽油的问题。

　　既然公司和住宅的距离不可能缩短，人们只好继续奔波于两地之间。美国司机找到的解决办法之一就是他们在放弃自己的旧车、购置新车的时候，选择较小型的汽车，这样每加仑汽油就可以多跑一段距离。

分析家们根据汽车的大小来分类确定其销售额。就在第一次汽油价格上升之后，每年大约出售 250 万辆大型汽车、280 万辆中型汽车以及 230 万辆小型汽车。到了 1985 年，这三种汽车的销售比例出现明显变化，当年售出 150 万辆大型汽车，220 万辆中型汽车以及 370 万辆小型汽车。由此可见，大型汽车的销售自 20 世纪 70 年代以来迅速下降；反过来，小型汽车的销售却持续攀升，只有中型汽车勉强维持了原有水平。造成这种变化的原因是显而易见的。假设你每年需要驾驶 15 000 英里，每加仑汽油可供一辆大型汽车行驶 15 英里，如果是一辆小型汽车就可以行驶 30 英里。这就是说如果你坚持选择大型汽车，每年你必须购买 1 000 加仑汽油，如果你使用小型汽车，你只需购买一半的汽油，也就是500 加仑就够了，当汽油价格处于 1981 年的最高点，即每加仑 1.40 美元时，选择小型汽车意味着每年可以节省 700 美元。即便你曾经是大型汽车的拥护者，在这种情况下，在每年 700 美元的数字面前，难道你不觉得有必要重新考虑一下小型汽车的好处吗？

【讨论问题】

1.结合案例分析什么是局部均衡。

2.结合案例分析什么是一般均衡。

【参考答案】

1.局部均衡是指在假设其他市场不变的情况下，某一特定产品或要素的市场均衡。局部均衡分析研究的是单个（产品或要素）市场，其研究方法是把所考虑的某个市场从相互联系的整个经济体系的市场全体中"取出"来单独加以研究。案例中石油输出国组织切断了对美国的石油输出，导致石油供给减少，石油供给曲线左移，使石油价格上升，供给量减少，这是属于局部均衡。

2.一般均衡是指在一个经济体系中，所有市场的供给和需求同时达到均衡的状态。一般均衡分析从微观经济主体行为的角度出发，考察每一种产品和每一个要素的供给和需求同时达到均衡状态所需具备的条件和相应的均衡价格以及均衡供求量应有的量值。案例中石油输出国组织切断了对美国的石油输出，石油供给减少，供给曲线左移，价格上升；石油价格上升，引起汽油市场供给减少，汽油价格上升；汽油价格上升影响其互补品汽车市场不同类型汽车需求量的变化，大型汽车的需求迅速下降，小型汽车的需求持续攀升，即汽油价格上升导致小型汽车的需求曲线向右移动，与此同时大型汽车的需求曲线向左移动。从上述过程可以看到石油市场供给减少，石油价格上升对汽油市场、汽车市场产生了影响，同时这些市场的变化也会反馈回来影响石油市场。这种相互影响将不断持续下去，直到最后所有市场都达到均衡，这就是一般均衡。

7.2 竞争性均衡与经济效率

案例1

满意即最优

【案例适用】
"帕累托最优"的含义

【案例正文】
有两个消费者甲和乙，分4个苹果和3个梨。甲喜欢吃苹果而乙喜欢吃梨，而且甲讨厌吃梨，乙讨厌吃苹果（甲梨吃得越多越不开心，乙苹果吃得越多越不开心）。在这种情形下，如果按照甲乙各自的喜好，将4个苹果分给甲，3个梨分给乙，甲乙都感到满意，那么该种分配结果是否实现了帕累托最优？

【讨论问题】
如何理解"帕累托最优"？案例中甲乙实现了"帕累托最优"吗？

【参考答案】
所谓帕累托最优是指在某种既定的资源配置状态下，任意的改变都不可能使至少有一个人的状况变好而又不使任何人的状况变坏。或者说在资源配置既定的状态下，如果不减少一些人的经济福利，就不能改善另一些人的经济福利，就标志着社会经济福利达到了最大化的状态，实现了"帕累托最优"。

案例中苹果与梨的分配实现了"帕累托最优"，因为任何其他的分配都会使得至少一个人手里拿着一些自己讨厌的东西，比如甲拥有4个苹果以及1个梨，乙拥有2个梨。这个时候，如果把1个梨从甲的手里转移到乙的手里，甲和乙都变得比原来更开心了，同时这样的转移并不会使得任何一方的利益受损，所以目前的分配状况是甲和乙都分到各自喜欢的苹果和梨，双方对交易结果都感到满意，都达到了不愿意改变的状态。

案例2

发生在空中的帕累托改进

【案例适用】
帕累托改进

【案例正文】
一女子在机场大喊称，因航空公司超售机票致自己无法登机。她表示自己早早就到了机场，结果在没有误机的情况下，不让她登机。

机场工作人员称，该女子所乘坐航班属于某航空公司，当时是由某航空工作人员进行的现场管控；航空公司方面回应称，已经为该乘客改签其他航班，并做出经济赔偿。

航空公司总是希望航班上座率越高越好，然而它们也知道总有一小部分订了机票的旅客临时取消旅行计划。这就使它们开始尝试超额售票术，就是在一个合理估计的基础上，让售票数量稍大于航班实际座位数。不过，有时确实可能出现所有旅客都不打算改变行程、按期出发的情形，航空公司必须决定究竟取消谁的座位才好。这里列举几种可能的决定方法：

在20世纪60年代，航空公司只是简单取消最后到达机场的乘客的座位，安排他们换乘后面的航班，而那些倒霉的乘客也不会因行程被迫改变而获得任何额外补偿。结果确认座位的过程演变成让人血压骤升的紧张时刻。

为了避免这种情况，第二种选择是由政府出面明令禁止超额售票。但是这样一来，飞机可能被迫带着空座位飞行，而外面其实还有急于出发的旅客愿意购买这些机票。结果航空公司和买不到票的旅客都受到损失。

1968年，美国经济学家朱利安·西蒙提出了第三种方案。西蒙这样写道："办法非常简单，超额售票术需要改进之处就是航空公司在售票的同时交给顾客一个信封和一份投标书，让顾客填写他们可以接受的延期飞行的最低赔偿金额。一旦飞机出现超载，公司可以选择其中数目最低者按数给予现金补偿，并优先售给下一班飞机的机票。各方受益，没有任何人受到损害。"

上述案例中某航空公司采用的超额售票术同西蒙的方案非常接近，区别在于通常干脆以免费机票代替现金补偿（有时提供相当数量的机票折扣）。

（资料来源：斯蒂格利茨. 经济学小品和案例［M］. 王则柯，译. 北京：中国人民大学出版社，1998.）

【讨论问题】■———————————————————————
结合案例分析航空公司的超额售票方案是否是"帕累托改进"。

【参考答案】■———————————————————————
所谓帕累托改进是指既定的资源配置状态能够在其他人福利水平不下降的情况下，通过重新配置资源，使得至少有一个人的福利水平有所提高。即在既定的资源配置状态下，如果某一经济变动改善了一些人的状况，同时又不使另一些人蒙受损失，这个变动就增进了社会福利，被称为"帕累托改进"。

案例中航空公司施行的超额售票方案是一种帕累托改进，因为该方案，一是航空公司从中受益，因为它们可以继续超额售票，有助于实现航班满员飞行；二是急于出发的旅客受益，超额售票可能使这些旅客购买到机票；三是一旦超载，被退票的旅客也得到了意愿的补偿。这样航空公司和消费者都增加了利益，至少不会受到损失，这就是一种"帕累托改进"。

------- 案例 3 -------

白天与黑夜对盲人是一样的

【案例适用】 ■
帕累托改进

【案例正文】 ■
牧师、心理学家和经济学家三人决定去打高尔夫球。在他们前边，是两位打得非常缓慢的人。打到第八洞时，他们因实在受不了开始大声抱怨。牧师说："圣母呀，我祈祷，他们下次再来打球前应该好好练习练习。"心理学家说："我敢发誓，肯定有人喜欢打慢球。"经济学家说："我真没有想到打高尔夫球花这么长的时间。"在打到第九洞时，心理学家忍受不了这样的节奏，就走向那两位缓慢者的球童，要求让他们这些后来者先打。球童说可以，并解释说他们二位是双目失明的退休消防队员，所以球打得很慢；他们都是在大火中救人而致盲的，所以希望三位不要再提高嗓门抱怨了。牧师听罢深感惭愧地说："我身为神职人员，可我居然一直在诅咒盲人球打得慢。"心理学家亦感到惭愧："我是一位职业为人排忧解难的人，可我一直在抱怨需要帮助的盲人球打得慢！"经济学家则表情凝重地对球童说："听仔细了，下次让他们晚上来打球。"

【讨论问题】 ■
案例中按照经济学家的说法安排盲人晚上来打球是帕累托改进还是最优？

【参考答案】 ■
根据帕累托标准，一种制度的改变中没有任何人受到损害，而至少有一些人受益，称为帕累托改进，说明这种改变使整个社会的福利水平都获得了提高。案例中白天与黑夜对盲人是一样的，将盲人安排在晚上打球，白天正常人打球，那么在没有损害盲人利益的基础上，又能保证白天正常人放心地、安全地打球的利益，所以按照经济学家的说法去安排，可以增进社会福利，是一种帕累托改进。

7.3　公平与效率

------- 案例 1 -------

少数服从多数原则的局限性

【案例适用】 ■
阿罗不可能定理

【案例正文】 ■
在我们的心目中，选举的意义恐怕就在于大家根据多数票原则，通过投票推举出最受我们爱戴或信赖的人。然而，通过选举能否达到这个目的呢？1972年诺贝尔经济学奖获得者、美国经济学家阿罗采用数学中的公理化方法，于1951年深入研究了这个问题，并得出在大多数情况下是否定的结论，这就是鼎鼎大名的阿罗不可能定理。

假定有张三、李四、王五三个人，他们为自己最喜欢的明星发生了争执，他们在刘德华、张学友、郭富城三人谁更受观众欢迎的问题上争执不下，张三排的顺序是刘德华、张学友、郭富城。李四排的顺序是张学友、郭富城、刘德华。王五排的顺序是郭富城、刘德华、张学友。到底谁更受欢迎呢？没有一个大家都认可的结果。如果规定每人只投一票，三个明星将各得一票，无法分出胜负，如果改为对每两个明星都采取三人投票然后依少数服从多数的原则决定次序，结果又会怎样呢？

首先看对刘德华和张学友的评价，由于张三和王五都把刘德华放在张学友的前边，二人都会选择刘德华而放弃张学友，只有李四认为张学友的魅力大于刘德华，依少数服从多数的原则，第一轮刘德华以二比一胜出。再看对张学友和郭富城的评价，张三和李四都认为应把张学友放在郭富城的前边，只有王五一人投郭富城的票。在第二轮角逐中，自然是张学友胜出。接着再来看对刘德华和郭富城的评价，李四和王五都认为还是郭富城更棒，只有张三认为应该把刘德华放在前边，第三轮当然是郭富城获胜。

通过这三轮投票，我们发现对刘德华的评价大于张学友，对张学友的评价大于郭富城，而对郭富城的评价又大于刘德华，很明显我们陷入了一个循环。这就是"投票悖论"，也就是说不管采用何种游戏规则，都无法通过投票得出符合游戏规则的结果。如果世界上仅限于选明星的事情就好办多了，问题在于一些关系到国家命运的事情的决定上，也往往会出现上述的"投票悖论"。对此很多人进行了探讨，但都没有拿出更有说服力的办法。

在所有人为寻找"最优公共选择原则"奔忙而无获的时候，美国经济学家阿罗经过苦心研究，在1951年出版的《社会选择与个人价值》中提出他的不可能定理，并为此获得了1972年诺贝尔经济学奖。

【讨论问题】 ▰━━━━━━━━━━━━━━━━━━━━━━━━

1.什么是阿罗不可能定理？

2.为什么多数票原则的合理性是有限度的？

【参考答案】 ▰━━━━━━━━━━━━━━━━━━━━━━━━

1.阿罗不可能定理是指在一般情况下，要从已知的各种个人偏好顺序中推导出统一的社会偏好顺序是不可能的。其意思是，"只要给出几个选择者都必然会接受的前提条件，在这些前提条件的规定下，人们在一般或普遍意义上不可能找到一套规则（或顺序）在个人选择顺序基础上推导出来"。由此进一步推出，在一般或普遍意义上，无法找到能保证所有选择者福利只会增加不会受损的社会状态。

阿罗所说的几个选择者必然接受的条件是：广泛性，即有三个或三个以上的备选方案以供选择。一致性，即一定的社会选择顺序以一定的个人选择为基础，但必须符合公众的一致偏好。独立性，即不相关的方案具有独立性。独立主权原则，即对备选方案的选择和确定，应由公民完全依据个人的喜好而定，不能由社会强加。非独裁性，即不能让每一个人的喜好决定整个社会对备选方案的排序顺序，应坚持自由和民主的原则。

阿罗认为上述5个相互独立的条件每一个都是必要的，但是要构造能同时满足这些条件的社会福利函数是不可能的。导致不可能的原因在于这5个条件之间存在相互矛盾，因此不可能达到完全一致。他从中得出了一个似乎不可思议的结论：没有任何解决办法能够摆脱"投票悖论"的阴影，在从个人偏好过渡到社会偏好时，能使社会偏好得到满足，又能代表广泛的个人偏好这样一种排序方法，只有强制与独裁。这样寻找合理的社会选择机制的努力就几乎陷入了困境。

2.阿罗不可能定理打破了一些被人们认为是真理的观点，也让我们对公共选择和民主制度有了新的认识。因为我们所推崇的"少数服从多数"的社会选择方式不能满足"阿罗五个条件"，如市场存在着失灵一样，公共选择原则也会导致民主的失效。因此多数票原则的合理性是有限度的。

------ 案例2 ------

碳达峰碳中和"效率"与"公平"

【案例适用】

效率与公平

【案例正文】

实现碳达峰碳中和是以习近平同志为核心的党中央统筹国内国际两个大局作出的重大战略决策，是着力解决资源环境约束突出问题、实现中华民族永续发展的必然选择，是构建人类命运共同体的庄严承诺。

碳达峰碳中和必然涉及"效率与公平"这一经济学永恒的主题。"效率"是指从一个国家范围来看，如何从整体上在最短的时间内以最少的社会成本实现碳达峰碳中和，即：在花费最少时间的情况下，如何通过整个社会资源的最有效配置，使一国温室气体排放量达到历史最高值并从而由增转降，以及通过何种方式实现一国温室气体在整体上的"净零排放"；"公平"则是指在碳达峰碳中和实现路径选择和相关权责制度安排等方面，不搞"一刀切"，也不搞"平均主义""大锅饭"，而是在追求"效率"的同时，要兼顾到不同地区和群体之间发展水平的差异，坚持共建、共有、共享，坚持权责相应。

【讨论问题】

1.你是如何理解碳达峰碳中和的效率与公平的？

2.处理碳达峰碳中和效率与公平应注意哪些问题？

【参考答案】

1.碳达峰碳中和本身就蕴含着用更少的碳排放去实现更多、更快的发展，因此碳达峰碳中和必须坚持"效率"原则，通过完善管理、改进技术、增强合作等多种方式，实现各种资源利用效能的最大化。只有坚持"效率"原则，才能真正做到有的放矢、事半功倍。碳达峰碳中和中的公平问题，其本质就是在社会发展过程中正义观的选择问题。

在碳达峰碳中和过程中，"效率"和"公平"这一两难选择的本质是对不同排放主体间"发展权"的平衡和维护，尽管两者之间必然存在一定的不可调和之处，但就发展而言，就必须都得兼顾。

2.在碳达峰碳中和过程中除要兼顾排放主体的效率与公平之外，还得兼顾地区之间的减排效率和发展公平，不仅要避免后发地区因为"碳减排指标"的约束而致使发展受限，也要避免先发地区因为碳约束而致使其产业过度"空心化"。

【思政启示】

碳达峰碳中和作为新时期党中央的重大战略决策，将会对我国社会发展产生全面、重大和深远的影响，如何处理碳达峰碳中和中的"效率"和"公平"，将直接决定我国碳达峰碳中和目标实现的深度和速度，同时也将影响着我国社会发展总体目标的实现。

综合案例

案例

如何看待中国收入差距拉大现象

【案例正文】

改革开放以来，在邓小平提出的"让一部分人先富起来"的思想指引下，我国沿海地区一部分人通过自己的勤奋努力开始摆脱贫困，走上了富裕之路，对中国经济的腾飞起到了很大的促进作用。但随着改革开放的深入，在由计划经济向市场经济转型的过程中，中国地区之间、城乡之间、行业之间的收入差距在不断拉大。据测算，我国居民个人收入的基尼系数2015年为0.462，2016年为0.465，2017年变为0.468。根据国际标准，基尼系数在0.4以上表示绝对不平等，这实际上表明我国已经进入绝对不平等区间，收入差距在不断拉大。因此，已经有不少人担心中国经济发展的前景。

【讨论问题】

1.如何看待我国经济发展过程中收入差距拉大的现象？

2.在促进共同富裕中如何统筹好效率与公平的关系？

【参考答案】■————————————————————————————

1.收入差距的拉大不仅出现在中国，在世界其他国家中也是存在的。从世界历史发展的经验来看，经济发展的过程中，收入差距有一个先拉大后不断缩小的过程。

收入差距的拉大是中国由计划经济向市场经济转变过程中出现的现象。它改变了过去"干多干少一个样，干好与干坏一个样"的"大锅饭"模式，有利于社会资源的配置，提高了资源利用效率，对经济的增长起到了比较好的作用。虽然收入差距在扩大，但因为经济整体是在飞速增长，所以几乎所有人的绝对收入都在快速增加，经济增长的果实是惠普的。

2.效率和公平是社会发展的两大重要目标，实现效率和公平相统一是我国社会主义现代化建设所遵循的重要原则。共同富裕是由"共同"和"富裕"两个关键词组成的。"富裕"需要把蛋糕做大，做大蛋糕需要发展，这就对效率提出了要求。"共同"则体现公平，这就要求把蛋糕分好。统筹好效率与公平就要在不断做大"蛋糕"的过程中分好"蛋糕"，在高质量发展中促进共同富裕。

一方面，要注重效率，坚持高质量发展，在更高层次上做大"蛋糕"。效率是公平的物质前提。我国尚处于中等收入国家行列，距离高收入国家还有不小的差距。这意味着，在今后一个相当长的时期内，经济发展、把蛋糕做大仍然是我们的重要任务，发展仍然是硬道理。坚持以推动高质量发展为主题，着力解决好发展不平衡不充分问题，推进供给侧结构性改革，推动经济实现质的有效提升和量的合理增长。共同富裕只有也只能在坚持发展中加以实现。离开了发展这个基础，就谈不上共同富裕。

另一方面，要促进公平，完善分配制度，更高水平地分好"蛋糕"。公平是效率的必要条件和力量源泉，不断增进社会公平，立足实现全体人民共同富裕的目标，完善分配制度，构建初次分配、再分配、第三次分配协调配套的制度体系。

同时还要看到，促进共同富裕是一个全局性的问题，必须着眼于全局，综合施策，从统筹社会生产各方面、协调发展各领域的立场出发，在统筹效率和公平中科学处理好近期任务和远景目标之间的关系，扎实推进共同富裕。

第八章　市场失灵及其微观经济政策

经济特写：当火车驶过农田的时候

【案例正文】

20世纪初的一天，列车在绿草如茵的英格兰大地上飞驰。车上坐着英国经济学家庇古。他边欣赏风光，边对同伴说：列车在田间经过，机车喷出的火花（当时是蒸汽机车）飞到麦穗上，给农民造成了损失，但铁路公司并不用向农民赔偿。这正是市场经济的无能为力之处，被称为"市场失灵"。

70年后，1971年，美国经济学家斯蒂格勒和阿尔钦同游日本。他们在高速列车（这时已是电气机车）上想起了庇古当年的感慨，就问列车员，铁路附近的农田是否受到列车的损害而减产。列车员说，恰恰相反，飞速驶过的列车把吃稻谷的飞鸟吓走了，农民反而增收。当然铁路公司也不能向农民收"赶鸟费"。这同样是市场经济无能为力的，也被称为"市场失灵"。

【讨论问题】

1.什么是市场失灵？

2.为什么会产生市场失灵？

【参考答案】

1.市场失灵是指在某些领域，完全竞争的市场价格机制不能有效地发挥作用，从而导致资源无法得到最有效的配置，这种情况被称为市场失灵。

同样一件事情在不同的时代与地点其结果不同，两代经济学家的感慨也不同。

但从经济学的角度看，火车通过农田无论结果如何，其实说明了同一件事：不管外部经济或不经济，从社会的角度看都会导致资源配置的错误，即造成市场失灵。

2.一般认为，导致市场失灵的原因包括垄断、外部性、公共物品和不完全信息等因素。

【思政启示】

市场机制并不能自动实现资源的最优配置，我国的社会主义市场经济体制，是社会主义条件下的市场经济体制，有别于西方资本主导的市场经济体制，要求发挥社会主义制度的优越性，发挥政府的积极作用，管好市场管不了或管不好的事情。

8.1 垄断

案例

"二选一"滥用市场支配地位行为被处罚

【案例适用】

反垄断措施

【案例正文】

2020年12月，市场监管总局依据《反垄断法》对阿里巴巴集团控股有限公司（以下简称阿里巴巴集团）在中国境内网络零售平台服务市场滥用市场支配地位行为立案调查。

经查，阿里巴巴集团在中国境内网络零售平台服务市场具有支配地位。自2015年以来，阿里巴巴集团滥用该市场支配地位，对平台内商家提出"二选一"要求，禁止平台内商家在其他竞争性平台开店或参与促销活动，并借助市场力量、平台规则和数据、算法等技术手段，采取多种奖惩措施保障"二选一"要求执行，维持、增强自身市场力量，获取不正当竞争优势。

调查表明，阿里巴巴集团实施"二选一"行为，排除、限制了中国境内网络零售平台服务市场的竞争，妨碍了商品服务和资源要素自由流通，影响了平台经济创新发展，侵害了平台内商家的合法权益，损害了消费者利益，构成《反垄断法》第十七条第一款第（四）项禁止"没有正当理由，限定交易相对人只能与其进行交易"的滥用市场支配地位行为。

根据《反垄断法》第四十七条、第四十九条的规定，综合考虑阿里巴巴集团违法行为的性质、程度和持续时间等因素，2021年4月10日，市场监管总局依法做出行政处罚决定，责令阿里巴巴集团停止违法行为，并处以其2019年中国境内销售额4 557.12亿元4%的罚款，计182.28亿元。同时，按照《行政处罚法》坚持处罚与教育相结合的原则，向阿里巴巴集团发出"行政指导书"，要求其围绕严格落实平台企业主体责任、加强内控合规管理、维护公平竞争、保护平台内商家和消费者合法权益等方面进行全面整改，并连续三年向市场监管总局提交自查合规报告。

（资料来源：根据相关资料整理）

【讨论问题】

1.结合案例分析垄断如何造成市场失灵。

2.结合案例谈谈我国对互联网平台进行反垄断监管的意义。

【参考答案】

1.垄断导致低效率。在垄断的条件下，垄断厂商通过控制产量提高价格的办法获得超额利润，违背了正常的有效竞争的市场机制，导致社会资源配置偏离帕累托有效率状态，出现低效率，对整个社会效率是一种损失。上述案例中阿里巴巴集团利用其市场支配地位，对平台内商家提出"二选一"要求，禁止平台内商家在其他竞争性平台开店或参与促销活动，并借助市场力量、平台规则和数据、算法等技术手段，采取多种奖惩措施保障"二选一"要求执行，违背了网络零售平台服务市场的有效竞争，妨碍了商品服务和资源要素自由流通，引起了市场失灵。

2.平台经济的规范健康持续发展，尤其离不开公平竞争的环境。滥用市场支配地位的垄断行为，排除、限制了相关市场竞争，侵害了平台内商家的合法权益，阻碍了平台经济创新发展和生产要素自由流动，损害了消费者权益。没有公平竞争的良好生态，平台经济就会失去创新发展的强大活力。

此次监管部门处罚阿里巴巴集团，是监管部门强化反垄断和防止资本无序扩张的具体举措，是对平台企业违法违规行为的有效规范，对企业发展是一次规范扶正，对行业环境是一次清理净化，对公平竞争的市场秩序是一次有力维护。

【思政启示】

市场配置资源是最有效率的形式，但市场有管不了或管不好的领域，也可能失灵。我国市场体系还不健全、市场发育还不充分，要素流动不畅、资源配置效率不高等问题仍然存在，光靠市场不行，党和政府的作用至关重要。

近年来，我国在构建更高水平的有效市场的同时，不断探索构建更高水平的有为政府。这既为市场运行创造更便利、更优越的环境，又能及时防止市场的无序、失灵。

8.2 外部性

案例 1

谁为被动听歌买单

【案例适用】

外部性与市场失灵

【案例正文】

在我们乘坐长途汽车或火车时，经常会遇到有人把手机调到很高的音量听歌的情况。听歌的人在享受音乐的时候，会对他人产生两大影响：一是制造了噪声，影响他人休息；二是手机长时间使用，产生的辐射会影响他人的身体健康。他本人对自己的行为却无须承担任何的责任。我们如何解释这种行为呢？

【讨论问题】

结合案例分析什么是外部性。

【参考答案】■————————————————————————————————

外部性是马歇尔于1890年在《经济学原理》一书中首先提出来的概念，最先系统论述外部性理论的则是福利经济学创始人庇古。不同的经济学家对外部性给出了不同的定义，其中可以归结为两类：一类是从外部性的产生主体角度来定义，如萨缪尔森和诺德豪斯（1985）指出："外部性是指那些生产或消费对其他团体强征了不可补偿的成本或给予了无须补偿的收益的情形。"另一类是从外部性的接受主体来定义，如兰德尔（1989）认为，外部性是用来表示"当一个行动的某些效益或成本不在决策者的考虑范围内的时候所产生的一些低效率现象；也就是某些效益被给予，或某些成本被强加给没有参加这一决策的人"。

上述两种不同的定义，虽然考察的角度不同，但在本质上是一致的，即外部性是某个经济主体对另一个经济主体产生一种外部影响，而这种外部影响是通过非价格机制的传递，即不能通过市场价格进行买卖。

外部性可以分为正外部性（或称外部经济、正外部经济效应）和负外部性（或称外部不经济、负外部经济效应）。正外部性指一些人的生产或消费使另一些人受益而又无法向后者收费的现象；负外部性指一些人的生产或消费使另一些人受损而前者无法补偿后者的现象。

┌———————案例2————————┐
广场舞噪声污染防治如何解决

【案例适用】■————————————————————————————————

外部性与市场失灵

【案例正文】■————————————————————————————————

广场舞是市民锻炼身体的健身项目，是我国群众文化的一大特色。但因跳广场舞而产生的噪声，却让周围居民苦不堪言。据某地新闻报道，几位在广场上跳舞的群众与周边居民就发生了激烈的争执。

居民1：110出了4次警，110协调让他们声音小一点。但110刚走，那声音反而比110来之前更大，这样就把民众给激怒了。

据了解，有多个团体在此广场上跳舞，有广场舞、交际舞。此外，还有市民在这里拉弦唱戏。此广场距离最近的居民楼不到50米。

居民2：我家是18号楼的，打开窗户的话，就像在KTV里一样，分贝高的时候达到八九十都是常态。

居民3：我的孩子参加高考前夕，都是伴随着广场舞的节奏和豫剧的声音来进行复习的。孩子非常崩溃。噪声最大的时间是早上5：30以后和晚上9：30以后。

居民4：自5：30开始，第一波是甩鞭子，持续到晚上11：00，广场舞、跳尬舞以及各种音响声音不停。我们家是三层玻璃，但三层玻璃依然阻挡不了声音。

此地曾印发通知，强化环境噪声污染防治监督管理，对噪声污染监测划分、管理防治、投诉处理等工作进行明确要求。但城市管理部门工作人员表示，遇到类似情况大都还是进行劝阻。

近年来，有关广场舞噪声过度扰民的投诉居高不下。噪声过分大、持续时间长、无人管等问题，已经存在很多年。如何治理广场舞噪声扰民问题，也已经"研究、讨论"了很多年，为何治理效果不尽如人意，使得越来越多的居民谈"舞"生厌、怨声载道？

（资料来源：根据相关资料整理）

【讨论问题】 ■————————————————————————————————

1.结合案例分析为什么像广场舞噪声扰民这种负的外部性供给过多。

2.结合案例谈谈如何减少负的外部性的供给。

【参考答案】 ■————————————————————————————————

1.假设广场舞的私人成本可用个体相同时间内工作而获得的收入进行表示，社会成本为其产生的噪声对周边居民幸福感的影响，这种幸福感可用周边居民为避免这种噪声的支付意愿表示。在存在负外部性的情况下，私人成本会与社会成本相偏离。当私人成本低于社会成本时，就具有超量提供的动力。如图8-1中，S_0表示某人参与广场舞的边际私人成本曲线，S_1表示存在负外部性时的边际社会成本曲线。$S_0 > S_1$意味着个体参与广场舞的私人成本小于社会成本，此时实现的均衡点为E_0，其对应的广场舞活动量为$Q_{市场}$，而理想的均衡点E_1所对应的广场舞活动量为$Q_{最优}$，即社会能承载的合理活动量。此时$Q_{市场} > Q_{最优}$，广场舞活动超量，负外部性使市场数量大于社会合意的数量，损害了社会净福利。

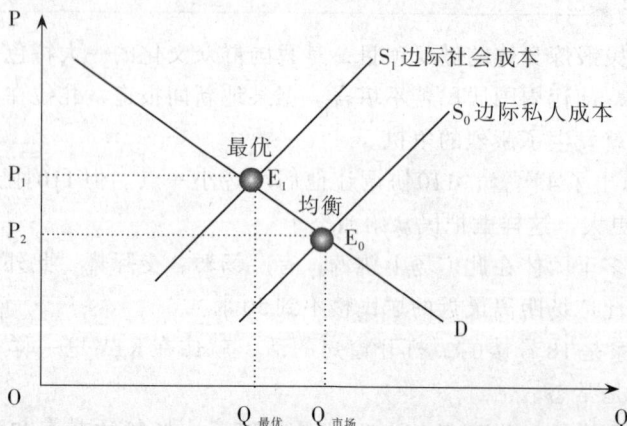

图8-1　负外部性导致的市场失灵

同时在我国，往往将噪声污染定义为生活纠纷，多半采取劝导和说服的方式。这其实是"法不责众"的思想在作怪。执法者认为像广场舞这样的群体行为，即便有不合理性，也不好进行处罚，导致治理效果不尽如人意。

2.从外部性的角度来看，治理广场舞噪声扰民问题可以采取以下措施：

一是征税。对广场舞组织者所赚取的利润进行适当征税，根据税负转嫁原理，税负最终将由广场舞运动参与者承担，即参与广场舞运动的"价格"上涨，则广场舞运动的"需求"下降，后果是参与广场舞运动的居民减少。

二是补贴与政府管制相结合。政府在公共用地内划定一块相对较偏僻的区域作为广场舞活动场地，场地内免费提供音响电源与灯光，甚至相关器材，将组织与参与广场舞运动的居民吸引到划定的活动场地，同时还可以控制场地的使用时间与音响音量。政府补贴音响费用，参与广场舞的居民便不会抱怨乐声太小缺少氛围，同时也可将广场舞的负外部性大大削弱。

三是从立法执法方面，细化相关法律法规的适用和解释，教育层面需要加强广场舞参与群体的法律安全知识宣传，执法层面需要建立相应的广场舞纠纷法律解决机制。

-------- 案例3 --------
解决两个企业争端的办法

【案例适用】■————————————————————————
科斯定理

【案例正文】■————————————————————————
在一条河的上游和下游各有一个企业，上游企业排出的工业废水经过下游企业，造成下游企业的河水污染，为此两个企业经常争吵，上游与下游企业各自都强调自己的理由，怎样使上游企业可以排污，下游企业河水不被污染呢？

对此经济学家科斯（R. Coase）提出两个办法解决这个问题。

【讨论问题】■————————————————————————
1.科斯定理的含义是什么？
2.按照科斯理论如何解决上述外部性问题？

【参考答案】■————————————————————————
1.科斯定理：如果交易费用为零或较低，不管产权初始如何界定（谁拥有合法的产权），当事人之间的谈判都会导致有效的结果，即市场机制会自动达到帕累托最优。

2.按照科斯理论有两个办法解决这个问题。一是两个企业要明确产权；二是两个企业可以合并。明确产权后上游企业有往河里排污的权利；下游企业有河水不被污染的权利。上下游企业进行谈判，上游企业若要排污就给予下游企业一定的赔偿，上游企业会在花钱治污与赔偿之间进行选择。总之，只要产权界定清晰并可转让，那么市场交易和谈判就可以解决负外部性问题，私人边际成本与社会边际成本就会趋于一致。

除此明确产权的办法外，还有使有害的外部性内部化的办法。按照科斯定理，通过产权调整使有害的外部性内部化，将这两个企业合并成一家，这样必然减少上游对下游的污染，因为是一个企业，有着共同的利益得失，上游企业对下游企业的污染会减少到最小限度，即上游生产的边际效益等于下游生产的边际成本。

------------ 案例4 ------------
4个学生的一个真实的实验

【案例适用】 ■————————————————————————
交易费用

【案例正文】 ■————————————————————————
美国经济学家莱索托带领4名学生分别在市场经济制度完善程度有重大差别的秘鲁和纽约建服装厂，要求在取得许可证的过程中，忠实履行每道手续，不到万不得已不能行贿。结果，2名学生在秘鲁花费了289天，且经过2次行贿才获得批准；而另2名学生在纽约在没有行贿的情况下，4个小时就办妥了一切手续。后者的效率是前者的700倍。这就是著名的"莱索托经济学实验"。

【讨论问题】 ■————————————————————————
1.什么是交易费用？为什么交易费用越低越好？
2."莱索托经济学实验"说明了什么问题？

【参考答案】 ■————————————————————————
1.交易费用是为了实现交换所付出的代价。交易费用很高时，交换变得无利可图，社会的经济效率将降低。而像空气、河流属于公有产权，无法实现私有。或者所有者人数太多，这些所有者自己先达成协议再与污染者谈判，这样的交易成本太高，无法进行。

2."莱索托经济学实验"说明：完善的市场经济制度才能使价格机制在配置资源的过程中发挥完全的作用，才能节约资源，降低交易费用，这是提高社会经济效率的必要条件。一般来说，市场经济制度是否完善决定了交易费用的高低。

因此，科斯定理的应用也有一定条件，这就是产权的界定和交易成本的大小。有些资源无法确定明确的产权，例如空气、河流等。比如，私人就无法修普通的公路（不含高速路），因为修路的成本他无法收回，假如要收回成本，就需要在公路上设卡收费，如此带来的交易成本太高，这是市场也无法解决的外部性问题。因此，普通公路的建设就必须靠政府来完成。

8.3　公共物品

---- 案例1 ----

鱼儿的眼泪

【案例适用】 ■━━━
公共物品与市场失灵

【案例正文】 ■━━━

　　有资料显示，现在渤海底层的水生物资源，只有20世纪时的10%，原渤海海域盛产的珍贵对虾、比目鱼、鲈鱼、鱿鱼、石斑鱼等特色渔产相继出现了断档和绝种。为什么公共海域的鱼类资源越来越少？有人说是因为鱼的自身价值问题。但为什么自家鱼塘的鱼却越来越多？同样是鱼为什么却有不同的命运？

【讨论问题】 ■━━━
　　1.结合案例分析什么是共有资源，它有哪些特性？
　　2.结合案例分析为什么同样是鱼命运却不同。

【参考答案】 ■━━━
　　1.共有资源是指在消费中具有竞争性但没有排他性的物品。
　　排他性指只有对商品支付价格的人才能够使用该商品；竞争性是指一个人使用了某个商品，则其他人就不能再同时使用该商品。
　　共有资源的特征：竞争性、非排他性。
　　2.从财产权角度来看，农民拥有他所养殖的鱼，将这些鱼视为自己的财产，既有排他性，又有竞争性，因此觉得有必要好好照看它们，增加养殖数量。与此相反，公共海域的鱼不属于任何个人，换言之，它是共有财产，即公共海域的鱼具有非排他性。于是，一方面大家都知道捕鱼可以赚钱，不少人蜂拥而上；另一方面，保护和繁殖鱼类则由于缺乏直接经济利益而乏人问津。大量捕鱼却无人保护，鱼越捕越少，结果可能是很多鱼从海洋中消失。

━━━━ 案例2 ━━━━

经济侦探：三面钟塔之谜

【案例适用】 ■━━━
公共物品——搭便车

【案例正文】 ■━━━
　　在没有出现廉价手表以前，大部分人没有自己的手表。许多城镇通过在其中心建造钟塔来为市民报时。这些钟塔的建造都是通过自愿捐赠来筹集资金的。美国东北部的一个城镇建了一个四面钟塔，却只在它的三面安上了钟。对许多人来说，这看起来十分费解：既然建了一个钟塔，为什么不在它四面都安上钟呢？

【讨论问题】

1.结合案例分析什么是搭便车，为什么不在钟塔四面都安上钟？

2.搭便车行为会带来哪些影响？如何解决搭便车的问题？

【参考答案】

1.揭开此案例中谜底的关键在于——搭便车。所谓的搭便车，是指即使不付费也能享受到有关利益的行为。此案例中一个有钱的守财奴拒绝为修钟塔而捐款，因此城镇的官员决定不在钟塔面向他家的那一侧安置钟表，以此来惩罚他。换句话说，这个有钱人试图搭便车但没有成功；然而问题是在城镇这一侧的其他市民也跟着吃了亏。

2.搭便车问题往往导致市场失灵，使市场无法达到效率。搭便车行为是一种对集体活动具有极大破坏性的行为。它带来的不仅仅是经济上的个体损失，而且会导致集体效率下降，甚至集体瓦解。

减少搭便车行为，在制度上需要关注三个方面：

（1）建立公平机制，实行多劳多得。

（2）加强监管，奖励褒奖多劳者，公开谴责搭便车者。

（3）思想引导，让个人的行为导向集体贡献最大化。

------ 案例 3 ------

海上的灯塔非得由政府来提供吗？

【案例适用】

公共物品的生产与提供

【案例正文】

著名经济学家科斯在 1974 年发表的《经济学中的灯塔》一文中，研究了英国早期的灯塔制度。17 世纪以前，灯塔在英国是名不见经传的，17 世纪初，由领港公会造了两个灯塔并由政府授权专门管理航海事务。科斯注意到，虽然领港公会有特权建造灯塔，向船只收取费用，但是该公会却不愿投资于灯塔。1610—1675 年，领港公会没有建造一个新灯塔，但同期，私人却投资建造了至少 10 个灯塔。但在当时的灯塔制度下，私人的投资要避开领港公会的特权而建造灯塔，它们必须向政府申请许可证，希望政府同意授权向船只收费。该申请还必须由许多船主签名，说明灯塔的建造对他们有益，同时要表示愿意支付过路费，过路费的多少是由船的大小及航程经过的灯塔多少而确定的。久而久之，就干脆将不同航程的不同灯塔费印成册，统一收费管理。私营的灯塔是向政府租地而建造的，租期满后，再由政府收回让领港公会经营。到1820年，英国当时的公营灯塔有24个，而私营灯塔有22个。后来，政府开始收回私营灯塔。到1834年，在总共56个灯塔中，公营（即由领港公会经营）的占42个。到1836年，政府通过法规将剩余的私营灯塔全部收回，1842年以后，英国的灯塔全部由领港公会经营了。

【讨论问题】

1.结合案例分析公共产品非得由政府提供吗。

2.公共产品提供的方式有哪些？

【参考答案】

1.科斯所调查的英国灯塔制度案例证明公共产品由私人提供是可能的。案例中英国在1820年公营灯塔有24个，而私营灯塔有22个，到1834年，在总共56个灯塔中，公营的占42个，说明有部分公共产品是可以由私人通过收费的方式来提供的。当然私人提供可能也会产生不利后果，比如资源的重复配置，排他性成本过高，私人收费过高等问题。

2.公共物品提供的方式主要有如下几种：

（1）政府提供。政府直接向公民提供各种公共物品，这是现实生活中最普遍的方式，如国防、安全、公共道路、给排水等。

（2）政府与私营机构签订合同。国家与企业签订合同经营公共产品，这是最普遍、范围最大的一种形式。

（3）政府授予私营机构经营权。政府将现有的公共基础设施以授予经营权的方式，委托给私人公司经营。

（4）政府为提供公共物品的私营机构提供补贴，例如，补助津贴、优惠贷款、减免税收等。

（5）私人提供。

------------------------------ 案例4 ------------------------------

中国在"一带一路"建设中提供的全球公共物品

【案例适用】

公共物品的供给

【案例正文】

"一带一路"建设肩负着重大的历史使命，并将在以下四个方面增加全球公共物品供给：

第一，产生国际合作新理念和新模式。中国的改革开放是当今世界最具影响力的制度创新之一。"一带一路"建设作为21世纪中国全方位对外开放的重大举措，实际上是中国在国际社会推动包容性发展理念的一大实践，并正在以经济走廊理论、经济带理论、21世纪的国际合作理论等创新经济发展理论、区域合作理论、全球化理论，丰富人类发展的知识宝库，将给21世纪的国际合作带来共商、共建、共享和包容发展新理念和新模式。

第二，高效的设施互联互通。"一带一路"建设将重点落在基础设施建设和各国基础设施的互联互通上，中国运用自己发达的基础设施产能、技术优势，以及高储蓄的资金优势，动员国际社会资源，推动沿线国家增加基础设施供给，打通沿线国家开展国际贸易的各种道路、设施阻塞，提升整个区域的经济合作水平，为沿线国家未来的经济稳定增长夯实基础。

第三，提供新的国际货币。"一带一路"建设是推动亚洲区域经济合作的长期举措，中国将大力提供金融支持，包括资金、技术援助、支付清算体系等。主要发生在亚洲区域内的贸易和资本流动，特别是发生在中国企业与其他国家之间的交易，使用人民币清算结算具有便捷、安全、成本节约、规避汇率风险等优势。

第四，建立新型国际金融组织。中国一直在努力推动国际金融体系改革，以期建立更加公正合理的国际金融秩序。然而，受到美国国会的阻碍，在G20首尔峰会通过的在国际货币基金组织中增加发展中国家份额的议案一直未落实。因此，中国倡导建立金砖国家开发银行，筹建亚洲基础设施投资银行，设立丝绸之路基金，用务实的态度、新的治理规则和标准，更多关注发展中国家的发展和金融需求，用实际行动参与全球金融治理，推动国际货币体系改革，增加国际金融领域的全球公共物品供给。

【讨论问题】

1.公共物品有哪些类型？什么是全球公共物品？

2.全球公共物品的提供方式有哪些？

3.为什么中国要提供全球公共物品？

【参考答案】

1.公共物品基本上可以分为三类：第一类是纯公共物品，即同时具有非排他性和非竞争性；第二类是俱乐部物品，特点是消费上具有非竞争性，但是可以轻易地做到排他；第三类是共同资源物品，特点是在消费上具有竞争性，却无法有效地排他。

20世纪60年代后期，公共物品概念被引入国际领域，世界银行对全球公共物品作了如下定义：全球公共物品是指那些具有很强跨国界外部性的商品、资源、服务以及规章体制、政策体制，它们对发展和消除贫困非常重要，也只有通过发达国家与发展中国家的合作和集体行动才能充分供应此类物品。

2.谁来提供全球公共产品？有四种可供选择的途径：第一，由世界政府来提供。但真正的世界政府从未出现过，建立世界政府的设想至少在短期内尚不可行。第二，由超级大国来提供。许多历史上的超级大国担当了全球公共物品提供者的重任。然而，世界经济发展是不平衡的，鲜有强国恒强。第三，由国际组织来提供。比如，联合国、世界银行、国际货币基金组织等国际组织在全球公共物品的供给中发挥了极其重要的作用。第四，由国家集团或者利益集团来提供。各国在签订国际贸易协定时，就可以将有关解决全球环境问题的条款放入其中，形成一揽子协议。将公共物品提供与具有私人物品性质的活动联系起来，促进全球公共物品的提供。归根到底，全球公共物品的供应主要是由超级大国主导的，并通过主权国家以及一系列国际组织来落实。

3.气候变化、生态环境破坏、传染病传播、贸易保护、经济金融危机等全球问题，都会直接威胁中国经济发展和社会稳定。同时，受自然生态脆弱、对全球经济依赖性增强、抗击各类风险能力还不强等"先天"和"后天"因素的制约，全球问题对中国的破坏性远大于对发达国家的破坏性，因此，中国是世界上最需要全球公共物品的国家之一。与此同时，中国坚持走中国特色社会主义道路，在政府的强有力组织和领导下，经济总量持续多年快速增长，成为世界最大贸易国、最大国际储备国和第二大经济体，中国对全球事务的影响早已"今非昔比"。作为崛起的新兴市场国家和发展中国家的代表，中国必须而且能够在全球经济治理机制中发挥更大作用、体现更大影响，提供全球公共物品就是一条现实途径。

（资料来源：根据相关资料整理）

【思政启示】

中国不仅提出了"一带一路"的倡议，而且不断推进高质量发展的合作实践，从而形成了一种以合作共赢为目标取向的国际公共产品。中国总是以一种负责任的态度来促进世界经济发展和世界的和平稳定，"一带一路"倡议使中国与世界产生了良性互动，这种良性互动开创了当代国际关系的新时代。

案例5
中国践行新冠疫苗全球公共产品承诺

【案例适用】

公共物品的供给

【案例正文】

在全球新冠疫情形势严峻之时，全球疫苗接种不平衡问题十分突出。推动抗疫国际合作，中国始终坚定秉持疫苗全球公共产品的"第一属性"。中国已向世界提供新冠疫苗和原液超7亿剂，向近100个国家提供疫苗援助，向50多个国家出口疫苗，成为世界上对外提供疫苗最多的国家。

为促进广大发展中国家用得上、用得起疫苗，中国以实际行动推进全球疫苗公平合理分配。在第73届世界卫生大会上，中国庄严承诺，中国新冠疫苗研发完成并投入使用后，将作为全球公共产品，为实现疫苗在发展中国家的可及性和可负担性做出中国贡献。

对许多发展中国家来说，中国疫苗是其获得的第一批疫苗，堪称"及时雨"。

赤道几内亚总统奥比昂表示，中国疫苗为当地焦灼的抗疫战场带来希望的甘霖。津巴布韦总统姆南加古瓦表示，中国捐赠的疫苗犹如隧道尽头的光芒。

中国的努力，赢得国际社会广泛欢迎。当中国疫苗抵达贝尔格莱德时，塞尔维亚总统武契奇亲自前往机场迎接，将这批疫苗视为中塞两国"伟大友谊的证明"。

中国疫苗在国际社会取得良好声誉，安全性、有效性得到广泛认可，已有超过100个国家批准使用中国疫苗。世界卫生组织已将国药集团、科兴公司的疫苗纳入紧急使用清单。

（资料来源：沐铁城，马卓言. 中国践行新冠疫苗全球公共产品承诺 已向国际社会供应超4.8亿剂次疫苗 ［EB/OL］. ［2021-07-08］. https：//baijiahao.baidu.com/s? id=17047270576012251178&wfr=spider&for=pc.）

【讨论问题】 ■
1.新冠疫情具有何种外部性？
2.结合案例分析新冠疫苗属于什么物品。

【参考答案】 ■
1.全球新冠疫情的发生和蔓延，使其具有典型的负外部性特征，如果不能快速有效地防控疫情，疾病会快速传染。
2.新冠疫苗能使不同国家和地区的人口受益；同时疫苗具有"非排他性"特征，疫苗对于人类应对新冠疫情至关重要，已成为各国共同应对此次重大安全危机的国际公共产品。我国一贯主张深化疫苗国际合作，确保疫苗在发展中国家的可及性和可负担性，让疫苗成为全球公共产品。在自身人口基数巨大、疫苗供应十分紧张的情况下，我国向所有提出疫苗合作需求的国家都做出积极回应，为全球抗疫增添了信心和力量。

【思政启示】 ■
中国作为最早研发、推广疫苗的大国，在后疫情时代承担了更多责任，展现了大国担当，为世界范围内社会、经济秩序的恢复做出了重要贡献。中国用实际行动践行了人民至上、生命至上的理念，弘扬了科学精神和国际人道主义精神，体现了中国共产党的天下情怀，彰显了中国作为负责任大国的历史担当。

-------- 案例6
免费公园为何拍照却收费

【案例适用】 ■
公共物品市场失灵的治理措施

【案例正文】 ■
周末，小王和未婚妻到某免费公园拍婚纱照，没想到却遭遇了不愉快的事情。当时，在公园入口处有工作人员拦截，并索要50元的入门费。小王为不影响拍照心情，缴纳了50元后进园。可更让小王纳闷的是，50元换来的却是一张票价2元的公园门票。"本是免费入园，拍照却要收费，这究竟是什么费用？"拿着这样一张门票，小王怎么想都想不明白，但因拍照要紧就没多说什么，进入公园后，小王看到路边的花开得非常漂亮，于是采了几朵用作拍照道具，被公园管理人员发现后，硬是要让他交罚款。小王觉得公园本来就是公共场所，不该收门费，摘几朵花也不该交什么罚款，于是和管理人员起了争执，本来的拍照计划也被搞得一团糟。

小王一气之下向当地部门反映了公园的"敲诈行为"，工作人员则给出了这样的解释：

该公园是免费公园，但由于入园拍摄婚纱照的人太多，对园内植被造成了严重的损坏，也曾禁止影楼入园拍摄。后来很多影楼主动联系公园，协商是否能缴费后入园。就这样，从当年6月底起，该公园入园拍摄婚纱照需缴纳50元，用于园内植被的养护。而对于小王摘花被罚款的事，工作人员称公园设施需要大家共同爱护，公园有硬性规定要求对破坏公物者进行相应的处罚，以警示游客对公共物品的保护。

【讨论问题】■━━━━━━━━━━━━━━━━━━━━━━━━━━━━

1.结合案例分析公共物品一定要免费提供吗。

2.如果完全免费提供会带来什么问题？

【参考答案】■━━━━━━━━━━━━━━━━━━━━━━━━━━━━

1.免费的公园，作为供人们休闲娱乐用的公共服务设施，具有非排他性、不完全的竞争性，属于共有资源。在不拥挤的情况下，公园的边际生产成本和边际拥挤成本均为零，此时可以由政府部门生产并免费提供。随着进入人数的增加，会出现拥挤现象，此时由进入者承担的边际拥挤成本不为零，所以应向进入者收取门票，采取混合提供的方式。作为一种准公共物品，公园可以有四种提供方式，其中私人生产、混合提供的方式是比较理想的供给模式。

2.免费的公园有许多可以随意进入的休闲娱乐者，他们中的每一个都有使用权，但没有权利阻止其他人使用，而且对园内的娱乐设施、植被等不承担任何维护和使用费用，每一个人出于自身利益的考虑，就会倾向于过度使用，从而造成园内资源的枯竭。

【思政启示】■━━━━━━━━━━━━━━━━━━━━━━━━━━━━

公共资源的无偿性，如果不加以规范，一定会被自私的个体过度剥削，我们要有公共意识、全局观念，遵守社会公德，增强公共责任和公共管理能力。

8.4 信息不对称与信息不完全

---案例1---
假冒伪劣产品为何屡禁不止

【案例适用】■
信息不对称与市场失灵

【案例正文】■

电商平台和直播带货这些年来发展迅猛，在为我们消费者提供便利的同时，也出现了一些新的问题。在2022年"双11"期间，中国消费者协会利用互联网舆情监测系统，对10月20日至11月13日期间的消费维权情况进行了网络大数据舆情分析。在监测期内，共收集到"直播销售"负面信息50.9万条，占"吐槽类"信息总量的9.3%。其中，假冒伪劣、货不对版、优惠差异等是主要问题。

每年的"3·15"晚会都会被曝出来大量的质量伪劣产品，这些产品不但危害大，甚至有的会危及生命，可年年打假，却年年层出不穷，那么究竟是什么原因，导致几乎每年假冒伪劣事件源源不断呢？

【讨论问题】■

1.为什么现实生活中存在假冒伪劣产品并且屡禁不止？

2.结合案例谈谈假冒伪劣产品的危害有哪些。

【参考答案】■

1.假冒伪劣产品屡禁不止的原因之一是信息不对称。所谓信息不对称是指市场上交易双方对交易对象掌握的信息多少不一样，一方掌握的信息多一点，另一方掌握的信息少一些。

在商品交易中，有些商品是内外有别的，而且商品的内容很难在购买时加以检验，如瓶装的酒类、盒装的香烟等。人们或者看不到商品包装内部的样子（如香烟等），或者看得到却无法用眼睛辨别产品质量的好坏（如充电宝等）。显然，对于这类产品，买者和卖者了解的信息是不一样的，卖者比买者更清楚产品实际的质量情况。这时卖者很容易依仗买者对产品内部情况的不了解欺骗买者。同理，卖家在允诺给买家各种优惠时，只有卖家自己心里清楚是不是真的优惠了。

2.不良商家利用信息不对称生产假冒伪劣产品，采取欺诈消费者的行为，不仅严重损害了广大消费者和合法经营厂商的利益，而且由于信息不对称，价格对经济的调节就会失灵。比如某商品降价，消费者也未必会增加购买，可能还以为是假冒伪劣商品；而假冒伪劣商品提高价格，消费者却可能认为价格高质量好，影响了市场机制的正常运作，导致市场的无效率。

【思政启示】 ■━━━━━━━━━━━━━━━━━━━━━━━━

作为消费者，我们要提升鉴别能力，在选择商品时仔细查看产品的商标信息以及是否为"三无产品"，购买商品后及时向商家索要购物凭证。一旦发现假冒伪劣产品，及时向有关部门投诉，增强消费者自身的维权意识。平时消费时，特别是购买大件物品时，通过多渠道获取信息，做到货比三家，尽量减少信息的不对称，从而减少自己不必要的损失。

╔═══════ 案例 2 ═══════╗
║ **二手车市场的逆向选择** ║
╚═══════════════════════╝

【案例适用】 ■━━━━━━━━━━━━━━━━━━━━━━━━

信息不对称与逆向选择

【案例正文】 ■━━━━━━━━━━━━━━━━━━━━━━━━

在二手车市场上无论所卖的车质量如何，卖家总比买家精。如果买家不能区分车的质量的话，不管车的质量是好是坏，他们都会付同样的钱——这会使销售质量好的车成为一种毫无吸引力的交易。比起保养良好的旧车来说，质量差的车可能更好卖。假如你去买某种型号的汽车，市场上正好有两辆你想买的汽车，外观差不多但价位不同，一辆价位在30万元，另一辆价位在10万元，那你愿意付多少钱买这辆车？你可能说20万元，因为平均价值是20万元，30万元的车主因为自己的车质量高不会20万元卖给你，而10万元的车主愿意卖给你。这样来看，好东西不一定先卖出去。这就是次品充斥市场、质量好的商品被驱除出市场的逆向选择。

【讨论问题】 ■━━━━━━━━━━━━━━━━━━━━━━━━

1.结合案例分析什么是逆向选择。

2.结合案例分析逆向选择是如何产生的。

【参考答案】 ■━━━━━━━━━━━━━━━━━━━━━━━━

1.逆向选择是指在买卖双方信息不对称的情况下，差的商品总是将好的商品驱逐出市场。此案例说明在信息不对称的情况下，你在二手车市场上有可能买到的是质量差价格高的汽车。在市场经济条件下一般是价格低质量好的东西先卖出去，但由于信息不对称，好东西不一定都卖得出去，这种逆向选择，也叫作"劣币驱逐良币"。由于信息不对称而造成的这种结果，在我们的生活中屡见不鲜。

2.在二手车市场，显然卖家比买家拥有更多的信息，两者之间的信息是非对称的。买家肯定不愿意相信卖家的话，即使卖家说得天花乱坠。买家唯一的办法就是压低价格以避免信息不对称带来的风险损失。买家过低的价格也使得卖家不愿意提供高质量的产品，从而低质品充斥市场，高质品被逐出市场，最后导致二手车市场萎缩（如图8-2所示）。

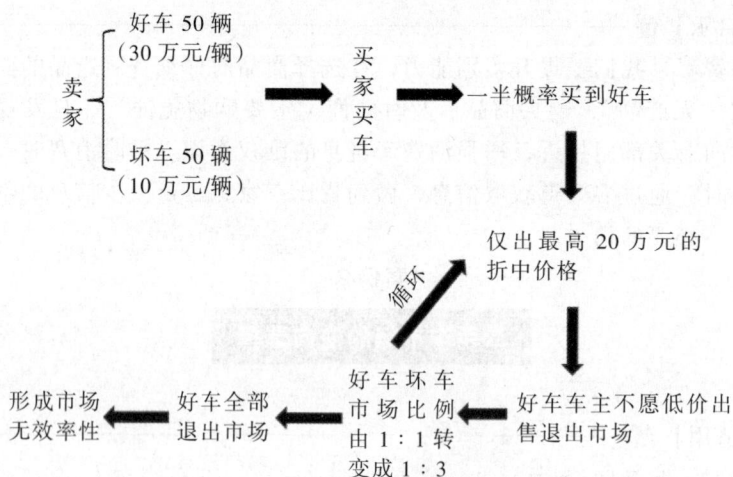

图8-2　信息不对称时的旧车市场

------ 案例 3 ------

美的空调的包修承诺

【案例适用】■
信息不对称的治理措施

【案例正文】■
美的中央空调公开承诺：凡是从2020年1月1日起购买的多联式美的家用中央空调和家用空气能热水器，10年包修。据了解，目前在空调和热水器行业，对于售后服务，多数品牌还只是停留在保修的层面，相比之下，"包修"要比"保修"的承诺严苛很多，能对消费者承诺长期包修的品牌，寥寥无几。

这其实是厂商的一种信号显示。它敢于承诺更长的包修期，有效地发送了高质量产品的信号。

【讨论问题】■
什么是信号显示？结合案例分析如何解决逆向选择问题。

【参考答案】■
解决逆向选择问题的办法很多，比如像案例中所示进行信号显示。所谓信号显示是指为了解决逆向选择问题，信息优势方通过某种方式向信息劣势方发出市场信号，以表明自己的物品或自身属于优良或较好等级的行为。

对于空调质量如何，空调的卖者与买者是处于信息不对称状态，卖方处于信息优势，买方处于信息劣势。空调质量高的卖者，可以通过向客户提供质量保证书、保修、包修退回等办法，使买者相信他的产品是高质量的。如果你是卖家，你可以告诉买者你卖的是质量高的，如果买者不信，你可以负担全部或者大部分费用找专家检验空调；或者与买者达成一份具有法律效力的合同，规定如果空调的质量差则包赔一切损失等。这样一来，买空调的人很容易就可以借此判断出空调的质量的高低，因为只有质量高的卖者才敢承担费用请人检测，空调质量差的卖者是不敢这样做的。另外，政府管理部门可以在信息方面进行干预和调控，如设立空调检测的权威鉴定部门，增加市场的"透明度"，保证消费者和生产者能够得到充分和正确的市场信息等。

可见，提供更好的保修包修承诺的此类行动，目的不仅在于消费者能从中直接得到实在的好处，还在于这种行动使消费者相信这些商品会是较好的商品，或这些厂商是值得与之交易的较好的厂商。

------ 案例4 ------
包公断案的故事

【案例适用】
信息不对称的治理措施

【案例正文】
妓女张海棠从良，嫁与马均卿为妾，生有一子寿郎。马均卿之妻与郑州衙门赵令史通奸，合谋毒死马均卿，并诡称寿郎为己子，企图霸占全部家产。

包拯审理此案时，用石灰在地上画了一个圆圈，让寿郎立于圈中，命马妻与张海棠从两边同时拽寿郎，谁把他拽出圈外，谁就是亲娘。结果，寿郎被马妻发力拽出。包拯由此断定，不忍心用力拽的张海棠为亲娘，并审出全部案情，将马妻与赵令史处以死刑。

【讨论问题】
结合案例分析什么是信号甄别。

【参考答案】
信号甄别是指在进行市场交易之前，信息劣势方首先以某种方式使得信息优势方不得不发出表明自身特征、品质、类型等的信号，以供信息劣势方辨别、解读，从而改变自己在市场交易中所处的信息劣势地位的行为。

包拯未必懂得信号甄别，但他却诱使罪犯基于自身利益显示了其私人信息。

（资料来源：黎诣远，李明志. 微观经济分析［M］. 2版. 北京：清华大学出版社，2003.）

------ 案例5 ------
医患关系中的道德风险问题

【案例适用】
信息不对称与道德风险

【案例正文】
近些年来医患纠纷事件屡见不鲜，如2018年，北京某医院一名患者在接受手术治疗后出现并发症，随后死亡。该患者家属认为医院存在医疗过错，要求赔偿巨额经济损失。2019年，湖北某医院一名女子在产房分娩时大出血，随后身亡。该女子家属认为医院存在医疗过错，对医院提起诉讼要求赔偿经济损失和精神损失。2020年9月，山东省青岛市一名女子因在医院接受手术时突然死亡，家属认为医生在手术中出现失误而起诉医院索赔。2021年12月，江苏省南京市一名医生因为在抢救过程中使用了未经批准的药品导致患者死亡被判处有期徒刑。2022年5月，河南省信阳市中心医院产科医生因误诊和治疗不当导致一名孕妇死亡的案件引起社会广泛关注。医患纠纷事件频发引起了社会各界的广泛关注，找出医患问题的根源并予以施策，构建和谐医患关系已经成为社会的一种广泛共识和迫切需求。

【讨论问题】 ■━━━━━━━━━━━━━━━━━━━━━━━━━━━━━━━━

1.医患关系中的道德风险体现在哪些方面？

2.在信息不对称的医疗市场中，如何减少医疗纠纷、构建和谐的医患关系？

【参考答案】 ■━━━━━━━━━━━━━━━━━━━━━━━━━━━━━━━━

1.道德风险是指在信息不对称条件下，具有信息优势的一方本有能力履行义务，但出于最大化自身效用的不良道德，其可能做出有利于自己而不利于对方的违约行为，并隐藏行为，给处于信息劣势的一方带来事先无法预期的损失的风险。

医患关系中的道德风险可以从医务人员和患者两方面来看：

（1）医患关系中，医生的道德风险表现主要包括以下几个方面：

在疾病治疗上，一般来说，医务人员往往比患者更了解自己的医疗技术水平、治疗过程中的努力程度、治疗的风险以及最终的收益；而患者对于这些信息难以掌握，很难对医务人员的行为进行有效的监督和控制，医务人员占据绝对的信息优势，而患者缺乏专业的医学知识，甚至缺乏必要的医学常识，处于绝对的信息劣势。医务人员可以利用自身的信息优势损害患者的利益从而实现自身利益最大化。医务人员道德风险行为主要表现在以下3个方面：一是过度医疗。在利益驱动下，一些医生可能会在诊疗过程中刻意加重患者病情或者让患者多做一些不必要的检查、治疗等，从而获取更高的医药费用。二是不足医疗。由于知识水平不足，一些医生可能在诊疗过程中出现错误判断，导致误诊、漏诊等情况。三是选择性治疗，即医务人员为了节约治疗成本挑选医疗资源消耗小的轻症病患，进而推诿医疗资源消耗多的重症病患。过度治疗将引发患者"看病贵"问题，不足治疗将引发患者"看不好病"的问题，选择性治疗将引发重症患者"看病难"的问题。医务人员的道德风险行为将使患者承受巨大的经济损失和精神负担，容易引发医患纠纷。

（2）在医患关系中，患者的道德风险表现主要包括以下几个方面：

在疾病治疗上，相对于医方而言，患者自身的信息，如病史的完整性、对治疗活动的配合，以及自身实际健康情况、支付医疗费用的能力等，患者作为医疗服务对象在这方面具有信息优势。患者可以利用自身的信息优势损害医务人员的利益从而实现自身利益最大化。一是故意隐瞒。一些患者可能会故意隐瞒病情，或者提供虚假信息，或不按医嘱使用药物或进行康复训练，将疾病治疗效果不理想的责任推卸到医务人员身上，以获取不应得的赔偿或治疗。二是患者不愿意通过合法渠道解决医患之间的分歧，把医患之间的异议当成"生财之道"，通过"医闹"谋求额外收益。患者道德风险既不利于维护正常的医疗秩序，也是医患矛盾升级的重要因素。

2.要减少医疗纠纷、构建和谐的医患关系，就应力争降低医患关系中的道德风险。

（1）医患关系中降低医务人员的道德风险，可采取以下措施：首先，政府要推动医疗服务信息强制披露制度的建立，打破医疗服务信息不对称的局面，优化医务人员医疗服务行为的监管。其次，医院内部可以成立纠察小组，定期对医生开出的处方药及检查项目等进行检查核实，对疾病的诊断治疗方案进行公开评估，使医疗机构和医务人员树立规范诊疗和合理用药的自觉性。再次，卫生部门要推动医院建立健全医疗责任的惩罚机制，减少由人为因素引发的医疗风险。最后，医院要加强培训医生对患者的沟通技巧，减少患者对自己的误会和对治疗方案的疑惑。

（2）医患关系中降低患者引起的道德风险，可采取以下措施：一是医疗机构要建立患者就医信用档案，并使之能够在所有医疗机构信息共享，对于有不良就医记录的患者，要对其个人信誉降级，将其不良信用记录记入个人征信系统，为消费信贷机构提供个人信用分析，提高患者不诚信就医的成本。二是要依法打击"医闹"行为，一方面，要积极向广大患者普及法律知识，明确告知患者通过"医闹"扰乱医疗卫生服务公共场所秩序是一种违法行为，预防"医闹"行为的发生；另一方面，要依法处罚"医闹"行为，使患者及其家属承担相应的法律责任。

------------ **案例6** ------------

委托人给代理人戴的"金手铐"

【案例适用】■────────────────────

信息不对称与委托-代理问题

【案例正文】■

在现代企业制度的公司里，为企业的长远发展，提高企业内部资源配置效率，两权分离是现代企业的重要特征。所有权变得极为分散，许多公司股东并不直接经营管理，而是聘请职业经理人直接进行经营管理。这些经理人并不是企业的股东，只是由于他们的经营管理能力而被雇用，这样就产生了所有权与经营权的分离，其直接后果是产生了委托-代理问题。委托代理双方之间由于信息不对称、目标不一致、契约不完备等原因，往往会产生普遍存在的道德风险问题。

2015年，美国电动汽车公司特斯拉（Tesla）的CEO埃隆·马斯克（Elon Musk）因滥用职权被控告。马斯克被指控使用特斯拉的资金购买一些与公司业务无关的资产，还未经董事会批准就擅自对SolarCity进行收购。这项交易导致特斯拉的股东损失了约40亿美元的财富。此外，马斯克还被控违反了对特斯拉的保密协议，向美国证券交易委员会提供虚假信息。

2021年5月，美国知名航空公司Delta Air Lines的前CEO Richard Anderson被控违反了联邦证券法。据指控，Anderson在2012年至2014年期间撤销了Delta员工退休福利计划中的某些福利，并未披露这些信息给Delta的投资者和员工。此外，他还利用Delta的资源购买了私人住宅，在没有披露这些信息的情况下从公司获取了巨额报酬。

这些案例说明企业中的委托-代理问题可能导致高管和经理人员滥用职权，将公司的资源用于个人利益而损害公司和投资者的利益，同时也威胁到企业的声誉和公信力。

经营者比所有者更了解公司的实际经营状况。为了避免经营者损害所有者的利益，就需要设计出一种公平合理的、能实现委托人和代理人"双赢"的制度。

1996年诺贝尔奖获得者英国剑桥大学的詹姆斯·莫里斯教授和美国哥伦比亚大学的威廉姆·维克里教授两人，设计出有效的机制对代理人进行激励，使其能够在符合委托人的利益的前提下行事，使代理人在追求个人利益最大化的同时，实现委托人利益的最大化。其中股权激励制是国际上通行的一种好办法，特别是国外迅速发展起来的股票期权，它被喻为"金手铐"。所谓"金"，是指对代理人来说确实有巨大的吸引力，如美国IMB公司总裁就因为工作努力，挽救了濒临倒闭的公司，从而获得公司的股票期权6 000万美元。

【讨论问题】■——————————————————————————

1.什么是企业委托-代理制？

2.委托-代理制下为什么会出现道德风险？

3.如果你是委托人，为避免信息不对称产生的风险，你应该如何选择代理人呢？

【参考答案】■——————————————————————————

1.委托-代理制指所有者将其拥有的资产根据预先达成的条件委托给经营者经营，所有权仍归出资者所有，出资人按出资额享有剩余索取权和剩余控制权。

2.委托-代理制下出现道德风险的原因可以从委托人和代理人两个方面来分析。

从委托人方面来看，第一，股东或者因为缺乏有关的知识和经验，以至于没有能力来监控经营者。第二，对于众多中小股东来说，由股东监控带来的经营业绩改善是一种公共物品。对致力于公司监控的任何一个股东来说，他要独自承担监控经营者所带来的成本，如搜集信息、说服其他股东、重组企业所花费的成本，而监控公司所带来的收益却由全部股东享受，监控者只按他所持有的股票份额来享受收益。这对于他本人来说得不偿失，因此股东们都想坐享其成，免费"搭便车"。在这种情况下，即使加强监控有利于公司绩效和总剩余的增加，即社会收益大于社会成本，但只要每个股东在进行私人决策的时候，发现其行为的私人收益小于私人成本，他就不会有动力实施这种行为。

从代理人方面来看，第一，代理人有着不同于委托人的利益和目标，所以他们的效用函数和委托人的效用函数不同。第二，代理人对自己所做出的努力拥有私人信息，代理人会不惜损害委托人的利益来谋求自身收益的最大化，即产生机会主义行为。

3.如果你是委托人，为避免信息不对称产生的风险，可以设计出对经理有效的激励机制。在具体的实践操作中，你把经理的报酬进行多元组合，利用最优报酬设计对经理进行激励。比如你把经理的报酬分为固定薪金、奖金、股票与股票买卖选择权、退休金计划等。固定薪金能给经理提供安全感和保障；奖金可以与当年的经营效益挂钩；股票与股票买卖选择权可以促使经理考虑企业长期利益；退休金计划具有安全感和归属感。总的来说，各种激励方法各有利弊，所以经理的最优报酬设计应是所有不同报酬形式的最优组合。这样的设计既考虑了经理短期利益又兼顾了他的长期利益，如果经理不努力工作，与长期利益挂钩的弹性收入就得不到。

此外，建立经理市场，利用市场机制约束经理的行为。真正的职业经理人都很注重自己的声誉，为了能够提升自己在经理人市场上人力资本的价值，他们一般都会努力工作，以更好的经营业绩来展现自己的经营能力。

综合案例

案例
居民楼里单元防盗门由谁安装更好？

【案例正文】

某幢旧式楼房，屡次发生失窃事件。每次发生失窃后，住户们都希望装上一扇单元防盗门。向单位房管部门反映，房管部门说住在楼里的已经不完全是本单位的人，费用不能由单位出，再说这些住房已经出售给私人，装防盗门应当由住户自己出钱。于是，该居民楼一直处于一种"无政府状态"，没有一个机构出面负责解决防盗门的安装问题。

【讨论问题】

案例中居民单元防盗门属于公共物品吗？该单元防盗门可以选择哪些方式提供？

【参考答案】

案例中安装单元防盗门，它的消费包含着公共性，但"公共"的范围是有限的，仅限于小区住户。防盗门具有对外排他性，在安装单元防盗门后，防盗门仅仅由小区居民共同使用，平等分摊物品的供给成本。同时，防盗门也具有非竞争性，在低楼层居住的居民并不会影响在高楼层居住的居民对防盗门的使用。因此，单元防盗门介于纯私人物品和纯公共物品之间，属于俱乐部物品。

案例中，单元防盗门的安装可以有两种选择——私人提供和公共提供。

首先，从私人提供分析。相较于公共提供，私人提供的效率往往较高。安装防盗门，私人提供主要有两种情况。

一种情况是每户都给自己家安装防盗门，不装单元防盗门。由于没有安装单元防盗门，富有的居民最担心家中被盗，会率先给自己家安装防盗门。由于富有的居民安装了防盗门，不装防盗门的家庭被盗的可能性就会增大。这样，没有装防盗门的居民也不得不安装防盗门，最后导致家家都安装了防盗门。在这种情况下，每个家庭安装防盗门总共的支出远大于安装单元防盗门。每户安装防盗门和安装单元防盗门的效果基本相同，但是显然，前者的做法造成了较大的社会资源的浪费。

另一种情况是经过整栋楼业主协商后，由业主集体出资购买安装单元防盗门，产权归业主集体所有，大家共同受益。这种方式最大的矛盾在于每户居民承担相同的安装成本，但每户居民的边际收益不同。每户居民都是单元防盗门的受益者，但由于居民存在贫富差距，所以他们实际的边际收益是不同的。贫困的居民财产被偷的损失较小，边际收益较低，因而安装防盗门的意愿较弱，只愿意付较低的价格；富有的居民财产被偷的损失较大，边际收益较高，因而安装防盗门的意愿较强，愿意付较高的价格。同时用这种私人提供的方式解决单元防盗门安装问题的话，可能需要有一位居民站出来作为领导者，与各户居民进行协商。如果安装费用各户居民平均分摊，相对贫穷的居民有可能不愿意承担平均的费用。所以，每户可以根据自己的心理预期提出愿意缴纳的费用，安装防盗门意愿较强的多缴纳，安装防盗门意愿较弱的少缴纳，通过合理的协商调整，实现相对公平。

其次，从公共提供分析。由政府部门负责防盗门及其安装的费用。该小区偷窃事件屡次发生，每次公安机关的立案调查都需要一定的人力、物力和财力，政府在社会治安上投入的成本大，人民的幸福感却并不强。由政府负责安装，虽然短期内增加了财政支出，但是从长期来看，既减少了每年在社会治安上的投入，也增加了人民的幸福感。政府安装效率可能不高，但是由于是政府财政支出，公平性得到了保障。

公共物品的有效提供，其本质是在不完善的政府和市场之间，寻求建立一种相互协调的机制，使其能够合理优化资源配置，减少交易成本。

（资料来源：佚名. 案例分析：公共产品的有效供给［EB/OL］.［2022-07-25］. https://zhuanlan.zhihu.com/p/545662684.）

第九章　宏观经济的基本指标及其衡量

GDP是20世纪最伟大的发现之一

【案例正文】

美国著名的经济学家保罗·萨缪尔森说："GDP是20世纪最伟大的发现之一。仿佛卫星能探知整个大陆的天气情况一般，GDP也可以显示一国的经济全貌。"没有GDP这个发现，我们就无法进行国与国之间经济实力的比较、贫穷与富裕的比较；没有GDP这个总量指标我们无法了解一国的经济增长速度是快还是慢，是需要刺激还是需要控制。因此GDP就像一把尺子、一面镜子，是衡量一国经济发展和生活富裕程度的重要指标。

【讨论问题】

为什么说GDP是20世纪最伟大的发现之一？

【参考答案】

GDP（国内生产总值）是20世纪最伟大的发现之一，主要有以下原因：

（1）它能量化经济活动：GDP为经济活动提供了一个量化的衡量标准，能够对不同国家的经济状况进行精确的测量和比较，这对于政策制定者和经济学家来说都非常重要。

（2）它能测量经济增长：GDP不仅可以衡量当前的经济状况，还可以衡量经济增长情况。通过比较不同年份的GDP数据，可以衡量一个国家的经济是否正在增长，以及增长的速度如何。

（3）它为国际经济比较提供方便：GDP可以用来比较不同国家之间的经济状况和发展水平，这使得国际经济合作和交流变得更加容易和有意义。

（4）它能指导经济政策制定：政府可以利用GDP数据制定经济政策，以达到经济增长、价格稳定等目标。例如，政府可以通过调整财政政策和货币政策来影响GDP的增长和通货膨胀率。

总之，GDP是一种非常有用的经济指标，正如判断一个人在经济上是否成功，往往会看他的收入，高收入的人有较高的生活水平。同样的逻辑也适用于一国的整体经济，GDP就是判断一国经济富裕还是贫穷的重要指标。判断宏观经济运行状况的三个重要指标：经济增长率、通货膨胀率和失业率，都与GDP有密切关系，其中GDP增长率可以反映经济增长率，GDP平减指数可以衡量通货膨胀率，与失业相关的奥肯定律表明GDP增长率与失业率之间有特定的量化关系。

9.1 国内生产总值

案例1

中国历年GDP及增长率一览

【案例适用】

GDP的含义

【案例正文】

中国1978—2022年GDP及增长率见表9-1。

表9-1 　　　　　　　　　中国历年GDP及增长率一览表

（1978—2022年）

年份	1978	1979	1980	1981	1982	1983	1984	1985	1986	1987
GDP（亿元）	4 645.2	4 062.6	4 545.6	4 891.6	5 323.4	5 962.7	7 208.1	9 016.0	10 275.2	12 058.6
增长率	—	7.6%	7.8%	5.2%	9.1%	10.9%	15.2%	13.5%	8.8%	11.6%
年份	1988	1989	1990	1991	1992	1993	1994	1995	1996	1997
GDP（亿元）	15 042.8	16 992.3	18 667.8	21 781.5	26 923.5	35 333.9	48 197.9	60 793.7	71 176.6	78 973.0
增长率	11.3%	4.1%	3.84%	9.18%	14.24%	13.96%	13.08%	10.92%	10.01%	9.30%
年份	1998	1999	2000	2001	2002	2003	2004	2005	2006	2007
GDP（亿元）	84 402.3	89 677.1	100 280.1	110 863.1	121 717.4	137 422.0	161 840.2	187 318.9	219 438.5	270 092.3
增长率	7.83%	7.62%	8.43%	8.30%	9.08%	10.03%	10.09%	11.31%	12.68%	14.16%
年份	2008	2009	2010	2011	2012	2013	2014	2015	2016	2017
GDP（亿元）	319 244.6	348 517.7	412 119.3	487 940.2	538 580.0	592 963.2	643 563.1	688 858.2	746 395.1	832 035.9
增长率	9.63%	9.21%	10.45%	9.30%	7.65%	7.7%	7.4%	6.9%	6.7%	6.9%
年份	2018	2019	2020	2021	2022					
GDP（亿元）	919 281.1	986 515.2	1 015 986.2	11 436 704.1	1 210 207.2					
增长率	6.6%	6.1%	2.3%	8.1%	3.0%					

（数据来源：国家统计局）

【讨论问题】 ■━━━━━━━━━━━━━━━━━━━━━━━━━━━━━━━━━━━━━

1.什么是GDP?

2.如何来描述一国GDP的变化?

3.改革开放以来我国GDP呈现出什么特点?

【参考答案】 ■━━━━━━━━━━━━━━━━━━━━━━━━━━━━━━━━━━━━━

1.GDP也叫国内生产总值,它是一个国家或地区在一定时期内,所有常住单位生产的最终成果,包括生产的产品和服务市场价值的总和。它是衡量一个国家或地区经济状况的重要指标,一般核算周期是一个季度或者一年。

2.一国GDP的变化可以通过以下几个方面来描述:

第一,总量:GDP的绝对值表示一个国家或地区一定时期内生产的所有最终产品和服务的总价值,可以判断一个国家或地区的经济规模。

第二,增速:GDP的年度增长率描述了一个国家或地区经济在一定时期内的增长速度,可以判断一个国家或地区的经济发展趋势。

第三,结构:GDP结构反映了不同行业和产业对经济的贡献以及经济结构的转型情况,可以判断一个国家或地区的经济构成的质量。

3.改革开放以来,我国GDP呈现出以下几个特点:

第一,高速增长:改革开放以来,我国的GDP年均增速达到了近10%,远高于世界平均水平。

第二,结构转型:中国经济由计划经济向市场经济转型,GDP结构从以工业为主向服务业和消费拉动的经济结构转型。

第三,区域发展不平衡:中国经济发展在不同地区之间存在明显差异,东部地区的经济总量远高于中西部和东北地区。

第四,外贸依赖度高:中国经济高度依赖出口,GDP增长与国际市场需求密切相关。

【思政启示】 ■━━━━━━━━━━━━━━━━━━━━━━━━━━━━━━━━━━━━━

数据是中国经济发展最好的见证者。中华人民共和国成立初期,中国经济可谓"一穷二白"。1952年中国GDP为679亿元人民币,人均GDP仅119元;在改革开放大门开启后,1982年中国GDP突破5 000亿元,达到5 373亿元。2000年,GDP突破10万亿元,中国成为世界第六大经济体。2010年,中国超过日本并连年稳居世界第二大经济体。

中共十八大以来,中国综合国力持续提升,2016年、2017年、2018年经济总量连续跨越70万亿元、80万亿元和90万亿元大关,占世界经济总量的比重超过15%。2020年,在新冠疫情和百年未有之大变局的交织中,中国经济逆风飞扬,成为全球唯一实现经济正增长的主要经济体。GDP首次突破百万亿元大关,全年GDP达101.6万亿元,人均GDP连续两年超过1万美元,在世界经济中的份额上升到17%左右,对世界经济增长的贡献率接近30%,成为世界经济增长的动力之源。

正是在中国共产党的领导下，中国发生了翻天覆地的变化，中国经济创造了世界罕见的发展奇迹。

案例可以引导学生关注中国GDP，感受中国GDP增长的奇迹，认清排名第二的大国地位，提升民族自豪感，增强制度自信，厚植家国情怀。

----------------- 案例2 -----------------

GDP核算什么：故事中的核算原理

【案例适用】■—————————————————————————

GDP的核算及局限

【案例正文】■—————————————————————————

关于GDP，网络上两种质疑较多，都是以"故事"的形式出现。

故事一：一对朋友唾沫飞溅之间创造GDP。小王和小李在茶餐厅闲谈，忽然飞来一只蚊子，在他俩面前飞旋。小王眼疾手快，用菜单砸向蚊子，蚊子应声而落。闲极无聊之际，小王调侃式地问小李是否愿意吃掉蚊子，并愿意为此支付1万元。小李想了一会儿，吃蚊子比较恶心，但是能挣到钱，就照做了。过了一会儿，两人都有些后悔。小王想，仅仅看别人吃了一只蚊子，就花了1万元；小李想，为了1万元，干了那么恶心的事情，一定要找回面子。正在此时，原来那只蚊子的同伴飞来了。说时迟那时快，只见小李如法炮制，第二只蚊子也落下来了。小李对小王说，如果你吃掉它，我也给你1万元。小王正中下怀，就照做了。过了几分钟，两人都感觉荒唐透顶：什么事都没有干，吃了两只蚊子。倒是小王有自我安慰精神，他说：我们今晚创造了2万元的GDP。

故事二：由于高速路交警罢工，高速公路上出现了连环车祸，因此带来GDP的增加：第一，公路护栏遭到破坏，建筑公司修理公路护栏产生GDP；第二，拖车公司拖走事故汽车，提供拖车服务产生GDP；第三，修车公司检修事故汽车也产生GDP；第四，医院救助伤员，保险公司理赔……每一个涉及的机构都产生了服务进而产生GDP，把它们的账单集中起来加总，就是新增的GDP。

【讨论问题】■—————————————————————————

1.GDP的核算方法有哪些？

2.GDP的核算有何局限？

【参考答案】■—————————————————————————

1.GDP核算有三种方法，即生产法、收入法和支出法，三种方法从不同角度反映国民经济生产活动最终成果。

生产法是从常住单位在生产过程中创造新增价值的角度，衡量核算期内生产活动最终成果的方法。即从生产过程中创造的货物和服务价值中，扣除生产过程中投入的中间货物和服务价值，得到增加值。将国民经济各行业生产法增加值相加，得到生产法国内生产总值。

核算公式：GDP=总产出-中间投入

收入法是从常住单位在生产过程中形成收入角度来反映核算期内生产活动最终成果的方法。按照这种核算方法，把生产要素在生产中所得到的各种收入相加，即把劳动所得到的工资、土地所得到的地租、资本所得到的利息以及企业家才能所得到的利润等相加。国民经济各行业收入法增加值之和等于收入法国内生产总值。

核算公式：GDP=工资+利息+地租+利润+折旧+间接税-补助金

支出法是从货物和服务最终使用的角度，就是衡量在一定时期内整个社会购买最终产品和服务的总支出，包括消费支出、投资支出、政府购买支出、净出口四部分。

核算公式：GDP=消费支出+投资支出+政府购买支出+净出口

理论上，通过三种不同方法核算的国内生产总值结果应当一致，但在实际操作过程中，由于资料来源不同，不同计算方法所得出的结果会出现差异，这种差异称为统计误差，统计误差在可接受的范围内允许存在。

2.GDP的核算是存在一定局限的，正如经济学家萨缪尔森说过，"如果一个人同他的厨师结婚，就会导致GDP下跌"。案例中的故事，也从不同角度反映了GDP核算存在的问题：故事一，吃蚊子这种无聊的举动居然可以堂而皇之地计入GDP中，显然这种GDP对一国经济来说是没有任何意义的；故事二，由于高速路交警罢工，高速公路上出现了连串车祸而产生了大量的GDP，这类GDP显然也不是发展经济时所要提倡的。总的来说，GDP核算的局限可以归纳如下：

第一，GDP只涉及与市场活动有关的那些产品和服务的价值，因此忽略了家庭劳动和地下经济因素，比如家庭教育、家务劳动等，因为没有交易产生，不计入GDP。

第二，GDP及其他衡量经济总产出的指标都不能完全反映经济中的收入分配状况。

第三，GDP不能反映经济体为经济增长方式付出的代价，以及不能反映人们的生活质量。

------------------------------ 案例3 ------------------------------

我国支出法核算的国内生产总值

【案例适用】■

GDP的核算

【案例正文】■■■■

我国支出法核算的2017—2021年GDP一览表见表9-2。

表9-2 　　　我国支出法核算的国内生产总值一览表（2017—2021年）

指　标	2021年	2020年	2019年	2018年	2017年
居民消费（亿元）	438 849.4	387 185.8	387 188.1	354 124.4	320 689.5
政府消费（亿元）	182 071.6	173 625.4	165 443.6	152 010.6	135 828.7
资本形成总额（亿元）	489 897.2	439 550.3	426 678.7	402 585.2	357 886.1
固定资本形成总额（亿元）	478 901.2	430 624.9	422 451.3	393 847.9	348 300.1
存货变动（亿元）	10 996.0	8 925.4	4 227.4	8 737.3	9 586.0
货物和服务净出口（亿元）	29 521.9	25 266.9	11 397.9	7 054.2	14 578.4
最终消费率（%）	54.5	54.7	55.8	55.3	55.1
资本形成率（%）	43.0	42.9	43.1	44.0	43.2

（数据来源：国家统计局）

【讨论问题】■■■■

1.GDP支出法核算包括哪些内容？

2.2017—2021年我国GDP支出结构有何特点？

【参考答案】■■■■

1.GDP支出法核算公式：GDP= C+ I+ G+（X-M）

包括以下几个方面的内容：

消费支出（C）：指个人和家庭购买最终产品和服务的支出，包括耐用品消费支出、非耐用品消费支出和服务消费支出三个部分。

投资支出（I）：指企业在厂房、设备和存货上的支出与家庭在住宅上的支出之和，包括固定资本形成、存货净增加和住宅修建三个部分。

政府购买支出（G）：指政府购买最终产品和服务的支出，例如政府提供国防、修建道路、开办学校等方面的支出。值得注意的是，政府购买支出只是政府预算总支出的一部分，政府支出的另外一部分即政府转移支付，例如社会保障和福利支出等项目，通常不计入GDP中。

净出口（X-M）：指出口减去进口的差额，主要衡量国外部门对最终产品和服务的支出。

2.2017—2021年我国GDP支出结构特点如下：

第一，消费支出持续占据GDP总量的较大比重，且比重逐年增加，2017年至2021年分别为56.4%、57.2%、57.8%、58.0%、58.6%。

第二，投资支出在GDP中的比重逐渐下降，2017年至2021年分别为33.7%、32.3%、31.2%、29.7%、28.5%。

第三，政府购买支出的比重有所增加，但总体上仍然比较小，2017年至2021年分别为18.8%、18.6%、18.2%、18.1%、17.9%。

第四，净出口对GDP的贡献波动较大，2017年为-0.2%，2018年为-0.4%，2019年为0.3%，2020年为1.1%，2021年为0.6%。其中，2020年和2021年的净出口贡献增加，主要是因为疫情影响下国内需求不足，出口需求增加所致。

------- 案例4 -------

从GDP数据中见证中国奇迹

【案例适用】 ■━━━━━━━━━━━━━━━━━━━━━━━━━━━━━━

与GDP相关的指标

【案例正文】 ■━━━━━━━━━━━━━━━━━━━━━━━━━━━━━━

在GDP竞赛上，中国一直在创造奇迹。首先增长不断突破，从1956年GDP突破1 000亿元到1970年，用了整整14年时间，GDP成功突破了2 000亿元，达到了2 279.7亿元人民币；之后经济加速增长，从2 000亿元到3 000亿元，用了5年时间；从3 000亿元到4 000亿元，用了4年时间；从4 000亿元到5 000亿元，仅用了3年时间；1982年，中国的GDP达到了5 373.4亿元，到1986年中国的GDP成功突破了1万亿元，从此以后经济进入到一个新的增长高峰期；1991年，GDP成功突破2万亿元人民币；1994年到1995年，直接跨过了5万亿元的门槛，迈入到6万亿元；2001年，GDP成功突破10万亿元；到2012年，成功突破50万亿元，到2018年成功突破90万亿元，到2020年，GDP首次突破100万亿元大关，且是当年世界唯一一个经济实现正增长的重要经济体。其次是国际超车快，2005年超过了英国，2008年超过了德国，2010年超过了日本，成为世界第二大经济体。

通过差不多10年的努力，中国在经济发展考核的模式上有了不错的效果。按照世行公开的信息，2018年美国的GDP约为20.494万亿美元，与美国官方公开的一致，继续是全球最大经济体。其GNP为20.74万亿美元——2018年美国的GDP只比其GNP少了1.2%，差距很小。中国在2018年的GDP为13.608万亿美元，而GNP约为13.557万亿美元——与GDP的差距也很小，GDP比GNP多了0.4%，几乎就可以认为两者相等了。日本方面：按照世行公开的数据，2018年日本的GDP约为4.971万亿美元，其GNP约为5.16万亿美元，差距也不是很大——GDP仅比GNP少了3.7%，要比中美两国的GDP和GNP差距稍微大点。十年时间下来，中美日这三个国家的GDP与GNP差别都不是很大。2020年中国的GDP是1 015 986亿元人民币（约14.69万亿美元），GNP是1 009 151亿元人民币（约14.63万亿美元），两者仅相差0.67%，几乎一致。中国的GDP和GNP几乎相等，已经打破了很多人想象的那样——中国大量依靠外资，而是更多地走出去投资、创造价值。

（数据来源：世界银行数据库）

1.GDP 和 GNP 的区别是什么？

2.国民收入核算中还有哪些与 GDP 相关的总量指标？

【参考答案】

1.GDP 反映一个经济体的产出，与之密切相关的一个指标叫作 GNP，即国民生产总值，该指标反映了一个经济体中国民的总产出。GDP 与 GNP 既有联系又有区别：

第一，它们核算的基本内容是一样的，只是口径不同，GDP 衡量经济体地理范围内生产的总收入，而 GNP 衡量经济体的公民赚取的总收入。

第二，GNP 是以 GDP 为基础，做适当调整计算出来的，GNP 等于 GDP 加上来自国外的要素收入净额。用公式表示为：

GNP=GDP+来自国外的要素收入净额

=GDP+（来自国外的要素报酬－支付国外的要素报酬）

第三，根据分析目的不同，通常国际社会对 GDP 和 GNP 这两个指标均有不同程度关注。在分析各国的经济增长时，一般更关注 GDP，在分析各国贫富差异程度时，一般更关注 GNP 或者人均 GNP。

2.在国民收入核算中，除了国内生产总值还有另外四个重要的总量：国内生产净值（NDP）、国民收入（NI）、个人收入（PI）和个人可支配收入（PDI）。

9.2　物价水平及其衡量

------------------------------ 案例 1 ------------------------------

中国经济有力量——物价平稳的实力

【案例适用】

物价水平的衡量

【案例正文】

据中央广播电视总台中国之声"新闻和报纸摘要"报道，党的十八大以来，以习近平同志为核心的党中央高度重视物价稳定，多项政策接续出台为物价平稳运行营造良好环境，多项改革不断深化为物价平稳运行夯实基础。2022 年上半年，各地出台多项举措，市场供应逐步加大，专家分析，下半年，随着季节性因素消失，全年物价有望保持稳定，有条件实现全年控制在 3% 以内的目标。

"菜篮子""米袋子""果盘子"稳不稳，关系着千家万户的"小账本"，也牵连着经济运行的"大账本"。2022 年 7 月 30 日，习近平总书记主持召开了中央政治局会议，会议在部署下半年经济工作时再次强调，要保障市场供应和物价基本稳定。

2022年6月，全国居民消费价格CPI同比上涨2.7%，涨幅与上月持平，但环比下降0.1%，环比数据下降表明物价正在趋向平稳。上半年，猪肉和鲜果价格出现上涨的苗头，但从过去几年的情况来看，这种价格变化基本上符合季节性或周期性波动规律。核心CPI在1.6～1.8范围内波动，说明主要种类的商品的供给跟需求关系是基本稳定的。

党中央、国务院高度重视居民收入和物价水平，明确"稳"的重点要放在经济运行上，为平抑价格，上半年，党中央、国务院陆续出台政策，要求各级政府承担当地生猪市场保供稳价主体责任，全力保障生猪养殖企业提高存栏量，确保生猪市场行情稳定。数据显示，生猪养殖企业积极补栏，各地猪肉收储进展顺利，企业进口猪肉大幅增加，包括鸡肉等替代品大幅增长。此外，随着秋季的到来，蔬菜水果大量上市，进口水果大量增加，市场供应愈发充足。另外，2022年夏粮丰收已成定局，这也为总体价格稳定奠定了良好基础，有条件实现全年把物价控制在3%以内的目标。

【讨论问题】

1. 如何衡量宏观价格水平？有哪些具体指标？

2. CPI是什么？CPI有何现实意义？

3. CPI和GDP平减指数有何不同？

【参考答案】

1. 宏观经济学中常用价格指数从总体上衡量一个经济体中各种产品和服务价格的走向或趋势。常见的价格指数有：消费价格指数（CPI）、生产价格指数（PPI）和国内生产总值平减指数。

2. CPI是消费者价格指数（Consumer Price Index）的英文缩写，它是对一个固定的消费品篮子价格的衡量，主要反映消费者支付商品和劳务的价格变化情况，也是一种度量通货膨胀水平的工具，以百分比变化为表达形式。

CPI的意义主要如下：

第一，CPI与每个人的生活都息息相关，它不仅表明消费者的购买能力，也反映经济的景气状况，更是一国政府货币政策的一个重要参考指标。

第二，CPI稳定是最重要的社会经济目标之一，一般认为，CPI在2%～3%属于可接受范围。如果CPI过高，容易导致货币贬值，实际购买力就下降，物价上涨，引发通货膨胀，容易导致经济的不稳定和社会的不安定。CPI过低容易造成通货紧缩，造成市场银根趋紧，货币流通速度减慢，市场销售不振，影响企业生产和投资的积极性，造成企业"惜投"、居民"惜购"和大量资金闲置的局面，限制社会需求的增长，最终导致经济增长乏力。

3. CPI和GDP平减指数的区别主要如下：

第一，GDP平减指数衡量生产出来的所有产品和服务的价格，而CPI衡量的是消费者购买的产品和服务的价格。

第二，GDP平减指数只包括国内生产的产品，进口品并不是GDP的一部分，其价格变动也不反映在GDP平减指数上，因此当国内销售的进口品价格变动时，会影响CPI，但不会影响GDP平减指数。

第三，CPI给不同产品的价格分配固定的权重，GDP平减指数分配变动的权重，即CPI是用固定的一篮子产品来计算的，而GDP平减指数则允许一篮子产品在GDP组成部分变动时随时间推移而变动。

【思政启示】

物价关系经济运行，影响百姓生活。稳定的物价关乎人心安定，稳住市场供应和价格，就能提振信心，对一国经济运行至关重要。近两年我国国内物价平稳运行，是在国际大宗商品价格持续高位运行、全球其他主要经济体普遍面临较大通胀压力的背景下实现的，成绩来之不易。2021年5月份，美国、英国CPI同比涨幅分别达8.6%、9%，创40年来新高；欧元区CPI同比涨幅达到8.1%，再创历史新高；不少新兴经济体CPI涨幅超过10%，少数国家甚至达到50%以上。可以说，我国物价水平远低于美欧等主要经济体，继续对全球物价发挥了重要的"稳定器"作用。这与我国党中央、国务院高度重视物价水平，坚持以人民为中心密不可分，充分彰显了我国社会主义制度的优越性。

案例2

为什么CPI与我们的感受有差异？

【案例适用】

CPI

【案例正文】

"上月CPI同比下降了？可我怎么觉得物价还是在上涨啊？""虽然2012年以来中国的CPI增速一直很低，但是，房价一直在涨啊，CPI指数反映的是老百姓衣食住行方面的商品价格变化情况，住是老百姓消费的一个极其重要的方面，为什么没有反映在CPI里面呢？"每当CPI公布，总会出现一些类似质疑的声音，有人认为数据偏高，有人则认为数据偏低。为什么不同人对CPI的感受会有差异？

国家统计局有关负责人表示，感知差异在许多统计指标中都存在，中外皆如此，大多数国家的居民也都会抱怨统计结果与自身感受不一致。

具体分析，产生差异的原因很多，主要有以下几个方面：

一是个体与总体、部分与全部的差异。CPI是一个综合统计指标，从影响人群看，既包括城镇居民，也包括农村居民；既包括高收入者，也包括低收入者；既包括东部地区居民，也包括西部地区居民。每个人的消费结构不同，所处地区不同，对反映总体的CPI的感受也会有差异。例如，低收入家庭的支出大部分集中在食品和水电气等生活必需品上，当食品价格涨幅相对较大时，低收入家庭的消费支出必然增加较快，对价格上涨的感受也会相对更为明显，这种感受与反映总体的CPI的变动就会存在差异。从统计内容看，CPI包括食品烟酒、衣着、居住、生活用品及服务、交通和通信、教育文化和娱乐、医疗保健、其他用品和服务等八大类、268个基本分类，其中既有价格上涨的商品，也有价格下降的商品。每个消费者感受到的商品和服务的价格变动通常为这268个基本分类的一部分，如果仅拿这种个体对部分商品价格的感受，与反映综合水平的CPI比较，必然会感觉到差异。

二是感知度的差异。消费频率会影响人们的感知度。一般来说，人们对于自己经常消费的商品或一些生活必需品的价格变动感受较为明显，如更易感受到猪肉、鸡蛋、鲜菜、鲜果等商品的价格变化；而对于不经常消费的商品和服务，如汽车、手机、家用电器、飞机票等，即使价格下降幅度较大，个人感受也并不明显。

三是对比时间的差异。日常生活中，人们感受到的价格变化，往往用时点价格进行比较，如今天与昨天相比，这次与上次相比。CPI是用时期均价进行比较，如同比指数是本月均价与上年同月均价对比，环比指数是本月均价与上月均价对比。实际中，常常会出现时点价格与时期均价走势相反的情况。例如，今天猪肉价格比昨天或上周下降了，但由于本月价格上涨较多，本月均价仍可能高于上月。如果此时把今天与昨天或上周的价格对比感受同月度环比指数进行比较，自然会出现差异。

【讨论问题】 ————————————————————————

1.为什么不把房价纳入CPI的一篮子商品呢？

2.CPI衡量物价完美吗？

【参考答案】 ————————————————————————

1.第一，中国的CPI一篮子商品里包含了"住"这个要素，但不是房价，而是住房成本，如房租和房贷利息。

第二，应不应该把房价纳入CPI一篮子商品，这要回到国家定期统计CPI的目的。CPI是衡量通胀程度的重要指标，央行要根据CPI来调整货币政策，进而稳定物价。房子与其他消费品有一个最大的不同，就是它有很强的投资属性，支出法核算中归于投资，房价的波动周期和其他消费品价格的波动周期是不同步的，很有可能出现房价大涨而物价稳定，或者物价大涨而房价稳定，因此如果把房价纳入CPI，货币政策调控方向难以确定。

2.CPI衡量物价不完美，因为不同人对CPI的感受会有差异，案例中提及了差异产生的原因主要有：个体与总体、部分与全部的差异，感知度的差异，对比时间的差异。另外，CPI衡量物价水平时包含了进口商品的物价，且仅反映消费品领域的价格衡量，不能反映生产领域的价格变动。

9.3 失业及其衡量

失业率"登记"改"调查"，让数据更精准

【案例适用】

失业率

【案例正文】

城镇登记失业率一直是衡量经济社会发展的一个重要指标。但2021年政府工作报告中首次用城镇调查失业率替代城镇登记失业率，提出上年年末全国城镇调查失业率降到5.2%，2021年的就业目标是城镇新增就业1 100万人以上，城镇调查失业率控制在5.5%左右。国家"十四五"规划纲要明确，"十四五"期间我国城镇调查失业率要控制在5.5%。

两大新旧指标的区别

自1994年起，城镇登记失业率正式成为就业指标，也是我国特有的失业统计指标。城镇登记失业率是指城镇登记失业人员数与城镇单位就业人员、城镇单位中的不在岗职工、城镇私营业主、个体户主、城镇私营企业和个体就业人员、城镇登记失业人员之和的比。其中，城镇登记失业人员指有非农业户口，在一定的劳动年龄内，有劳动能力，无业而要求就业，并在当地就业服务机构进行求职登记的人员。而城镇调查失业率，是指通过劳动力调查或相关抽样调查推算得到的失业人口占全部劳动力（就业人口和失业人口之和）的百分比。

城镇登记失业率由就业部门负责统计，而城镇调查失业率由统计部门抽样调查获得。自2013年起，我国在34个经济活跃城市进行城镇调查失业率统计试点，如江苏省的南京、徐州、无锡、苏州4市被列入试点城市。2018年，我国首次将这两个指标一起纳入经济社会发展主要预期目标，国家统计局按月定期发布全国城镇调查失业率和31个大城市城镇调查失业率。自2021年起，用城镇调查失业率替代城镇登记失业率。

统计部门按照人口普查情况在13个设区市抽样800个调查点、12 800户，调查内容包括姓名、性别、年龄、受教育程度等基本信息和调查时点前一周是否工作、未工作原因、工作的行业和职业等就业失业情况信息。如江苏省每月由1 300多名调查员手持电子终端设备入户实时采集数据，通过网络直接报送国家统计局，从而有效提升调查效率，并严格进行数据审核、验收管理，确保数据质量责任可倒查、可追溯。

新指标更具国际可比性

全面启用城镇调查失业率，通过第三方抽样调查就业情况并定期公布，也让失

业率调查更准确、更有国际可比性。比如，一位已经办理退休手续、身体健康的70岁老人，被一家企业聘用并每月获得劳动收入，在城镇调查失业率指标中就会被列入就业人员，但在城镇登记失业率指标中就不会纳入统计。而一位在劳动年龄段的全职妈妈，她不愿出来工作，就不会被纳入城镇调查失业人员范畴，但她进行失业登记后，就会被纳入城镇登记失业人员范畴。随着新经济、新业态迅速崛起，去职业化就业更加普及，也让城镇调查失业率的全面推行更有必要。城镇登记失业率统计的是符合一定条件且自愿主动前往就业服务机构进行登记的失业者。对于一些不愿意主动上门登记的就业人员，比如网络直播员、网约车司机、外卖员、家政工等，如果他们没有参加社会保险，也没有到相关部门登记，他们的就业失业情况就很难反映出来。而城镇调查失业率的调查人员以户为单位进行调查，统计范围是城镇常住人口，包括城镇本地人口和外来常住人口，在调查期内为获得劳动报酬或经营收入而工作至少1小时的人员都被纳入就业范围，有助于及时将这些新经济新业态就业人员纳入统计范畴。

"双轨"运行助力精准施策

由于城镇调查失业率目前由统计部门以省为单位进行，数据发布也只在国家和省级层面，城镇调查失业率的数据细化到市、区（县）也是未来努力的方向。

事实上，自2018年国家首次公开发布城镇调查失业率开始，国家和省一直将城镇调查失业率和城镇登记失业率并行使用。国家统计局相关负责人曾表示，同时公布两种来源的数据，能够为分析研判我国就业失业状况提供更加全面、准确、完整、及时的信息依据。

【讨论问题】 ▬▬▬▬▬▬▬▬▬▬▬▬▬▬▬▬▬▬▬▬▬

1.什么是失业率？

2.城镇登记失业率和城镇调查失业率有何差异？哪一个更能反映实际的失业情况？

3.疫情期间我国失业率较之其他国家有何特点？

【参考答案】 ▬▬▬▬▬▬▬▬▬▬▬▬▬▬▬▬▬▬▬▬▬

1.失业率是失业人口与劳动力的比例，它是表示一国失业严重程度的指标，也是反映宏观经济状况的一个重要指标。

2.城镇登记失业率是指在城镇就业登记机构注册登记的失业人数与城镇劳动力人口之比，它主要反映的是政府登记失业人数的情况。而城镇调查失业率则是指通过抽样调查得到的在某一时期内处于失业状态的城镇人口占城镇劳动力人口的比例。两者在调查对象、调查方法、指标含义和计算方法等方面存在差异，所发挥的作用不尽相同。调查失业率在全面、准确、及时反映我国宏观经济运行情况，劳动力市场资源配置状况，服务宏观管理和科学决策方面必不可少；登记失业率在政府制定出台就业政策、提供精准就业服务方面具有重要作用。一般而言，城镇调查失业率更能反映实际的失业情况。

3.疫情期间我国失业率较之其他国家的特点是：（1）在全球范围内，疫情对就业市场造成的影响非常明显，但我国经济的强劲复苏和政策支持的力度相对较大，使得我国的失业率整体表现相对稳定。（2）由于疫情的影响，许多企业受到冲击，失业人口主要集中在中低端的劳动力市场。受到影响最严重的行业包括旅游、餐饮等行业，这也导致失业人口主要是年轻人和低收入人群。（3）我国实施了一系列针对失业人口的就业政策，如扩大公共就业服务、加强技能培训和提高失业保险等，这些措施对于减轻失业人口的压力发挥了重要作用。

【思政启示】■————————————————————————

就业是民生之本。党的十八大以来，以习近平同志为核心的党中央把促进就业放在经济社会发展的优先位置，坚持就业优先战略和积极就业政策，推动实现更加充分、更高质量的就业。受新冠疫情影响，我国城镇就业压力加大，失业率明显上升，但就业稳定的基础条件没变，随着统筹疫情防控和经济社会发展一系列政策措施的实施，各项稳就业政策落地见效，就业形势逐渐改善。近年来，我国服务业保持较快发展，吸纳就业能力还会不断增强。创业创新持续深入推进，市场主体数量持续增加，也将继续发挥带动就业"倍增器"作用。各类新经济蓬勃发展，就业新形态和新机会不断涌现，创造更多就业岗位。就业形势保持稳定就能拥有牢固的经济基础。2023年的政府工作报告提及"就业"一词近30次，延续了近年来的高度关注。其中，要求"落实落细就业优先政策，把促进青年特别是高校毕业生就业工作摆在更加突出的位置，切实保障好基本民生"。这些暖心的政策都诠释了在我国就业是最大的民生。

综合案例

———————案例 1———————

GDP超1万亿美元的国家和地区

【案例正文】■————————————————————————

2020年一场世界范围内的疫情，对世界经济发展造成了巨大的冲击，没有一个国家在这场危机中幸免于难。为了应对疫情对经济造成的冲击，各国纷纷采用了货币大放水的政策。时间进入2022年，各国的经济数据出炉，宽松的货币政策确实为各国的经济增长起到了助力作用。

2021年全球共有17个国家的GDP总量超过了1万亿美元，相较于全球200多个国家和地区来说，这样的入围比例是非常低的！可见GDP超过1万亿美元，对于一个国家的国民经济发展来说是一道不小的门槛。

GDP情况

从整体数据来看，2021年美国的GDP总量超过了23万亿美元，继续在经济总量上领跑全球。我国2021年的GDP再次突破100万亿元人民币，按照美元进行折算，约17.7万亿美元，保持着世界第二大经济体的地位。

作为曾经的世界第二大经济总量国家，日本2021年的GDP表现不尽如人意，只有4.93万亿美元，但还是击败了欧洲发达国家，保持着第三名的位置。紧随其后的德国和英国，分别以4.215万亿美元和3.188万亿美元的经济总量分别排名第四和第五。

印度虽然没有跻身前5强，但是在GDP总量上也突破了3万亿美元大关，以3.08万亿美元的成绩排在了第六位。对于这样一个人口基数如此庞大的国家来说，这样的经济表现差强人意。

此次经济数据出炉后，我们仔细观察就会发现，经济总量达到1万亿美元是一道巨大的门槛。全球200多个国家和地区中，在2021年能够顺利跨过这道门槛的国家非常少，只有区区17个。而经济规模突破5万亿美元的国家更是只有中国和美国两个国家。

我国自改革开放以来，经济一直处于高速增长的状态。不仅国民经济总量逐年攀升，国内地区经济总量也持续取得辉煌，全球只有17个国家经济总量迈入了1万亿美元的门槛，而我国却有4个省份达到了这一成就。

经济大省

我国经济突破1万亿美元大关的4个省份，按照排名先后顺序，分别是广东省、江苏省、山东省和浙江省。2021年地区生产总值换算成美元数据分别为1.928万亿美元、1.8万亿美元、1.29万亿美元和1.14万亿美元。

2021年俄罗斯的经济总量为1.775万亿美元，也就是说我国的广东省和江苏省在经济总量上已经击败了俄罗斯。按照榜单进行排名的话，这两个省份的经济总量与世界其他国家相比较可以冲进前10名。

广东省是我国改革开放的前沿，是我国制造业最早开始起步和腾飞的地方，并且由于优越的地理位置，广东省能够充分发挥海洋的优势，成为我国的对外贸易主阵地之一。

相较之下，江苏省虽然也拥有漫长的海岸线，但由于地理因素的局限性，并没有建设出世界级的港口。如果给江苏一个世界级港口的话，预计江苏省可以在经济总量上进一步缩小与广东的差距，甚至实现反超。

山东省和浙江省在经济总量上十分接近，山东省作为北方各省中经济总量最高的省份，一直是北方经济的代表。2021年山东省规模以上工业增加值同比大增9.6%，第三产业在经济总量中的占比也提升到了53.6%。

2021年中国500强企业中，山东省共有17家企业登上了榜单，在全国排名第八，代表企业有海尔智家、山东魏桥等。但相较之下，与山东省经济总量不相匹配的是其高等教育资源的匮乏，山东省虽然拥有全国第三的高等院校数量，但高等教育的综合实力和学科竞争力仅处于中等水平。

浙江省素来就有我国的"民富第一省"之称，第三产业目前在经济总量中的占比达到了55.8%。2020年浙江省全年进出口总额达到了33 808亿元人民币的规模，其中出口规模达到了25 180亿元人民币，成为我国对外出口的主要贡献力量。

改革开放以来，浙江省的民间资本迅速膨胀壮大。2020年在浙江省的所有注册企业中，民营企业的数量占比达到了90%，全省的民营企业数量突破了260万家。并且，2020年浙江省全体居民人均可支配收入达到了52 397元，再次排名全国第一。从这项数据中也可以看出，浙江省"民富第一省"的称号是实至名归的。

【讨论问题】

1.如何用GDP描述一国经济？

2.GDP与福利的关系是什么？

3.我国四个经济大省的地区生产总值构成有何特点？

【参考答案】

1.GDP是一国经济实力见证的一个方面，往往可以通过GDP的总量、增长率、构成及贡献率来描述一国经济。

2.GDP与福利的关系并不直接，因为GDP只是一个宏观经济指标，只能反映一个国家经济发展的总体情况，不能反映人民的具体生活水平。虽然GDP增长可以带来一定程度的社会福利提升，但在一些情况下，GDP增长可能会伴随着环境污染、资源短缺、贫富差距扩大等问题，对人民的福利带来负面影响。

3.四个经济大省指的是山东、江苏、广东、浙江四个省份，它们的地区生产总值构成都具有比较明显的特点。山东省以工业和农业为主，工业占比较高，其中重化工占比较大；江苏省以工业和服务业为主，工业占比较高，其中高新技术产业占比较大；广东省以第三产业和第二产业为主，服务业占比较高，其中信息技术、金融、商贸等行业比较发达；浙江省以第三产业和第二产业为主，服务业占比较高，其中电子商务、文化创意等新兴行业占比较大。我国庞大的消费市场就是国家经济持续发展最大的助力。

【思政启示】

2021年全球仅有17个国家经济规模突破1万亿美元，而突破5万亿美元的只有中国和美国。实际上我国广东、江苏、山东、浙江四个省份的经济规模也突破了1万亿美元，充分彰显了中国经济实力的强大。当然随着中国经济的持续增长，未来中国将有更多的省份在地区生产总值规模上迈进1万亿美元的大关，这是一件必然会出现的事情。

案例 2

从"绿色 GDP"到"有效 GDP"

【案例正文】■━━━━━━━━━━━━━━━━━━━━━━━━━

GDP 是一个国家（地区）一定时期内生产的最终产品和劳务的市场价值总值，历来是衡量一个国家（地区）经济社会发展水平的重要指标。但 GDP 在衡量经济水平时存在着几个重要缺陷：（1）它对所有的生产一视同仁，而不管生产是"有益的"还是"有害的"，这导致了一系列荒诞的结果。比如，相向而行的两辆车擦肩而过不增加 GDP，但撞车了反而增加 GDP，因为撞车了要警察来处理，撞坏了的车要修理或者重新买新的，被撞伤了的人要住医院。再如，青山绿水不增加 GDP，环境污染却增加 GDP，因为污染导致疾病，看病增加了 GDP……（2）它只管生产而不管消耗，创造 100 元产品消耗 90 元的资源和消耗 10 元资源在 GDP 统计上是没有区别的。（3）它只管生产而不管使用，一个物品五成新就报废和一成新报废在 GDP 上反映不出来，这虽然增加了 GDP 但导致了浪费。（4）它只管交易的，不管没有交易的，因此请人做钟点工会增加 GDP，而自己做家务则不增加 GDP。总而言之，它不能准确衡量我们到底享用了多少物品和劳务。

当然，尽管 GDP 存在各种缺陷，但由于物质是基础，而 GDP 可以简单、客观地计量和比较各个国家（地区）的物品和劳务产量，所以它还是不可或缺的。其他指标如幸福指数、人类发展指数等则难以测算，主观性也比较强。因此，现在要克服 GDP 的缺陷，使其更准确地衡量一个国家（地区）的人们享用了多少物品和服务。

绿色 GDP 概念就是用来克服缺陷的，其理念就是在生产的总效用中减去生产产生的负效用，即只核算其正效用、有效效用。所谓绿色 GDP，一般是指扣除了环境、资源代价的 GDP。绿色 GDP 和 GDP 相比，考虑了资源消耗和环境污染问题。但最大的困难在于环境和资源的定价。环境是公共品，无法界定产权，无法交易，也就无法计算其市场价值，资源有交易，但交易价格只反映当前市场供求，而不能反映其未来的、实际的价值。比如，物种灭绝的价值就很难计量。当然，现在有一些方法可以部分解决上述问题，比如环境，就有两种方法可对其进行估计，一种是测定在不同环境中的房地产的价格可以推算出人们愿意为新鲜空气或青山绿水付出多大的代价；另一种是对限定的污染权进行拍卖或无偿分配，形成排污权市场，从而确定污染的价格。前者是从消费的角度，后者是从生产的角度。

然而，即使绿色 GDP 解决了技术问题，仍然没有完全克服 GDP 的缺陷，因为它只解决了环境和污染问题，其他问题仍然没有得到解决，比如撞车增加 GDP、浪费增加 GDP，绿色 GDP 都不能加以校正。

因此，有学者又提出有效 GDP 的概念。有效 GDP 就是一个国家（地区）的人们在一定时期内享用的产品和劳务的价值总量（这里不考虑进出口问题）。注意，用的词是"享用"而不是"生产"，因为生产的根本目的是让人们享用，而不是增加 GDP。核算 GDP 的最终目的是衡量一个国家（地区）的人们在一定时期内到底享用了多少产品和劳务。

这个概念就可以解决 GDP 的上述各种问题。享用，首先是用，浪费了的物品未尽其用，因此应该扣除浪费的那一部分；其次，享用是享受地用，因此带来负效用的产品和劳务是不应该算进 GDP 的，比如生病、污染、洪涝灾害、撞车……它们产生了负效用，应该从总 GDP 中扣除；资源消耗，对子孙后代是一种负效用，也应该从总 GDP 中扣除。从另一个角度来看，资源本身的价值不是"生产"出来的，也应该扣除，即有效 GDP＝GDP－消耗资源的价值－污染环境的价值－其他负效用产品和劳务价值－浪费的产品和劳务的价值。

那么有效 GDP 具体应该如何核算呢？可以在绿色 GDP 的基础上进行核算。洪水、火灾、地震、战争中损失的产品和劳务价值应该从 GDP 中扣除，这就不会出现"洪水有利，可以增加 GDP"的荒谬现象；看病住院的费用应该从 GDP 中扣除；还没有到使用寿命就报废的物品的剩余价值应该从 GDP 中扣除。

北京市哲学社会科学"九五"重点课题曾对北京市某年的绿色 GDP 进行核算，结果表明，按生产法计算的绿色 GDP 占 GDP 的 74.94%，按支出法计算的绿色 GDP 占 GDP 的 75.75%。显然，有效 GDP 比这更低。仅以浪费为例，美、日等发达国家存在着巨大的浪费，主要表现在还能使用的家电、衣服等往往被当成垃圾处理了。在我国浪费也是惊人的，如楼房的使用寿命大大低于设计寿命，有的半新的房子就要拆掉，再如城建中的"马路拉链"，再如剩饭剩菜、一次性使用的书本、一次性筷子……显然，有效 GDP 比绿色 GDP 更进一步，可以准确反映一个国家（地区）的人们在一定时期内对产品和劳务享用的多少。

当然，有效 GDP 的概念可能还需要进一步完善，其核算方法的完善就更需要艰巨的工作。

【讨论问题】
1.绿色 GDP 弥补了原有 GDP 的哪些缺陷？
2.案例中有效 GDP 在绿色 GDP 的基础上又有哪些改进？
3.你如何看待新时代我国的新发展理念与绿色 GDP 的关系？

【参考答案】
1.原有 GDP 由于没有将环境和生态因素纳入其中，GDP 核算法就不会全面反映国家的真实经济情况，核算出来的一些数据有时会很荒谬，因为环境污染和生态破坏也能增加 GDP。比如，发生了洪灾就要修堤坝，这就造成投资的增加和堤坝修建人员收入的增加，GDP 数据也随之增加；环境污染使病人增多，这显然是痛苦和损失，但使医疗产业大发展，GDP 也跟着增长。绿色 GDP 概念的提出，正体现了人们对 GDP 核算所存在的一系列缺陷进行修正的努力。绿色 GDP 是扣除经济活动中投入的环境成本后的国内生产总值。绿色GDP指标代表着一个国家（或地区）国民经济增长的净正效应：绿色GDP占GDP的比重越高，表明国民经济增长的正面效应越高，负面效应越低。因此，绿色GDP将环境因素纳入了经济增长的计算中，对生态环境进行了考虑和衡量，修正了GDP对环境和生态资源的忽略和低估，弥补了传统GDP在环境和可持续发展方面的不足。

2.有效GDP在绿色GDP的基础上进行了进一步的改进，不仅包括了生态环境和自然资源的损失，还纳入了人力资本和社会福利的因素，使得经济增长的质量得到了更全面的评价和考量。

3.新时代我国的新发展理念强调绿色发展和可持续发展，与绿色GDP的理念相符合。在实践中，我国积极推进绿色GDP的研究和实践应用，并将其纳入国民经济核算体系，旨在实现经济发展和生态保护的双赢。绿色GDP与新发展理念共同推动了我国经济高质量发展和生态文明建设的同步实现。

【思政启示】

深邃的思想，历经时间洗礼和实践检验而愈显光辉。习近平总书记2005年8月时任浙江省委书记，在浙江省湖州市安吉县余村考察时，首次提出"绿水青山就是金山银山"的重要论断。在"两山论"的指引下，当地实现了从"靠山吃山"向"养山富山"的转变，探索出一条实现经济与生态互融共生、互促共进的新路子。党的十八大以来，习近平总书记在多个场合对"两山论"进行了更加深刻、系统的理论概括和阐释。"我们既要绿水青山，也要金山银山。宁要绿水青山，不要金山银山，而且绿水青山就是金山银山。我们绝不能以牺牲生态环境为代价换取经济的一时发展""绿水青山和金山银山决不是对立的，关键在人，关键在思路""保护生态环境就是保护生产力，改善生态环境就是发展生产力。让绿水青山充分发挥经济社会效益，不是要把它破坏了，而是要把它保护得更好"……"两山论"在理论和实践相互作用过程中不断丰富与完善，成为全党全社会的共识和行动，成为新发展理念的重要组成部分，成为习近平生态文明思想的重要内容，在祖国大地上更加充分地展示出来。

第十章　国民收入决定：收入-支出模型

2021年"三驾马车"对经济增长做出积极贡献

【案例正文】

经济增长的动能，可以从供给方面来衡量，就是三次产业；也可以从需求方面衡量，就是"三驾马车"。2021年是我国构建新发展格局的起步之年，面对国际上复杂严峻的环境和国内疫情多发散发等多重考验，2021年我国立足超大规模市场优势，持续深化改革开放，积极畅通经济内外循环，向构建新发展格局迈出新步伐，主要有四个方面：

一是全年三大需求对经济增长都做出了积极贡献。2021年，最终消费支出、资本形成总额、货物和服务净出口分别拉动经济增长5.3、1.1、1.7个百分点，对经济增长的贡献率分别为65.4%、13.7%、20.9%。四季度，最终消费支出、资本形成总额、货物和服务净出口分别拉动经济增长3.4、-0.5、1.0个百分点，对经济增长的贡献率分别为85.3%、-11.6%、26.4%。虽然四季度资本形成总额对经济增长的贡献率为负，但12月份当月固定资产投资由降转升，新开工项目计划总投资同比增长3.3%，其中11月和12月连续回升，呈现出转降为升的迹象。

二是国内大循环主体作用增强。扩大内需战略深入实施，国内循环对经济发展的带动作用明显增强。2021年，我国社会消费品零售总额超过40万亿元，比上年增长12.5%；固定资产投资规模超过50万亿元，增长4.9%。内需对经济增长的贡献率达79.1%，比上年提高了4.4个百分点。经济增长还是以内需拉动为主。

三是国内国际循环相互促进。超大规模市场优势显现，内需扩大拉动了进口；产业体系健全、生产能力稳定的优势得到发挥，外需拓展促进了出口。2021年，我国货物进出口总额再创历史新高，其中进口、出口分别比上年增长21.5%、21.2%。内外需都发挥了很好的作用，而且是相互结合的。

四是生产分配流通消费循环改善。在生产环节，生产扩大为循环改善打下了基础。2021年，规模以上工业增加值比上年增长9.6%，工业行业的增长面达到了95.1%，产品的增长面达到了73.4%。在分配环节，企业的营业收入、工资和利润的增长是初次分配的主要来源。2021年1—11月份，41个工业大类行业营业收入同比都是增长的，增长面达100%；31个行业利润同比增长，增长面超过80%。职工的工资也都是增长的。全国一般公共预算收入同比增长12.8%，还是保持两位数增长。在流通环节，货运的畅通保障了经济恢复和对外贸易。2021年，我国全社会货运量、港口货物吞吐量分别比上年增长12.4%、6.8%。在消费环节，就业的扩大、收入的增加支撑了消费恢复性增长。2021年，全国居民人均消费支出比上年实际增长12.6%。

面临复杂严峻的经济环境，我国经济长期向好的基本面没有变，构建新发展格局的有利条件没有变，新的经济增长点将不断涌现。下一步，我国经济增长的动能不仅来自需求"三驾马车"的拉动，而且来自供给的推动；不仅来自内需的扩大，而且来自外需的拓展；不仅来自消费的增长，而且来自投资的发展；不仅来自改革的推进，而且来自创新的带动。我们有信心、有底气，也有能力、有条件，实现经济持续健康发展。

（资料来源：根据相关资料整理）

【讨论问题】

1.拉动经济的"三驾马车"是指什么？

2."三驾马车"在拉动经济增长方面各自有什么作用？

3.我国2021年"三驾马车"表现如何？

【参考答案】

1.很多人都知道，我国的经济发展主要靠"三驾马车"，但许多人并不了解"三驾马车"究竟指的是什么。"三驾马车"就是对GDP的支出法核算的生动阐释。GDP是衡量经济发展的主要指标，GDP的增长代表着经济的增长，因此在经济学上常把反映支出法GDP的消费、投资和出口比喻为拉动经济增长的"三驾马车"。以一辆汽车为例，分析一下它是如何以"三驾马车"的形式拉动经济增长的：当一辆汽车生产出来以后，如果这辆汽车被个人购买自己使用，那么它就是消费品，通过最终消费支出计入GDP；如果它被某个单位购买作为单位的固定资产，那么它就是投资品，通过资本形成总额计入GDP；如果它没有被国内消费和投资，而是被国外购买并运输出国，那么它就是出口商品，通过货物和服务净出口计入GDP。这样，全社会的所有经济成果，最终都会像这辆汽车一样转化成为消费、投资或出口这"三驾马车"，从而拉动经济增长。

2.在拉动经济增长方面，"三驾马车"各自发挥着不同的作用。消费对促进经济增长也有着至关重要的作用，因为消费是经济活动中最大的组成部分，稳定消费水平可以保持经济的稳定增长；投资是拉动经济增长的主要驱动力，它可以促进生产力的提高，增加就业机会，增加国内生产总值等；出口则可以通过扩大国际市场份额，增加贸易顺差，为国家带来更多的外汇储备，从而促进经济增长。

3.2021年我国"三驾马车"的表现如下：

消费：社会消费品零售总额同比增长了12.4%，其中网络零售额同比增长了17.1%。

投资：国内固定资产投资总额同比增长了15.4%，其中制造业投资同比增长了

24.5%，基础设施投资同比增长了11.8%。

出口：我国货物进出口总额再创历史新高，其中进口、出口分别比上年增长21.5%、21.2%。

总体来看，我国"三驾马车"在2021年都表现出了较为强劲的增长态势，对于拉动经济增长起到了积极的作用。

【思政启示】 ■

经济增长由供给侧因素决定，需求侧改革和扩张本身不可能是经济增长的源泉，这是宏观经济学的基本原理。但是，在注重供给侧长期增长因素的同时，我们也必须时时注意需求侧的波动情况，深入分析外需、投资和消费背后的决定因素。就当前而言，新冠疫情的控制与全球经济增长、全球产业链变化、汇率变动左右我国净出口的变动。我国的货币政策、融资结构及其环境的变化、利率变动则对投资需求具有决定性意义。消费需求取决于居民的收入增长、公共产品的发展与分享以及未来房地产价格的走势。在三大需求中，消费需求在以内循环为主的增长格局中占据重要的地位。现代市场经济中，供给侧和需求侧必须实现很好的配合，供给侧改革只有同时打开需求侧的扩张空间才能维持高质量的经济增长。案例可以引导学生关注中国经济增长的动力，认清新时代我国经济的新增长点，厚植家国情怀。

10.1　均衡国民收入的决定

---- 案例 ----

经济的收入流量循环模型——家庭、企业、政府和进出口

【案例适用】 ■
均衡国民收入决定原理

【案例正文】 ■

两部门经济的收入模型中第一个部门是家庭，第二个部门是企业。家庭出卖劳动，用到企业去做工挣来的钱购买企业生产的产品；企业生产出来产品，卖给家庭，收回来的钱继续用来生产。一国经济平衡的条件是：家庭挣的钱全花了，企业生产的产品全卖了，这样宏观经济就能够正常运转了。但在现实中没有一个家庭会把挣来的钱全部花光，总是有点积蓄；作为企业来说，也不可能总是简单地再生产，想扩大再生产就需要资本。家庭不花的钱存进银行，有了储蓄；企业扩大再生产找银行借钱，有了投资。宏观经济中出现了储蓄和投资，只要企业的投资等于家庭的储蓄，宏观经济也能正常运转。这时宏观经济平衡的一个重要条件是：储蓄等于投资。我们现在储蓄等于投资吗？结论是储蓄大于投资。我国现在银行储蓄超过了11万亿元。为什么企业不用来投资？因为企业还有大量的商品卖不出去。2002

年国家经贸委的调查数据显示，我国86%的商品供过于求，企业找不到赚钱的投资项目。11万亿元的银行储蓄说明家庭挣来的钱没花出去，企业当然就有大量的商品没有卖出去。这样经济就不能正常循环了，为了保证经济的正常循环，国家想了很多的办法刺激消费和投资。

任何一个国家的经济，都不能没有政府的管理，否则社会将会陷入混乱状态。所以，在上述模型中，再加入一个政府部门。政府怎样才能生存呢？它也需要收入，收入的来源是税收。有了收入，政府用它去维持政府的生存，支付公务员的工资，支付国防、公共教育、社会福利等开支。这时，宏观经济要想正常运行，它的平衡条件是：财政收入等于财政支出。政府的财政收入等于财政支出叫财政平衡；财政收入大于财政支出叫财政盈余；财政收入小于财政支出叫财政赤字。现在我国政府为了保障经济的平衡，扩大了财政支出，由此出现了财政赤字。

没有一个国家的经济可以封闭起来，既不出口，也不进口。所以，在上述模型中又加入了一个国外部门。这时宏观经济平衡的一个条件是：出口等于进口。

如果出口等于进口，就是国际收支平衡；如果出口大于进口，就会出现贸易顺差；如果出口小于进口，就会出现贸易逆差。中国对美国的出口大于进口，处于贸易顺差地位。一般情况下，各国追求的是出口等于进口。

（资料来源：刘华，李克国.经济学案例教程［M］.大连：大连理工大学出版社，2007.）

【讨论问题】■━━━━━━━━━━━━━━━━━━━━━━━━━━━━━━━━━━━

1.在封闭经济条件下，宏观经济循环流程是什么？

2.什么是均衡国民收入？

3.简述凯恩斯均衡国民收入决定原理。

【参考答案】■━━━━━━━━━━━━━━━━━━━━━━━━━━━━━━━━━━━

1.在封闭经济条件下，宏观经济循环主要包括家庭、企业和政府三个部门，产品与服务市场、生产要素市场和货币市场三大市场。具体循环流程如下：家庭通过向生产要素市场提供劳动得到收入，再以购买消费产品和服务以及向政府缴税的形式支出其收入，并通过货币市场进行储蓄；企业通过出售产品与服务获得收入，再以购买生产要素和向政府纳税的形式支出其收入；政府通过向企业和家庭征税获得收入，再以政府购买来支出其收入。同时，出于各自不同的需要，家庭、企业、政府都会通过货币市场进行借贷。

2.均衡国民收入是指总需求和总供给相一致时的产出，均衡国民收入未必是唯一确定的，也不一定是理想的，只有短期内充分就业的国民收入水平才是唯一理想的均衡国民收入。

3.均衡国民收入决定原理是：均衡国民收入决定于总需求和总供给的相等，但在短期内或经济萧条中，总供给处于充裕状态或基本无法变动。因此凯恩斯认为，在总供求共同决定均衡国民收入的短期格局中，总需求就成为均衡国民收入水平唯一的决定因素。简而言之，凯恩斯短期均衡国民收入决定的基础原理是：短期内主要由总需求水平决定均衡国民收入水平。

10.2　两部门经济：家庭部门

------------ 案例1 ------------

为什么要扩大中等收入群体？

【案例适用】■─────────────────────────
边际消费倾向
【案例正文】■

中等收入群体，是收入保持在全社会中等水平、就业相对稳定、生活相对宽裕的群体。党的十九大报告提出了到2035年基本实现社会主义现代化时，"中等收入群体比例明显提高"的目标要求。《中共中央关于坚持和完善中国特色社会主义制度、推进国家治理体系和治理能力现代化若干重大问题的决定》（以下简称《决定》）进一步将"扩大中等收入群体"作为坚持和完善按劳分配为主体、多种分配方式并存的社会主义基本经济制度的重大举措之一，具有重大的理论和实践意义。对此，可以从以下3个方面加深理解。

第一，扩大中等收入群体是推动经济高质量发展的必然要求。我国经济由高速增长转向高质量发展同中等收入群体扩大是同一个过程的两个侧面。经济发展从主要依靠简单劳动、扩大投资、大量投入能源资源等转向更多依靠创新驱动发展，从主要依靠传统产业转向更多依靠新兴产业，是企业家、科技人员、技术工人队伍发挥更大作用的过程，也是教师、医生、律师、金融从业人员、信息服务人员等队伍不断扩大的过程。在这一过程中，人力资本会得到快速积累，人才价值会得到充分实现，中等收入群体必然会随之扩大。

第二，扩大中等收入群体是形成强大的国内市场、增强我国经济规模优势的主要动力。中等收入群体就业稳定，既有消费意愿，又有消费能力，边际消费倾向较高，消费理念和消费文化具有较强的时代性，是房产、私家车、休闲旅游、优质教育医疗等中高端商品和服务消费的主力军，是引领消费需求扩大和消费结构升级的中坚力量、稳定力量。扩大中等收入群体，对于应对外部市场萎缩、打造内需主导型的自主增长、形成强大的国内市场、拉动我国经济结构持续升级十分重要。

第三，这是维护社会和谐稳定、国家长治久安的必然要求。"有恒产者有恒心"，中等收入群体作为我国经济发展的稳定受益者，不仅对社会秩序和主流价值认同感较强、抵抗各种风险的能力较强，而且是特别希望社会稳定发展的群体，因此中等收入群体的扩大被认为是正向的社会人口变迁，对社会能起到稳定器作用。同时，"仓廪实而知礼节，衣食足而知荣辱"，中等收入群体是衣食无忧的小康人群，他们已经解决好基本生存和发展需要，愿意通过个人奋斗追求更高层次的全面发展，具有诚实守信意识强、市场竞争意识强、法治观念强等特征，是推动社会主义市场经济体制完善和国家治理体系现代化的依靠力量。

中等收入群体的产生和形成是我国改革开放40多年的巨大成就，这一群体的持续扩大也将伴随全面深化改革、扩大开放和建设社会主义现代化国家全过程。从《决定》可以看出，我们党和国家扩大中等收入群体的路径，不是要杀富济贫、搞平均主义，而是要坚持以经济建设为中心，努力做大蛋糕；坚持有效益有质量的发展，高质量做好蛋糕；坚持多劳多得、少劳少得、不劳不得，把按劳分配和按要素分配很好结合起来，尊重知识、技术和人才，合理分好蛋糕。在完善初次分配制度的同时，发挥好再分配和第三次分配的调节作用，完善相关制度和政策，合理调节城乡、区域、不同群体间分配关系，增加低收入者的收入，调节过高收入，扩大中等收入群体，最终形成橄榄形收入分配格局。在整个社会分配过程中，只要始终重视坚持机会公平、权利公平、规则公平，促进社会公平正义，让全社会形成依靠自己奋斗就可以改善生活的良好预期，就能让社会活力充分释放，形成中等收入群体不断扩大的持续力量。

（资料来源：学习强国）

【讨论问题】

1.什么是边际消费倾向？有何规律？

2.中等收入群体的边际消费倾向有何特点？

3.从凯恩斯消费理论的视角出发，你如何看待扩大中等收入群体的意义？

【参考答案】

1.每增加的1单位可支配收入中用于增加消费的部分所占的比率，也就是增加的消费额与增加的可支配收入额之比，叫作边际消费倾向，记作MPC。在一般情况下，平均来说，当人们收入增加时，他们的消费也会增加，但消费的增加不会像收入增加得那样多，即边际消费倾向存在递减规律。

2.中等收入群体就业稳定，既有消费意愿，又有消费能力，边际消费倾向较高，同时消费理念和消费文化具有较强的时代性，是房产、私家车、休闲旅游、优质教育医疗等中高端商品和服务消费的主力军，是引领消费需求扩大和消费结构升级的中坚力量、稳定力量。

3.从凯恩斯消费理论的角度来看，扩大中等收入群体可以促进经济增长和稳定，因为中等收入群体的边际消费倾向高，其增加的消费支出可以刺激经济增长。同时，中等收入群体在职业、教育等方面相对具有稳定性，能够提供稳定的就业需求和投资机会，进而促进经济发展。此外，扩大中等收入群体还可以提高社会稳定性，减少社会矛盾和不平等，有助于实现可持续发展目标。扩大中等收入群体是实现共同富裕的根本路径，在"十三五"期间已全面消除绝对贫困后，"十四五"期间，聚焦"扩中"，把构建中间大、两头小的橄榄形分配结构放在共同富裕的时代背景下重新考量，其必要性和重要性不言而喻：第一，扩大中等收入群体是推动经济高质量发展的必然要求；第二，扩大中等收入群体是形成强大的国内市场、增强我国经济规模优势的主要动力；第三，这是维护社会和谐稳定、国家长治久安的必然要求。

------------------------------ 案例2 ------------------------------

为什么中国人爱储蓄，美国人不存钱

【案例适用】■

储蓄函数与储蓄倾向

【案例正文】■

较高的储蓄率在危急时刻显得异常珍贵。谁有更高的储蓄率，谁就能加大投资，延长债务周期，并能成功抵御各种危机冲击，并率先实现经济复苏。为什么希腊在债务率112%时就爆发了债务危机，而日本在债务率达到320%时却没有债务危机，核心就是国民储蓄率问题，日本国债绝大部分可以在日本国内消化。

家庭储蓄被定义为家庭可支配收入扣除家庭消费的部分。家庭储蓄占可支配收入的比重就是储蓄率，可以跨国比较。亚洲人尤其是中国人，一般被认为习惯于省吃俭用。相反，消费主义作风一直是西方人尤其是美国人的标签。美联储的一项数据在中文互联网流传很广：差不多有一半的美国人，拿不出400美元现金应急。从数据上来说，美国人确实不爱存钱。2016年，美国家庭储蓄率只有6.91%。相比之下，中国同年数据为36.14%。美国人为什么这么不爱存钱呢？

中美储蓄率差异的原因

中国高储蓄和美国低储蓄差异有以下几个原因：

（1）经济阶段性差异。不同的经济阶段对应的是不同的适度储蓄率。美国是世界上最大的经济体，拥有较完善的市场机制与结构，并且较早完成了工业化（1913年），早早就步入了高消费及追求生活质量阶段，所以对应的适度储蓄率较低。而我国虽然近些年经济增速较快，但仍未完成工业化，人均经济总量也较低，所以对应的适度储蓄率较高。

（2）经济体制及政策差异。在相当长时间里我国实行的是计划经济体制，其对应的卖方市场处于一种短缺经济状态，经济主体即使有充足的收入及较高的消费意愿，在这种条件下也很难实现较高消费，即强制性储蓄较多，政策上也引导并鼓励节俭。而美国较早就实行了市场经济体制，一方面买方市场为高消费提供了基础平台；另一方面收入的增加及政策的鼓励，尤其是20世纪30年代大危机后连续积极的货币财政刺激，也为其高消费低储蓄的增长模式提供了支持。

（3）金融市场发展程度或融资便利程度差异。储蓄的主要功能是为投资和未来的消费进行融资。如果消费主体和投资主体能够顺利从其他渠道，如在资本市场上进行融资或者向其他国家借款获得融资的话，储蓄的必要性就有所削弱。从这个角度来看，也就不难理解中美储蓄率为何差异如此之大。

（4）人口结构差异。人口因素对储蓄率的影响集中反映在莫迪利安尼的生命周期理论中。该理论认为，消费主体在年轻消费低于收入时进行储蓄，在年老消费高于收入时进行负储蓄。因此，当一国人口结构呈现年轻化时，该国的储蓄率将会上升，当一国人口结构转为老龄化时，该国的储蓄率将会下降。中国自20世纪80年代开始，中年人口在总人口中的比率逐步上升，适龄劳动力不断增加即出现所谓的人口红利现象，而美国自20世纪80年代后人口老龄化趋于严重，与此相对应的是中国储蓄率大幅上升而美国的储蓄率则趋于下降，这在一定程度上也证明了两国间储蓄率的差异与其人口结构差异存在一定关联。

（5）可支配收入水平差异。总的来说，决定储蓄率的因素主要包括两个：可支配收入及边际储蓄倾向或边际消费倾向。有学者发现，人均收入增长是私人储蓄和政府储蓄最重要的决定因素，而且该因素对发展中国家的影响要比发达国家更为显著。

（6）社会保障完善程度差异。社会安全网建设状况直接关系到居民对未来收入支出的预期进而影响储蓄率。因为消费主体都具有一定的风险规避意识，当其面临较强的未来收支不确定性时，他们往往倾向于增加当期储蓄，以抵御未来可能遭遇的不利冲击。储蓄是养老保险的一种重要补充形式。例如，在1929—1971年，美国的社会保障不断健全，挤出了30%~50%的个人储蓄，社会保障对于储蓄存在明显的挤出效应。

影响中美间储蓄率差异的原因是十分复杂的，不仅包括了以上所述，还有诸如文化传统、转型因素、经济增长速度、受教育水平等。

中美储蓄率相向而行态势明显

值得一提的是，中国人的家庭储蓄率并非一直这么高。20世纪90年代以前几乎和美国处在同一水平，但剧烈的经济体制转型改变了一切。90年代开始的大规模企业改革和裁员增加了预期收入和消费的不确定性，削弱了企业提供的社会网络的安全感，加上1997年开始的养老金改革缩小了养老金总规模；同时，这一时期国家经济发展迅猛，民众收入增加，国家引入的私人房产所有权也触发了中国家庭对住房资产的需求。这几个因素共同作用，让越来越多的中国家庭开始预防性存钱，中国的储蓄率才不断上涨，将美国远远甩在身后。

改革开放以来，居民储蓄率总体上呈现出波动上升的趋势，在2010年达到峰值42.1%，随后开始下滑，并在2016年降至36.14%。整体来看，近20年来我国的居民储蓄率基本维持在30%~40%的区间，变化平稳。根据美国经济分析局（BEA）公布的美国个人储蓄率数据，美国近几十年的储蓄率水平则一直在3%~10%之间波动，其在2005年达到最低点3.2%，2008年金融危机后逐步回升，在2012年达到高点8.90%，之后又略有下降，自2016年开始维持在6.7%左右的水平。

时光进入 2020 年，作为全球最主要的两个经济体，中国和美国储蓄率相向而行的态势明显。疫情期间美国储蓄率已经攀升至史无前例的 33.0%。原因一方面是对病毒的恐惧以及随之而来的对未来不确定性的担忧；另一方面也是由于大小商店纷纷关门应对疫情，人们没地方花钱，只能"被迫存钱"。

但美国仍是一个消费驱动发展的社会，虽然储蓄率尚未达到中国的水平，但各路经济学家已经纷纷表示，过度储蓄会伤害美国经济：如果每个人都开始存钱，经济衰退只会越来越严重，因为储蓄越多，花钱越少，经济增长越乏力，最后导致人们继续恐慌性存钱，陷入恶性循环。

相反，中国的储蓄率开始呈现小幅下降趋势，尤其是中国的年轻人越来越敢于消费。携程网的一份报告也指出，中国出境游客有 1/3 是 90 后。并且，中国的年轻人已经越来越习惯于信贷消费。蚂蚁金服发布的《中国养老前景调查报告》显示，35 岁以下的年轻人有超过半数还未开始准备养老储蓄。

（资料来源：黑水报告公众号）

【讨论问题】 ▰━━━━━━━━━━━━━━━━━━━━━━━━━━━━━━━

1.什么是边际储蓄倾向？它和边际消费倾向有何量化关系？

2.中国老百姓偏爱储蓄的根本原因是什么？

3.储蓄率高会如何影响宏观经济？

【参考答案】 ▰━━━━━━━━━━━━━━━━━━━━━━━━━━━━━━━

1.边际储蓄倾向是每增加的 1 单位可支配收入中用于增加储蓄的部分所占的比率，也就是增加的储蓄额与增加的可支配收入额之比，记作 MPS。MPS+MPC=1。

2.中国老百姓偏爱储蓄的原因有很多，其中包括风险意识较强、家庭责任感强、社会保障制度尚不健全等因素。此外，中国传统文化中也有"未雨绸缪"等储蓄意识的体现。

3.储蓄率高会对宏观经济产生多方面的影响。首先，储蓄率高可以为资本积累提供更多资源，促进经济增长；其次，储蓄率高也意味着消费需求相对较弱，可能导致市场繁荣度下降，甚至导致经济衰退；最后，储蓄率高还可能导致货币供给过剩，引起通货膨胀。因此，适度的储蓄率对于宏观经济的稳定和发展非常重要。

【思政启示】 ▰━━━━━━━━━━━━━━━━━━━━━━━━━━━━━━━

家庭的储蓄不仅是一种投资行为，而且是计划消费行为。通过储蓄有计划地安排生活，有利于培养勤俭节约的社会风尚，是科学文明的消费习惯和文明健康的生活方式的体现。

案例3

巩固消费对经济发展的基础性作用

【案例适用】

消费对均衡国民收入的决定作用

【案例正文】

随着我国疫情防控形势总体向好，促消费政策逐步落实到位，消费市场回升态势明显。国家统计局数据显示，2022年6月份社会消费品零售总额同比增长3.1%。之后应把握消费恢复向好势头，提振消费信心，拓展消费场景，巩固消费对经济发展的基础性作用。

2022年上半年，消费市场呈现出"基本生活消费较快增长、网上零售稳定增长、服务消费下降"等特点。限额以上单位粮油食品类、饮料类零售额同比分别增长9.9%和8.2%，居民基本生活消费得到保障；同时，实物商品网上零售额同比增长5.6%，占社会消费品零售总额比重达到25.9%；不过，受疫情影响，服务消费下降明显：餐饮收入同比下降7.7%，旅游出行等其他服务消费也有所减少。

为应对疫情冲击，2022年4月份以来，我国出台《关于进一步释放消费潜力促进消费持续恢复的意见》等一系列举措，统筹疫情防控和消费促进工作，进一步巩固消费对经济发展的基础性作用，推动构建新发展格局。从6月份情况看，国内消费出现了积极变化，不仅多数商品零售增速回升、大宗商品消费带动明显、餐饮等服务消费明显改善，前期受疫情影响较大地区的消费也出现较快回升。

国内消费经受住疫情冲击，呈现回升势头，积极变化明显增多。尽管消费恢复还面临居民收入增长放缓、消费场景受限等制约因素，但我国消费规模扩大、结构升级、模式创新的趋势不会改变，加之社会保障不断完善，稳就业促消费政策持续发力，消费有望持续恢复。今后仍要多方发力，确保消费总体稳步恢复态势。

首先，应进一步抓细抓实现有政策。通过巩固传统消费、加快发展新兴消费、提升城市消费、扩大乡村消费等举措，在高效统筹疫情防控和经济社会发展的同时，以更大力度活跃消费氛围。

其次，打造消费新场景，拓展消费新空间，进一步发掘消费潜力。要从更好满足和释放消费需求的角度促进消费恢复，实现消费稳定增长，为经济稳定增长发挥基础性作用。针对消费恢复过程中存在的难点、堵点问题，不断打造新场景，推动消费升级，从而促进消费增长。

最后，在注重消费引领的同时，要落实好帮扶小微企业举措。受疫情影响，消费服务市场主体特别是小微企业普遍面临收入大幅下滑、刚性成本压力增大等经营困难，要继续加大对困难行业和小微企业的直接救助或补贴，帮助市场主体降低经营成本。此外，还需引导金融机构加大贷款投放力度，积极运用再贷款、再贴现等工具，支持中小微企业复工复产。

总体看，我国消费韧性强、潜力足的特点没有改变，消费发展长期向好的基本面没有改变。随着各项政策措施落地见效，疫情逐步得到控制，消费市场将继续呈现恢复发展态势。

（数据来源：根据相关资料整理）

【讨论问题】■─────────────────────────────

1.消费如何影响国民收入水平？

2.如何更好地发挥消费在经济发展中的基础性作用？

【参考答案】■─────────────────────────────

1.消费是国民收入的重要组成部分，国民收入增长会促进消费增长，同时消费的增长也会促进国民收入的增长。消费增长可以促进企业的利润和就业机会的增加，从而进一步刺激经济增长和国民收入水平的提高。另外，消费支出对于经济增长的拉动作用也很大，特别是对于服务业和零售业等消费密集型行业的拉动效应更加明显。

2.要更好地发挥消费在经济发展中的基础性作用，可以采取以下措施：

（1）刺激消费需求。政府可以通过调整货币政策、财政政策等手段，刺激消费需求，例如降低消费税、上调个人所得税起征点、完善社保制度等。

（2）提升消费品质量和服务质量。政府可以加强监管，严格执行产品质量和服务质量标准，保障消费者权益，提高消费者满意度，增强消费者的信心和信任感。

（3）加强信息化和数字化建设。政府可以加大对数字经济的投入，提高数字化服务和产品的普及程度，推动消费升级和消费结构的优化，满足人民群众个性化、多元化、高品质的消费需求。

（4）推动产业转型升级。政府可以加大对新兴产业和高新技术产业的扶持力度，促进传统产业向高端、智能化、绿色化、服务化方向转型升级，增强产业的竞争力和吸引力，从而促进消费增长和经济发展。

┌─────────── 案例4 ───────────┐

从《蜜蜂的寓言》看"节俭悖论"

【案例适用】■─────────────────────────────

储蓄对均衡国民收入决定的作用

【案例正文】■─────────────────────────────

1720年，荷兰的曼德维尔出版了《蜜蜂的寓言》一书，描述了一个蜂群的兴衰史。最初蜜蜂们都疯狂追求个人利益，穷奢极欲、挥霍浪费，奇怪的是这些恶行反而使整个蜂群兴旺发达、繁荣昌盛，经济充满活力，社会欣欣向荣。一天，蜜蜂们忽然觉悟过来，自己也不满意自己往日的恶行，于是向天神祈祷，希望一心向善。天神满足了它们的愿望，蜂群开始崇尚节俭、节制消费，结果酒店门可罗雀，工厂不再有人订货，蜂群陷于凋敝。这部书出版后受到广泛质疑，但在200年后启发凯恩斯建立了有效需求理论。

（资料来源：刘华，李克国. 经济学案例教程［M］. 大连：大连理工大学出版社，2007.）

【讨论问题】◼▰▰▰▰

1.怎样看待储蓄对宏观经济均衡的影响？

2."节约悖论"成立有何条件？

【参考答案】◼▰▰▰▰

1.曼德维尔用蜂群隐喻社会，认为对个人而言，恶行可以促进公共利益的增进，个人的恶之花可以结出社会的善之果。因此曼德维尔不容于当时的社会。凯恩斯关心的是其中的节俭和浪费的选择问题，他注意到，社会越节俭，就会越穷；越储蓄，收入反而越少。这就是节俭的悖论。解读起来应该是：今天越储蓄，明天的订单就越少，收入就越少，因而从收入中产生的储蓄也就越少。总的来说，储蓄对宏观经济均衡的影响有两面性。一方面，储蓄可以为投资提供资金来源，促进经济发展，从而增加就业和提高国民收入水平；另一方面，储蓄过多，会导致消费不足，从而减缓经济增长，甚至引起经济衰退。因此，在宏观经济管理中，需要适度引导和调节储蓄行为，使其发挥积极的作用。

2."节约悖论"是指个体为增加储蓄而削减消费支出，反而导致整体消费支出减少，导致经济活动减缓或萎缩。在某些情况下，个体为了应对不确定的经济环境和未来收入下降的风险，会增加储蓄，但如果大多数个体都采取这种行为，整体消费需求会减少，导致经济增长放缓。节俭悖论的成立有一个前提：供给是充足的。如果反其道行之，由节俭转消费，则越消费，订单越多，从而闲置的生产能力越能得到充分利用；订单越多，也越能够鼓励厂家投资兴建更多的厂房设备和生产线，从而形成更多的供给能力。显然，蜜蜂寓言反映的是，影响社会繁荣与衰败的因素仍然要在总供给与总需求框架下讨论。如果没有充足的供给能力，或者供给能力不能迅速增长，则需求增长就是空话。例如，中国在改革开放之初直到20世纪90年代中期，就是因为生产能力的限制，需求的增加而导致通货膨胀。如果相对而言需求不足，就要想方设法刺激消费和投资。

不过值得注意的是，通常情况下，经济繁荣时期，储蓄的增加能有助于减轻社会通货膨胀压力，是有利的，而在经济萧条时期，根据乘数理论，消费的减少会使国民收入成倍减少，从而使经济进一步恶化。所以在经济萧条时期，政府总会增加财政支出，鼓励消费，来挽救经济颓势。

10.3　两部门经济：企业部门

------------ 案例 1 ------------

认识宏观经济学中的投资

【案例适用】

投资函数

【案例正文】

初学宏观经济学的人有时弄不懂宏观经济学家如何以一些新颖而特殊的方式运用相似的词。一个例子是"投资"这个词。混淆的产生是因为从个人看来像投资的东西对整个经济来说却不是投资。一般规则是宏观经济学中的投资并不包括仅仅在不同个人之间重新配置资产的购买。当宏观经济学家用投资这个词时，投资是创造新资本。

我们来观察这两个事例：

（1）张三为自己购买了一所有 100 年历史的维多利亚式房子；

（2）李四为自己建造了一所全新的现代房子。

这里什么是投资？是两所房子，一所房子，还是没有？

在一个宏观经济学家看来，这两个交易中只有李四的房子算作投资。张三的交易并没有创造出新房子，其仅仅是对已有房子的重新配置。张三的购买对张三来说是投资，但对出售房子的人来说是负投资。与此相比，李四创造了新的资本，他的新房子算作投资。

【讨论问题】

1.宏观经济学中的投资包括生活中常说的股票和债券吗？为什么？

2.宏观经济学中的投资有何特点？

【参考答案】

1.在实际经济生活中，投资往往既指购买金融资产的行为，也指购买实物资产的行为，而且，一想到投资，人们通常便将其与股票投资、债券投资联系起来。比如，我们常说某人"投资"购买了某股票 1 万股，某人在国债市场上投资等。在宏观经济学中，投资涉及的是实物资本的变化，简单地说是指物质资本存量的增加或替换，因此宏观经济学中的投资不包括生活中常说的股票和债券。

2.宏观经济学中的投资是一个流量的概念，反映的是一定时期内资本存量的变化状况。对于资本存量来说，现实经济生活中有三种类型，与此对应的就有三种投资类型：（1）决定一个社会生产能力的最重要的资本存量是经济中存在的厂房等生产建筑物和构筑物，机器设备等固定资本，与此对应的投资称为固定资产投资；

（2）第二种类型的资本存量是企业中的原材料、半成品和未销售的产品，即企业中的存货资本，与此对应的投资称为存货投资；（3）第三种类型的资本存量是住宅建筑物，与此对应的投资称为住宅投资。

------ 案例2 ------

资产定价的原理：生活常识的经济学解释

【案例适用】 ■━━━━━━━━━━━━━━━━━━━━━━━━━━━━━━━━━━

资本边际效率

【案例正文】 ■━━━━━━━━━━━━━━━━━━━━━━━━━━━━━━━━━━

民间流传着地主恶霸对贫苦农民凶狠盘剥的故事。说是有个贫农家的孩子为地主养鸡，有一天不小心走失了一只母鸡。刻薄的地主很生气，让小孩家赔20两银子。理由是，母鸡还会生蛋孵小鸡，小鸡如果是母鸡的话，长大后又会孵小鸡，子子孙孙，无穷尽也。因此，这只走失的母鸡值20两银子还说少了。这类霸道事情任何时候都可能发生。2011年7月下旬，奉节某农家小孩摘了邻居家一颗枣子，被邻居要求赔偿2 000元，后来降为1 500元，其理由是枣子的主人为了看护枣树放弃了在外打工，损失了相应收入。小孩父母告到法院，这个邻居被判为敲诈勒索，但罪微不诉。

（资料来源：文建东. 西方经济学：精要与案例解析 [M]. 北京：高等教育出版社，2013.）

【讨论问题】 ■━━━━━━━━━━━━━━━━━━━━━━━━━━━━━━━━━━

具有资产性质的商品是如何定价的？

【参考答案】 ■━━━━━━━━━━━━━━━━━━━━━━━━━━━━━━━━━━

霸道的地主和现在的恶邻显然是没有道理的，因为母鸡也好，枣也好，都有一个完全竞争的市场，因此按相应的市场价值赔偿就可以了。地主和恶邻如果不接受另外赔一只母鸡或一颗枣，那就属于强买强卖，是垄断的行径，当然没有道理。这正是法院判罚背后的经济学依据。

但是我们需要知道的是，为什么市场定价下，一只母鸡也就值几钱银子，一颗枣也就值几毛钱。看起来，母鸡会不断繁衍后代而在将来形成庞大的鸡群，为什么仅值几钱银子呢？原因可以从两个方面来分析。其一，虽然一只母鸡会形成庞大的鸡群，但是绝不是其一己之力，还需要养殖者付出相应的饲料费用、人工费用和其他费用，算下来净收益颇为有限。而且，未来是不确定的，存有风险，仅鸡瘟的可能就会降低其预期净收益。其二，因为人们看重现在远甚于未来，未来的收益不能完全等同于今天的价值，是需要折现的。越是遥远的未来，折现后的价值就越少。从这两点来考虑，一只母鸡的价值并不算高；枣的价值同样如此。

上述解释主要侧重于商品的成本方面，因此要特别强调的是，成本应该是用机会成本来衡量的。无论喂养母鸡支出了多少费用，种植枣树投入了多少费用，其成本都是机会成本：丢失一只母鸡或一颗枣会让其主人损失多少钱。显然，这个机会成本是市场化的结果，因而损失也是市场作用的结果。枣主人的行径被判为敲诈勒索正是基于这个道理。另外，母鸡和枣的前期支付费用能否成为决策的成本，需要获得市场的验证。例如，如果一棵枣树产出的枣只能卖200元钱，而其主人为此花费了2 000元的开支的话，这个枣树拥有者下一年就会减少投入；或者如果所有的枣树都需要花费2 000元成本的话，那么产量必然减少，而枣的价格必然会上升。总之，具有资产性质的商品通常被视为一种投资，其定价往往受到市场供求关系、预期收益、风险等因素的影响。

10.4　三部门经济：政府部门

案例 1

未来政府需求将成为新能源汽车行业发展的关键点

【案例适用】
政府投资需求

【案例正文】
新能源汽车发展的关键点分别是老百姓需要什么和政府需要什么。

今天那么多老百姓愿意去买新能源汽车，是因为新能源汽车符合他们的需求。

老百姓的需求其实特别简单，包括三个方面：

第一，能源获取的便利性。只要在小区里的充电位上安装一个充电桩，就能保证在市区里再也不去加油站了。有了这样的便利性，谁愿意在加油站挤着排队，尤其赶上下班的时间。

第二，能源获取的成本。在小区里充电不到1毛/千米，出去用公共充电设施充电2~4毛/千米。现在燃油不停地涨价，已达到6~8毛/千米。收入再高的人，也愿意选择1毛/千米的使用成本，尤其是配合前面的便利性。

第三，老百姓同样需要环保。首先老百姓很重要的生活场景是到学校门口去接孩子。开燃油车的时候，开着空调车外排的都是燃油的味道，不开空调车里闷得慌；新能源汽车就没有这种顾虑。这就是真实的市场需求，为什么新能源汽车受欢迎？因为满足了老百姓的这些需求。

而未来政府的需求将成为新能源汽车行业发展的关键点：

第一，实现技术自主可控。自主开发新能源汽车产业，这是一个伟大的战略。纯电驱动的路线，以及所构建的整个供应链是非常有效的，虽然中间经历了各种各样的波折，但国内20多年新能源汽车发展的付出完全值得。

第二，国家要去思考能源战略的安全。如果一国能源储备在全球的占比和该国使用的占比相差较大，将直接影响该国能源的安全。而目前我国石油、碳酸锂等能源就存在这样的问题，因此发展能源相关的新材料成为我国能源战略安全的重要需求。

第三，"双碳"的需求。下一步整个能源的展望呼吁更好的环境，呼吁全球共同担当责任。能源安全目标也是"双碳"目标之一，把更多的煤电变成绿电，这既是"双碳"的目标，也是能源安全的目标。

（资料来源：李想. 未来政府的需求将成为行业发展的关键点 [EB/OL]. [2022-03-27]. https://caifuhao.eastmoney.com/news/20220327212903347211060.）

【讨论问题】 ■━━━━━━━━━━━━━━━━━━━━━━━━━━━━━━━━━━━

1.宏观经济学中政府需求包括哪两类？案例中提及的政府需求属于哪一类？

2.新能源行业的政府需求有何特点？

3.进一步查找资料，探讨政府如何扶持新能源汽车行业高质量发展。

【参考答案】 ■━━━━━━━━━━━━━━━━━━━━━━━━━━━━━━━━━━━

1.宏观经济学中的政府需求包括政府消费需求和政府投资需求两类。案例中提到的政府需求属于政府投资需求，即政府为自身需要或公共设施建设等所产生的需求。

2.新能源行业的政府需求具有以下特点：

（1）长期稳定性较强：新能源行业的发展需要长期的政策支持和稳定的市场环境，因此政府需求通常是较为稳定的。

（2）政策性强：政府对新能源行业的扶持主要通过政策手段实现，如补贴政策、税收优惠等。

（3）技术含量高：新能源行业涉及的技术领域较为复杂，政府需求通常需要具有较高的技术含量和研发能力。

3.政府扶持新能源汽车行业的措施包括：

（1）财政补贴：政府对购买新能源汽车的个人和企业给予一定程度的财政补贴，以提高新能源汽车的市场占有率。

（2）税收优惠：政府对新能源汽车的生产和销售给予税收优惠政策，以降低企业成本和产品价格，提高市场竞争力。

（3）充电设施建设：政府加大对新能源汽车充电设施的建设和改造力度，以提高充电设施的普及程度和使用便利性。

（4）技术研发支持：政府加大对新能源汽车技术研发的投入和支持，以提高新能源汽车的技术含量和市场竞争力。

（5）市场准入政策：政府对新能源汽车的市场准入进行规范和管理，以提高新能源汽车的产品质量和市场信誉。

```
案例 2
2022数字政府建设需求
```

【案例适用】

政府需求

【案例正文】

数字政府通常是指建立在互联网上、以数据为主体的虚拟政府，是一种新型政府运行模式，以新一代信息技术为支撑，以"业务数据化、数据业务化"为着力点，通过数据驱动重塑政务信息化管理架构、业务架构和组织架构，形成"数据决策、数据服务、数据创新"的现代化治理模式。

数字政府既是互联网+政务深度发展的结果，也是大数据时代政府自觉转型升级的必然，其核心目的是以人为本，实施路径是共创共享共建共赢的生态体系。各地积极制定"数字政府"整体规划，以提升民生服务为重点，以体制机制创新为保障，强力推动"数字政府"建设，以公众需求为导向提升服务水平，不断优化营商环境，增强发展动力，为推进我国政府治理体系的创新提供了有力支撑和保障。

我国政务服务线上化速度明显加快，网民线上办事使用率显著提升，政务服务向智能化、精细化发展并向县域下沉。首先，大数据、人工智能技术与政务服务不断整合，服务不断走向智能化、精准化和科学化，重构政务服务体验；其次，服务内容不断细化，支付宝、微信开通政务服务入口并逐步完善服务内容，从车主服务、政务办事到医疗、交通出行、充值缴费等方面全方位覆盖用户生活；最后，县域政务办事移动化速度加快，包括天气、市场监管、司法、公安等领域在内的县级微博、公众号、头条号等发展迅速。

"十四五"数字政府建设规划发展目标是，到2025年，基本建成一体化数字政府，数字基础支撑能力大幅度提升，政府治理能力和治理水平显著提升，营商环境大幅改善，力争数字政府建设主要指标达到世界先进水平；政府智慧治理能力加快升级，运用大数据全面推动市场监管、生态治理、社会治理等重点专题领域慧治创新，形成"用数据服务、用数据监管、用数据治理、用数据创新"的政府治理模式，全面提升政府治理水平。

到2035年，建成以数据要素驱动的现代化数字政府，数字化驱动政府深化改革成效凸显，建成营商环境最优、企业和群众获得感最强的国家之一。数字政府既是互联网+政务深度发展的结果，也是大数据时代政府自觉转型升级的必然，其核心目的是以人为本，实施路径是共创共享共建共赢的生态体系。

（资料来源：佚名. 2022数字政府建设需求 数字政府市场发展环境分析［EB/OL］.［2022-09-19］. https：//www.chinairn.com/scfx/20220919/154335885.shtml.）

【讨论问题】

1.数字政府建设中有哪些具体的需求？

2.数字政府对我国 GDP 会产生哪些影响？

【参考答案】

1.数字政府建设的具体需求包括：

第一，建设数字化政务服务平台，提供全天候、全覆盖、多领域、一体化的政务服务；

第二，推进政务数据资源共享和开放，支持政府部门、企业和公众利用政务数据进行创新和应用；

第三，加强数字化基础设施建设，包括网络、云计算、物联网等，提高数字化服务的可靠性、安全性和便捷性；

第四，建设数字化的智慧城市，提升城市治理能力和服务水平；

第五，推进政务数字化转型，提高政府工作效率和服务质量。

2.数字政府对我国 GDP 会产生多方面的影响，具体包括：

第一，推动数字经济发展，提高经济增长率和 GDP 总量；

第二，降低政府行政成本和人力资源成本，释放经济效益；

第三，加强政府部门和企业之间的信息流和资金流，推动市场的发展和创新；

第四，提高城市服务和治理水平，增强城市的软实力；

第五，促进可持续发展和资源配置的优化，推动经济高质量发展。

【思政启示】

信息技术创新日新月异，以数字化、网络化、智能化为特征的信息化浪潮蓬勃兴起。信息化代表新的生产力和新的发展方向，已经成为引领创新和驱动转型的先导力量。围绕贯彻落实"五位一体"总体布局和"四个全面"战略布局，释放信息化发展的巨大潜能和数字红利，以信息化驱动现代化为主线，新时代"数字政府"改革是践行新发展理念、破解发展难题、增强发展动力、厚植发展优势、造福社会、造福人民的战略举措和必然选择。案例引导学生了解我国"十四五"数字政府建设规划发展目标，增强民族自豪感，树立制度自信。

10.5 四部门经济：国外部门

案例

中国外贸规模首破 6 万亿美元 给世界经济复苏注入信心

【案例适用】

国外需求的影响因素

【案例正文】

2021年，中国货物贸易进出口总额达39.1万亿元人民币，比2020年增长21.4%。以美元计价，中国进出口规模达到6.05万亿美元，其中，出口21.73万亿元人民币，增长21.2%；进口17.37万亿元人民币，增长21.5%。继2013年首次达到4万亿美元后，2021年，中国年内跨过5万亿、6万亿美元两大台阶，刷新历史高点，外贸增量达到1.4万亿美元。

2021年中国外贸增速超出市场预期，背后是中国经济韧性的强力支撑。中国的疫情防控效果最好，强大而全面的生产链、供应链优势得以充分发挥。尤其是2020年全球贸易规模下滑7.5%，中国依然逆势实现正增长，充分说明中国经济及中国供应链的韧性。

据了解，1978年，中国货物贸易进出口规模仅206亿美元，占全球份额的0.8%。随着中国对外贸易的迅速增长，2009年中国成为全球货物贸易第一大出口国和第二大进口国。2013年，中国超越美国成为全球货物贸易第一大国，进出口总额比美国高出2 500亿美元。2014年和2015年中国连续两年位居第一。

除2016年美国以204亿美元的优势超过中国外，之后中国一直保持全球第一贸易大国的地位。2020年，中国货物贸易进出口总额32.2万亿元人民币，比上年增长1.9%，是全球唯一实现贸易正增长的主要经济体。

（资料来源：学习强国）

【讨论问题】

1. 国外需求的决定因素有哪些？

2. 如何看待我国的外贸成绩？进一步查找资料，探讨我国外贸成绩背后的原因。

【参考答案】

1. 国外需求的决定仍然取决于影响需求的各种具体因素，主要包括：

（1）外国的国民收入水平，特别是人均收入水平的高低，人均收入水平高，其对别国产品和服务的需求就大；反之，需求就小。

（2）外国居民的消费倾向高低，他们消费倾向高，同样情况下对别国产品和服务的需求就多；反之，这种需求就少。

（3）国外对于他们本国所没有的产品和服务需求较大，对于本国虽有，但质量、价格都优于本国的国外产品和服务也会具有一定的需求。

（4）汇率因素，在其他条件不变时，本国货币贬值或国外货币升值都会在一定程度上增加对本国出口的需求；反之，本国货币升值或国外货币贬值都会在一定程度上减少对本国出口的需求。

2. 2021年，中国外贸进出口实现较快增长，货物贸易进出口总值同比增长21.4%，规模再创新高，质量稳步提升，实现了"十四五"外贸良好开局。背后有哪些支撑因素？主要有三方面因素支撑外贸增长。一是得益于中国经济发展和疫情防控保持全球领先地位。2021年，中国中间产品进口和出口分别增长24.9%和28.6%，消费品进口增长9.9%。我国经济韧性强，长期向好的基本面不会改变，国内生产和消费需求为外贸稳增长提供了强有力的支撑。二是全球经济保持复苏态势。2021年，全球经济整体呈现复苏态势，中国对欧盟、非洲出口增速均超过20%，对拉丁美洲出口增速超过40%。三是稳增长政策措施效果持续显现。2021年以来，中国出台一系列稳主体、稳市场、保障外贸产业链供应链稳定畅通的政策措施。如保持流动性合理充裕，延续并完善部分减税降费政策；加快发展外贸新业态新模式，进一步深化跨境贸易便利化改革，推进自由贸易试验区贸易投资便利化改革创新等。但是，我们也应该看到，外贸增长也面临着一些困难和挑战，如国际市场竞争激烈、贸易保护主义抬头、劳动力成本上升等。因此，我们需要进一步推进产业转型升级，积极开展多边和双边贸易合作，以及加强创新等方面的工作，以保持外贸持续稳定发展。

【思政启示】 ▉━━━━━━━━━━━━━━━

在刚刚过去的2022年，中国外贸交出了亮眼的"成绩单"。海关总署发布的数据显示，2022年我国进出口42.07万亿元，同比增长7.7%。至此，我国已连续6年保持世界第一货物贸易国地位，出口国际市场份额连续14年居全球首位。同时，这也是我国外贸规模首次突破40万亿元关口。面对复杂严峻的国内外形势，我国外贸顶住多重超预期因素冲击，在2021年高基数基础上继续保持稳定增长，规模再创历史新高。总的来看，2022年我国外贸实现了新的突破，进出口规模、质量、效益同步提升，成绩来之不易。2005年，我国货物贸易进出口总额首次超过10万亿元，2010年突破20万亿元，2018年超过30万亿元，再到2022年的42.07万亿元，外贸规模连续迈上新台阶。通过案例引导学生在了解我国对外贸易辉煌成绩过程中，增强民族自豪感，树立制度自信。

10.6　影响需求的重要机制——乘数

━━━━━━━━━━ 案例1 ━━━━━━━━━━

北京冬奥会，将给我国经济带来哪些改变？

【案例适用】 ▉━━━━━━━━━━━━━━━
乘数原理
【案例正文】 ▉━━━━━━━━━━━━━━━
万众瞩目的2022年北京冬奥会，终于正式拉开了帷幕，举国上下为之振奋。

作为奥林匹克运动会的重要组成部分，冬奥会已然发展成为全球公认的最具影响力的体育盛会之一。对于举办国而言，其意义又不仅仅是体育赛事那么简单——

不论是冬奥会还是夏奥会，都会引发"奥运经济"热潮，在推动经济社会发展方面发挥着不容小觑的作用。

那么，此次冬奥会又将会给我国经济带来哪些影响呢？

第一个影响，体现在经济效益层面。理论上讲，奥运会可以通过三方面效应的力量，为举办国带来经济效益：

一是直接经济效应，包括企业赞助、电视转播带来的收入，门票收入，各类奥运纪念品的销售收入等，这部分几乎占据了历届奥运会总收入的半壁江山；

二是间接经济效应，包括用于比赛设施建设、城市交通环保等项目上的各种投资，可以对众多上下游产业形成拉动作用，进而促进国民经济整体的增长；

三是衍生经济效应，即奥运会可以充分彰显举办国的综合实力，能够持续吸引全球各地的游客前来观光，并带动旅游、交通、购物、餐饮等诸多行业的繁荣。

第二个影响，体现在区域发展层面。

通常来说，冬奥会对于举办地经济的带动作用具有明显的区域性特点，即对举办城市及其周边都会带来不少好处。有数据显示，1992年巴塞罗那奥运会的成功召开，直接给加泰罗尼亚地区创造了260.48亿美元的经济效益；而2000年的悉尼奥运会，让新南威尔士州获得了63亿美元的收益。

此次冬奥会除了首都北京，对于整个京津冀地区同样是利好，尤其是在推动京津冀协同发展方面起到了极大的作用。近些年，京津冀协同发展的重要性日益凸显，提升京津冀的国际影响力并最终将其打造成为世界级城市群，已然成为关系到未来我国经济及国际政治地位的至关重要的战略选择。

就此次冬奥会而言，冰上项目在北京举行，雪上项目则在北京延庆和张家口市崇礼县共同进行。出于冬奥会举办的客观需要，各个场馆之间在交通上的互联互通问题势必要得到解决，而这也为破解北京和张家口两地综合交通体系的建设难题以及落实京津冀协同发展提供了一次前所未有的契机。

事实也的确如此，例如京张高铁的成功开通，将北京市区、延庆与张家口悉数联通，而列车350千米/小时的速度，更是把从北京到张家口的"轨道交通时间"由3小时缩短至50分钟，张家口也借此融入了首都"一小时经济圈"。长远来看，交通体系的完善必将进一步促进京津冀地区人流、物流、资金流等生产要素的跨区域自由流动，对各城市之间的经贸往来、资源配置、城市建设、增进就业来说都将起到极大的推动作用。

此外，本届冬奥会至少还将从两方面为京津冀协同发展赋能：

其一，秉持绿色、低碳、可持续发展的理念筹备奥运会，将对京津冀地区各产业的发展和升级起到推动作用。如北京的信息通信、软件、新能源、新材料等产业将迎来持续发展，而张家口等地的环保、基建、体育、旅游等产业也将不断壮大，成为推动城市经济增长的新引擎。

其二，改善生态环境。相比珠三角、长三角地区，京津冀的生态环境相对薄弱，诸如大气污染等问题给人们的工作和生活带来了不少困扰，而借助冬奥会，京津冀地区强化了在大气治理、环境保护等方面的合作，以科学的手段更加系统性地治理生态环境，并取得了长足进展，或许"冬奥蓝"成为常态将不再遥远。

第三个影响，体现在体育产业层面。

每一次奥运盛会的筹办，都会极大地带动体育产业的发展。而对于北京冬奥会来说，最大的受益者莫过于冰雪产业。冰雪，既是大自然馈赠给人类的美好礼物，也是经济发展的重要资源禀赋。冰雪产业又叫"白色经济"，是涵盖源于冰雪活动的相关产业，以及为冰雪旅游服务的各项经济活动，大体由冰雪旅游、冰雪赛事、冰雪运动培训、冰雪装备及其他相关领域的产品及服务组成。从产业链角度看，冰雪产业的上游涉及冰雪场地建设、冰雪装备及器材等，中游主要包括冰雪赛事服务、大众冰雪运动及培训、冰雪旅游等领域，下游则涵盖分销及营销渠道，最后到达参与冰雪产业活动的广大消费者。冰雪产业链概况如图10-1所示。

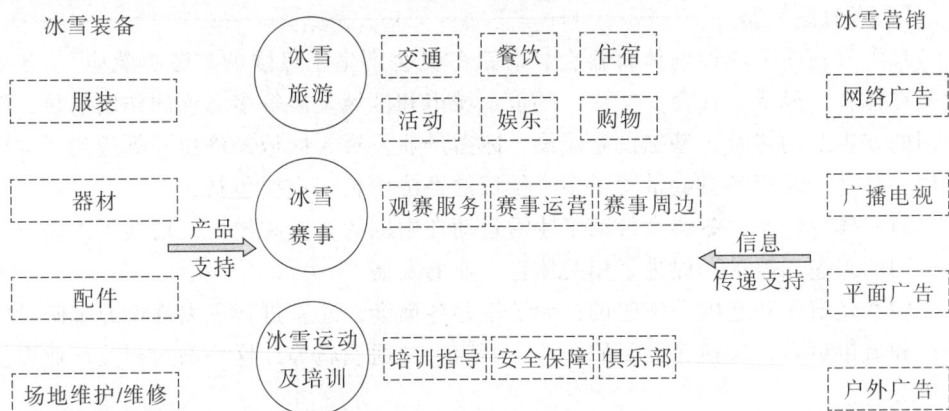

图10-1　冰雪产业链概况

（资料来源：智研咨询）

发展冰雪产业，不仅能推动消费、扩大需求、促进投资、增加就业，还可以为发展城市旅游业与对外开放创造条件，继而带来大量的人流、物流、资金流和信息流，对经济发展的重要性不言而喻。

来自中国旅游研究院的数据表明，2020—2021冰雪季全国冰雪休闲旅游人数为2.54亿人次，比2016—2017冰雪季的1.7亿人次显著提升，预计2021—2022冰雪季有望突破3亿人次；《中国滑雪产业发展报告》的统计也显示，2020年我国滑雪装备市场规模约为126.9亿元，同比增长8%。

值得注意的是，相比一些冰雪产业发达的国家，我国冰雪产业尚处于发展早期，仍有极大潜力可挖掘。以滑雪运动为例，奥地利滑雪人口占比36%，人均滑雪次数5.9次；日本滑雪人口占比9%，人均滑雪次数2.5次；反观我国，目前滑雪人口占比只有1%，人均滑雪次数只有1.08次。考虑到我国庞大的人口规模与消费需求的升级，未来冰雪产业增长空间巨大。按照国家体育总局的相关规划，到2025

年我国冰雪产业的总体规模将达到万亿元，相当于我国体育产业总体规模的1/5。

大力发展冰雪产业对于城市经济发展来说，同样意义非凡。以韩国的平昌为例，平昌一直都拥有良好的冰雪运动自然条件，但在此前的很多年里，平昌冰雪旅游产业的国际知名度不高。直到2011年7月获得了2018年冬奥会举办权后，平昌才逐渐声名鹊起，当地滑雪场地观光人次呈现出稳定上涨的趋势，并成长为近年来亚洲炙手可热的滑雪胜地。而此次承办雪上项目的张家口，同样有很大希望复制平昌的经历。

（资料来源：付一夫. 此次冬奥会，将给我国经济带来哪些改变？［EB/OL］.［2022-02-05］. https://baijiahao.baidu.com/s？id=1723910930117854727&wfr=spider&for=pc.）

【讨论问题】

1.北京冬奥会带动了哪些领域的经济增长？

2.冬奥效应背后的经济学原理是什么？

【参考答案】

1.作为一项全球性的体育盛会，北京冬奥会产生了极强的"冬奥效应"。冬奥效应在体育、经济、社会、文化、环境、城市和区域发展等多方面的作用明显，对我国的冰雪运动普及、基础设施建设、冰雪产业发展、区域经济协同等起到了重要作用。总之，北京冬奥会带动了多个领域的经济增长，主要包括：

（1）体育产业：冬奥会带动了冰雪运动在中国的普及和推广，增加了人们对相关运动的兴趣和需求，促进了相关体育产业的发展。

（2）建筑业和基础设施建设：为了举办冬奥会，北京进行了大规模的基础设施建设和城市更新，包括建设新的场馆、酒店、交通设施等，这些都为相关产业提供了机会。

（3）旅游业：冬奥会吸引了大量的国内外游客，带动了旅游业的发展，同时也提高了中国在国际旅游市场上的知名度和吸引力。

2.冬奥效应背后的经济学原理主要是乘数效应：冬奥会的举办会带动相关产业的发展，这些产业又会带动其他产业的发展，从而形成多重乘数效应。例如，冬奥会需要建设新的场馆和基础设施，这会促进建筑业和相关产业的发展，同时这些场馆和设施的使用也会带动旅游和服务业的发展，从而形成多重的乘数效应。

【思政启示】

从2008年北京夏季奥运会到2022年北京-张家口冬季奥运会，北京成为奥林匹克运动史上唯一同时举办过冬夏两季奥运会的"双奥之城"。在追逐奥运梦想的过程中，我们从"仰望"到"平视"，从"通过参奥夺金重拾民族自信"到"彰显大国风范、弘扬华夏文明"，各种转变的背后，正是我国综合实力不断增强、国人自信与凝聚力大幅提升的最佳诠释：我们不仅能够办好奥运，还有能力去进行更深层次的发展和探索。

案例 2

充分发挥消费券杠杆效应

【案例适用】

消费乘数

【案例正文】

"今天你抢券了吗？"自 2022 年 7 月 18 日起，北京面向全市消费者发放 1 亿元餐饮消费券。据报道，上线当天仅 6 分钟，平台上 4 种面额的餐饮消费券已全部领取完毕。为了下次能抢到券，不少消费者还专门设定了"抢券闹钟"。

2022 年以来，多地密集出台了一系列激活消费市场的政策举措，发放消费券是重要抓手之一。作为促进消费回补与潜力释放的关键举措，发放消费券不仅可以在短期内发挥"杠杆效应"，刺激餐饮、旅游、购物等领域消费复苏，从长远看还可以有效对冲疫情影响，提振居民消费信心。有测算显示，政府每投放 1 元消费补贴，平均能带动 3.5 元的新增消费。

从上半年各地经济发展态势看，通过消费券来释放消费潜力、带动消费市场稳健复苏，有一定的可行性和必要性。国家统计局数据显示，上半年社会消费品零售总额为 210 432 亿元，同比下降 0.7%。其中，二季度社会消费品零售总额同比下降 4.6%。从经济发展的最大引擎到如今拖累增长的最大因素，如果不能有效扭转消费不振的态势，势必会对其他领域产生连锁影响，继而影响整体经济平稳增长。

消费券受热捧的背后，是各方加快推动消费市场恢复增长的迫切愿望。从短期看，发放消费券确实能够刺激消费的快速回升，但作为应对疫情特殊时期的权宜之计，消费券本身并非一种完美无瑕的刺激手段。实践中，在看到其积极作用的同时，我们也要提前做好预案——如果消费券使用不当，同样会带来潜在的风险。

这方面是有过深刻教训的。疫情发生以来，一些地方盲目效仿、一哄而上，不切实际地发放了五花八门的消费券，给本就不宽裕的地方财政增加了负担。还有一些地方对消费券发放的规则不熟悉，仅对特定人群或大企业大品牌发放消费券，一通"头疼医脚"操作下来，消费者不买账，商家反应平平，消费券提振消费的作用也大打折扣。

发放消费券既要善于趋利避害，也要把握好时间节点。最新数据显示，6 月份，我国社会消费品零售总额同比增长 3.1%，明显好于上月的 -6.7%，增幅远超市场预期。从月度增速看，社会消费品零售总额增速由负转正仅用了 3 个月，而在 2020 年疫情期间，这一指标实现转正耗时长达 6 个月。应该说，当前我国消费重返上升通道，为消费券发放提供了宝贵的时间窗口。

与投资、出口等相比，消费是经济增长中的慢变量。在促进消费恢复增长的过程中，要注意发放消费券与其他政策举措的配合发力，既要兼顾适度与平衡的关系，也要更加注重公平与效率的统一。同时，要进一步提高消费券发放的精准性，让消费券更多地向餐饮、旅游、文娱等受疫情冲击较大的行业倾斜，更多地向中小微企业倾斜，最大限度地发挥其对于提振消费的积极作用。

（资料来源：顾阳. "今天你抢券了吗？"［N］. 经济日报，2022-07-22.）

【讨论问题】■

1.消费券是什么？它具有乘数效应吗？

2.运用消费券拉动经济时应注意哪些问题？

【参考答案】■

1.消费券是政府发给居民的一种消费补贴，可以看成是政府的一种转移支付行为。但是这种补贴不是以金钱的形式来增加居民的可支配收入，而是直接进入消费领域。消费券具有乘数效应，在简单的国民收入决定理论中，消费券形式的消费乘数为$1/(1-\beta)$，其中β代表边际消费倾向，不同收入群体的边际消费倾向差别很大，因此对不同收入群体发放消费券，会产生不同的乘数效应。

2.如案例中所言，疫情发生以来，一些地方盲目效仿、一哄而上，不切实际地发放了五花八门的消费券，给本就不宽裕的地方财政增加了负担。还有一些地方对消费券发放的规则不熟悉，仅对特定人群或大企业大品牌发放消费券，一通"头疼医脚"操作下来，消费者不买账，商家反应平平，消费券提振消费的作用也大打折扣。因此，运用消费券拉动经济时，应注意以下几个问题：

（1）制定合理的发放政策：消费券的发放政策需要考虑到消费者群体的特点和需求，制定合理的发放政策，确保消费券能够发挥应有的促进作用。

（2）避免通货膨胀：消费券的发放量应当控制在一定范围内，以避免消费券带来的通货膨胀风险。

（3）防范市场扭曲：消费券的发放需要考虑到市场竞争和公平性，防范因消费券发放带来的市场扭曲问题。

（4）促进经济结构调整：消费券发放应当促进经济结构的调整和转型升级，鼓励消费者购买高质量、环保、绿色的商品和服务，从而推动经济高质量发展。

综合案例

案例1

深入理解"实施扩大内需战略"

【案例正文】■

中央多次强调，在常态化疫情防控前提下，要扎实做好"六稳"工作，全面落实"六保"任务，坚定实施扩大内需战略。今年政府工作报告对扩大内需又做了具体部署。目前有一种观点认为，中央提出实施扩大内需战略，表明政府宏观调控重点已从供给侧转到了需求侧。这种看法其实是一种误解。供给侧结构性改革与扩大内需并不矛盾，不能将两者对立起来。

扩大内需应坚持重点从供给侧发力

一国经济要稳增长，总供求必须保持平衡，这是常识。问题是总供求如何平衡？200多年来经济学家一直对此有争议。19世纪初，萨伊提出了供给创造需求原理，说市场经济不会有普遍生产过剩，供求平衡的重点在供给侧。然而不幸的是，20世纪30年代西方出现经济大萧条，生产普遍过剩，失业率达25%以上。在严酷的现实面前，萨伊定律不攻自破。

也是时势造英雄。1936年凯恩斯出版了《就业、利息和货币通论》，并由此掀起了一场"凯恩斯革命"。其中有三个重要观点：总供给与总需求不能自动平衡；普遍失业是由社会有效需求不足引起的；扩大就业需要国家用扩张财政政策重点刺激投资。显然，凯恩斯供求平衡的重点，是从萨伊强调的供给侧转到了需求侧。

客观地讲，《就业、利息和货币通论》为应对大萧条曾起过一定积极作用，且一度被奉为西方国家的"国策"。可惜好景不长，到20世纪70年代，西方国家却纷纷陷入了"滞胀"。墙倒众人推，以弗里德曼为代表的货币学派宣称要对"凯恩斯革命"进行"再革命"；以卢卡斯为代表的理性预期学派断言：政府刺激投资对稳定经济无效；供给学派强调：政府调控经济应从需求管理重新回到供给管理。

凯恩斯理论失灵，一个重要原因是仅仅关注总量平衡而忽视了结构平衡。事实上，供求平衡同时也要求结构平衡。这一点马克思曾经在《资本论》中作过分析。在分析社会总资本再生产时，他将社会再生产分为生产资料再生产与消费资料再生产两大部类，明确提出要实现"价值补偿"与"实物补偿"两个平衡。其中"价值补偿"是总量平衡；"实物补偿"则是结构平衡。

马克思还分析指出，总量平衡并不能保证结构平衡，而结构失衡必然导致总量失衡，所以他认为供求平衡的重点在供给侧。在他看来，供给本身就是对具有一定价值的一定产品的需求。近年来，中央立足于我国改革发展实践，提出了供给侧结构性改革，强调用改革的办法从供给侧调结构，并通过不断改进和提升供给扩大内需。

中外大量事实表明，改进和提升供给不仅可以更好满足需求，而且可以引导需求、创造需求。习近平总书记指出："当今时代，社会化大生产的突出特点，就是供给侧一旦实现了成功的颠覆性创新，市场就会以波澜壮阔的交易生成进行回应。"这句话的意思很清楚，供给与需求相辅相成，改进和提升供给也是扩内需。因此，从供给侧着手扩内需，总体讲应坚持以下三大原则：

其一，用消费需求带动投资需求。当年凯恩斯主张重点扩投资需求，理由是投资有"乘数效应"。可就在凯恩斯《就业、利息和货币通论》出版的1936年，哈罗德出版了《商业周期》一书，证明消费对投资也有放大效应。这样说来，重点扩投资的理由并不全面。事实上，从需求链看，投资只是中间需求，消费才是最终需求，如果消费不足，扩投资无异于饮鸩止渴，反而会加剧过剩。欧美国家和地区的"滞胀"是前车之鉴，所以我们要坚持用消费牵引投资，避免重蹈覆辙。

其二，用下游投资带动上游投资。一方面，投资要以消费为牵引；另一方面，扩投资也要有主次之分。今天产业分工十分发达，但不论分工有多发达，皆可将产业分为上游产业与下游产业。比如，采矿业是钢铁业的上游产业，钢铁业则是采矿业的下游产业；钢铁业是制造业的上游产业，制造业则是钢铁业的下游产业。而产业链的最终端，是消费品产业。由此推之，扩投资的重点就应该在消费品产业。因为产业链条越长，投资乘数越高。在整个产业链中消费品产业处于最末端，对投资的带动作用当然最大。

其三，用进口带动出口。早在200年前李嘉图就论证过，各个国家按比较优势参与国际分工，通过对外贸易可以实现共赢，但前提是贸易要自由。可目前的局面是，西方贸易壁垒森严，特别是受疫情影响，贸易摩擦有可能会升级。要打破这个僵局，可考虑用进口带动出口。一般来说，一个国家出口，目的是带动进口，若不进口，则代表着对国际分工收益的放弃。这样看来，我们应实施积极进口政策。当前全球资源产品价格大幅下跌，扩大进口无疑可降低国内生产成本，提升出口竞争力。

提振消费的内在机理与政策安排

根据上述分析，从供给侧扩内需要坚持用消费带动投资，那么消费靠什么带动呢？从亚当·斯密到马歇尔，经济学家大多认为消费是收入的函数，即消费要由收入决定。说消费由收入决定应该没错，现实中这方面的例子举不胜举：沿海地区居民收入高过西部居民收入，前者消费明显高于后者消费；今天人们收入高于改革开放之前，消费水平当然也高于改革开放前。

可是自马歇尔之后，经济学家的看法有了改变。美国经济学家费雪1930年出版《利息理论》，开篇就说"收入是一连串的事件"。何为"一连串事件"？他解释是指一连串消费活动。比如某人拥有10万元，若用7万元购买了消费品，这7万元便是他的收入；余下3万元，是他的资产（如储蓄、股票等）。显然，费雪将收入分成了广义与狭义两种：狭义收入等于消费；广义收入则大于消费。

另一位学者是凯恩斯。凯恩斯虽也认同消费函数，但他认为消费不会随收入同比例增长。在《就业、利息和货币通论》中，为了论证一个国家为何出现消费不足，他提出了所谓"边际消费倾向递减规律"，意思是：随着人们收入增加，消费也增加，但消费增加赶不上收入增加，这样消费在收入中的比重（消费倾向）会下降。

在消费信贷产生之前，凯恩斯的分析也是成立的。可到了 20 世纪 50 年代后，消费信贷在欧美悄然兴起，于是"消费倾向递减规律"受到了挑战。比如，有人本来用自己的钱买不起房子，可有了消费信贷后，便可通过银行贷款购买住房。人类进入 21 世纪，消费信贷风靡全球，这就意味着人们的消费已不完全受收入约束，它可以超过自己的收入。

果真如此吗？对此有两位经济学家用自己的"假说"作了否定回答。一是莫迪利亚尼的"生命周期假说"。此假说指出，在人生的不同阶段，消费与收入会有不同的安排：年轻时消费会大于收入，有负债；中年时收入会大于消费，有储蓄；老年时，消费会大于收入，用储蓄弥补缺口。前后算总账，一个人一生的消费，最终仍取决于他一生的收入。这样看，消费并未超过收入。二是弗里德曼的"持久收入假说"。此假说认为，人的收入分为现期收入与持久收入，而决定消费的是持久收入（三年以上相对固定的收入）而非现期收入。一个人现期收入不高而持久收入高，他完全可以通过消费信贷来扩大自己的消费。

以上两个假说角度不同，讲的却是同一个道理：从短期看，一个人的消费有可能大于收入；但从长期看，消费最终还是由收入决定。这在一定意义上算是挽救了消费函数。不过尽管如此，却仍解释不了美国发生的次贷危机。按照弗里德曼的假说，消费者按持久收入消费，银行按客户的持久收入贷款，请问怎么会出现次贷危机呢？

要回答上面的问题，得先提出两个推论：其一，假如有消费信贷安排，一个人的消费水平由持久收入决定；否则，消费仅由现期收入决定。其二，在存在消费信贷的条件下，一个人的消费水平不仅取决于持久收入，同时也决定于信贷杠杆率。第一个推论好理解，消费信贷可将未来收入折现为当期收入。第二个推论复杂些，可以用下面的例子解释：假定某人有 100 万元希望购房，而银行不提供购房贷款，此时他只能购买价值 100 万元以下的房产；假定有消费信贷，比如银行可提供 50% 的贷款，他用 100 万元便可购买价值 200 万元的房产，杠杆率是 2 倍；而银行若提供 90% 的贷款，他用 100 万元便可购买价值 1 000 万元的房产，杠杆率是 10 倍。从这个意义上说，当年美国发生次贷危机，说到底是杠杆率过高惹的祸。

回到操作层面，对提振消费有三点政策建议：第一，消费由收入决定，提振消费须优先稳就业。只有就业稳，消费者收入才能稳。第二，消费不仅决定于现期收入，同时也决定于持久收入，提振消费要有消费信贷的配合，不过要控制适度杠杆率，防止出现债务风险。第三，财政支出应重点保基本民生和基层工资。结合打赢脱贫攻坚战的要求，也可为贫困户适量发放消费券。

扩大投资的三种方法及其选择

从供给侧发力扩投资，总的原则是要坚持用消费带动投资；用下游投资带动上游投资。若具体到操作层面，扩投资还有一个问题要解决，那就是投资所需的资金如何筹措？若不解决资金筹措问题，扩投资便是无源之水，只能画饼充饥。所以接下来我们要讨论的是，扩投资的筹资方法有哪些？在这些方法中又应该怎样选择？

从理论上讲，扩投资的方法主要有三：一是发债；二是加税；三是减税。关于发债与加税，历史上曾发生过一场大争论。19世纪初，拿破仑挥师南北、横扫欧洲，为了共同对抗法国，英国组建了第四次反法联盟。为筹措军费，当时英国国会展开了激烈的辩论。焦点在于，军费是通过加税筹措还是发债筹措？以马尔萨斯为代表的一派力主发债；以李嘉图为代表的另一派则主张加税。

李嘉图的理由是：发行公债与加税的区别仅在于公债要偿付利息。假如政府不选择加税，企业虽然当年不必多缴税，但政府就得多发国债；而政府多发国债最终要靠征税偿还，企业日后就得多缴税。于是李嘉图得出结论：今天政府发行的国债，其实就等于明天企业需缴纳的税。这就是著名的"李嘉图等价定理"。

若仅就加税与发债比较，李嘉图的分析是对的。不过李嘉图也有一个疏漏：那就是无论发债还是加税，皆势必挤占企业投资。反过来，若政府少发债而选择减税，也可增加投资，而且是增加企业投资。可见，减税也是扩投资的一种方法。说得更明确些，发债是从需求侧增加政府投资；减税是从供给侧增加企业投资。在发债与减税间如何取舍，实际就是在扩政府投资与扩企业投资之间进行选择。

事实上，以上三种筹资方法，美国曾在不同时期都采用过。20世纪30年代罗斯福推行"新政"，主要是发国债扩大政府投资；20世纪80年代里根入主白宫后，则主要是采取减税措施刺激私人投资；美国次贷危机后，奥巴马政府却推出了1.5万亿美元的加税计划。现在回头看，长期发国债扩投资，后果是"滞胀"。而加税则无异于杀鸡取卵，对此，当年美国众议院预算委员会主席保罗·莱恩说得明白，政府税率越高，最终获取的税收就会越少；对企业收税越多，获得的就业机会就会越少。

由此看来，只有减税才是扩大就业的首选之策。而且我国的经验也证明，当经济面临下行压力时，政府与其加税，倒不如发债。加税不仅会抑制企业投资，还会减少居民消费；而发债至少短期内不会影响居民消费。

但需要指出的是，若在发债与减税之间选择，则应选择减税。虽然短期内发债比加税更可取，但长期看会挤出企业投资。由于政府投资与企业投资的预算约束不同，后者投资的效果通常要好过前者。也正因如此，扩投资的主要办法是减税。2020年政府工作报告明确指出，当年赤字率拟按3.6%以上安排，这是特殊时期的特殊举措；加大减税降费力度，预计全年为企业新增减负超过2.5万亿元。

进一步分析，减税其实也有两种选择：全面减税与结构性减税。前者是供给学派的主张，美国在里根时代推行的就是全面减税。可从里根减税试验来看，全面减税虽扩大了民间投资，但同时也加剧了结构性矛盾。国际金融危机后我国也启动了减税，为了兼顾扩投资与调结构，采取的主要是结构性减税。从2019年起我国制造业增值税率从16%降至13%；交通运输业、建筑业从10%降至9%；生活性服务业保持6%税率不变。结构性减税相对全面减税，显然棋高一着。

三点结论

总结全文，我们可得到下面三点结论：

第一，落实"六稳""六保"，必须坚持以供给侧结构性改革为主线。不能把扩大内需与供给侧结构性改革对立起来。应重点从供给侧发力扩内需，总的原则是用消费带动投资、用下游投资带动上游投资、用进口带动出口。

第二，消费由收入决定，扩大消费必须优先稳就业。由于消费也同时决定于持久收入，故提振消费要有消费信贷的配合，但应防止信贷杠杆率过高导致债务风险。财政支出应重点保基本民生、保就业、保基层工资。

第三，扩大投资有三种方法：加税、发债、减税。从稳就业与投资效果衡量，加税不如发债，发债不如减税。而就全面减税与结构性减税来说，结构性减税兼顾扩投资与调结构，一石二鸟，可成为我国未来稳增长的主要选择。

（资料来源：王东京. 深入理解"实施扩大内需战略"［N］. 经济日报，2020-06-09.）

【讨论问题】

1.你如何看待学者们关于总供求平衡的观点？

2.学者们的消费理论有何异同？对我国拉动消费有何启示？

3.如何通过扩大投资来拉动内需？

【参考答案】

1.总供求平衡是宏观经济运行的基本要求，是指在一定时期内，总需求与总供给相等的状态。学者们普遍认为，总供求平衡是实现宏观经济稳定的基础，也是经济政策调节的目标之一。

2.学者们的消费理论主要包括边际效用理论、绝对收入假说和相对收入假说等。这些理论主要从不同角度解释消费行为和消费决策的影响因素。对我国拉动消费的启示是，应从提高居民收入水平、完善社会保障制度、改善消费环境等方面入手，创造有利于消费的条件和环境，同时也要注重培育消费文化和消费习惯，增强消费的内在动力。

3.扩大投资是拉动内需的重要手段之一。要通过扩大投资来拉动内需，可以采取以下措施：

（1）加大基础设施建设的投资力度，包括交通、水利、能源等领域的建设，提高社会生产力和经济发展的基础。

（2）加大高技术产业和现代服务业等战略性新兴产业的投资，促进产业升级和转型升级，提高经济增长的质量和效益。

（3）扩大民生领域的投资，如教育、医疗、养老等，提高民生水平和人民群众的获得感，也可以带动相关消费和投资的增加。

（4）采取激励政策，鼓励企业增加投资，增强市场信心，提高经济增长的动力。

【思政启示】■

坚持扩大内需战略，是在新发展阶段党中央做出的重大科学判断和战略部署。党的十九届五中全会和中央经济工作会议都把"坚持扩大内需"提到了"战略基点"的高度。通过案例引导学生了解我国新发展阶段的经济战略，培养经世济民情怀。

案例 2
我国消费倾向的基本特征、发展态势与提升策略

【案例正文】■

第一，从国际比较看，我国宏观消费倾向偏低，微观消费倾向与国际差距并不大。

当前我国宏观消费倾向显著低于国际水平。按世行数据计算，2018年我国宏观消费倾向仅为40.5%，而同期美国、英国、日本、德国、法国分别达到68.4%、66.0%、53.5%、52.4%、52.5%。按资金流量表数据计算，2018年我国宏观消费倾向为65.2%，分别较美国、日本、韩国低26.8、30.5、29个百分点（如图10-2所示）。

基于资金流量表数据计算的宏观消费倾向（%）

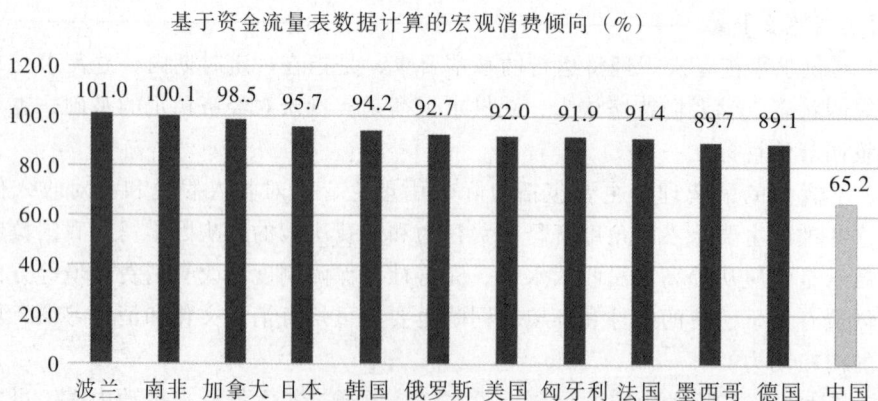

图10-2 2018年宏观消费倾向国际比较（资金流量表）

（数据来源：国家统计局；OECD）

我国宏观消费倾向也低于主要国家相近发展阶段的水平。2019年，我国人均GDP超过1万美元，按世界银行数据计算，宏观消费倾向为40.4%，而在相近发展阶段，日本、韩国、德国、法国、英国和澳大利亚宏观消费倾向均超过50%，美国更是超过了60%，均比我国当前水平要高出10~20个百分点（见表10-1）。按OECD资金流量表数据计算，日本、韩国在我国相近发展阶段时宏观消费倾向为76.0%、76.2%，比我国当前水平要高出11个百分点左右。

表10-1　　　　　　　　　　　不同国家相近发展阶段消费倾向比较

国家	比较年份	人均GDP（现价美元）	消费倾向
中国	2019	10 261	40.4%
日本	1981	10 361	56.7%
韩国	1994	10 385	56.3%
美国	1978	10 564	62.7%
德国	1979	11 281	59.3%
法国	1979	11 179	53.8%
英国	1980	10 032	56.5%
澳大利亚	1980	10 194	54.0%
墨西哥	2019	9 946	67.7%
印尼	2019	4 135	57.1%
巴西	2019	8 717	65.9%
印度	2019	2 099	57.4%
俄罗斯	2019	11 584	54.9%
南非	2019	6 001	64.0%

（数据来源：根据世界银行WDI数据库计算）

当前我国大陆微观消费倾向与国际差距并不大。国际比较看，我国大陆微观消费倾向与其他经济体差距要明显小于宏观消费倾向差距，尤其是与同处东亚地区的日本、韩国和我国台湾地区的微观消费倾向比较接近。2019年，日本、韩国和我国台湾地区家庭消费倾向分别为73.1%、72.2%、78.2%。根据国家统计局的家庭调查数据，同期我国大陆微观消费倾向为70.1%。基于两年一次的家庭追踪调查（CFPS）计算，2018年我国大陆微观消费倾向中位数为71.8%，与上述三个经济体大体接近。由于欧美国家和地区的储蓄动机相对较弱，消费文化更为盛行，社会福利体系更健全，消费倾向普遍更高。2019年，美国、德国、英国、法国的微观消费倾向分别为89.0%、89.2%、93.2%、85.1%，比我国大陆要高出10个百分点以上（如图10-3所示），但也普遍小于宏观消费倾向的差距。与日、韩以及欧美国家和地区相近发展阶段相比，我国大陆微观消费倾向与其他经济体的差距相对更小。

第二，从长期趋势看，宏观和微观消费倾向均呈现U形发展规律，当前我国宏观消费倾向已经开始上升，微观消费倾向还处于降中趋缓的阶段。

微观消费倾向（%）

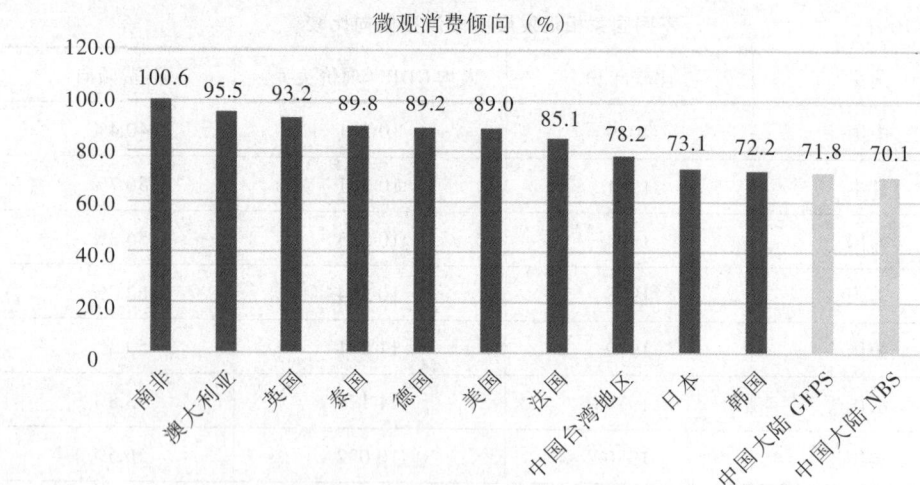

图10-3　主要经济体家庭调查消费倾向比较

（数据来源：中国国家统计局（NBS2019）、CFPS（2018）、Wind、Trading Economics；作者计算整理。除CFPS为2018年数据以外，其余数据均为2019年值）

消费倾向与经济发展水平均呈现U形关系。从世界银行数据看，全球主要经济体宏观消费倾向与人均GDP基本呈现U形关系（如图10-4所示）。在人均GDP达到8 000～12 000美元（2010年不变价）时，随着经济发展水平的提高，消费倾向会逐渐趋缓，在底部持续较长时间，之后消费倾向会随着经济发展水平不断提高而有所上升。基于各主要经济体家庭调查数据计算，全球主要经济体的微观消费倾向与人均GDP也呈现类似规律（如图10-5所示）。各主要经济体人均GDP在8 000～12 000美元之间时，微观消费倾向开始由降转稳，持续一段时间之后，微观消费倾向大多开始回升。

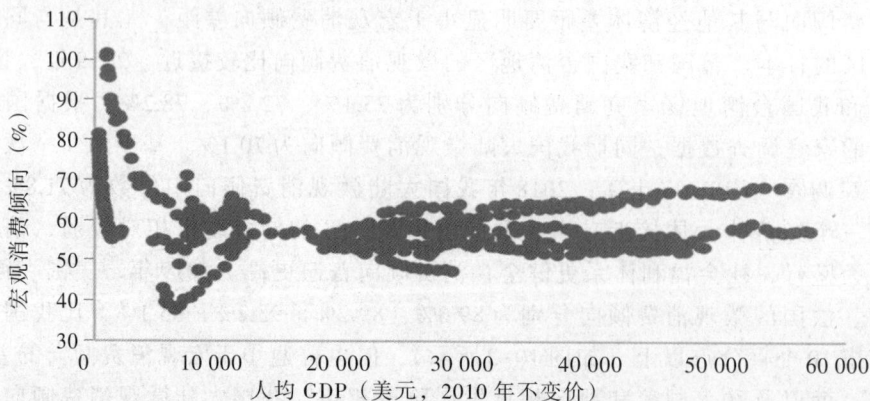

图10-4　主要经济体宏观消费倾向走势

（数据来源：选取世界银行WDI数据库中主要国家（美、法、德、英、澳、日、韩）1960—2019年数据绘制）

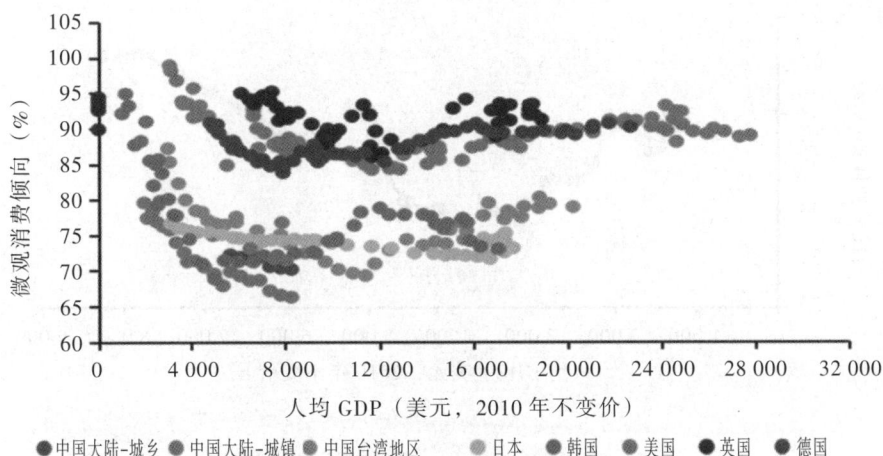

图10-5　主要经济体微观消费倾向走势

（数据来源：中国国家统计局（NBS2019）、Wind、Trading Economics、PWT9.0）

　　近年来我国宏观消费倾向已呈上升趋势。从我国宏观消费倾向走势来看，随着经济发展水平的不断提高，我国平均消费倾向呈现先下降后上升的U形走势。基于世行数据测算，改革开放以来我国居民消费倾向持续下降，但在2009年我国人均GDP达到4 000美元之后开始逐年上升（如图10-6所示）。基于资金流量表数据计算，我国宏观消费倾向也呈U形走势。2000年以前，宏观消费倾向走势基本平稳，大体上在70%的水平小幅波动。2000年以后，消费倾向呈现明显的先下降后上升态势。其中，2000—2010年消费倾向从68.9%降至57.9%，同期中国进入重化工业快速发展阶段，投资快速扩张，经常项目顺差扩大。2010年以后，宏观消费倾向逐步回升，2018年升至65.2%。从全球比较看，我国宏观消费倾向U形拐点到来得更早，人均GDP在5 000美元左右水平时，消费倾向就已经呈现回升态势。

　　我国微观消费倾向持续回落，但降幅逐步收窄。我国的微观消费倾向主要可根据国家统计局的城乡家庭调查数据和各类机构进行的家庭入户调查数据计算。其中，2013年之前国家统计局的城乡家庭调查数据分开进行，之后实施城乡一体化家庭调查。基于国家统计局调查数据计算，农村地区微观消费倾向呈先下降后回升态势。1993—1999年期间农村消费倾向从83.5%降至71.4%，之后消费倾向持续回升，2019年上升至83.2%，2012—2019年期间平均每年提升1.23个百分点。城镇微观消费倾向持续下降，但降幅逐步收窄。2003—2012年期间城镇消费倾向从76.9%降至67.9%，每年平均下降大约1个百分点，此后降幅有所收窄，2013—2019年期间年均跌幅降至0.23个百分点，2019年城镇消费倾向为66.3%。综合来看，我国城乡居民微观消费倾向呈震荡回落态势，2019年降至70.1%，2013—2019年期间年均下降0.3个百分点（如图10-7所示）。

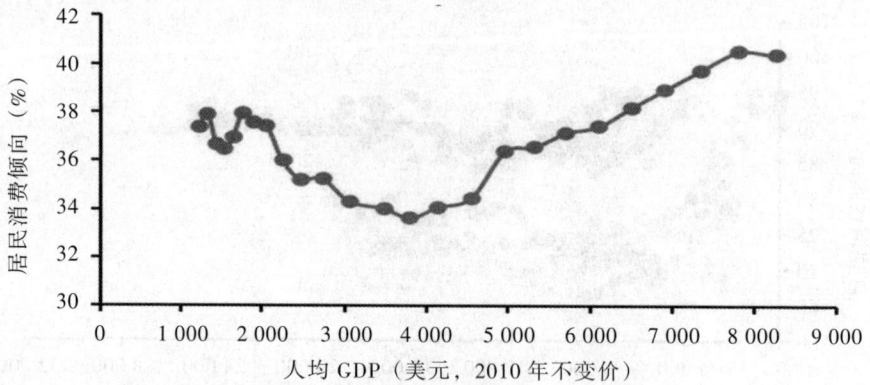

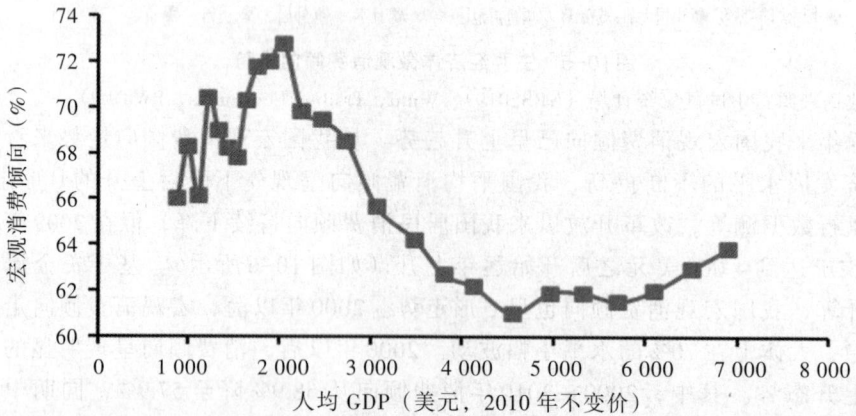

图10-6　我国宏观消费倾向变化趋势

（数据来源：根据世界银行WDI数据库和OECD数据库计算）

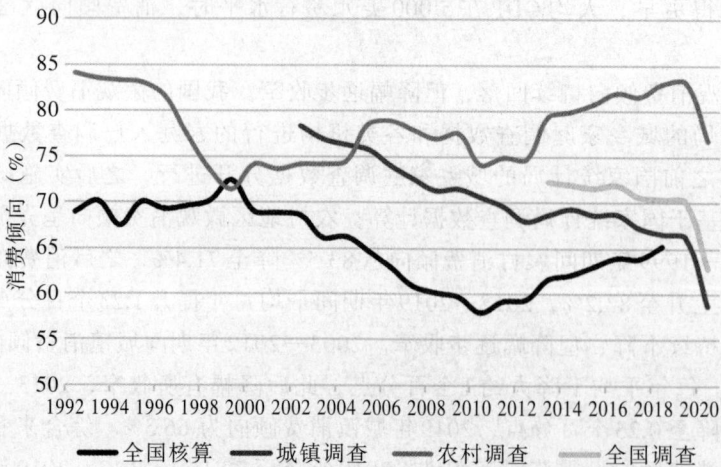

全国核算　　城镇调查　　农村调查　　全国调查

图10-7　宏观和微观消费倾向走势存在明显差异

（数据来源：国家统计局）

第三，从宏微观对比看，我国宏微观消费倾向差异与全球相反，宏观消费倾向拐点更早，投资率是造成这种差异的关键因素。

国际上通常微观消费倾向低于宏观消费倾向，而我国宏观消费倾向要明显低于微观消费倾向。基于资金流量表测算，2018年美国、日本、韩国宏观消费倾向分别为92.0%、95.7%、94.2%，分别比微观消费倾向高出3.0、22.6、22.0个百分点。而我国的宏微观消费倾向差异正好相反，基于资金流量表数据计算的2018年我国宏观消费倾向为65.2%，而基于国家统计局家庭调查数据计算的2019年我国微观消费倾向为70.1%，基于CFPS计算的2018年我国微观消费倾向中位数为71.8%，微观消费倾向要比宏观消费倾向高出约5个百分点。

我国宏观消费倾向拐点出现早于微观，而且比国际主要经济体拐点出现更早。从全球主要经济体消费倾向的走势看，拐点在人均GDP达到8 000～12 000美元（2010年不变价）时出现，而且宏微观消费倾向拐点出现的时点基本一致。从我国消费倾向走势看，宏观消费倾向拐点出现更早，宏观消费倾向已经在2010年我国达到5 000美元左右时开始由降转升，而微观消费倾向目前仍在持续下降，但降幅已经不断收窄。

第四，从边际变化看，疫情短期影响下全球主要经济体消费倾向均大幅下降，我国下降幅度相对较小，但中等收入群体消费倾向下降值得关注

疫情对我国消费倾向短期冲击相对较小。根据家庭调查数据，2020年我国消费倾向降至65.9%，较2019年下降4.2个百分点。其中，城镇居民由于服务消费比重更高，而服务消费受疫情冲击更显著，消费倾向降幅更大。但从国际比较来看，2020年不同经济体的消费倾向均大幅回落，我国消费倾向同期降幅相对较小（如图10-8所示）。2020年，美国、英国消费倾向同比降幅分别达到8.7和9.2个百分点，德国和法国分别下降5.3和6.4个百分点，即使东亚经济体防疫情况总体较好，日本和韩国2020年同比降幅也分别达到6.9和2.4个百分点。我国由于疫情控制相对较好，消费倾向的短期下降幅度并不明显，尚未带来趋势性变化，没必要过度忧虑。

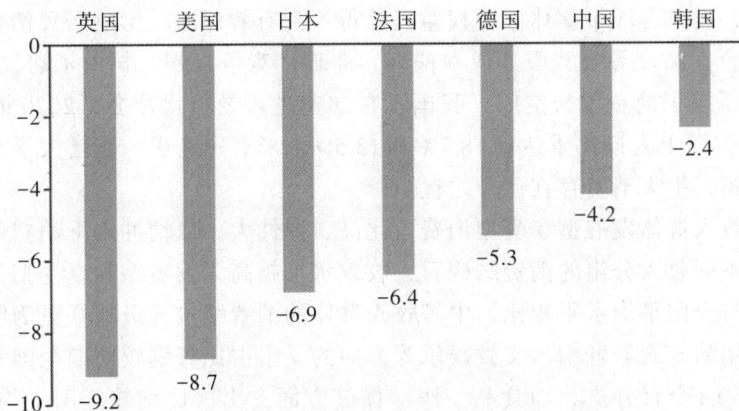

图10-8 2020年各国居民消费倾向同比变化（百分点）

（数据来源：Wind、Trading Economics）

中等收入群体消费倾向受疫情影响下降最为明显。不同收入群体消费倾向受疫情影响程度有差异，中等收入群体受冲击更甚。结合中国家庭跟踪调查和交易大数据发现，2020年除了最低收入分组居民消费倾向上升以外，其他收入组居民消费倾向均有不同回落。按照国家统计局2017年中等收入群体划分标准，我们将年收入在10万～50万元的家庭界定为中等收入家庭。利用交易大数据分析发现，与2019年相比，2020年10万～50万元的中等收入群体收入同比有所增长，但消费出现10%以上的大幅萎缩，消费倾向出现大幅下降。而家庭年收入在5万元及以下的群体由于支出刚性强和收入降幅大，消费倾向不降反升（见表10-2）。中等收入群体消费倾向下降，可能会对消费带来较大冲击。

表10-2　　　　　　**不同收入组居民收入、消费和消费倾向变动情况**

收入水平	5万元以下	5万～10万元	10万～30万元	30万～50万元	50万元以上
居民消费同比变化情况	−10.0%	−11.6%	−16.9%	−10.1%	2.6%
居民收入同比变化情况	−34.2%	−8.3%	3.9%	10.5%	14.8%
居民消费倾向与上年比值	1.37	0.96	0.8	0.81	0.8

（数据来源：课题组测算）

当前我国消费倾向正处于U形底部阶段，"十四五"期间有望逐步企稳。从全球发展规律看，人均GDP在8 000～12 000美元时消费倾向出现由降转稳的转折点。2019年我国人均GDP为8 255美元（2010年不变价），已处于该转折区间，未来一个时期我国宏观消费倾向有望延续此前的上升趋势，微观消费倾向也有望实现缓中趋稳。

公共服务和社会保障不均衡，国民未富先老，消费存在后顾之忧。总体上看，我国社会保障体系还不完善，大量进城务工人员实际享受的保障水平较低，社会保障存在明显的不公平、不均衡现象。我国的居民就业保障仍有待加强，尤其是疫情冲击下低收入者、应届大学毕业生、农民工等重点群体就业困难增加。劳动法落实还不到位，员工合法带薪休假等权益仍然得不到有效保障，影响居民消费的能力和动力。教育、医疗等公共服务成本偏高，非理性竞争加剧，挤占了居民大量支出，也进一步压缩了消费增长空间。我国正在加速进入老龄化社会，2020年我国60岁以上和65岁以上人口比重达到18.7%和13.5%，未富先老进一步增大了养老、医疗的成本负担，扩大消费存在后顾之忧。

中等收入群体发展型享受型消费占比高、弹性大，疫情冲击下消费倾向降幅更明显。从不同收入分组的消费结构看，收入水平越高，发展型和享受型消费支出占比越大。与全国平均水平相比，中等收入群体的消费结构升级特征更为明显，家庭设备及日用品、衣着鞋帽、文教娱乐等方面的支出占比分别较同期全国平均水平高2.4、0.5、0.4个百分点，而食品、医疗保健方面支出占比均较全国平均水平低1.7个百分点（如图10-9所示）。疫情对发展型和享受型消费的冲击更大，中等收入群体消费倾向受到的影响更为明显。

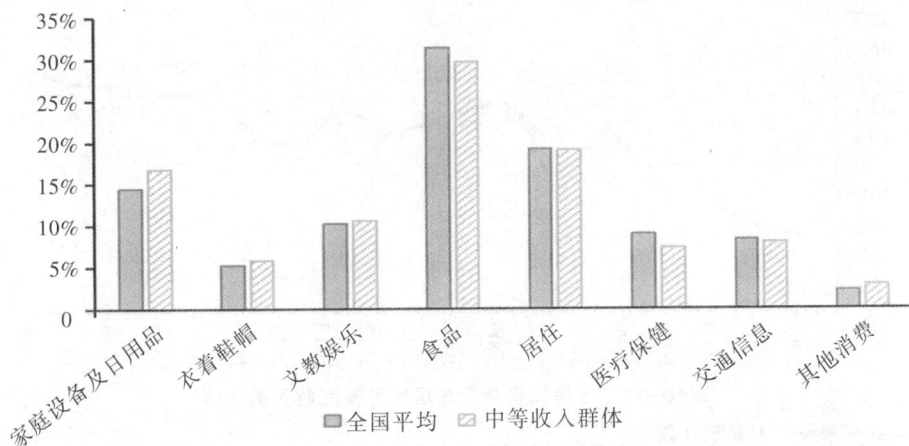

图10-9　中等收入群体与全国平均消费结构对比

（数据来源：CFPS（2018））

疫情对消费的冲击正在逐步消退，居民消费倾向有望回归正常轨道。2020年国家统计局的数据显示，我国微观消费倾向为65.9%，比2019年下降4.2个百分点。然而，从季度消费倾向变化看，各季度降幅正在逐步收窄，2020年四季度居民消费倾向已回升至74.8%，接近上年同期水平（如图10-10所示）。从商品零售额看，剔除低价格因素后，12月份商品零售同比实际增长6.12%，仅较上年12月份低0.77个百分点，比名义降幅小1.93个百分点，其中油价低迷是拖累商品零售名义增速的主要价格因素。与此同时，家庭将更大比例的储蓄资金用于房产投资或者其他非消费性支出，2020年住房销售金额与居民可支配收入的比重不降反升，达到了40.7%（如图10-11所示），房价也未出现明显下降，说明居民非消费性支出倾向较强，这与经济危机或周期下行阶段典型的风险偏好下降、支出意愿不足特征显著不同，说明当前居民消费倾向韧性仍然较大。

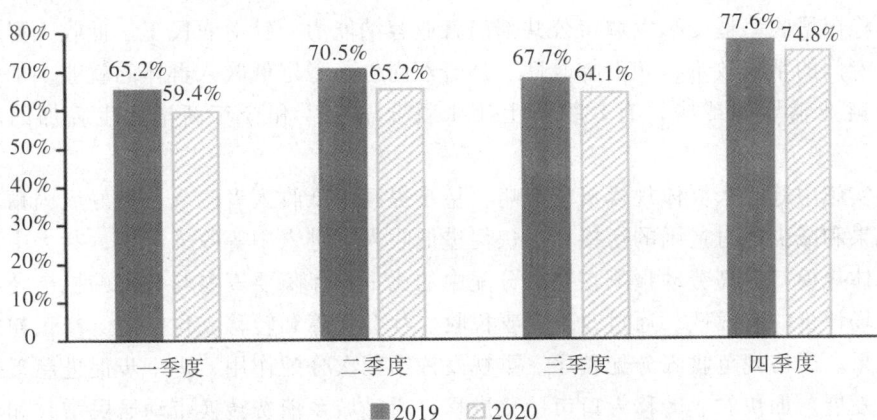

图10-10　2020年我国微观消费倾向的季度变化

（数据来源：国家统计局）

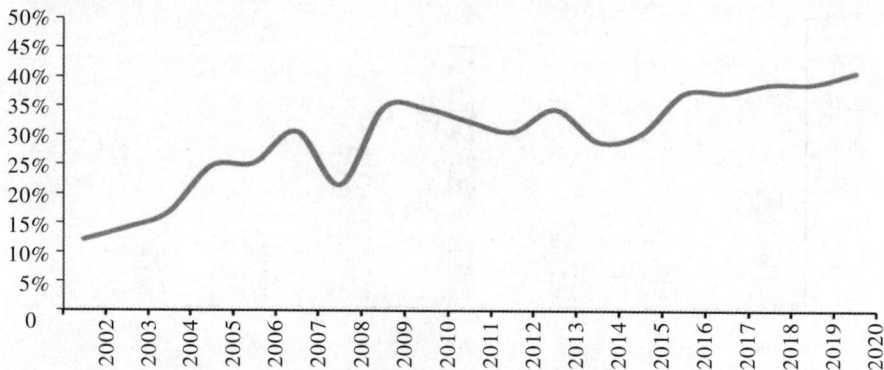

图10-11　住房销售金额与居民可支配收入的比值

（数据来源：国家统计局）

政策建议

从中长期视角看，我国居民消费倾向进入降中趋稳的阶段。受到新冠疫情冲击，居民消费倾向短期出现一定幅度的下降，但这是主要经济体面临的共性问题，而且我国回落幅度相对较小。2020年三季度以来，居民收入增速明显回升，居民支出意愿和风险偏好依然较强，随着疫情影响逐渐消退，消费倾向有望进一步回归正常轨道，并在"十四五"时期延续趋稳态势。提振居民消费倾向、释放消费潜力的当务之急是巩固疫情防控，根本之策是保持必要增速、增强就业吸纳能力，持续之路是壮大中等收入群体、营造良好消费环境和支持自主生育。

巩固疫情防控，增强消费复苏后劲，尽可能将疫情对经济社会的冲击降至最低。

保持必要经济增速，增强就业吸纳能力。实施积极财政政策和稳健货币政策，救助纾困政策稳步推出，不搞"急转弯"和"一刀切"。提高政策精准性针对性，延续并加强对小微企业等薄弱环节的支持力度。实施就业全面优先政策，保障关键群体稳岗增收。适度扩大城市公共部门就业容纳能力，针对农民工、低收入群体等出台专门的帮扶政策，开发临时性、公益性岗位，稳定低收入群体的就业。加强大学生就业辅导和帮扶，有效缓解上年未就业毕业生和今年新毕业生叠加的就业压力。

实施中等收入群体规模倍增战略，稳步提高中低收入者收入。做好巩固精准扶贫成果和减少相对贫困的衔接，加快促进低收入者进入中等收入群体，壮大中等收入群体规模。提高劳动报酬在初次分配中的比重，保障要素参与分配的机会公平性和市场评价的有效性。通过改革完善税收、社会保障和转移支付措施，修正初次分配结果。严格规范收入分配秩序。重视发挥第三次分配作用，进一步促进慈善捐赠事业发展。加快农业转移人口市民化进程，通过城乡消费转换带动居民增收和消费扩大。通过发展农村集体经济盘活农村资产，让广大农民分享乡村土地、生态等资产升值。

持续优化消费环境，带动消费提质升级。顺应人口老龄化趋势，增加医疗保健和养老等方面的有效供给，降低老年人生活和照护成本。加快公立医院改革，大幅降低医疗服务个人自付比例。加快教育改革，推进教育均衡，缩小教育差距，降低择校的非理性竞争压力。完善长租房政策，利用集体土地建设保障性租赁住房，同时降低租房相关税费，释放被高房价抑制和挤压的消费。完善消费领域企业和个人信用体系，开展消费领域企业信用评价。依法加强消费者权益保护，畅通消费者维权渠道，打通消费维权"最后一公里"。以扩大节假日消费为突破口，促进线上线下融合，丰富消费场景。提升农村数字化基础设施，填补城乡数字化鸿沟。

支持自主生育，释放消费长期潜力。落实人口长期发展战略，进一步优化政策配套措施，促进一对夫妻可以生育三个子女政策落地。针对性地出台鼓励生育政策措施，重点在托幼、义务教育等方面出台生育支持政策，强化基层组织在提供托幼等公共服务中的作用，降低生育综合成本，提高生育意愿。提高教育资源均等化水平，缩小城市间、城市内教育水平差距，提升优生优育服务水平。完善产假与生育保险制度，保障女性就业合法权益。在税收和住房等相关政策方面充分考虑子女数量，加大支持鼓励的力度。

（资料来源：陈昌盛，许伟，兰宗敏，等. 我国消费倾向的基本特征、发展态势与提升策略［J］. 管理世界，2021（8）.）

【讨论问题】

1.我国的消费倾向有何特点？

2.影响我国消费倾向的因素有哪些？

3.如何提升我国消费倾向？

【参考答案】

1.我国消费倾向的特点主要包括：

第一，家庭储蓄率较高，消费支出相对较低；

第二，城乡居民消费结构存在差异，城镇居民消费更多的是非必需品，而农村居民则更多消费必需品；

第三，高收入人群对非必需品的消费贡献较大；

第四，年轻人对消费的需求更加追求多样性、品质和个性化。

2.影响我国消费倾向的因素主要有以下几个方面：

收入水平：收入水平是消费的基础，随着收入水平的提高，消费倾向也相应提高。

价格水平：物价水平对消费者购买力的影响较大，价格水平越高，消费倾向就越低。

消费信心：消费者对经济和个人未来的预期和信心会影响其消费倾向。

社会文化和价值观：社会文化和价值观对消费者消费行为的影响不容忽视。

3.提升我国消费倾向的方法可以从以下几个方面考虑：

增加居民收入：通过提高工资水平、减税降费等方式增加居民收入，提高其消费能力。

降低必需品价格：政府可以通过价格管制等手段降低必需品的价格，让消费者有更多的消费选择。

加强消费信心建设：政府可以通过经济政策等手段提升消费者对经济和个人未来的信心和预期。

培养消费文化和价值观：通过教育和宣传等方式，培养居民正确的消费观念和价值观，促进理性消费。

第十一章　国民收入的决定：IS-LM模型

开篇案例

利率与我们的生活息息相关

【案例正文】

　　许多人可能认为利率离我们很远，但事实并非如此。利率影响着我们的收入、消费方式和财富，并对绝大多数人产生深远的影响。

　　在市场经济时代，企业对利率极为敏感。利率上升会增加企业的借贷成本，降低企业投资项目的预期利润率，企业不会继续扩大规模，从而影响新增就业机会。同时，加息也是政府从紧货币政策的表现。这势必会影响总需求的增加，使企业的产品销售更加困难，而企业利润的下降可能会导致生产和人员减少，一些人必然会失去工作。当然，不是任何时候降低利率都能增加就业和刺激经济增长。因为如果经济和社会的总需求极其低迷，人们的经济前景就会极其黯淡。即使利率极低，人们也不敢投资，不敢扩大消费，就业率也不会提高。在资本主义大萧条时期，情况就是如此。除非人们对未来保持信心，降低利率才是有效的，投资和消费才会增加，就业才会扩大。

　　利率也对房价产生重大影响。首先，如果利率上调，人们买房需要偿还的利息就会增加，成本就会增加，从而导致购房需求减少，房价下跌，而加息可能导致部分购房者无法按时偿还贷款本息，造成"断供"现象。这将引起房地产市场的恐慌，使房价下跌。其次，房地产开发需要大量资金。开发商自己的资金很少，大部分要靠银行贷款。当利率大幅上升时，房企的借贷成本必然会大幅上升，还款压力也会骤然加大，而利率的上升也预示着政府正在收紧信贷需求，银行融资难，贷款条件也在增加，将被迫以折扣价出售房屋以尽快恢复现金流，从而导致整体房价下跌。回顾世界各国的经济发展，我们可以发现，在很长一段时间内，各国都经历了一段房价上涨的时期。这一时期，人们认为房价只涨不跌，炒房异常活跃。比如20世纪80年代的日本和2000年以来的美国。但随着日本经济泡沫的破灭和世界金融海啸的爆发，房地产价格暴跌。这说明，随着房地产价格的不断飙升，危机也在不断孕育，当积累到一定程度时必然爆发。

　　有经济学家指出，美国次贷危机最直接的原因是美联储加息，导致部分次贷借款人"断供"，从而削弱了人们对房地产市场的信心，从而立即传递到投资市场，引发市场恐慌，并进一步演变为全球金融海啸。

因此，利率与我们的生活息息相关，以至于我们的衣食住行都离不开利率的影响。

（资料来源：晟雯小说推荐. 利率与我们的生活息息相关［EB/OL］.［2022-05-07］. https：//baijiahao.baidu.com/s？id=1732107129437014872&wfr=spider&for=pc.）

【讨论问题】

利率是什么？利率可以从哪些方面影响经济？

【参考答案】

我们老是听到一些新闻，美联储加息、英国加息、中国人民银行降息，各国央行动作都很大，那些操作背后的逻辑是什么？就是利率是怎么影响经济的。利率是一定时期内利息额与贷款额（本金）之比。利率是影响所有资产价格最重要的因素。利率与投资反方向变化，即利率提高，投资减少；投资是国民收入组成要素的一个重要因素，且两者同方向变化（国民收入=消费+投资+政府支出+净出口），所以投资减少，国民收入总量减少。综合上述两点可以知道，利率提高，投资减少，最终导致了国民收入的减少；利率降低，消费增加，投资增加，导致国民收入增加。因此，通过调整利率而实现经济稳步发展的目的是当前国际社会普遍使用的重要工具之一，同时利率也是影响国民收入的重要因素，IS-LM模型就是引入了货币市场，在产品市场和货币市场同时均衡的条件下，探讨利率与国民收入的关系。

11.1　产品市场均衡：IS曲线

```
案例
美国财政刺激方案
```

【案例适用】

IS曲线变动

【案例正文】

新一届奥巴马政府入主白宫时，美国处于经济危机中，失业率已经从2007年12月的4.7%上升到2009年1月的7.6%。为了刺激经济，奥巴马政府提出财政刺激计划，该计划由国会通过，它包括为家庭和企业减税2 880亿美元，联邦支出增加4 990亿美元（包括转移支付）。根据上面的分析，减税并增加政府支出可以提高计划支出，进而提高任何给定的实际利率水平下的均衡产出。不幸的是，事情并不像奥巴马政府预计的那么顺利。直到2010年之后，大部分政府购买才付诸实施，而自发消费和自发投资的下降也比预期严重。结果，财政刺激政策被低迷的消费和投资抵消，所以计划支出没有提高反而降低了。尽管出台了财政刺激政策，失业率在2009年仍超过了10%。虽说如此，如果没有财政刺激政策，可能会导致更多的失业。

【讨论问题】■━━━━━━━━━━━━━━━━━━━━━━━━━

1.财政刺激计划下IS曲线如何变动？如何影响就业？

2.自发消费和自发投资下降时IS曲线如何变动？如何影响就业？

【参考答案】■━━━━━━━━━━━━━━━━━━━━━━━━━

1.在财政刺激计划下，政府增加支出会引起IS曲线向右移动，即G的增加会导致Y的增加，形成一定的乘数效应。这是因为政府支出的增加会刺激国内的总需求，增加了市场上的商品和服务的需求，因而拉动了经济增长。失业率会下降，因为生产水平提高，企业需要更多的劳动力，从而增加了就业机会。

2.在自发消费和自发投资下降的情况下，IS曲线向左移动。当消费和投资下降时，GDP减少，导致减少的GDP不再要求新增的资本或劳动力，企业减少生产和投资，从而导致失业率的增加。此时，政府可以通过增加政府支出的方式刺激经济，以拉动总需求，使得IS曲线向右移动，以刺激经济增长。

11.2　货币市场均衡：LM曲线

━━━━ 案例 ━━━━

全球流动性陷阱

【案例适用】■━━━━━━━━━━━━━━━━━━━━━━━━━

流动性陷阱

【案例正文】■━━━━━━━━━━━━━━━━━━━━━━━━━

"美元是我们的财富，却是你们的问题。"时任美国财政部长的约翰·康纳利1971年曾如是宣称。虽然那会儿的时代背景和现在完全不同，但全球因美元所引发的问题真是层出不穷。

1944年确立的布雷顿森林货币体系，成就了美元的全球霸权地位，但美元与黄金挂钩并可以兑换始终是捆在美国货币政策当局身上的枷锁。美国1971年宣布美元与黄金解绑，布雷顿森林体系瓦解，美元自此完全成为信用货币，美国可以根据国内情况开动印钞机。然而，美国政策具有强大外溢效应，因美国或宽松、或紧缩的货币政策引发的全球流动性泛滥或全球流动性紧缩周而复始地在全球肆虐，并无情收割世界其他国家的财富。

美元问题的实质是美国经济繁荣和衰退周期的交替出现。一般而言，在经济繁荣期，美国为了防止经济过热采取收缩性货币政策，美联储缩表、加息，流动性回流美国，造成全球"美元荒"；在经济衰退期，美国出于刺激经济的需要实施扩张性货币政策，美联储降低指导利率甚至到零，采取量化宽松甚是无限量的量化宽松政策，美元超发又引起全球流动性泛滥。美国的所作所为极易引发全球流动性陷阱，既有美元超发引起的流动性泛滥，也有美元收缩造成的流动性紧缩。

全球流动性泛滥，以华尔街为代表的国际金融资本赚全球资产价格上涨的钱。国际"热钱"推高大宗商品价格，拉升股票价格、吹大资本市场泡沫，让房地产价格飙升；美元贬值致使以出口为导向的发展中国家出口商品价格上涨、竞争力下降，同时给新兴国家埋下新一轮经济金融危机的风险隐患；流动性泛滥促使新兴经济体"脱实向虚"，社会资本从生产、研发等实体经济领域流向高投机、高风险的金融领域，加重其经济的结构性和系统性问题。

全球流动性紧缩，国际金融资本趁势抄底新兴经济体的优质资产再次赚钱。全球流动性紧缩表现为"美元荒"，全球资金回流美国——当潮水退去时，才知道谁在裸泳。新兴经济体的表现尤为突出：本国货币贬值，资产价格、房价下跌，严重的甚至引发这些经济体的经济金融危机。

以华尔街为代表的国际金融寡头通过国际市场拉抬、卖出、下跌、抄底这一番操作，收割其他国家的财富，让自己赚得盆满钵满，但严重扰乱了这些国家的经济发展，也让全球经济在货币泛滥和紧缩的轮回中饱受冲击。

为了尽快恢复疫情对经济的影响，美国 2020 年推出了 3.2 万亿美元经济刺激计划，美国新政府 2021 年刚刚通过 1.9 万亿美元经济刺激法案，3 月 26 日又宣布，计划以 3 万亿美元进行基础设施建设。而投资者根据市场交易情况估计，到 2023 年年底，美联储将会加息数次。也就是说，到 2023 年年底，美国货币政策将反转。这一放一收，就是新一轮的全球流动性陷阱。

（资料来源：范思立. 全球流动性陷阱［N］. 中国经济时报，2021-04-02.）

【讨论问题】▶━━━━━━━━━━━━━━━━━━━━━━━━━━━━

1.什么是流动性陷阱？

2.流动性陷阱下宏观经济有何特点？应该如何调控？

【参考答案】▶━━━━━━━━━━━━━━━━━━━━━━━━━━━━

1.根据凯恩斯的投机动机的货币需求，人们的财富要么用货币形式保存，要么用债券形式保存。当利率比较低的时候，债券的价格比较高，人们预期债券价格会下降，就不会有人愿意持有债券，人们都希望把手里面的债券换成货币，对货币的需求就会增加。而当利率极低的时候，这时的债券价格也非常高，人们认为此时的利率不太可能再下降，或者说有价证券市场价格不太可能再上升，因而会把手里面所持有的全部债券换成货币，所以，人们不管有多少货币都愿意持有在手中，都不会再去购买有价证券，因而流动性偏好趋于无限大，即出现"流动性陷阱"。

2.当市场利率非常低，面临"零利率下限"的约束时，经济处于流动性陷阱，这时人们认为利率已经达到最低，不可能再降低了，则债券的价格达到最高，不可能再上升了，这时即使银行增加货币供给，人们也不会去买债券，而是把货币持有在手里，导致传统的货币政策无效；同时，当金融市场或者实体经济受到严重冲击，市场利率的传导机制受损，央行仅调节短段利率难以有效传导至中长期利率乃至实体经济时，传统的货币政策也失去了效果。此时，就不得不采取非常规货币政策，因此，非常规货币政策的核心就是要解决传统货币政策面临的零利率下限以及市场利率传导机制受损的问题。

11.3 两大市场均衡：IS-LM 模型

案例1
战争和利率

【案例适用】
IS-LM模型应用

【案例正文】

1959年美国发动越南战争。越南人民英勇奋战，使美国士兵陷入热带丛林之中，美国政府不得不增加兵力。从1965年年初到1966年年末，美国驻越南军队人数由不足2.5万急剧增加到35万。军队人数增加使得军费开支扶摇直上，1965年到1966年期间，美国政府支出增加了550亿美元。与此同时，美国的货币供给量（M₁）几乎没有变动：1965年为5 910亿美元，1966年为5 850亿美元。

我们可以利用IS-LM模型分析越南战争对美国经济的影响，以图11-1为例。该图表明，政府增加军费开支将使IS曲线由IS₁右移至IS₂，如果货币供给量（M₁）不变，那么通过IS-LM模型分析，我们可以预测经济由E₁点移至E₂点，结果是GDP增加，利率上升。

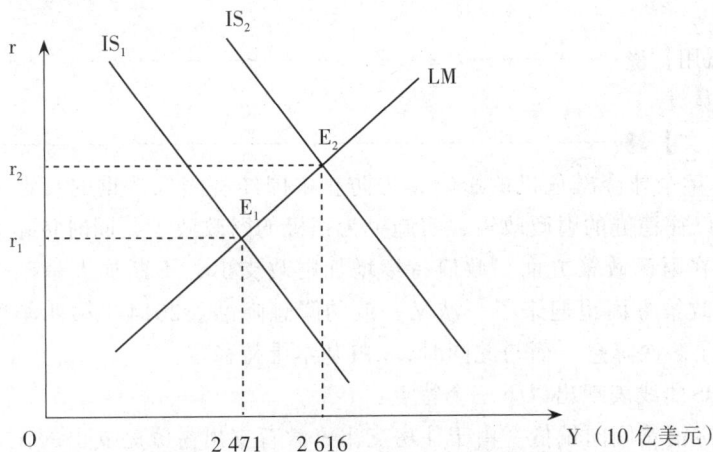

图11-1 政府军费支出变化对均衡的影响

这也正是1965年至1966年的真实写照：GDP从24 710亿美元增至26 160亿美

元，增加了 1 450 亿美元，三个月期国库券利率从 3.95% 升至 4.88%。

当时经济学家们认为，应提高税收以免经济过热，并使 IS 曲线重新向左移以降低利率。但是当时在任的约翰逊总统认为通过提高税收来支付越来越不受人们欢迎的战争花费，在政治上是行不通的，因此直到 1968 年仍未提高税收。最终，过热的经济造成了通货膨胀和前所未有的高利率。

【讨论问题】

1.税收及政府支出变化对 IS 曲线有何影响？

2.你如何看待战争期间的税收调节与利率变动？

【参考答案】

1.税收及政府支出变化会引起 IS 曲线平移。一般来说，减税会提高私人投资和消费的收益率，从而增加总需求和 GDP，导致 IS 曲线向右平移。而政府支出的增加也会提高总需求和 GDP，同样使 IS 曲线向右平移。相反，增税或减少政府支出会降低私人投资和消费的收益率，减少总需求和 GDP，导致 IS 曲线向左平移。

2.战争期间的税收调节与利率变动是为了调节战争期间的经济状况，通常包括增加税收以融资战争、降低利率以鼓励投资和消费等。然而，由于战争通常导致经济资源紧缺，利率可能会因为借贷需求增加而上升，同时战争带来的不确定性也会降低私人投资和消费的信心，从而抑制经济增长。因此，在战争期间，税收调节和利率变动需要谨慎考虑，以充分平衡战争的资金需求和经济的稳定运行。

案例 2

IS-LM 模型在中国

【案例适用】

IS-LM 模型

【案例正文】

受 2008 年全球金融危机的影响，为防止中国经济陷入严重的衰退境地，中国政府改变了以往稳健的财政政策，实施更为积极的财政政策，同时货币政策也变得更为宽松。在财政政策方面，政府持续增加财政支出，不断加大基础设施建设投资，在货币政策方面也迎来了一波又一波的降息降准。2014 年第四季度以来，中央银行进行了多次降息，而与此同时，CPI 基本维持稳定。

中国的 IS 曲线表现出以下三个特点：

一是边际消费倾向偏低。由于住房支出、教育支出占家庭支出的比重大，加上社会保障体系不够完善，收入分配差距拉大等因素的制约，中国居民的边际消费倾向偏低。

二是投资对利率的变化敏感度不高。中国的银行利率尚未完全实现市场化，企业对资金的供求对利率的影响度较低，加上在中国现行的银行信用资金管理体制下，资金的去向并不是完全由市场决定的。这些因素弱化了利率政策的传导作用。中央银行只得通过多次降息来刺激投资。

三是当前 IS 曲线较为陡峭。但随着经济的发展、制度的健全和人民生活水平的提高，IS 曲线会变得平坦。

中国的 LM 曲线表现出以下三个特点：

一是货币需求收入弹性较高。在中国的狭义货币需求中，交易需求占了很大的比重，居民因交易动机和谨慎动机而产生了大量的货币需求，并且受收入影响大。

二是货币需求利率弹性较低。预防性货币需求对利率基本无弹性，这部分需求表现为对医疗、养老保险以及对自费教育的预期等，一般不会随利率变动。而投机性需求，在政策市场不是特别完善的情况下，虽然居民有了一定的投资意识，但由于投资资金和投资渠道有限，投机性需求依然不高。

三是 LM 曲线较为陡峭。随着证券市场的完善、投资渠道的拓宽以及投资行为的规范，LM 曲线会逐渐趋于平坦。

【讨论问题】 ■━━━━━━━━━━━━━━━━━━━━━━━━━━━━

1. IS 曲线斜率受哪些因素影响？

2. LM 曲线斜率受哪些因素影响？

【参考答案】 ■━━━━━━━━━━━━━━━━━━━━━━━━━━━━

1. IS 曲线的斜率受到多种因素的影响，以两部门为例，IS 曲线斜率为 $-(1-\beta)/d$，主要影响因素是投资对利率的敏感程度 d 和边际消费倾向 β。如果 d 的值比较大，即投资对利率变化比较敏感，那么 IS 曲线的斜率就较小，这时 IS 曲线比较平缓，反映在 IS 曲线上就是：利率的较小变动要求有收入的较大变动与之相配合，才能使产品市场均衡。如果 β 的值较大，IS 曲线斜率就较小，IS 曲线比较平缓，这是因为 β 值较大，意味着支出乘数较大，从而当利率变动引起投资变动时，收入就会以较大幅度变动。三部门经济中，IS 曲线斜率除了和 d、β 有关外，还和税率 t 的大小有关：当 d 和 β 固定时，税率 t 越小，IS 曲线越平缓；税率 t 越大，IS 曲线就越陡峭。

2. LM 曲线的斜率等于 k/h，LM 曲线的斜率取决于 k（货币需求对收入变动的敏感程度）和 h（货币需求对利率的敏感程度），当 k 为定值时，h 越大，则斜率越小，LM 曲线越平缓；当 h 为定值时，k 越大，则斜率越大，LM 曲线越陡峭。

综合案例

案例1

中国的利率体系与利率市场化改革

【案例正文】

利率是重要的宏观经济变量，利率市场化是经济金融领域最核心的改革之一。改革开放以来我国一直在稳步推进利率市场化，建立健全由市场供求决定的利率形成机制，中央银行通过运用货币政策工具引导市场利率。经过30多年的持续推进，我国的利率市场化改革取得显著成效，已形成比较完整的市场化利率体系，收益率曲线也趋于成熟，为发挥好利率对宏观经济运行的重要调节功能创造了有利条件。

1.利率是宏观经济中的重要变量

利率是资金的价格，对宏观经济均衡和资源配置有重要导向意义。作为反映资金稀缺程度的信号，利率与劳动力工资、土地地租一样，是重要的生产要素价格，同时，利率也是对延期消费的报酬。考察利率对行为和配置资源的作用，主要以真实利率（也称实际利率，即名义利率减去通胀率）为尺度。理论上，自然利率是宏观经济总供求达到均衡时的实际利率水平。实践中，利率的高低直接影响老百姓的储蓄和消费、企业的投融资决策、进出口和国际收支，进而对整个经济活动产生广泛影响。因此，利率是宏观经济中的重要变量。

利率对宏观经济运行发挥重要的调节作用，主要通过影响消费需求和投资需求实现。从消费看，利率上升会鼓励储蓄，抑制消费。从投资看，利率提高将减少可盈利的投资总量，抑制投资需求，即筛选掉回报率低的项目。利率对进出口和国际收支也会产生影响，国内利率下降，刺激投资和消费，提升社会总需求，会增加进口，导致净出口减少，同时本外币利差缩窄，可能导致跨境资本流出，影响国际收支平衡。当然，真实世界中利率传导机制以及宏观经济变量之间的关系要比上面的简化说法复杂得多。

均衡利率由市场供求关系决定，是企业、居民和金融机构等市场主体的储蓄行为、投资行为、融资行为在金融市场中共同作用的结果（主要通过银行存贷款、债券市场、股票市场、保险市场等进行投融资活动，并将金融资源配置到实体经济和各类资产上）。市场在配置资源中发挥决定性作用，配置过程是在产权清晰的基础上，通过市场交易形成的价格来导向的。在这个过程中，利率作为资金的价格决定资金流向，从而决定金融资源配置的流向。改革开放以来中国经济发展的奇迹证明，社会主义市场经济主要由金融市场来配置资源的效率要比计划经济高得多，广大人民群众的福利要好得多。从中长期看，宏观意义上的利率水平应与自然利率基本匹配。由于自然利率是一个理论上抽象出来的概念，具体水平较难估算，实践中一般采用"黄金法则（Golden Rule）"来衡量合理的利率水平，即经济处于人均消费量最大化的稳态增长轨道时，经通胀调整后的真实利率r应与实际经济增长率g相等。若r持续高于g，会导致社会融资成本高企，企业经营困难，不利于经济发展。r低于g时往往名义利率也低于名义GDP增速，这有利于债务可持续，即债务杠杆率保持稳定或下降，从而给政府一些额外的政策空间。但也有研究表明，至少在新兴市场，r低于g不足以避免债务危机。总体上r略低于g是较为合理的，从经验数据看，我国大部分时间真实利率都是低于实际经济增速的，这一实践可以称为留有余地的最优策略。但r也不能持续明显地低于g，若利率长期过低，会扭曲金融资源配置，带来过度投资、产能过剩、通货膨胀、资产价格泡沫、资金空转等问题，超低利率政策难以长期持续。

由于利率不仅影响微观主体投资收益、融资成本，更是平衡宏观经济总供求的关键，成熟市场经济体都将利率作为重要的宏观经济调控工具。央行确定政策利率要符合经济规律、宏观调控和跨周期设计需要。我国货币政策的最终目标是"保持货币币值的稳定，并以此促进经济增长"，利率是实现货币政策目标的关键。

按照党中央、国务院的战略部署，我国持续推进利率市场化改革，既适应中国国情，又与国际基本接轨，在有序放松利率管制的同时，高度重视建立健全由市场供求决定利率、中央银行通过运用货币政策工具引导市场利率的市场化利率体系，发挥好利率对宏观经济运行的重要调节功能。

2.我国已形成较为完整的市场化利率体系

经过30多年来持续推进利率市场化改革，目前我国已基本形成了市场化的利率形成和传导机制，以及较为完整的市场化利率体系，主要通过货币政策工具调节银行体系流动性，释放政策利率调控信号，在利率走廊的辅助下，引导市场基准利率以政策利率为中枢运行，并通过银行体系传导至贷款利率，形成市场化的利率形成和传导机制，调节资金供求和资源配置，实现货币政策目标。图11-2为我国利率体系和调控框架。

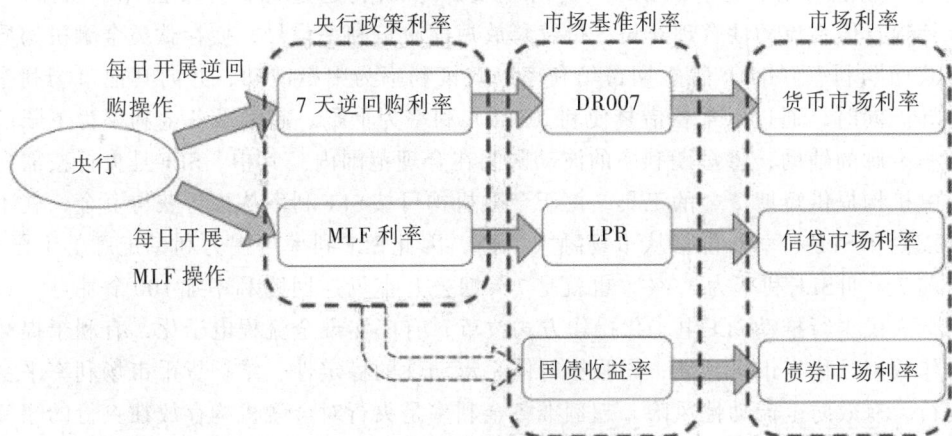

图11-2　我国利率体系和调控框架

我国市场化利率体系中，主要利率品种见表11-1，以下介绍几种最为重要的利率品种：

表11-1 我国主要利率品种

利率品种	目前利率水平	简介
公开市场操作（OMO）利率	7 天 2.2%	短期限逆回购操作利率
中期借贷便利（MLF）利率	1 年期 2.95%	央行投放中期资金的利率
常备借贷便利（SLF）利率	7 天 3.2%（=7 天逆回购利率+100BP）	央行在利率走廊上限向金融机构按需提供短期资金的利率
贷款市场报价利率（LPR）	1 年期 3.85%，5 年期以上 4.65%	报价行按自身对最优质客户执行的贷款利率报价的算术平均数
存款基准利率	活期 0.35%，1 年期 1.5%	人民银行公布的商业银行对客户存款指导性利率
超额准备金利率	0.35%	央行对金融机构超额准备金支付的利率，是利率走廊的下限
法定准备金利率	1.62%	央行对金融机构法定准备金支付的利率
上海银行间同业拆借利率	目前隔夜在 2%，3 个月期在 2.35% 附近	由信用等级较高的银行自主报出的同业拆借利率的算术平均数
国债收益率	目前 10 年期国债收益率在 2.85% 附近	通过市场交易形成的债券市场利率参考指标

（1）公开市场操作（OMO）利率与利率走廊。公开市场操作7天期逆回购利率是央行短期政策利率，目前利率水平为2.2%。央行通过每日开展公开市场操作，保持银行体系流动性合理充裕，持续释放短期政策利率信号，使存款类金融机构质押式回购利率（DR）等短期市场利率以政策利率为中枢波动，并向其他市场利率传导。同时，通过以常备借贷便利（SLF）利率为上限、超额准备金利率为下限的利率走廊的辅助，将短期利率的波动限制在合理范围内。其中，SLF是央行按需向金融机构提供短期资金的工具，由于金融机构可按SLF利率从央行获得资金，就不必以高于SLF利率的价格从市场融入资金，因此SLF利率可视为利率走廊的上限。目前7天期SLF利率为3.2%，也就是7天期公开市场逆回购利率加100个基点。近期，人民银行推动SLF电子化操作方式改革，有序实现全流程电子化，有利于提高操作效率，稳定市场预期，增强银行体系流动性的稳定性，维护货币市场利率平稳运行，有效防范流动性风险。超额准备金利率是央行对金融机构存放在央行的超额准备金付息的利率，由于金融机构总是可以将剩余资金放入超额准备金账户，并获

得超额准备金利率，就不会有机构愿意以低于超额准备金利率的价格向市场融出资金，因此超额准备金利率可视为利率走廊的下限。目前超额准备金利率为 0.35%。短期政策利率和利率走廊如图 11-3 所示。

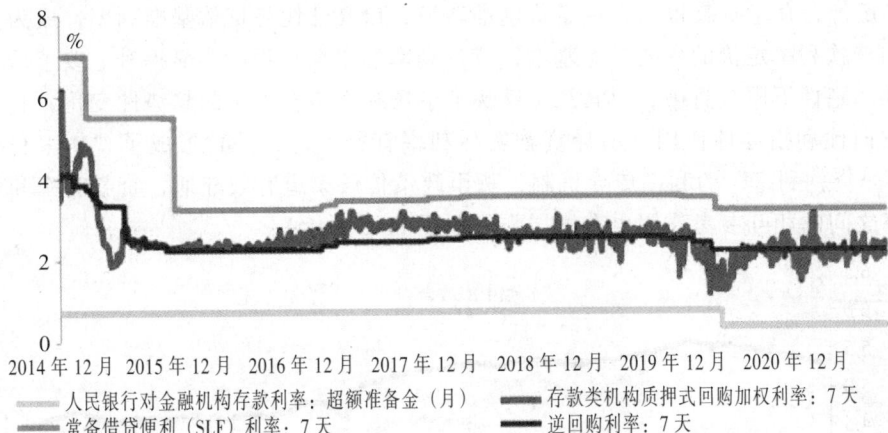

图11-3　短期政策利率和利率走廊

（2）中期借贷便利（MLF）利率。MLF 利率是央行中期政策利率，与公开市场操作 7 天期逆回购利率共同构成了央行政策利率体系。目前 1 年期 MLF 利率为 2.95%，代表了银行体系从中央银行获取中期基础货币的边际资金成本。自 2019 年以来，中国人民银行逐步建立 MLF 常态化操作机制，每月月中开展一次 MLF 操作，通过以相对固定的时间和频率开展操作，提高操作的透明度、规则性和可预期性，向市场连续释放中期政策利率信号，引导中期市场利率。以 1 年期同业存单（AAA+）到期收益率为例，近两年除 2020 年一季度受新冠疫情冲击影响，与 MLF 利率出现临时性偏离以外，其他时间基本围绕 MLF 利率为中枢波动。中期政策利率和同业存单利率如图 11-4 所示。

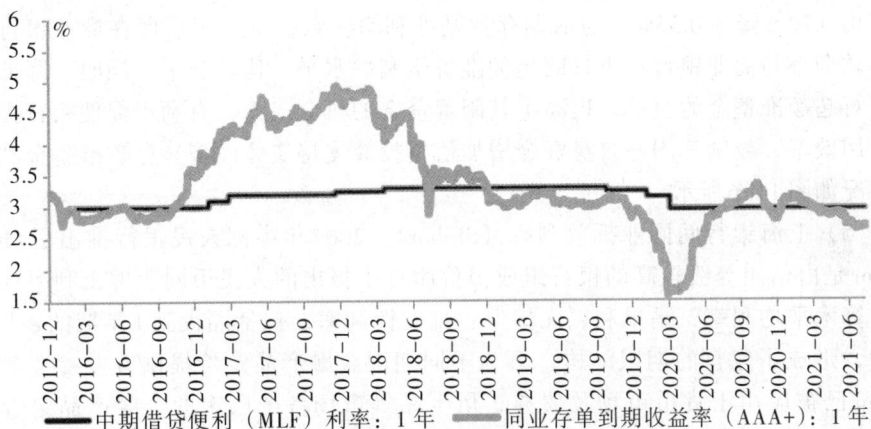

图11-4　中期政策利率和同业存单利率

（3）贷款市场报价利率（LPR）。2019年8月，中国人民银行推进LPR改革，报价行在MLF利率的基础上，综合考虑资金成本、风险溢价等因素报出LPR，充分反映市场供求状况。经过两年来的持续演进，金融机构新发放贷款已基本参考LPR定价，存量贷款也已完成定价基准转换，LPR已代替贷款基准利率，成为金融机构贷款利率定价的主要参考基准，贷款利率的市场化程度明显提升。改革后，贷款利率隐性下限被打破，LPR及时反映了市场利率略有下降的趋势性变化，有效发挥方向性和指导性作用，引导贷款实际利率有所下行，并且形成了"MLF利率→LPR→贷款利率"的利率传导机制，货币政策传导渠道有效疏通，贷款利率和债券利率之间的相互参考作用也有所增强（如图11-5所示）。

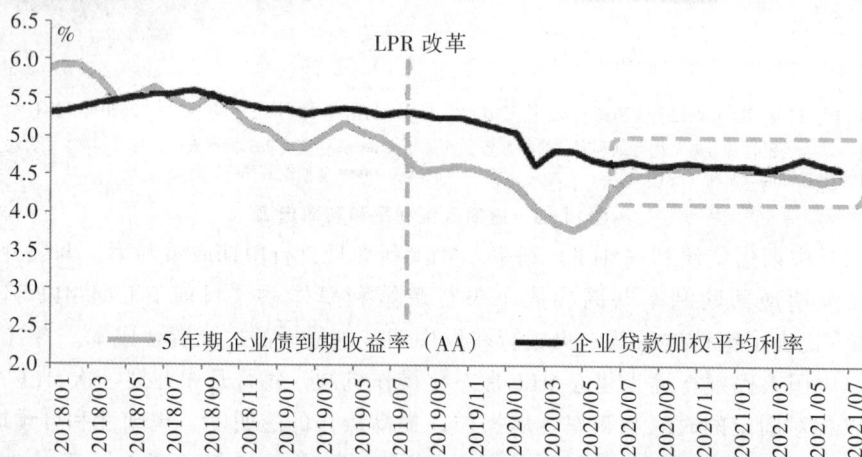

图11-5 改革后贷款利率和债券利率的相互参考作用有所增强

（4）存款准备金利率。存款准备金利率是央行对金融机构存入央行的准备金支付的利率，分为法定准备金利率和超额准备金利率。目前，我国的法定准备金利率为1.62%，有利于平衡各方面利益，支持金融机构可持续发展。2020年超额准备金利率由0.72%降至0.35%，与活期存款基准利率一致，统一了居民在商业银行的活期存款利率与商业银行在央行的超额准备金利率水平，比较公平。同时，降低了商业银行超额准备金的收益，提高了其闲置资金的机会成本，有利于促使银行提高资金使用效率，鼓励其用好自身资金增加信贷投放支持实体经济。存款准备金利率变化情况如图11-6所示。

（5）上海银行间同业拆放利率（Shibor）。2007年中国人民银行推出了Shibor。Shibor是由信用等级较高的银行组成报价团自主报出的人民币同业拆出利率计算确定的算术平均利率，是单利、无担保、批发性利率，包括隔夜到1年期的8个期限品种，形成了完整的期限结构，可为不同期限金融产品定价提供有益参考。目前Shibor已被应用于货币市场及债券、衍生品等市场各个层次的金融产品定价。自Shibor建立以来，中国人民银行持续对Shibor进行监督管理，有效地保证了Shibor

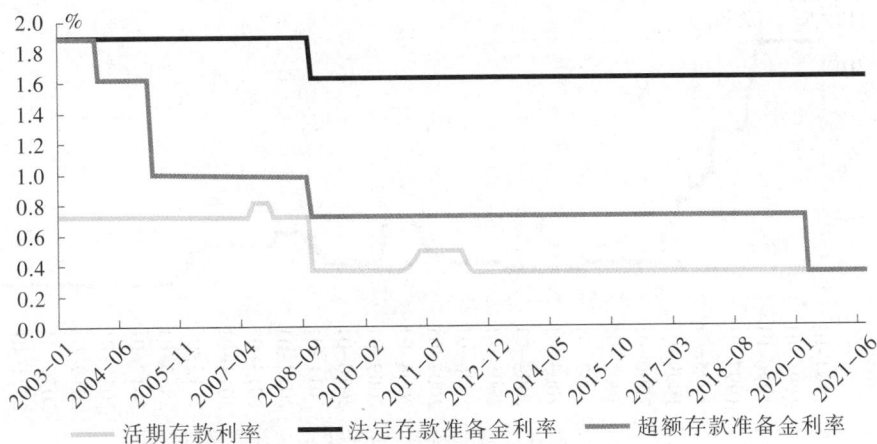

图11-6　存款准备金利率

的报价质量。同时，按照借鉴国际共识与最佳实践的总体思路，中国人民银行积极参与国际基准利率改革，指导利率自律机制和中国银行间市场交易商协会分别发布了境内伦敦银行间同业拆借利率（Libor）转换系列参考文本，为境内金融机构应对 Libor 退出提供了有利条件。

此外，存款基准利率过去发挥了重要作用。随着利率市场化改革的推进，当前金融机构可自主确定存款实际执行利率。几乎每个家庭都有存款，存款是最重要的金融公共服务产品，涉及广大人民群众切身利益。存款利率是在一定规则下由市场决定的。央行公布的存款基准利率作为指导性利率，为金融机构存款利率定价提供了重要参考。从国际经验看，存款利率一般比其他市场利率更加稳定。当前我国 1 年期存款基准利率为 1.5%，以此为基础既可以上浮也可以下浮，可以说处于"黄金水平"，符合跨周期设计的需要。2013 年 9 月中国人民银行建立了市场利率定价自律机制，对金融机构利率定价行为进行自律管理。利率自律机制参考存款基准利率形成了存款利率自律约定，对维护存款市场公平合理的竞争秩序发挥了重要作用。2021 年 6 月通过利率自律机制，约定存款利率自律上限，由存款基准利率上浮一定比例改为加点确定，有利于进一步规范存款利率竞争秩序，优化存款利率期限结构，为推进利率市场化改革营造了良好环境。将来如有下浮需要，市场主体也可自主决定。我国存款基准利率变化情况如图 11-7 所示。

3.我国的收益率曲线已趋于成熟

在市场化的利率体系中，基准性的收益率曲线非常重要，可为各类金融产品和市场主体提供定价参考。收益率曲线反映利率由短及长的期限结构，是由各期限金融产品的主要参考基准利率共同组成的一个体系。收益率曲线的短端为隔夜和 7 天回购利率 DR，长端为国债收益率。从国际上看，即便是债券市场较为发达的美国，其国债收益率曲线也主要在中长端发挥作用，货币市场等短端利率仍主要参考联邦基金利率和 Libor（改革后将转为 SOFR）。对收益率曲线的不同部分，央行与市场

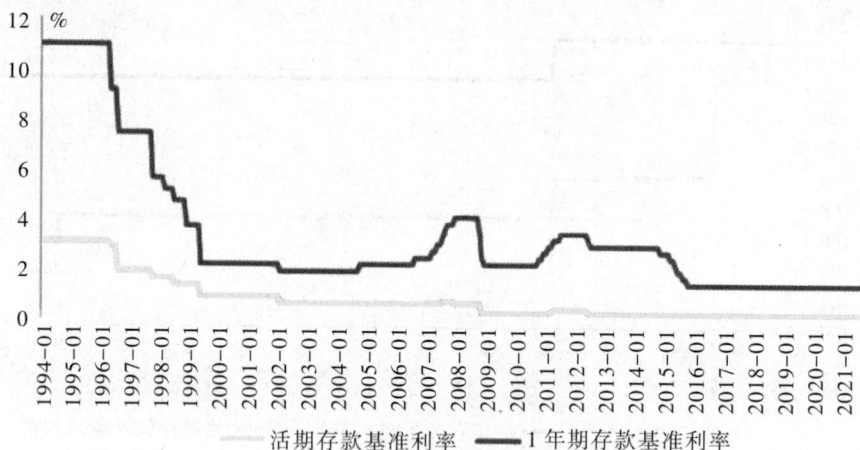

图11-7　存款基准利率

发挥的作用有所差异。对于收益率曲线的短端，央行控制着基础货币的供给，通过公开市场操作和中期借贷便利等投放短期和中期基础货币，直接影响短期和中期的市场基准利率。对于收益率曲线的中长端，则主要基于市场对未来宏观经济走势、货币政策取向等的预期，由市场交易形成，投资者和政策制定者可以从中观察重要的市场信息。

自1999年发布第一条人民币国债收益率曲线以来，中国国债收益率曲线的编制发布工作日趋稳定成熟。包括中央结算公司、外汇交易中心等基础设施以及彭博等国际信息商均编制国债收益率曲线，财政部、中国人民银行、银保监会（现国家金融监督管理总局）均在官方网站发布中央结算公司编制的收益率曲线。美国有影响力的国债收益率曲线则主要是美国财政部和彭博编制的曲线。中国国债收益率曲线中最受市场关注的是10年期国债收益率走势，该期限附近市场价格点丰富，日均成交近500笔，成交量超过200亿元，如图11-8所示。

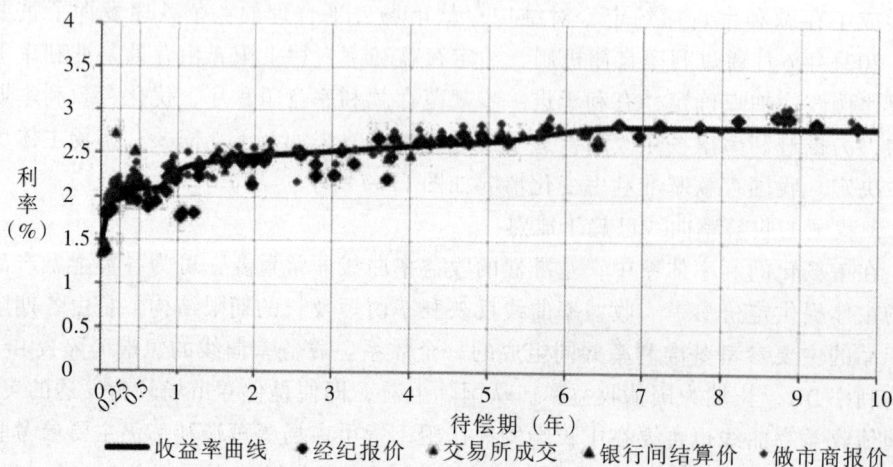

图11-8　中国国债收益率曲线图（隔夜至10年期）

中国国债收益率曲线的应用日益广泛。目前，国债收益率曲线被市场机构广泛用于风险管理、公允价值计量和交易定价参考，在债券市场上发挥了重要作用。将国债收益率作为发行及重定价参考利率的永续债、浮息债等规模近3.7万亿元。地方政府债券、超长期限国债在招标发行时采用中国国债收益率曲线作为发行定价的基准，迄今累计应用于超30万亿元债券的发行。国际方面，2016年，3个月期国债收益率纳入特别提款权（SDR）利率篮子，为境外央行及商业机构投资中国债券市场提供定价参考。

中国国债收益率曲线的市场基础与发达市场相比仍有差距。成熟的收益率曲线能够较好反映宏观经济增长和通货膨胀的变化。从规模上看，我国国债市场存量为21万亿元人民币，而美国国债市场规模超过28万亿美元。从换手率看，我国国债尤其是长期限国债换手率相对较低，10年期以上国债换手率不足1倍，远低于美国的5.3倍。从报价价差看，我国做市报价平均价差明显高于美国。近年来中美两国国债收益率的相关性有所上升。以10年期国债收益率为例，2010—2015年两者相关系数为0.3，2016年以来相关系数为0.67，如图11-9所示。中美国债收益率利差是各种因素的综合反映。

图11-9　中美10年期国债收益率比较

关于常规货币政策和非传统货币政策。资产购买工具不属于常规货币政策工具，而是央行在市场出现问题时的被迫选择。央行长期实施资产购买操作会产生危害市场功能、财政赤字货币化、损害央行声誉、模糊央行解决市场失灵和货币政策立场之间的界限、引发道德风险等诸多问题。应当尽可能避免实施资产购买操作，如果必须实施，应当坚持三个原则：一是央行干预的目的应当是帮助市场恢复正常运转，而非替代市场。二是央行的干预措施应尽可能走在市场前面，从而快速稳定市场情绪，避免市场失灵进一步恶化。三是应尽可能缩小资产购买规模，缩短持续时间，力求资产购买实施力度与市场失灵的程度保持一致。当前全球主要发达经济体的利率长期趋于下降，一些经济体的政策利率已接近零利率甚至负利率。中国的经济潜在增速仍有望维持在5%～6%，有条件实施正常货币政策，收益率曲线也可保持正常的、向上倾斜的形态。中国将尽可能地延长实施正常货币政策的时间，目前不需要实施资产购买操作。

中国人民银行将按照党中央、国务院战略部署，继续深入推进利率市场化改革，着力健全市场化利率形成和传导机制。一方面，继续完善中央银行政策利率体系。继续巩固以公开市场操作利率为短期政策利率和以 MLF 利率为中期政策利率的中央银行政策利率体系，理想状态为市场利率围绕以政策利率为中枢波动。着力完善利率走廊机制，有序实现 SLF 操作全流程电子化。另一方面，持续强化市场基准利率培育。优化 LPR 报价形成机制，督促报价行提高报价质量，对报价行进行考核并实行优胜劣汰，适时公布 LPR 历史报价。拓展回购利率 DR 在金融产品中的运用，进一步巩固 DR 的基准性。按市场化原则培育国债收益率曲线。

与此同时，利率市场化既要"放得开"也要"形得成"。当前深化利率市场化改革的一个重要矛盾在于市场化利率在"形得成"和传导方面存在障碍，其原因包括监管套利、金融市场不成熟等造成的市场分割，以及融资平台预算软约束、存款无序竞争等财政金融体制问题。下一阶段，要继续加强监管、优化营商环境、硬化预算约束、化解金融风险，为进一步深化利率市场化改革提供更有利条件。

（资料来源：易纲. 中国的利率体系与利率市场化改革 [J]. 金融研究，2021（9）.）

【讨论问题】

1.我国利率体系构成包括哪些内容？

2.我国利率市场化当前存在哪些障碍？排除这些障碍你有何建议？

【参考答案】

1.我国利率体系构成包括存款利率、贷款利率、中央银行公开市场操作利率、逆回购利率等。其中，存款利率是银行吸收存款时所承诺的利率，贷款利率是银行贷款时向借款人收取的利率，中央银行公开市场操作利率是指央行对市场的短期流动性进行调节时使用的利率，逆回购利率是指央行向银行等金融机构借出资金时收取的利率。这些利率构成了我国利率体系的主要内容。

2.目前我国利率市场化面临着一些障碍，主要包括以下几个方面：

利率市场化进程较慢：我国的利率市场化改革始于 1996 年，但由于历史原因和政策考虑，改革进程较为缓慢，各类利率水平的调整也存在一定限制，导致市场化进程相对滞后。

利率定价机制不够合理：由于我国金融市场尚不完善，利率的定价机制也不够合理，市场化利率与实际风险不匹配等问题普遍存在，导致了我国市场化利率水平相对较低，无法真正反映市场供求关系和金融市场风险。

利率管制仍存在：我国利率管制虽然在市场化改革中得到了不断的放松，但在某些领域仍存在一定管制，限制了市场自主定价的发展，也影响了市场化利率水平的提高。

市场竞争不足：由于国有银行等大型金融机构在市场中占据较大份额，对于市场化利率的推动作用不够明显，导致市场竞争不足，也制约了市场化利率水平的提高。

针对上述障碍，建议如下：

（1）加快市场化改革进程，进一步放松管制和限制，促进市场化利率水平的提高。

（2）加强金融市场建设和发展，构建更为完善的利率定价机制，使市场化利率与实际风险更好地匹配。

（3）鼓励金融机构之间的市场竞争，推动市场化利率的发展，增强市场机制对利率的决定作用。

【思政启示】

长期以来，中国人民银行积极推进利率市场化改革，并取得了明显成效。我国市场化利率目前已形成，传导机制进一步健全，中央银行政策利率体系持续完善，存款利率监管得到优化，贷款市场报价利率的改革潜力释放，推动实际贷款利率进一步降低。案例引导学生认识和理解我国利率改革历程，从学理上认同我国利率市场化改革，增强制度自信，同时引导学生关注我国利率市场化改革的进展前沿，为进一步推进我国利率市场化改革献计献策，厚植家国情怀。

案例 2

中国投资函数形成的特征

【案例正文】

投资就是资本的形成，包括人力资本的投资和物质资本的投资，而人力资本和机器设备等物质资本都是技术的重要体现，对于经济增长和社会发展均发挥着重要作用。

1.中国投资函数的特点

投资函数反映了投资和影响投资的各个因素之间的关系。中国投资函数的特点主要体现在投资数量和结构的特点、影响投资的因素复杂性的特点，以及投资量和各因素间的数理关系的特点上。

（1）投资空间巨大。中国是一个人口众多、幅员辽阔、资源丰富的大国，自改革开放以来一直维持着较高的 GDP 增长率。经济的快速成长，决定了中国投资空间巨大。一是体现在行业规模上。目前，相对于发达国家来说，中国的很多行业刚刚兴起，行业中企业数量少、规模小，远远不能满足国内巨大的需求缺口，行业中巨大的空白留给了企业投资和发展的空间。二是体现在行业发展的质量水平上。相对于发达国家各个行业技术相对成熟的局面，中国自改革开放以来白手起家，很多行业发展的起点低、技术水平落后，各个行业中不仅存在着经济规模的扩大，更具有结构调整、技术投资的增加和经济质量水平提高的巨大空间。由此可以预见，在如此巨大的发展空间和利益的诱惑下，中国将在未来较长时期内继续保持投资的较快增长。

（2）投资主体多元化。经过多年的改革开放，中国已经由计划经济时代几乎完全由政府包揽所有投资，转变为政府投资、国内私人投资、外商投资等多元化投资格局。并且，私人投资从"资本主义的尾巴"转变为享受"国民待遇"的市场主体，再到今天私人投资对于GDP的贡献逐渐增大，私人投资对于中国的投资市场发挥着越来越重要的作用。

但需要强调的是，不同投资主体之间，在投资方向上具有不同的分工。首先，作为政府，一般来说，主要投资于基础设施，包括道路、信息、生态环境等方面，目的在于为国内私人投资和外商投资开拓更广阔、更优越的市场空间。原则上，政府不宜直接投资经营企业。现有国有企业，除必要保留一部分外，其他宜通过股份化等途径，逐渐加大私人投资比例，以至完全让位于私人投资。其次，不管是国内的还是国外的私人投资行为，都是为了获得更大的经济利益，私人企业的投资会带动经济发展，提高人民的收入，改善人民的生活水平。但是政府必须对不正常的私人投资行为加以引导，防止其为了追逐过高利润而损害他人的利益。比如近年房地产市场过热，政府采取了一系列措施对房地产行业进行调控。

（3）国内资本市场发育不成熟。企业的投资活动需要从资本市场上获得稳定的支持。一方面，目前除政府和外商投资以外，国内私人投资一般多依靠自有资金和银行贷款，只有一小部分通过股市筹资。国内居民个人投资股市的资金也只占较小的比例，整个证券市场规模还有待扩大，操作管理不够规范，内控机制不完善，抗风险能力差，再加上投机气氛浓重，导致证券市场不健康发展，使企业难以从股市获得资金支持，闭塞了其资金支持的渠道，使其只能更加倚重贷款。另一方面，在贷款方面，相对于国企，在同等贷款利率和担保的情况下，私人企业难以获得银行的贷款，尤以中小企业为甚，而这些企业则更需要资金的扶持，用于企业自身的发展壮大。比如央行紧缩银根，基准利率和民间借贷利率普遍上扬，按照投资函数来说，企业此时应该减少投资，但是中小企业为了维持自身的发展，在难以取得银行贷款的情况下不得不向民间借入高利率的高利贷。除此以外，在住房投资方面，虽然银行针对个人的贷款逐渐增加，但目前依靠个人自有资金购房所占的比例还较大，民间持有的资金并没有很好地利用起来。总的来说，中国资本市场目前尚处于发育阶段，有待进一步完善。因此，在促进投资方面，货币政策的效应比较微弱。

（4）国内政策的变化。不同时期国内的投资政策也不相同，下面重点考察政府投资和境外投资。

1978年12月党的十一届三中全会拉开了我国经济改革的序幕，1978年至2002年10月为前转型时期，在此期间，我国主要实行的是速度型投资政策。此类政策以追求经济增长速度为主要目标，投资结构以刺激投资需求为主，以高成本、高污染、不可持续发展为代价。由于它忽视了经济与人口、资源、环境的协调发展，尽管在经济增长的过程中发挥了积极作用，但也带来了很多的负面效应。首先。加剧了经济发展的不平衡，使东西部的差距越来越大。其次，对全社会资本投资的引导作用较弱，导致近年来地方财政以及民间资本只能在大致相同的几个竞争性领域进行投资，造成了低水平的重复建设。最后，速度型投资政策对于扩大就业的贡献也较小。2002 年 11 月党的十六大和随后的十六届三中全会之后为后转型时期，我国的社会经济体制改革以建立完善的社会主义市场经济体制为目标。在此时期，政府采取效益型的投资政策，以追求高效益、低成本、可持续发展与充分就业为主要目标，稳定投资总量，优化投资结构，强化投资调控，提高投资效益。

境外投资政策由限制到鼓励和支持。改革开放初期，我国的境外投资规模一直较小，在 1979 年 8 月国务院颁布的 15 项经济改革措施中，第一次明确规定允许出国办企业，由此对外直接投资开始作为一项政策确定下来。1991 年 3 月，当时的国家计划委员会向国务院报送了《关于加强海外投资项目管理的意见》，指出"目前，我国尚不具备大规模到海外投资的条件"。上述观点成为 20 世纪 90 年代指导我国境外投资的基本政策，奠定了我国限制境外投资的基调。在 1997 年召开的党的十五大上，我国开始鼓励扩大境外投资，提出要"鼓励能够发挥我国比较优势的对外投资"。2000 年 10 月《中共中央关于制定国民经济和社会发展第十个五年计划的建议》指出，鼓励能够发挥我国比较优势的对外投资，扩大经济技术合作的领域、途径和方式，支持有竞争力的企业跨国经营，到境外开展加工贸易或开发资源，并在信贷、保险等方面给予帮助。2002 年党的十六大与 2007 年党的十七大均着重指出，要把"引进来"和"走出去"相结合，全面提高我国的对外开放水平。与党和国家的上述发展要求相适应，我国各级政府及商务部、国家发改委、财政部、国家税务总局、外汇管理局等有关部门对于境外投资的态度也逐渐从限制转变为鼓励和支持。

（5）投资结构呈现劳动密集型特点。中国拥有世界上最丰富的人力资源，劳动供给数量极其庞大，因而中国工资总体水平显著低于一般发达国家，这已成为目前中国吸引外资的一个重要因素。由于工资相当低廉，一般企业在进行投资时，往往更多地倾向于使用劳动力资源，从而使投资总体结构呈现劳动密集型特点。这种劳动密集型投资，首先会相对减少机器设备等资本品的投资需求，不利于资本品的生产及发展。

（6）投资比较分散。目前中国投资总量比较大，但投资流量相对分散。首先，一般企业规模普遍偏小。虽然一些企业走出国门，但相对于大型跨国企业的产业链投资和集群性投资来说，我国的企业大多是在多国多地区散点式的投资，各个投资之间关联少，难以形成规模和产业链，这样不可避免地给中国投资的整体效率带来消极的影响。其次，中国投资流量的地区布局不均衡。改革开放以来，中国东部沿海地区发展比较快，包括政府投资、国内私人投资和外商投资都大量集中于东部沿海地区，使东部沿海地区经济快速发展，而广大中西部地区投资则严重不足。整个中国经济已开始出现一定程度的地区失衡，并对未来社会经济发展形成某些消极影响。有鉴于此，中央政府于20世纪90年代末做出了西部大开发的战略决策，促使相当比例的投资转向西部地区。

（7）教育和住房投资是拉动中国"投资"的两驾马车。经济增长需要投资的推动，投资的资金主要来自消费者的储蓄，储蓄是源泉。而企业是否要投资，关键看其产品是否有销路。因此，较好的经济模式是：消费者能够积极主动地将一定的储蓄拿出来购买衣食住行用等产品和服务，这样企业的产品和服务就能够顺畅地销售。当企业拿到销售货款后，又可以继续生产，经济会不断地良性循环下去。但是，中国消费者由于勤俭节约的传统和对未来预期的不乐观，一直不愿意多消费。为了启动我国的消费，让老百姓将储蓄拿出来转变为消费，政府采取了教育市场化（教育并轨）和房地产市场化改革。这两项政策正是抓住了中国老百姓的心理：自己再穷再苦但为了小孩上学也愿意花钱；在中国老百姓的传统中，住房有着举足轻重的作用，"安居乐业""有房才是家"就是很形象的说法，因此，为了能够有个稳定的家庭，消费者愿意拿出自己的全部储蓄甚至两代人或几代人的储蓄。

① 教育市场化。我国从20世纪90年代中后期（特别是亚洲金融危机后）开始了大阔步的教育并轨，让老百姓从攥得很紧的口袋里或情愿或不情愿地拿出了其储蓄。

② 住房市场化。1994年7月18日，国务院颁布了《关于深化城镇住房制度改革的决定》，标志着我国全面推进住房市场化改革的确立。但是住房市场化改革的实质性快速推进，还是始于1997年亚洲金融危机之后。1998年7月3日，国务院颁布了《国务院关于进一步深化城镇住房制度改革加快住房建设的通知》，明确废除了住房实物分配的制度，确立了商品房的市场主体地位。此文件也成为我国房改历程上的里程碑。

（8）投资函数复杂多样。上述多方面原因，决定了中国投资函数比较复杂，不宜简单地套用西方经济学中投资函数的模式。特别是政府投资，仍然在中国"投资"中起着决定性作用。近年来，数千亿元的国债投资在拉动经济增长、促进私人投资方面所起的作用是有目共睹的。再如中国由于资本市场发育不成熟，因而利率对投资的调节作用也比较有限，这些都不同于西方发达国家。

2.外商直接投资

在过去的十几年中，中国凭借较为良好的投资环境、低廉的劳动力价格以及国内市场规模的迅速增长，在吸引外商投资方面做得非常成功，但同时带来了正负两方面的影响。从正面影响来看，首先，外商直接投资规模的不断扩大，缓解了我国国民经济发展的"瓶颈"部门和企业的制约，对我国国民经济的贡献不断增强。其次，外商投资带来了国外的先进技术，弥补了我国在某些领域的技术缺口。再次，外商投资企业给我国创造了更多的就业岗位，在一定程度上缓解了社会就业压力。最后，由于我国实行鼓励出口的政策，外商投资企业中出口加工型企业占相当的比重，有力地推动了我国对外经济的发展。从负面影响来看，一是外商直接投资的产业部门的比例不协调，在第二、第三产业中所占的比例大，尤其是第二产业占绝对主导地位，而这种投资结构不利于我国产业结构的调整和优化升级。二是外商直接投资区域分布严重失衡，在东部地区的投资远远多于中西部地区。这种外资区域分布不合理进一步拉大了我国地区经济发展的差距，加剧了地区发展的不平衡，对于我国经济整体发展战略的实施以及构建社会主义和谐社会等均产生了不利影响。三是从长远来看不利于我国经济的可持续发展。首先，外商直接投资削弱了我国增强经济自身的内生增长的能力。经济本身只有获得了持续发展的内在动力才能够实现可持续发展，而自主创新能力是影响经济增长内生动力的关键变量，尽管外商直接投资带来了一些先进的技术，但是会削弱我国的自主创新能力。其次，外商投资企业以营利为目标，会将自然资源密集型及污染严重的产业转入我国，这将加重我国的生态环境问题，不利于我国经济的可持续发展。

（资料来源：学习强国）

【讨论问题】

1.中国投资函数形成中有哪些特点？

2.投资函数形成中的特点对企业选择经营领域有什么影响？

3.产业资本、商业资本和金融资本是投资的重要体现，从中国的资源和经济结构的特点来看，未来投资的结构应如何引导？

【参考答案】

1.中国投资函数形成的特点主要有以下几个方面：

（1）国家对经济发展的定向引导和战略规划的影响较大；

（2）政府对资源配置和市场环境的干预较多；

（3）国内投资主要依赖于储蓄和外资，金融市场不够发达；

（4）地方政府重视基础设施建设和产业扶持，但也存在盲目投资和地方保护主义等问题；

（5）对于一些关键领域和战略性产业，国家采取了保护政策，同时也在加强对外投资。

2.投资函数形成的特点对企业选择经营领域产生了一定的影响。一方面，政府对某些产业的支持力度大，会引导企业向这些产业集中投资；另一方面，政府对一些高耗能、高污染产业采取了限制措施，会对企业的经营决策产生影响，推动企业向低碳、环保产业转型。

3.从中国的资源和经济结构的特点来看，未来投资的结构应该引导向以下几个方向：

（1）发展科技、教育、文化等人力资本领域，提高整个国家的人力资本水平；

（2）重点发展新能源、新材料、新一代信息技术、智能制造等战略性新兴产业，提高整个国家的科技水平和产业水平；

（3）加快服务业和高端制造业的发展，提高整个国家的经济质量；

（4）在推动国内经济发展的同时，加强对"一带一路"沿线国家的投资，扩大对外投资规模和范围，提高我国在全球产业链中的地位.

【思政启示】 ■━━━━━━━━━━━━━━━━━━━━━━━━━━━━━━━

投资作为拉动经济增长的传统"三驾马车"之一，对于中国经济的重要性不言而喻。投资是内需的重要方面，其乘数效应要大于消费和出口。投资在稳增长中一直发挥着关键作用。在1997年东南亚金融危机和2008年全球金融危机冲击之下，我国采取积极的财政政策扩大投资需求，有效地实现了经济的迅速反弹。在疫情风险应对过程中，增加对公共卫生服务、应急物资保障等领域的投资，为实现公共卫生安全、实现全民健康奠定了基础。抓紧布局数字经济、生命健康、新材料等战略性新兴产业、未来产业，开拓新的经济增长点。同时加快"新基建"建设进度。2020年3月4日中央政治局常务委员会会议强调，要加快以5G、数据中心等为代表的新型基础设施建设进度。加快新型基础设施建设，将为我国经济的高质量发展和提升我国经济竞争力奠定坚实的基础。调动民间投资积极性。民营经济是社会主义市场经济的重要组成部分，是经济社会发展的重要基础。民营经济贡献了国家50%以上的税收，60%以上的GDP，70%以上的技术创新，80%以上的城镇劳动就业，90%以上的新增就业。疫情影响之下，要着力帮扶中小企业渡过难关，加快落实各项政策，推进减税降费，降低融资成本和房屋租金，提高民营企业投资积极性，提高民营经济尤其是民营中小微企业生存和发展能力。

第十二章　短期国民收入的决定：AD-AS模型

开篇案例

20世纪90年代日本经济的衰退

【案例正文】 ◼━━━━━━━━━━━━━━━━━━━━━━━━━━━━━━━━━

在20世纪90年代，日本经济经历了长期的衰退，这一现象与过去几十年日本经济的快速增长和极度繁荣形成鲜明对比。尽管日本历史上的失业率一直非常低，这次失业率却从1990年的2%上升到1998年的4%。在过去的20年中，日本的工业生产规模翻了一番，但是在1998年和1990年GDP仍然持平，实际GDP出现停滞，甚至有时还出现下降。

在政府治理持续性经济衰退过程中，日本经济出现了典型的零利率和负通胀的经济状况。为了促进经济复苏，1995年9月，日本中央银行采取了超低利率政策，将贴现率降至0.5%。1999年2月，中央银行为进一步减轻企业利率负担和刺激国内消费，在维持贴现率不变的情况下，将短期利率从0.25%降至0.15%。随后，日本央行大规模发行超出市场需求的货币，促使市场利率基本降至"零"。在此期间，日本的消费物价指数从1999年第三季度开始低于上年同期水平，1999年全年物价水平与上年持平，而2000年和2001年则分别负增长0.4%和0.9%。

尽管日本采取了多种政策措施试图摆脱经济衰退，但是这些措施的效果并不显著。

【讨论问题】 ◼━━━━━━━━━━━━━━━━━━━━━━━━━━━━━━━━━
结合本案例，说明构成总需求的四个部分。

【参考答案】 ◼━━━━━━━━━━━━━━━━━━━━━━━━━━━━━━━━━

这个案例很好地说明了凯恩斯理论中对经济萧条的解释。根据凯恩斯的宏观经济理论，总支出Y由消费C、投资I、政府购买G以及净出口（X-M）四部分组成。上述四个分需求的减少都有可能使得总需求减少，从而导致有效需求不足。

造成日本经济衰退的原因之一是消费支出减少。这一部分归因于股票价格的大幅度下降。在日本，1998年的股票价格不到10年前达到的顶峰水平的一半。与股市一样，日本的土地价格在20世纪90年代崩溃之前的80年代也是天文数字。当股市和土地市场价格崩溃后，日本公民看到自己的财富都消失了。财富和收入的减少导致人们减少了消费支出。

造成日本经济衰退的原因之二是投资支出减少。这一部分归因于银行系统出现的"信用危机"。在20世纪90年代，随着泡沫经济的破灭，银行陷入困境，并加剧了经济活动的衰退。20世纪80年代，日本银行发放了许多以股票或土地为担保的贷款。当这些抵押品价值下降之后，债务人开始拖欠自己的贷款，从而使银行形成了大量的不良贷款。以商业银行为例，截至2002年3月底，美国高盛公司估计日本金融机构持有的不良资产为236万亿日元。这种旧贷款的拖欠降低了银行发放新贷款的能力，其所引起的"信用危机"使企业为投资项目筹资更难，从而压低了投资支出。

上述两个分需求的减少使得总需求不足。同时，我们观察到，日本的经济衰退，表现为经济产出的减少，同时利率降低。1998年的日本和1935年的美国一样，名义利率不到1%。这一事实说明，衰退的主要原因是IS曲线的紧缩性移动。因为这种移动既减少了收入，又降低了利率。

针对这种情况，日本政府采取了一系列的经济政策措施，但是效果并不明显。因此，有一些经济学家提出了一些建议，如减税、扩大货币供给等，以促进消费和投资支出的增加，从而刺激经济的增长。

总的来说，从凯恩斯的宏观经济理论的角度来看，日本经济衰退的主要原因是总需求不足，需要通过扩大总需求来刺激经济的增长。在具体实施经济政策时，需要考虑到各种因素的影响，包括政府预算赤字、通货膨胀等因素，以制定出最有效的政策措施。

【思政启示】

衰退通常源于不利的总需求冲击，比如突如其来的需求紧缩，而衰退的持续本质上取决于需求冲击如何影响经济。为了应对总需求的长期冲击带来的不利影响，我国政府需要加大基建投资，"不忘初心、牢记使命"，也应该是对我们的投资方向所提出的要求。投资的目的是提升未来消费的空间和质量，同时也能够起到刺激当下经济的作用。能够把二者完美结合起来的项目，就是习近平总书记多次强调的民生工程，投资方向正确与否，投资结构优化与否，不仅关乎经济增长指标之高低，更关乎人民是否得到了实实在在的收益，关乎人民的获得感幸福感安全感，关乎民心之向背。我们的投资"要着力解决好人民最关心最直接最现实的利益问题，特别是要下大气力解决好人民不满意的问题，多做雪中送炭的事情"。

12.1 AD 曲线及其变动

案例

次贷危机后4万亿支出对中国经济的影响

【案例适用】

总需求曲线的变动

【案例正文】

在 2007 年下半年，美国爆发的次贷危机引发了全球性金融危机和经济衰退，对全球各国经济产生了不同程度的影响，中国也受到了冲击。中国自改革开放以来，经济增长主要依靠出口，2008 年之前，中国的外贸依存度连续三年超过了 60%。净出口对 GDP 的增长的贡献率也达 20% 左右，这使得中国经济对国际形势的影响非常敏感。全球经济危机对中国的影响尤其严重，特别是美国作为中国的第二大贸易伙伴国，经济低迷直接影响到中国的经济增长。2008 年，中国的 GDP 增长率大幅下降，第一季度增长率为 10.6%，第四季度仅为 6.8%，为 1999 年第四季度以来的最低增速。中国的净出口也出现深度"跳水"，2008 年中国的净出口对经济增长的贡献率比 2007 年下降了 10 个百分点，2009 年更是下降了近 50 个百分点，达到 -38.9%，为 1986 年以来的最低点。

为了应对这种形势，中国政府出台了一个规模巨大的经济刺激计划，总额达到 4 万亿元，以扩大内需，保持经济平稳较快增长。这个计划的资金来源除了中央承担的 1.18 万亿元之外，还将通过发行政策性贷款和鼓励地方政府筹资等方式获得。

这次的刺激方案与以前相比有了一些变化，也就是改变了原来只单一依靠中央政府投入的格局，形成了中央、地方共同分担投资的方式。从去向上看，这 4 万亿元投资主要投入到如图 12-1 所示的几个方面。

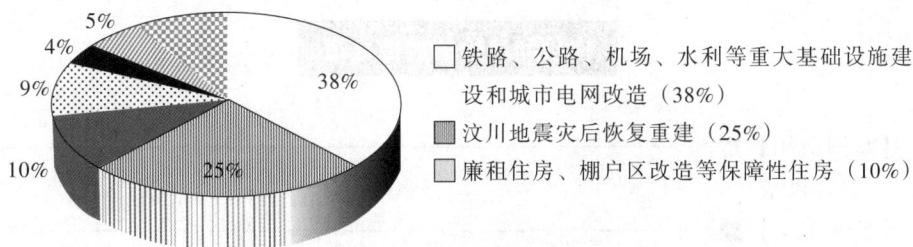

图12-1 4万亿元投资主要去向

（资料来源：文建东. 西方经济学：精要与案例解析 [M]. 北京：高等教育出版社，2013.）

【讨论问题】

1. 请利用总需求曲线的移动分析财政政策对宏观经济的影响。

2.2008年以后，中国采取了哪些财政政策来应对金融危机？它们是影响总需求还是影响总供给？

3.结合第十六章讨论的经济增长理论，分析财政支出对当前宏观经济的影响和对经济增长的影响。

【参考答案】■————————————————————

1.财政政策可以通过政府的支出和税收来影响总需求曲线的移动。如果政府增加支出或减少税收，这将导致总需求曲线向右移，即总需求增加，从而促进经济增长。相反，如果政府减少支出或增加税收，总需求曲线会向左移，即总需求减少，从而抑制经济增长。因此，财政政策可以通过调整政府支出和税收来刺激或抑制经济增长。

2.2008年以后，中国采取了一系列财政政策来应对金融危机。其中，主要包括加大政府支出、降低税收和加强公共服务建设等措施。这些政策主要影响总需求，旨在通过增加政府支出和扩大内需，刺激经济增长。此外，政府还采取了一些措施，如加大对小微企业的支持和加强基础设施建设等，以促进供给侧改革，提高生产率和经济增长潜力。

3.根据第十六章的经济增长理论，财政支出可以对当前宏观经济产生积极影响，同时也对经济长期增长产生影响。在短期内，财政支出可以通过增加政府支出和扩大内需来刺激经济增长。然而，在长期内，财政支出也可能导致债务水平上升和财政赤字扩大等问题，从而抑制经济增长。因此，财政支出应该谨慎进行，结合宏观经济形势和经济增长目标来制定和实施。此外，财政支出也应该重点关注基础设施建设、技术创新和人力资本等领域，以提高经济长期增长潜力和可持续性。

12.2 AS曲线及其变动

---------- 案例 ----------
肉价和房价的调控之道

【案例适用】■————————————————————
短期总供给

【案例正文】■————————————————————

乍一看，猪肉和房子可能看似不可比较，但它们都是生活的基本必需品，并可以从价格方面进行比较。自2003年以来，上海等长江三角洲城市的居民一直在抱怨房价的快速上涨。经过几年的宏观调控，长江三角洲的房价在2005年和2006年整体下跌，但北京、深圳、广州和大连等城市却不随大势而下。在过去的两三个月中，上海房地产市场再次升温，南京和杭州也跟随其后，整个长江三角洲房地产市场似乎出现了"王者归来"的趋势，使买家难以理解房价的"脉搏"。

关于高房价，公众和一些专家认为这是由于政府宏观调控无效和开发商囤积，而开发商则认为房价上涨的主要原因是强劲的需求和政府土地供应不足。客观地说，目前影响中国房价的因素太多太复杂了。例如，从股票市场回流盈利资金成为短期火热的房地产市场的重要因素，这在以前从未发生过。但如果必须找到最关键的原因，那么必须是市场中有效供应不足。

那么，有效供应不足的关键是什么？让我们以生猪供应为参考。首先，针对最近猪肉价格的上涨，国务院立即发布了一项通知，要"搞好猪生产"，通过扩大供应来抑制肉类价格的思路非常明确和正确。但是，对于房价的监管方法存在一些问题，2004年和2005年宏观调控房地产的重点是收紧"土地根"和"资金根"，在流通过程中增加税费，整顿市场秩序。这种方法增加了开发和购买成本，在一定程度上抑制了投机、投资和自用需求，同时也减少了土地供应，增加了开发成本，推高了房价。2006年引入的"90/70"政策表明，政府正在将重点从调整"根"转向通过大幅增加小型和中型普通住宅单位的供应来调整供应结构。

与此同时，政府还应该加强对房地产市场的监管，以避免一些开发商通过囤积土地、抬高房价等手段牟取暴利。对于一些房地产开发商违法违规的行为，政府应该严肃处理，以维护市场秩序和消费者权益。

总之，在当前的背景下，政府应该加大力度，综合运用各种手段，积极推动房地产市场的健康发展，保障广大市民的基本居住需求。

【讨论问题】■━━━━━━━━━━━━━━━━━━━━━━━━━━━━━━━━━━━━━━

1.什么是总供给曲线？总供给主要反映哪些市场的状态？

2.总供给曲线可以划分成哪几个区域？

3.中国房地产有效供应不足的原因是什么？

【参考答案】■━━━━━━━━━━━━━━━━━━━━━━━━━━━━━━━━━━━━━━

1.总供给曲线表明了价格与产量的相结合，即在某种价格水平时整个社会的厂商所愿意供给的产品总量。所有厂商所愿意供给的产品总量取决于它们在提供这些产品时所得到的价格，以及它们在生产这些产品时所必须支付的劳动与其他生产要素的费用。因此，总供给曲线反映了要素市场（特别是劳动市场）与产品市场的状态。

2.总供给曲线划分为三个部分，第一部分为水平直线，即水平区域，称为凯恩斯区域，这时整个社会资源出现大量闲置，生产能力利用不足，产量增加时，成本保持不变，价格也不发生变化，这是凯恩斯"有效需求"理论研究的关键区域，不需要考虑总供给对产出的限制。

第二部分为垂线，即其垂直部分，称为古典区域，这时整个社会资源已经全部被充分利用，达到了充分就业状态，这种情况下不管价格水平为多高，经济中的产量都不会增加。古典学派认为价格自由灵活地调整资源配置，经济能够始终处于充分就业状态，因此垂线形式的总供给曲线称为古典区域。

介于二者之间的第三部分称为中间区域，即向右上方倾斜区域，随着经济资源逐渐接近充分利用，产量水平提高会带来生产成本上升，进而造成价格水平提高，产出和价格呈同方向变动关系。

3.中国房地产有效供应不足的原因主要包括以下几个方面：

土地供应不足。土地是房地产的重要生产要素，土地供应不足会导致房地产供应不足。在中国，城市化进程加快，土地资源稀缺，尤其是一线和部分二线城市的土地供应紧张，导致房地产有效供应不足。

建筑材料和人工成本上升。随着经济的发展，建筑材料和人工成本逐渐上升，建造房屋的成本也随之上涨，导致开发商和房地产企业不愿意盲目投资，进一步加剧了房地产供应不足。

规划和审批环节过长。中国的规划和审批程序比较复杂，尤其是在土地出让和建设用地的审批上存在较长的等待时间，这使得开发商需要等待数年才能开始建造房屋。这种长时间的等待使得房地产供应不足，增加了房价的上涨压力。

政策控制。中国政府对房地产市场进行了一系列调控，包括限购、限贷、调整房地产税政策等措施。这些措施可以控制投机性需求，但也有可能影响有效供应。例如，限购政策可能导致部分购房者持币观望，减少购买需求，使得房地产有效供应进一步减少。

总之，中国房地产有效供应不足是由多种因素综合作用导致的。要解决这个问题，需要通过政策调控、改革土地制度、提高建筑技术等途径来增加房地产有效供应。

12.3 AD-AS模型及对外来冲击的反应

------ 案例 ------

利用AD-AS模型分析我国宏观经济运行中的具体问题

【案例适用】■
AD-AS模型分析
【案例正文】■
1.我国经济三个时期的 AD-AS 模型分析
我国长期以来居民收入和消费受到严重压抑，那么为什么在过去的绝大部分时间里中国经济的主要矛盾是通货膨胀而不是通货紧缩？巨大的通货膨胀压力又是如何迅速转变为通货紧缩压力的呢？

（1）计划体制下的AD-AS模型分析。

在计划体制下，中国经济处在一种非均衡状态。造成这种非均衡的主要原因有两个：一是利率水平被人为压低到均衡利率水平之下，投资需求超过了资本供给能力（主要是国内储蓄）；二是价格体系严重扭曲，对农产品以及主要矿产品等重要原料的价格水平进行严格控制，以支持某些特定部门如重工业部门的发展。这样就形成了如图 12-2 中 D^0-S^0 所示的供求缺口，并形成一定的通货膨胀压力（P_0^*-P_0）。只不过由于对价格水平实行严格控制，当时这种压力并没有转化成实际的通货膨胀。

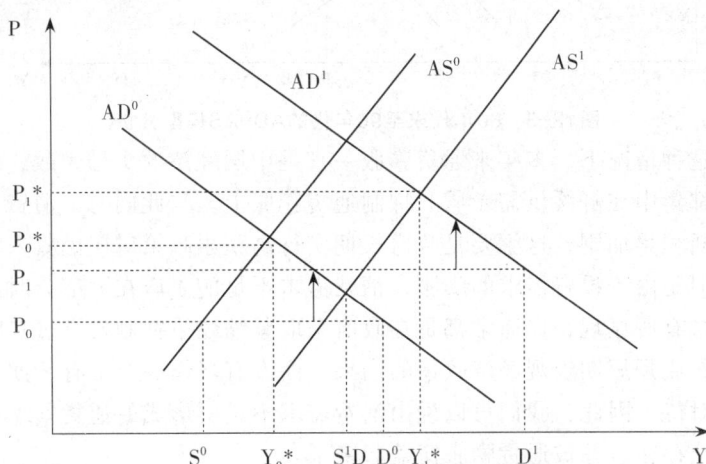

图 12-2　计划体制下的AD-AS模型分析

自 20 世纪 80 年代中期开始，政府逐步放开了对价格的控制。随着实际价格水平向市场均衡价格水平靠近，通货膨胀压力开始转化为真实的通货膨胀。通货膨胀又使得实际利率水平进一步下降，在这种情况下投资需求仍在不断膨胀，推动总需求曲线继续向外移动。这样，由投资需求过旺所带来的供求缺口（如图 12-2 中的 D^1-S^1）反而在加大，通货膨胀压力（如图 12-2 中的 P_1^*-P_1）推动价格水平继续上升。

（2）80 年代末至 90 年代的 AD-AS 模型分析。

在一些特殊的年份受一些非常规因素的影响（如 1987 年价格闯关等），投资需求空前膨胀。在这种情况下，尽管地方政府和民间借助强制性乱集资等各种手段来增加资本供给，但仍然无法满足投资需求，资金缺口不断扩大。再加上金融秩序混乱等因素，最终爆发严重通货膨胀（如图 12-3 所示）。这正是 1987—1989 年和 1992—1994 年间中国经济所发生的真实情况，1994 年中国的通货膨胀率高达 24.1%。

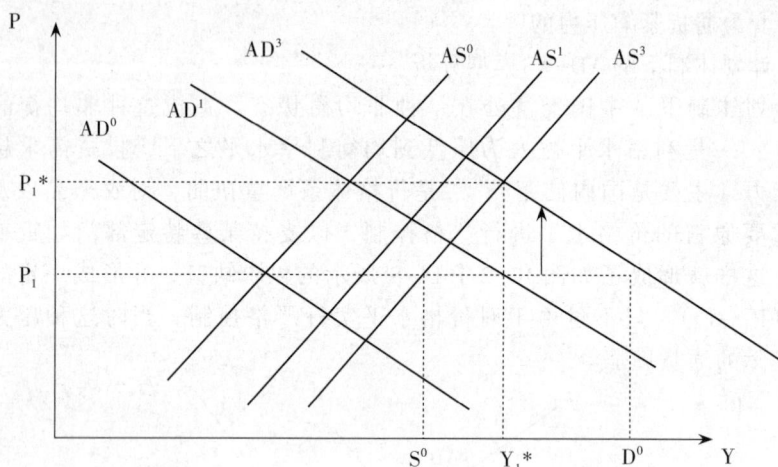

图12-3 80年代末至90年代的AD-AS模型分析

正是在这种情况下，多年来通货膨胀一直是中国经济的头号大敌，政府政策的主要注意力都集中在舒缓供需矛盾、抑制通货膨胀上。与此同时，消费需求不足的矛盾也在不断积累加剧，这主要是政府长期实行高积累政策对居民收入增长产生压抑的结果。但是由于投资需求的膨胀，消费需求不足的矛盾在大部分时间被掩盖起来。虽然有时有所显现，但通常都是在政府采取紧缩政策抑制投资过热时才暴露出来，因而被看成是短期宏观经济政策的结果，而没有当作一个带有长期性根本性的矛盾来认真对待。因此，我们可以说由消费需求不足所形成的通货紧缩压力在通货膨胀时期已经存在，并被通货膨胀掩盖起来了。

（3）中国经济在1996年成功地实现了"软着陆"后的AD-AS模型分析。

从1996年开始，中国政府开始谨慎地启动经济，以避免经济的过度衰退。然而，企业经营困难和亏损面的扩大导致大批工人下岗失业，收入减少。这种情况使无论下岗的还是仍在岗的工人都对未来收入产生不确定性预期，而社会保障、住房、教育等领域改革的推进却清楚地预示着未来支出的增加。于是人们就合理地选择减少当前消费，储蓄更多的钱以备未来之需，消费需求也进一步萎缩。再加上1997年爆发的亚洲金融危机对中国产品出口需求的影响，总需求曲线大幅度回移（如图12-4中由 AD^2 到 AD^3）。

而此时由于体制上的原因，处于亏损状态的国有企业并没有退出生产者的行列（余永定，1999），加之高积累政策没有改变，总需求曲线基本上仍然维持在原有水平（如图12-4中 AS^2）。

这样一来，总供给与总需求之间的缺口发生急剧逆转，由供不应求迅速演变成供过于求（如图12-4中的 S^3-D^3）。于是我们看到均衡价格水平大幅度降低，形成通货紧缩的巨大压力（如图12-4中的 $P_3-P_3^*$）。

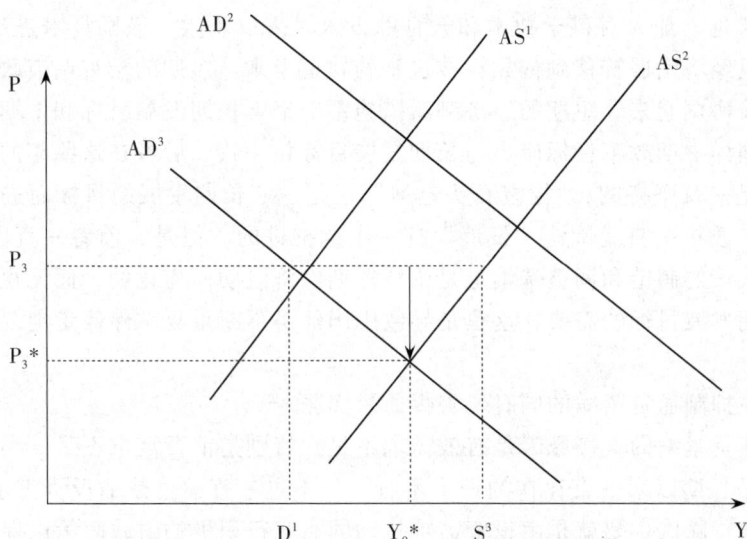

图12-4　"软着陆"后的AD-AS模型分析

2.政策建议与总结

通货紧缩将是今后中国经济生活中的一个长期矛盾，必须采取有远见的宏观经济政策来消除通货紧缩的根源。

（1）政策取向应着眼于总供给，特别是改变高积累政策。

从图12-4中我们可以看出，治理通货紧缩有两个基本的政策取向：一是推动总需求曲线向上移动，即采取扩大总需求的措施；二是推动总供给曲线向内移动，即减少总供给。到目前为止，中国宏观经济政策的努力方向一直集中在推动总需求曲线向上移动上，采取扩张性的财政政策和积极的货币政策。尽管这些政策主要是刺激投资需求，但民间投资需求仍然没有被带动起来，在刺激消费需求方面更是显得束手无策。目前的经济增长速度在很大程度上是靠政府投资拉动的，虽然通货紧缩在这些政策作用下有所缓和，但投资需求和消费需求仍然萎靡，通货紧缩的压力仍然很大，经济回升乏力。这些扩张性政策的力度稍有减弱，通货紧缩的形势就会进一步恶化。同时，高积累的形成虽然是政府政策的结果，但要将积累率水平降下来却不是仅靠改变积累政策那么简单，因为它是与投资效率和增长质量不佳相联系的。因此，要着眼于经济的长期增长来合理调整积累与消费的比例关系，着眼于合理的积累与消费的比例关系来改革与此有关的收入分配政策、投资政策以及价格政策等。因此，解决通货紧缩的深层次矛盾需要同体制改革和长期发展战略结合起来，进行长期的努力。

（2）解决通货紧缩的深层次矛盾是一个长期任务，需要短期政策与中长期政策的协调。

宏观经济政策目标的主要着眼点应在经济的长期、稳定、可持续增长上，最主要的是改善经济增长质量，改变片面依靠高积累、高投入的粗放增长模式。现在必须着眼于长远，加大对科学技术和教育的投入，采取刺激、鼓励技术进步的措施，切实把国民经济发展转移到依靠科技进步的轨道上来。短期的宏观调节政策应当与中长期政策协调起来。短期的经济刺激措施不应损害长期发展目标和中期改革目标的实现，同样中期改革目标应当与长期发展目标相一致。后者在这些年的改革开放中基本上是一直坚持的，"摸着石头过河"正是适应长期发展的目标而进行改革的生动写照，改革一直是围绕"发展"这一主题推进的。但是，前者一直做得不好，宏观经济政策的制定和调整基本上是围绕短期经济波动而变化的，而无视甚至牺牲改革和长期发展目标的需要，这也是导致中国经济不断重复"停停走走"循环的原因之一。

（3）在抑制通货紧缩的同时要警惕通货膨胀。

中国通货紧缩的直接原因是有效需求不足，特别是消费需求不足。事实上消费需求不足是长期以来一直存在的一个矛盾，只不过一直被过热的投资需求所掩盖，而中国的通货膨胀主要就是由投资需求拉动的。实行积极的财政政策以保持一定的增长速度是必要的，可以避免经济的急剧下滑和社会矛盾的激化。但是在不改变长期以来实行的高积累政策、不解决增长质量和投资效率这两个根本问题的情况下，投资需求膨胀将再次掩盖消费需求不足的矛盾，非但消除不了通货紧缩的根源，而且很容易诱发新的通货膨胀。新的通货膨胀不会自动解决通货紧缩的问题，只是将矛盾暂时掩盖起来，深层次矛盾不仅得不到解决甚至会进一步累积恶化。一旦政府投资的后力不继，又会很快掉进通货紧缩的深渊。

【讨论问题】■————————————————————————

1.为什么发生恶性通货膨胀时，人们宁愿坐出租车而不愿坐公交车？

2.试列举通货膨胀的经济效应。

【参考答案】■————————————————————————

1.当发生恶性通货膨胀时，货币的购买力下降，物价飞涨，人们通常会更加谨慎地管理自己的资产和支出，因为他们担心自己的货币储蓄会贬值。出租车通常要比公交车贵，但由于出租车司机通常会根据通货膨胀情况调整价格，因此人们认为出租车的价格更能反映通货膨胀的影响，而选择乘坐出租车。

2.通货膨胀会对经济产生多种影响，其中包括：

（1）降低货币的购买力和价值；

（2）导致物价上涨，削弱消费者购买力和储蓄能力；

（3）提高利率和借贷成本，使得企业和个人的借款成本上升，减少投资和消费；

（4）增加不确定性和风险，影响市场预期和信心；

（5）导致国际竞争力下降，影响出口和国际贸易。

这些影响将对经济的各个领域产生负面影响，包括失业率上升、生产率下降、经济增长放缓、财政赤字扩大、企业破产增多等。因此，保持通货稳定对于经济的可持续发展非常重要。

【思政启示】■————————————————————

党的十八大以来，以习近平同志为核心的党中央在宏观经济治理领域提出了一系列重大科学判断、政策方针，形成了一系列实践创新成果。要认清我国社会主义宏观调控的优越性，树立道路自信。

综合案例

———————————————— 案例 ————————————————

1997—1999 年的中国通货紧缩

【案例正文】■————————————————————

1997 年的亚洲金融危机对我国经济造成了较大的负面冲击，进出口萎缩，经济增长速度放缓，总需求不足，引发了物价水平的持续下降。如图 12-5 所示，从全国零售商品物价指数（RPI）来看，从 1997 年 1 月开始一路下滑，10 月首次出现负增长，为 -0.4%，到 1999 年 12 月，我国商品零售价格指数已连续 27 个月负增长。全国居民消费价格指数（CPI）也不断下降，从 1998 年 4 月到 1999 年 12 月，出现了近 21 个月的负增长（除 1999 年 3 月为正的 1.8% 以外）；生产资料价格指数 1998 年比 1997 年下降了 7.1%，1999 年比 1998 年下降了 7% 左右。由这些数据可以看出，物价水平出现了持续的下降，并且持续时间比较长，我国的经济已具有通货紧缩的特征。

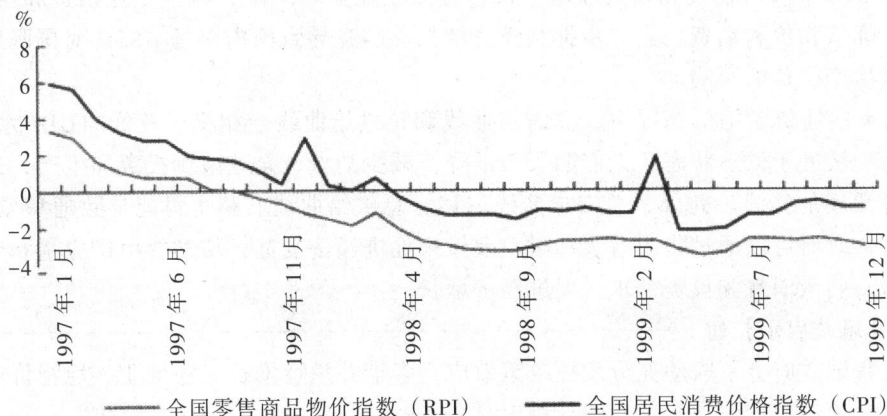

图12-5　1997—1999 年RPI与CPI的变化率

衡量通货紧缩的另一个重要指标是货币流通量。1998 年，我国流通中的现金供给量 M_0 增长 10.1%，比 1997 年 15.63% 的增长率下降了 5.5 个百分点。狭义货币

供给量 M_1 年末仅增长 11.9%，比 1997 年下降了 4.6 个百分点；广义货币供给量 M_2 的增长率由 1997 年的 17.3% 下降到 15.3%。到 1999 年，为应对亚洲金融危机和国内经济增速的放缓，我国进一步实行了扩张性的货币政策，中央银行大幅降息、降低存款准备金率、恢复国债回购业务等，货币供给量明显上升：现金供给量 M_0 增长了 20.1%，狭义货币供给量 M_1 增长了 17.7%，广义货币供给量 M_2 增长了 14.7%，虽然各个层次的货币供给量都明显增加，但效果仍不尽如人意，经济并没有走出通货紧缩的阴影。

（资料来源：东旭，兴利. 2000中国经济预测与分析 ［M］. 北京：中国经济出版社，2000.）

【讨论问题】

1.通货紧缩有哪些特征？

2.应对通货紧缩可以采取哪些措施？

3.通货紧缩会对经济造成哪些影响？

4.怎样用总需求曲线和总供给曲线分析通货紧缩？

【参考答案】

1.通货紧缩通常表现为货币的购买力增加、物价下降、利率上升、经济增长放缓、企业盈利下降、失业率上升等一系列特征。在这种情况下，人们通常更倾向于储蓄而不是消费，企业减少投资和招聘，经济增长缓慢甚至出现萎缩。

2.应对通货紧缩可以采取一系列措施，包括：（1）货币政策：通过降低存款准备金率或利率等方式，增加货币供应量，以促进消费和投资。（2）财政政策：通过减税或增加公共支出等方式，刺激经济增长和就业。（3）结构性改革：通过提高生产率、降低成本、促进创新等方式，增强企业竞争力和经济增长潜力。

3.通货紧缩会对经济产生多种影响，其中包括：（1）增加借贷成本和利率，减少企业和个人的借贷和投资需求。（2）导致企业盈利下降，减少企业投资和就业。（3）降低物价和消费，进一步抑制经济增长。（4）导致国内市场萎缩，对国际贸易和出口产生负面影响。

4.在通货紧缩的情况下，总需求曲线和总供给曲线会相交于较低的 GDP 水平，因为经济处于低迷状态，人们购买力下降，减少消费，企业减少投资和生产，造成经济活动的停滞。此外，总需求曲线左移、总供给曲线右移也可能导致通货紧缩。此时，政府可以通过货币政策和财政政策来促进经济复苏，增加货币供应量和公共支出，刺激消费和投资需求，促进经济增长。

【思政启示】

我国政府上下联动充分发挥政策效应，多措并举稳增长、稳就业、稳物价。引导学生关注物价波动，关心国计民生。

第十三章　失业、通货膨胀和经济周期

大萧条与罗斯福新政

【案例正文】

在 20 世纪 30 年代的经济大萧条中，美国遭受了最严重的打击。工业生产持续下降达 3 年之久，1932 年全国工业生产比危机前的 1929 年下降了 46.3%，使经济退回到 1913 年的水平。几乎所有工业部门都受到了危机的波及，其中重工业部门的生产下降幅度尤为惊人，如钢铁工业下降了近 80%，汽车工业下降了 95%。此外，超过 13 万家企业破产，数以万计的工人失去了工作，成为流浪者。在危机期间，失业人数接近 1 300 万，约占劳动人口的 1/4，使得人们饱受饥寒之苦。

1933 年 3 月 4 日，美国总统罗斯福就任后，为缓解严重的经济危机，立即开始推行"新政"。罗斯福的"新政"采用了凯恩斯的一些主张，通过全面调节、干预经济，制定一系列法规来约束经济活动，并成立了证券交易委员会等机构来管理金融证券业。同时，罗斯福还根据凯恩斯的建议采取了政府主动增加赤字的措施，增加对公共基础服务的投资，大力修建高速公路和电站，拉动了市场需求，刺激了经济的复苏。例如，在"新政"的第二阶段，通过以工代赈和进一步扩大公共工程的规模，从 1935 年到 1942 年，成立的"工程进展署"花费了大约 130 多亿美元，雇用了约 850 万名工人，修建了 12.2 万幢公共建筑、66.4 万英里新道路、7.7 万座新桥梁、285 个新机场和 2.4 万英里地下水道。此外，还修建了公园、游戏场、水库等。由于这些大规模的公共基础建设的投资，40% 会转化为消费基金，因此带动了一大片产业的兴起，创造了大量就业机会，并为日后的经济腾飞打下了基础。

【讨论问题】

罗斯福新政中体现了哪些凯恩斯主义经济学的基本观点？

【参考答案】

毫无疑问，就业始终是凯恩斯最关心的问题。因为正是 20 世纪 30 年代那场席卷整个资本主义世界的经济大萧条所带来的大量失业以及接踵而至的社会问题，才引发了凯恩斯对传统自由放任经济哲学的重新审视，从而形成那套主导了半个世纪经济学发展方向的宏观经济理论。如今，我们通过回顾大萧条与罗斯福新政，可以印证宏观经济学中的几个重要的原理。

首先，本案例说明了失业与实际GDP之间存在负相关关系，即当实际GDP增加时，失业率降低；而当实际GDP减少时，失业率上升。在宏观经济学中，失业与实际GDP之间的负相关关系被称作"奥肯定理"，以纪念第一个研究并发现两者关系的美国经济学家阿瑟·奥肯。

其次，从本案例中看到，罗斯福新政中所采用的促进就业的政策措施是建立在凯恩斯的"有效需求不足"的理论之上的。用现代宏观经济学的话来说，即：由于有效需求不足，总供给大于总需求，实际的经济产出没有达到充分就业水平所对应的产出量，因此存在着紧缩缺口。为了解决有效需求不足的问题，政府应该采取扩张性的财政政策与货币政策，来扩大总支出，从而刺激总需求。罗斯福根据凯恩斯的建议，采取政府主动增加赤字的措施，增加对公共基础服务设施的投资，大力修建高速公路和电站等举措正是依据这一原理而做出的。

最后，应该指出的是，从凯恩斯理论诞生的那天起，它和西方国家的就业政策之间的关系就像矛与盾的关系一样，前者一方面指导了政府的就业政策，另一方面又在政策实施过程中饱受考验，有时候甚至受到批评。后者一方面在不断检验、修正前者，另一方面又从前者中寻找新的理论指导。凯恩斯的就业理论得到了不断的发展和修正；政府对有效需求的调节也从简单的财政赤字政策，发展到更具多样化的货币、财政、贸易政策的组合。

【思政启示】 ▮━━━━━━━━

引导学生关注我国稳就业、保就业措施。体会党和政府对就业与民生问题的重视。

13.1　失业

------ 案例 ------

2023年中国的就业形势盘点

【案例适用】 ▮━━━━━━━━

就业理论与就业政策

【案例正文】 ▮━━━━━━━━

2023年是中国实施"十四五"规划的第三年，也是全面建设社会主义现代化国家的关键一年。在这一年里，中国就业形势总体稳定，但也面临着一些新的挑战和机遇。本文将从以下几个方面对2023年中国就业形势进行盘点：

一是就业规模和结构持续优化。根据国家统计局的数据，2023年中国城镇新增就业人数达到1 400万人，超过了"十四五"规划的目标。同时，城镇登记失业率控制在5%以内，低于国际标准。这些数据表明，中国就业市场保持了较高的韧性和活力，为经济社会发展提供了坚实的人力支撑。在就业结构方面，2023年中国服务业就业占比达到60%，高技能人才和新兴产业就业人数不断增加，体现了就业质量的提升。

二是就业政策和服务不断创新。为应对疫情冲击和经济转型的影响，2023年中国政府出台了一系列有针对性的就业政策和措施，包括扩大公共服务岗位、加大职业培训和技能提升、支持灵活就业和创业、完善社会保障和援助等。同时，政府也加强了就业服务的供给，推进了线上线下相结合的就业服务模式，提高了就业服务的效率和质量。

三是就业环境和条件不断改善。2023年中国继续深化供给侧结构性改革，推动产业升级和转型，培育壮大新动能，为就业创造了更多的空间和机会。同时，中国也加快了基础设施建设和区域协调发展，优化了就业空间分布，缩小了城乡地区差距。此外，中国还加强了法治建设和劳动保障制度建设，维护了劳动者合法权益，营造了公平正义的就业环境。

总之，2023年中国就业形势呈现出稳中向好、优中求优的态势，为实现全面小康社会和全面建设社会主义现代化国家奠定了坚实的基础。

【讨论问题】

1.经济学如何界定失业？

2.你认为评价一个国家的就业形势应该从哪几方面入手。

【参考答案】

1.经济学里的失业和平常人们理解的意思是有区别的。一般人把没工作、没活干叫失业。经济学里，失业有更严格的定义。经济学中失业的人是指一定年龄，比如18岁以上，愿意接受现行工资条件，但是没有工作，又正在寻找工作的劳动力。

首先，只有劳动力才有失业问题。劳动力就是有劳动能力的人，包括正在从事有报酬的劳动，即就业的人，以及失业的人。罢工或者生病在家，也算就业者。

残疾人、退休的人、全日制在校学生、军人以及在家专门做家务的人，像一些结婚后的日本妇女，都不是劳动力。这些人没工作，也不是失业者。

其次，光是没有工作，并不一定就是失业。失业还要满足其他条件，即接受现行的工资水平，以及正在找工作。接受现行工资条件的意思是，企业的工资待遇我可以接受，但是人家不要我。

2.评价一个国家的就业形势应该从以下几个方面入手：

（1）就业率和失业率：这是衡量一个国家就业形势最基本的指标，就业率高、失业率低意味着就业形势好；反之，则意味着就业形势不佳。

（2）就业结构：一个国家的就业结构反映了该国的产业结构和发展方向。就业结构合理，各行业就业比例适宜，能够为各类人群提供适合的就业岗位，就业形势会相对较好。

（3）工资水平：高工资水平是吸引人才和保持低失业率的重要因素之一。因此，一个国家的工资水平高低和公平程度也是衡量其就业形势的重要指标。

（4）教育和技能水平：一个国家的教育和技能水平决定了其劳动力的素质和竞争力，对于提高就业率和促进经济发展具有重要意义。

（5）创新和创业环境：一个国家的创新和创业环境能否支持创新和创业者发挥其潜力，也是衡量就业形势的重要指标之一

【思政启示】 ■▬▬▬▬▬▬▬▬▬▬▬▬▬▬▬▬▬▬▬▬▬▬▬

2022年9月7日召开的国务院常务会议，从失业保险补助、支持平台经济、帮扶初创企业等五方面部署一系列新举措，加力促进就业创业。专家表示，随着这些举措加快落实落地，将有助于拓展就业空间，缓解当前依然存在的就业压力，进一步稳市场主体稳就业。引导学生关注大学生就业形势，做出理性就业选择。

13.2　通货膨胀

```
┌------------ 案例 1 ------------┐
```

从物价指数看通货膨胀与通货紧缩

【案例适用】 ■▬▬▬▬▬▬▬▬▬▬▬▬▬▬▬▬▬▬▬▬▬▬▬

通货膨胀与通货紧缩的概念和度量

【案例正文】 ■▬▬▬▬▬▬▬▬▬▬▬▬▬▬▬▬▬▬▬▬▬▬▬

2021年10月，美国的CPI同比上涨6.2%，达到1982年以来的最高水平。这反映了美国经济复苏和需求增加，但也暴露了供应链瓶颈和能源紧缺等问题。美国联邦储备委员会（FED）一直认为通货膨胀是暂时性的，因此维持了低利率和宽松的货币政策。然而，市场和消费者对通货膨胀的担忧升温，对FED加息的预期提前。通货膨胀对美国经济和社会的影响有利有弊，一方面可以刺激投资和消费，另一方面也会侵蚀实际收入和储蓄，加剧贫富差距。

2021年10月，中国的CPI同比上涨1.5%，低于市场预期的1.7%。这主要是受到猪肉价格下跌和非食品价格稳定的影响。与此同时，中国的PPI同比上涨13.5%，高于市场预期的13.2%。这反映了全球原材料价格上涨和工业品需求旺盛的影响。中国央行（PBOC）一直坚持稳健的货币政策，既不过度收紧也不过度宽松，以保持流动性合理充裕。中国政府也采取了多种措施，如增加粮食储备、调控能源市场、扩大社会保障等，以稳定物价和保障民生。

【讨论问题】 ■▬▬▬▬▬▬▬▬▬▬▬▬▬▬▬▬▬▬▬▬▬▬▬

衡量通货膨胀有哪些指标，各有何优缺点？

【参考答案】 ■▬▬▬▬▬▬▬▬▬▬▬▬▬▬▬▬▬▬▬▬▬▬▬

通货膨胀一般被定义为物价水平普遍而持续的上升，通货紧缩则是物价水平普

遍而持续的下跌。通货膨胀的测定指标，又称"通货膨胀的度量"，指可以表达通货膨胀程度的一种相对数。由于通货膨胀总是与物价水平的上涨相连，因此，通过计量物价水平的上升幅度，可以测定通货膨胀的程度。在市场经济起步较早的国家，通常将物价上涨率视为通货膨胀率，反映物价水平变动的相对数指标即为物价指数。目前世界上多数国家所使用的通货膨胀测定指标是消费物价指数与国内生产总值平减指数，此外还有批发物价指数。

在测度通货膨胀与通货紧缩时，常用的物价指数主要有社会商品零售价格指数、居民消费价格指数、国内生产总值平减指数三种。

1.社会商品零售价格指数（Index of Retail Price）

这一指数是从商品销售者的角度来观察价格变动的，主要在于反映价格变动对商品销售的影响，其编制范围包括市场上零售的所有商品，但不包括服务项目。

2.居民消费价格指数（Consumer Price Index）

这一指数是从商品购买者的角度来观察价格变动的，主要说明市场价格变动对城乡居民生活的影响。其编制范围不仅包括市场上的大部分商品，还包括服务项目。由于这一指数反映了价格变动对居民生活的影响，因此可以用来分析货币购买力的强弱。

3.国内生产总值平减指数（GDP Deflator）

该指数所包括的商品和劳务的范围最为广泛。与GDP的核算范围相对应，不仅包括全部物质产品和涵盖计入GDP的全部服务产品，也包括进出口商品。

上述三种物价指数在测度通货膨胀与通货紧缩时各有优缺点。

从理论上说，国内生产总值平减指数对价格总水平反映最为全面，因而是测度通货膨胀和通货紧缩的一个比较全面的指标。但也存在不足之处，主要有两点：一是包括了那些不在市场上交易的商品和劳务（主要是政府的劳务）的估算；二是编制这一指数需要大量的数据资料，一般只能一年公布一次，滞后性比较强。居民消费价格指数也能较全面地反映居民消费价格的变动状况及其对居民实际生活费支出的影响程度，其主要优点在于资料容易收集，而且能够直观反映居民的价格负担，因而是测度通货膨胀和通货紧缩的一个比较全面的指标。

20世纪90年代以来随着我国经济的迅速发展，第三产业和进出口总额占GDP的比重都大幅度提高。在此情况下，不包含服务产品价格变动的商品零售价格指数对社会价格总水平的反映就不太全面，因而不太适合用来测度通货膨胀和通货紧缩。

我国经济自20世纪90年代开始进入高速增长时期，1992年GDP增速达到了14.2%。伴随着经济的高速增长，从1993年开始，通货膨胀也逐渐显著起来。从表13-1可以看出，根据国内生产总值平减指数计算的一般价格水平变动率在1994年达到最高点。随后的几年中，由于我国政府加大财政紧缩力度，实行紧缩性经济政策，根据国内生产总值平减指数计算的一般价格水平变动率连续5年出现负值，下降的年度长度是5年，累计下降达20个百分点，应该说这种价格的下降不仅仅是持续的，而且价格总水平的下降程度也是可以察觉的。这表明我国在1998年、1999年出现通货紧缩，但紧缩形势在2000年有所好转。

表13-1　　　　　20世纪90年代以来我国主要的物价指数（%）

年份	商品零售价格指数	居民消费价格指数	国内生产总值平减指数	工业品出厂价格指数
1990	102.1	103.1	105.7	104.1
1991	102.9	103.4	106.7	106.2
1992	105.4	106.4	107.9	106.8
1993	113.2	114.7	114.6	124.0
1994	121.7	124.1	120.0	119.5
1995	114.8	117.1	113.1	114.9
1996	106.1	108.3	105.9	102.9
1997	100.8	102.8	101.2	99.7
1998	97.4	99.2	98.7	95.9
1999	97.0	98.6	97.7	97.6
2000	98.5	100.4	100.9	102.8

注：国内生产总值平减指数=现价GDP/可比价GDP×100%，可比价GDP=上年GDP×按可比价计算的今年的GDP指数。

（资料来源：《中国统计年鉴》（2001））

观察表13-1中的数据可知，三种物价指数的变动虽各不相同，但是变化趋势基本一致。其中，居民消费价格指数和国内生产总值平减指数的变化趋势相同，但波动幅度不同；国内生产总值平减指数的变化幅度一般低于居民消费价格指数的变动幅度。这表明，这两个指数在观测通货膨胀或通货紧缩与否上是相同的，但在测度通货膨胀或通货紧缩的程度上则有些分歧。另外，居民消费价格指数的波动幅度要大于商品零售价格指数的波动幅度。这是因为，商品零售价格指数仅包括消费品，不包括服务项目，而后者占居民消费支出相当大的比重；当服务项目的价格变动与消费品的价格不一致时，由于消费品的价格弹性通常小于服务项目的价格弹性，所以居民消费价格指数的波动幅度大于商品零售价格指数。一般地，商品零售价格指数被作为国民经济是否发达、通货膨胀或通货紧缩的一个前瞻性指标。

【思政启示】

思想是行动的先导，理论是实践的指南。党的十八大以来，以习近平同志为核心的党中央高度重视价格工作，围绕深化价格改革、做好重要民生商品保供稳价工作提出了一系列新观点、新论断，成为习近平新时代中国特色社会主义经济思想的重要组成部分，为做好新时代价格工作提供了基本遵循和行动指南。

-------- 案例2 --------

委内瑞拉的通货膨胀

【案例适用】■
通货膨胀的成因

【案例正文】■
委内瑞拉是一个拥有丰富石油资源的南美国家，却陷入了严重的经济危机和社会动荡。该国的通货膨胀率已经达到了惊人的水平，导致货币贬值，物价飞涨，民生困顿，政治不稳。

委内瑞拉的通货膨胀主要有以下几个原因：

过度依赖石油收入。委内瑞拉的石油储量是世界第一，石油出口占其GDP的90%以上，是其经济的命脉。然而，由于国际油价波动和美国的制裁，委内瑞拉的石油收入大幅下降，导致财政赤字和外汇短缺。

过度印发货币。为了弥补财政缺口和维持高福利政策，委内瑞拉政府大量印发本币玻利瓦尔，导致货币供应过剩和购买力下降。

过度管制市场。为了控制物价和汇率，委内瑞拉政府实施了严格的市场管制措施，如设定价格上限和汇率固定等。然而，这些措施并没有有效抑制通货膨胀，反而导致市场失灵和黑市泛滥。

外部冲击和内部动荡。委内瑞拉面临着美国等国家的经济制裁和政治干预，以及国内的反对派和社会抗议等不利因素，影响了其经济稳定和信心。

委内瑞拉的通货膨胀对其经济和社会造成了严重的影响：

经济衰退和贫困加剧。由于通货膨胀导致生产成本上升，消费需求下降，投资信心低迷，委内瑞拉的经济持续萎缩。据国际货币基金组织（IMF）估计，委内瑞拉的GDP从2015年的3 236亿美元降至2020年的472.6亿美元，累计下降了85%。同时，该国的贫困率也大幅上升，联合国数据显示，2020年有96%的委内瑞拉人生活在贫困线以下。

物价飙升和货币崩溃。由于通货膨胀导致玻利瓦尔急剧贬值，物价飞涨，民众生活水平大幅下降。据委内瑞拉央行公布的数据，该国2021年12月通胀率达到7.6%，连续4个月保持在个位数，但仍远高于正常水平。

【讨论问题】■
1.继续查找委内瑞拉通货膨胀相关数据，回答：委内瑞拉的通胀从经济学角度来看由哪些原因引起？
2.如果货币供应量不变，通货膨胀会一直持续下去吗？

【参考答案】

1.委内瑞拉的通货膨胀问题可以从多个角度来看待。以下是其中一些可能的角度：

（1）货币供应增长过快。通货膨胀通常是由货币供应量过多而导致的。委内瑞拉政府在过去几年中大量印制货币，以弥补财政赤字和解决国内生产不足的问题。这导致货币供应量快速增加，从而推动了通货膨胀。

（2）经济萎缩。委内瑞拉的经济在过去几年中一直处于萎缩状态，这导致了通货膨胀。当经济不景气时，生产率和供应量下降，导致物价上涨。此外，通货膨胀可能会进一步削弱经济，使经济问题更加严重。

（3）外部因素。委内瑞拉是一个出口依赖型经济体，其主要出口产品是石油。国际油价的下跌可能导致外汇收入下降，使委内瑞拉无法购买进口商品，这可能会导致通货膨胀。此外，制裁和政治动荡等外部因素也可能加剧通货膨胀问题。

（4）失败的货币政策。委内瑞拉政府的货币政策可能存在问题。例如，政府可能过度印制货币，或者政府可能没有采取必要的货币紧缩措施来控制通货膨胀。此外，政府可能采取了错误的货币政策，例如控制物价或实行固定汇率制度等，这可能导致经济扭曲和通货膨胀。

（5）需求过度增长。通货膨胀也可能是由需求过度增长而导致的。例如，委内瑞拉可能存在过多的消费和投资需求，这使得物价上涨。此外，政府的财政政策可能导致需求过度增长，例如通过增加政府支出或减少税收等措施来刺激经济。

综上所述，委内瑞拉的通货膨胀问题可以从多个角度来解释。解决通货膨胀问题需要综合考虑经济的各个方面，并采取合适的政策措施来解决问题。

2.因为通货膨胀是由多个因素引起的，包括货币供应量、需求增长、成本推动和经济发展等。虽然货币供应量是其中一个重要的因素，但其他因素也会发挥作用。

当货币供应量不变时，通货膨胀可能趋于稳定或逐渐减少。这是因为通货膨胀的速度取决于经济活动和需求，而不仅仅取决于货币供应量。如果经济活动放缓，需求下降，企业利润受到压制，价格上涨的压力可能会减轻。

此外，货币供应量不变还可能导致金融紧缩和经济衰退。在经济周期中，货币供应量通常会根据经济的需求进行调整，以促进经济增长和稳定。如果货币供应量长期不变，可能会限制金融机构的贷款能力，导致企业投资和消费减少，最终拖累整体经济表现。

因此，通货膨胀的持续与否不仅仅取决于货币供应量，还取决于整体经济状况、需求和其他经济因素的相互作用。

------------------------ 案例3 ------------------------

2023年将出现通货紧缩吗?

【案例适用】■━━━━━━━━━━━━━━━━━━━━━━━━━━━━

通货紧缩的原因和影响

【案例正文】■━━━━━━━━━━━━━━━━━━━━━━━━━━━━

西班牙《经济学家报》网站2022年12月25日刊登题为《这将是2023年的金融关键词》的文章,作者是克里斯蒂安·加列戈斯。内容编译如下:

2022年对所有国家的经济来说都是一个变化之年。食品、电力、燃料,一切都变贵了,占据头条新闻标题的一直是"消费者价格指数(CPI)达到两位数""历史新高""价格飙升"等。尽管当前形势堪忧,但瑞银全球财富管理公司的经济学家认为明年会更有希望,明年的金融"年度关键词"将是"通货紧缩"。

欧元区11月的通胀率为10%,相较于10月的10.6%,这是自2021年6月以来的首次下降。美国上月的年化通胀率下降至7.1%,但仍远高于美联储2%的目标。据《财富》杂志报道,瑞银全球财富管理公司美洲资产配置负责人贾森·德拉霍认为,通胀"可能将在2023年上半年继续快速下降"。

"通货紧缩已经发生,"德拉霍在一份研究报告中写道,"眼下,是否会出现通货紧缩并不是争论的真正焦点,真正的焦点是,究竟会有多大程度的通货紧缩。"

德拉霍表示,明年经济界主要关注的将是美国通胀率是否会回落至美联储2%的目标水平,而无须实施比目前所预期的更多的加息,或者通胀率是否会在4%左右"触底"。

但他明确表示,选择"通货紧缩"作为2023年的年度关键词并不是一种预测。

德拉霍写道:"预言通货紧缩将成为明年最主要的市场故事,并不是预测明年将会有显著的通货紧缩,即通货膨胀率到明年年底将回落到2%。但正如美联储收紧金融政策是影响今年金融市场表现的主要因素一样,潜在的通货紧缩可能在2023年起到相似的作用。如果这都不能成为年度关键词,那么其他的都不够格。"

德拉霍接着阐述了选择"通货紧缩"作为年度关键词的一些主要原因。

首先,他表示,美国经济的通货紧缩程度将对美联储的政策至关重要。美联储今年已七次加息,试图为经济降温并控制通胀。

德拉霍写道:"通货紧缩越显著、越具结构性,美联储就会越早停止加息并开始降息。"

其次,他认为美联储的政策已成为过去一年来对投资者最重要的变量。利率上升降低了风险投资的吸引力,导致科技股和加密货币价格大幅下跌,但这种情况可能在2023年发生变化。"美联储从投资者的敌人变成朋友将是明年值得关注的转折点。"他写道。

最后，德拉霍认为，明年通货紧缩的程度将决定美国经济能否实现"软着陆"，即在不出现衰退的情况下控制住通胀。

（资料来源：参考消息）

【讨论问题】◼━━━━━━━━━━━━━━━━━━━━━━━━━━━━━━━━━

1.什么是通货紧缩？政府可以通过什么措施来减轻通货紧缩造成的不良后果？

2.通货紧缩对政府财税收入有什么特别影响？

【参考答案】◼━━━━━━━━━━━━━━━━━━━━━━━━━━━━━━━━━

1.通货紧缩（deflation）：指在现行价格条件下，由于货币供应量的减少，以致商品和劳务的供给超过需求，于是市场银根趋紧，货币流通速度转慢，货币价值高估，物价水平下跌。政府可以采取以下措施来减轻通货紧缩造成的不良后果：

调整货币政策：央行可以通过调整货币政策，降低利率或增加货币供应，来缓解通货紧缩压力。

增加政府支出：政府可以增加公共支出来提高总需求，提升物价和就业。

减少税收：政府可以减少税收来刺激消费，提高总需求。

改善经济结构：政府可以通过改善经济结构，促进生产效率提高，以增加经济增长和就业机会，从而减轻通货紧缩造成的不良后果。

2.通货紧缩对政府财税收入有以下几个特别影响：

政府的财税收入可能下降：通货紧缩会导致物价下降，使得消费者支出减少，从而导致增值税和消费税等税收收入减少。

政府的公共债务负担可能增加：如果政府的公共债务采用浮动利率，则债务利率可能上升，从而增加政府的财政支出。

政府的实际财政支出可能增加：如果政府没有及时调整预算支出，通货紧缩可能导致实际支出增加，因为政府需要支付相同数量的货币以购买相同数量的商品和服务。

13.3　菲利普斯曲线

━━━━━━━ 案例 ━━━━━━━
菲利普斯曲线在美国的应用

【案例适用】◼━━━━━━━━━━━━━━━━━━━━━━━━━━━━━━━━━

菲利普斯曲线

【案例正文】◼━━━━━━━━━━━━━━━━━━━━━━━━━━━━━━━━━

菲利普斯曲线描述了通货膨胀与失业之间的交替关系，这个名称是为了纪念第一个研究了这种关系的经济学家而命名的。在20世纪70年代末80年代初，美国陷入了滞胀的困境。当时，通货膨胀率高达14%，失业率高达6%，而经济增长率不到1.5%。为了解决这个问题，美联储主席沃尔克于1979年上任后，把反通货膨胀作为他的中心任务。他提高了贴现率，减少了货币量，但到1980年2月通货膨胀率仍高达14.9%，而失业率也高达10%。尽管面临各种压力，沃尔克继续实施紧缩政策，最终在1984年将通货膨胀率降至4%，拉动了20世纪80年代的经济繁荣。这说明了菲利普斯曲线的存在，即在通货膨胀和失业之间存在一种权衡关系。

【讨论问题】
1.短期中失业和通胀的关系是什么？
2.联系实际谈一谈菲利普斯曲线在我国的应用情况。
3.长期中失业和通胀的关系是什么？

【参考答案】
1.根据短期菲利普斯曲线，两者是负相关关系，可以用总需求供给解释，在短期中物品与劳务的总需求增加引起物价上涨，产量增加。产量越多，意味着就业越多，失业率下降，物价上涨引起通货膨胀，因此，总需求变动在短期中使通货膨胀和失业反方向变动

2.在本案例中，沃尔克反通货膨胀的最终胜利是以高失业为代价的。经济学家把通货膨胀率减少了1%的过程中每年国内生产总值减少的百分比称为牺牲率。国内生产总值减少必然引起失业加剧。这充分说明通货膨胀与失业之间在短期内存在交替关系，实现低通货膨胀在一定时期内以高失业为代价。

经济学家把牺牲率确定为5%，即通货膨胀每年降1%，每年的国内生产总值就减少5%，沃尔克把1980年10%的通货膨胀率降低至1984年的4%，按此推理，减少的国内生产总值应为30%。实际上，国内生产总值的降低并没有这么严重。其原因在于沃尔克坚定不移的反通货膨胀的决心使人们对通货膨胀的预期降低，从而菲利普斯曲线向下移动。这样，反通货膨胀的代价就小了。但代价仍然是有的，美国这一时期经历了自20世纪30年代以来最严重的经济衰退，失业率达到10%。

反通货膨胀付出的代价证明了短期菲利普斯曲线的存在，也说明维持物价稳定的重要性。

3.在长期菲利普斯曲线中，失业率与通货膨胀无关，失业率为自然失业率。在长期中，总供给量只取决于它的劳动、资本和自然资源的供给，以及生产技术，因此总供给量不变，就业量不变，失业率不变，为经济摩擦下的自然失业率。

13.4　经济周期

------- 案例 -------

疫情前后的经济周期

【案例适用】
经济周期的定义

【案例正文】

2020年，全球暴发了新冠疫情，给各国的经济带来了巨大的冲击。根据世界银行的数据，2020年全球GDP下降了3.5%，是自第二次世界大战以来最严重的全球衰退。许多国家采取了封锁、限制出行、关闭企业等措施，以遏制病毒的传播，但也导致了消费、投资、贸易和旅游等需求的大幅萎缩。同时，石油、金属等大宗商品价格也受到了打压，影响了资源型国家的收入。这些因素都使得2020年成为经济周期中的萧条阶段，表现为产出、收入、就业和利润的大幅下降，通货紧缩和失业率的上升。

2021年，随着疫苗的研发和接种，以及各国政府和央行推出的刺激计划，全球经济开始逐步复苏。根据国际货币基金组织的预测，2023年全球GDP将增长6%，是1976年以来最高水平。其中，中国、美国和印度等主要经济体将领跑全球复苏，而欧洲、拉美和非洲等地区则面临更多的不确定性和挑战。复苏阶段的特征是需求、产出、收入、就业和利润的恢复性增长，通货膨胀和利率的温和上升。

2023年及以后，全球经济是否能够进入繁荣阶段，还取决于疫情的控制、贸易的恢复、债务的可持续性、结构性改革的推进等多方面因素。繁荣阶段是经济周期中最好的时期，表现为需求、产出、收入、就业和利润的高速增长，通货膨胀和利率的稳定或下降。但也要警惕过热、泡沫、不平衡等风险，以免引发新一轮的衰退。

【讨论问题】
经济周期是如何划分的？经济周期有哪些波动形式？

【参考答案】
经济周期是指经济从高涨到低迷上下反复波动的循环过程。这一过程并非千篇一律，在循环时间长短、上下波动幅度等方面各有不同。西方经济学家对经济周期种类的划分不尽相同，得到较多认可的周期类型大体上有以下几种：

1."长周期"（或"长波"）

其长度平均为50年，由苏联经济学家尼古拉·D.康德拉季耶夫（Nikolai D.

Kondratieff）于 1926 年提出，故又称为"康德拉季耶夫周期"。这一划分后来被奥地利经济学家彼特沿袭使用，并以其"创新理论"为基础，以各个时期的主要技术发明、新资源的利用等作为主要标志，进一步把 100 多年以来的资本主义经济发展过程分为三个"长波"：（1）18 世纪 80 年代到 1842 年，这一周期为"产业革命时期"；（2）1842 年到 1897 年，这一周期为"蒸汽机和钢铁时代"；（3）1897 年到 20世纪 20 年代末（康德拉季耶夫提出"长波"理论时这一长波尚未结束），这一周期是"电气、化学和汽车时代"。

2. "建筑周期"

其长度为 15~20 年，由美国经济学家库兹涅茨（S. Kuznets）最早提出，故又称为"库兹涅茨周期"。该周期主要是以建筑业的兴旺和衰落这一周期性波动现象为标准加以划分的。

3. "中周期"（或"中波"）

其长度为 8~10 年，由法国经济学家朱格拉（C. Juglar）于 1860 年提出，故又称为"朱格拉周期"。该周期是以国民收入、失业率和大多数经济部门的生产、利润和价格的波动为标志加以划分的。

4. "短周期"（或"短波"）

其长度平均为 40 个月（近三年半），由美国经济学家基钦（J. Kitchin）于 1923年提出，故又称为"基钦周期"。短周期的长度约为中周期的一半，一个中周期通常包括两个短周期。

除了上述经济周期的主要种类以外，还有两种经济的波动形式：

一种是季节性的波动。这是指受季节等自然因素或习惯的影响而发生的经济活动的波动状态。例如，一些农产品的波动就是如此。在收获旺季，产量多，价格低；而在非收获季节，则产量少，价格高。部分工业产品也有类似现象，如在夏季，电冰箱、电风扇、冷风机等销售较多，而取暖器、电热毯、毛衣等在冬天是旺季。在季节性波动中，还伴以风俗习惯的影响，例如西方国家相当比重的生意都是在感恩节至圣诞节这一段时期做成的。因此，在这一期间，商业销售竞争十分激烈。

另一种是不规划的波动。这种波动出现的时间、表现出的幅度等完全没有规律可循，其原因也极其复杂，难以断定。正是由于这种随机性波动夹杂在其他经济周期波动之间，因此经济周期现象更为复杂，增加了每次循环出现的差异性。

大多数西方经济学家所研究的经济周期是平均每 8~10 年发生一次的中周期，即朱格拉周期，因为它反映了资本主义经济活动过程中的主要特征。西方经济学中关于经济周期的理论，通常都是以这一长度的经济波动作为研究对象。

【思政启示】

中国特色的宏观调控应对经济周期的具体措施：

中国特色宏观调控体系下的跨周期调节的提出是对宏观调控理论和实践的重大创新，是对传统逆周期调控政策的有益补充、完善和升级，这是理解"跨周期和逆周期宏观调控政策要有机结合"的基本前提。进一步讲，在政策实施时期，不再局限于短期，而是拓展到中长期；在政策实施效果上，统筹兼顾短期经济波动与中长期经济增长，意味着在关注解决短期经济周期性问题的同时，也关注中长期的结构性和趋势性变化以及周期间的政策传导机理和调控效果；在政策工具上，除传统逆周期调节中运用货币和财政政策影响总需求外，还要通过供给侧结构性改革优化要素配置和调整生产结构来提高供给体系质量和效率影响总供给，从而促进经济总量平衡、结构优化、内外均衡。

综合案例

案例

技术革命和经济周期变化趋势

【案例正文】

自从工业化以来，世界经济已经经历了5个长周期，呈现出了规律性的周期变动。这些周期主要由技术革命驱动，分别为早期机械化技术革命、蒸汽动力和铁路技术革命、电子和重型工程技术革命、大生产技术革命以及信息和通信技术革命。第五个长周期，即信息和通信技术革命，始于20世纪80年代中期，美国凭借在IT技术方面的领先优势，率先进入一个以IT时代为特征的新长周期，其他发达国家和发展中国家也步入或即将步入这一周期。

预计这一长周期还将持续30年左右，其中包含了以IT产业为主要内容的新的产业革命。随着信息技术的广泛应用，新的技术经济体系已经形成，信息产业和信息密集型服务业成为美国新经济的主导性产业。在这一长周期中，短周期的扩张期比过去变长，从1991年至2000年扩张期达到了117个月。然而，如果IT产业不出现更高级别的技术创新，意味着第五个长周期开始从创新中高级阶段进入成本竞争阶段，这将导致全球供给的增加和过剩。

每个长周期推动经济增长的技术革命从产生到消亡的时间一般约为50年，其中前25年为周期的繁荣期，后25年为周期的衰退期。技术革命往往具有二重性，一方面它们创造了投资高潮和生产的高潮，此时经济周期处于繁荣阶段；另一方面它们又制造着投资低潮和生产低潮的潜在可能性，此时经济周期处于衰退阶段，成本竞争阶段取代创新阶段成为经济衰退阶段的主要特征。

【讨论问题】

1.结合本案例说明技术创新生命周期、产品生命周期和经济周期之间的时滞关系。

2.请结合实际，分析投资过度可能对经济周期造成的影响。

【参考答案】

1.本案例中出现的情况是由技术创新的生命周期和主导产品的生命周期的变化所导致的。技术创新在初创和试制阶段由少数企业开始，随着新技术的应用和生产试制新产品，采用新技术的企业迅速增加，新技术迅速普及，固定资本投资迅猛增加，主导产品的市场需求日益扩大。当技术创新已达到高级阶段时，原有的创新企业失去了技术优势，无法利用技术创新获取超额利润，从而出现了资本积累过剩，投资和生产必然由高潮转向低潮。从主导产品生命周期的角度来看，创新高潮的结束也意味着主导产品已经趋于成熟，其收入的需求弹性递减，企业为保持市场份额必然要降低生产成本，结果是高成本的企业在竞争中被淘汰。这种供求严重失衡周期性的阶段性转变最终会引发世界性的增长衰退或停滞。

英国萨塞克斯大学科学研究中心的研究表明，技术创新分为增量创新、基本创新、技术体系创新和技术经济模式创新等四种类型。对于最高级别的技术经济模式创新，由于它包含了许多基本创新、增量创新和新技术体系创新，具有在整个经济基础中的渗透效应，从而会改变整个社会的技术与经济模式，因而才是导致周期变动的直接原因。落潮时期的一部分企业为提高利润和扩大销售，必然要进行技术创新，等到大部分企业都采用新技术摆脱困境时，便会形成一个新的投资高潮，随之而来的是生产高潮。因此，每个长周期的涨潮时期都伴随着技术革命和产业结构的调整。

2.投资过度可能对经济周期造成负面影响。在经济繁荣时期，许多企业和个人可能过度投资，导致生产能力过剩和投资浪费。这可能导致经济泡沫的形成，进而引发经济衰退。以下是一些实际例子：

（1）中国房地产市场过度投资。中国房地产市场在过去经历了长期的繁荣期。在这个过程中，许多房地产开发商和个人过度投资，导致了房地产市场泡沫的形成。随着政府政策的收紧，房地产市场开始下滑，导致了经济增长放缓和金融风险的增加。

（2）美国科技股泡沫。在20世纪90年代末，美国科技股经历了一次巨大的泡沫。许多投资者过度投资于科技股，导致市场价格虚高。然而，随着泡沫破灭，股市崩盘，许多企业倒闭，造成了经济衰退。

（3）日本资产泡沫。在20世纪80年代，日本经济出现了一次资产泡沫。许多企业和个人过度投资于房地产和股票市场，导致价格虚高。然而，随着泡沫破灭，日本经济陷入了长期的衰退期。

总之，投资过度可能会导致经济泡沫的形成，进而引发经济衰退。因此，政府和企业需要谨慎管理投资，避免过度投资和浪费。政府可以通过监管和政策调控来控制投资，而企业则需要合理规划和管理投资，避免投资浪费和过度冒险。

【思政启示】

我国不断"加大技术革新，推动企业发展"。引导学生关注新时代我国技术革新的重要政策和举措。

第十四章　开放条件下的宏观经济

人民币升值改变了什么?

【案例正文】■

2005年7月21日19时,中国人民银行宣布启动人民币汇率机制改革,人民币汇率不再钉住单一美元,形成更富弹性的人民币汇率机制。与此同时,人民币对美元汇率一次提高2%,为8.11元人民币兑换1美元,作为次日银行间外汇市场上外汇指定银行之间交易的中间价。自人民币汇率改革后,中国坚持主动性、渐进性、可控性原则,稳步推进人民币汇率机制改革。人民币汇率弹性不断增强,双向波动趋势日益明显,市场供求因素在人民币汇率形成中发挥着越来越重要的作用。

到2007年7月为止,人民币对美元2年间走出了缓慢升值态势。以人民币对美元中间价来看,2006年5月15日首度"破8";2006年9月28日突破7.9∶1关口;2007年1月11日突破7.8∶1关口;2007年5月8日突破7.7∶1关口;2007年7月3日突破7.6∶1关口。到7月23日,人民币对美元汇率中间价已从7.6804∶1上升到7.5642∶1。2007年7月,以兑换1美元计算,人民币升值超过0.5元,人民币汇率弹性也不断增强。人民币汇率改革给中国对外贸易、国际收支和人们的生活带来深刻变化。

1.汇改以来,我国外贸进出口增速呈现"一增一减"趋势,出口减缓,进口开始提速

根据海关总署的进出口数据,2年来我国出口增速不断下降,由2005年上半年出口增速32.7%,降至2007年上半年的27.6%,下降约5个百分点;同时,进口增速逐渐提高,由2年前的14%,提高到18.2%,上升4.2个百分点。

不过,即便如此,我国贸易顺差规模继续扩大,顺差增长呈现"加速跑"态势。数据显示,2005年上半年我国外贸顺差接近400亿美元,到2007年第二季度,这一数字达到1 125亿美元,是2年前的2.8倍。受其推动作用,我国外汇储备余额快速增长,由2年前的7 110亿美元,增加到13 326亿美元。

"值得关注的是,当前贸易顺差过大和外汇储备增长过快已成为影响我国国际收支平衡的主要矛盾。"国家外汇管理局国际收支分析小组发布的《2006年中国国际收支报告》称,国际收支顺差和逆差一样,都是国际收支不平衡的表现形式,顺差或逆差过大都会对国民经济运行产生不利影响。

报告指出，我国国际收支顺差大部分来自加工贸易，并且以外商投资企业为主，技术含量低，缺乏自主品牌和核心技术。同时，外商投资企业未分配及已分配未汇出利润等潜在对外负债数额较大。一旦未来国际金融市场发生较大动荡，市场预期发生逆转，跨境资本集中大量流出，可能加剧对国内市场的冲击。此外，持续较大顺差增加了宏观调控的复杂性，我国国际收支自身仍存在潜在的风险因素。外汇持续大量净流入给国内注入大量资金，国内银行体系流动性充裕，加大了货币调控操作的难度，将直接影响宏观调控的灵活性和有效性。这在影响物价长期稳定的同时，也容易使资金大量流向固定资产投资以及房地产、股市等，增加投资反弹和资产泡沫压力。

央行明确表示，汇率对调节国际收支有一定的作用，但仅仅由汇率来承担调节国际收支的责任是不够的，要推动对外经贸、资源价格、外汇管理、劳动保障、环境补偿等制度改革，使各项政策形成合力，充分发挥市场机制调节国际收支的作用。

2.物价趋向回落

人民币小幅升值，会平稳国内物价，方便百姓生活，购买进口商品也可能会更便宜。人民币升值给国内消费者带来的最明显变化就是手中的人民币"更值钱"了。各种进口商品价格的下降将突出表现在汽车和电子产品上，尤其是那些整体进口的汽车和电子产品。一些原计划购买国产商品的消费者很有可能会转向购买那些价格下调的进口商品。

随着汽车、电子产品等各种进口商品价格的下降，国产商品的价格只能跟着下降，否则将失去市场。其他消费品的价格也将会随之下降。

3.境外消费更省钱

人民币升值所带来的购买力增强主要表现在国际市场上，而非国内市场，因而在出国留学、旅游和培训等情况下，这一好处体现得更加直接和明显。百姓手中的人民币能够兑换成更多的外币，自然所能购买的商品或者服务也随之增多，这将会降低居民出国旅游、参加学习和培训的费用。

直观地说，人民币升值2%，就意味着人们在国外的消费会降低大约2%。由于人民币不是直接兑换的货币，因此具体省钱的比例还要看所去的国家和地区，甚至还要参照当地的物价水平。

"人民币升值对我来说是个好消息，"就读于牛津大学的李静这样对记者说，"人民币相比英镑值钱了，我希望今年有机会能叫父母到这边旅游。"

的确，对于长期生活在中国的人来说，汇率可能只是数字上的变化，但是对于从中国去国外的求学者和旅游者来说，就有很大不同。人民币升值后，等额的人民币相较以前将可以兑换更多的外币，在国外购物会比以前便宜不少。

但是，人民币升值的事实并不是让所有人都喜上眉梢。即将从美国回到北京的牛雨辰先生是在2年前到美国工作的，"我就想着把钱攒下来，能在北京买处房子，可没想到人民币对美元升值了，而且听说北京的房价这几年已比以前涨了很多。"

牛雨辰说。

人民币对美元比以前累计升值约7%。而与此同时，中国的房价也在一路飙升，2007年5月，全国70个大中城市房屋销售价格同比环比均继续上涨。新建商品住房、二手住房和非住宅商品房上涨幅度均超过5%。

人民币升值与国内房价上涨看似没有直接联系，事实上，受人民币升值预期的驱动，一些境外"逐利"资金便想方设法来购买人民币资产，这对国内房价的大幅上涨也起到了推波助澜的作用。

人民币升值的事实对家住北京市丰台区的刘雪颖女士来说是喜忧参半："为了出国方便，我一直在银行里存了些美元，这两年人民币汇率波动，细算起来也损失了不少；我女儿比较懂理财，去年就去银行买了点外汇理财产品，已经赚了一些钱呢。"

根据中国人民银行发布的数据，自2005年开始中国外汇储蓄存款呈现逐渐下降的趋势，许多居民选择将自己手中的外汇兑换成人民币；与此同时，汇改以来中国很多银行相继推出外汇理财产品，这些产品购买门槛较低，有些期限较短，符合了老百姓的需求。

的确，人民币的持续升值对于手中握有美元的居民与投资者是一个考验，但人民币汇率浮动对外汇理财市场是个机遇，外汇市场波动小于股票、债券等市场，所以在个人投资组合中加入"外汇"，有助于降低风险。

4.出口企业面临结构调整机遇

汇率改革有助于加快转变外贸增长方式，也可以促进外贸企业积极调整结构，有助于企业长远发展。

对于以出口为主的企业而言，虽然短时期内人民币升值对这些企业有一定的影响，但从长远来看，国家实行浮动汇率有利于与国际接轨，同时对于企业而言是一次调整产品结构、提升产业层次的好机会。

企业将调整经营理念，把更多的精力放在研发高科技和高附加值产品上，以生产出在国际市场上更有竞争力的产品，这样也可以减少贸易摩擦，使国际贸易更为顺畅。

5.企业进口更便宜

对于那些依赖进口的企业来说，人民币升值是一大鼓舞。我们可以用比较低的价格在国际市场上购买到所需要的能源、原材料和设备，尤其对民族汽车等工业生产也是一个极大的促进。由于我国汽车关键件（底盘、大马力发动机、变速箱等）大多从欧洲和日本进口，而汽车产品出口极少，如果人民币升值，对于以散件组装和关键件需要进口的中国汽车业来说应该是个利好，有助于降低汽车的生产成本、缓解降价压力，从而稳定行业的运营毛利。

同时，人民币升值将加快国内企业的国际化步伐，为企业的长远发展奠定基础。比如，人民币升值会增强国内企业的海外投资能力，其购买外国原材料的成本会随之降低，在国际市场上的竞争优势会有所凸显，从而催生一批跨国企业。同时，外商在我国投资的盈利相对国际市场也将有所增加，势必对国内企业在国内的竞争构成挑战；反过来，它也能增强企业的危机感，间接地刺激和促使企业不断更新技术、提高管理水平、增强核心竞争力。

【讨论问题】 ■————————————————

人民币升值与贬值对我国经济发展会产生哪些影响？

【参考答案】 ■————————————————

人民币升值和贬值对中国经济发展都会产生影响，具体如下：

人民币升值对中国的出口行业不利。由于升值会使得出口商品的价格变贵，竞争力降低，出口额可能会下降，对出口型经济造成影响。但是，人民币升值也会使进口商品变得更便宜，减少进口成本，对进口型经济有利。

人民币升值能够抑制通货膨胀。由于人民币升值，进口商品价格变得更便宜，这会使得国内市场上的进口商品价格下降，压缩通货膨胀。

人民币升值会促进国际资本流入。由于升值，外国投资者购买人民币资产的价格相对降低，这会促进国际资本的流入，提高国际储蓄资本的配置效率和资本的效率。

人民币升值会提高国际信用。由于升值，人民币在国际上的地位得到提高，提高了人民币在国际上的信誉和地位。

人民币贬值对出口型经济有利。由于贬值，出口商品价格变得更便宜，进口国的需求增加，出口额可能会增加。

人民币贬值能够刺激国内需求。由于贬值，国内出口商品的价格变得更便宜，进口商品价格变得更贵，这可能会刺激国内的消费和投资。

总之，人民币升值和贬值都会对中国经济发展产生影响，具体影响取决于其影响因素的权重和特定的经济环境。

【思政启示】 ■————————————————

这 10 年，在以习近平同志为核心的党中央的坚强领导下，我国金融业实现了新的跨越式发展。这 10 年，金融供给侧结构性改革持续深化，以我为主的货币政策稳健实施，金融与实体经济的良性循环逐步形成，防范化解重大金融风险取得重要成果，银行业保险业改革开放呈现新局面，资本市场全面深化改革取得重要突破，金融开放稳步扩大，跨境贸易和投融资更加便利。

14.1 国际收支与汇率

------ 案例 ------

中国的国际收支平衡表

【案例适用】

国际收支平衡表

【案例正文】

中国的国际收支平衡表是反映中国与世界经济联系的重要统计资料，它按照国际标准，记录了中国在一定时期内与其他国家和地区发生的经济交易。国际收支平衡表由经常账户、资本和金融账户、净误差与遗漏三部分组成。经常账户主要反映了中国与其他国家和地区的货物贸易、服务贸易、初次收入和二次收入的流量；资本和金融账户主要反映了中国与其他国家和地区的直接投资、证券投资、金融衍生工具、其他投资和储备资产的变动；净误差与遗漏是指经常账户与资本和金融账户的差额，与外汇储备变动的差额之间的不平衡。

根据国家外汇管理局公布的数据，2022年二季度，中国经常账户顺差5 133亿元，资本和金融账户逆差2 084亿元；2022年上半年，中国经常账户顺差10 777亿元，资本和金融账户逆差7 747亿元。这些数据表明，2022年上半年，中国对外经济交往保持了总体稳定，经常项目继续保持较大顺差，资本项目出现一定规模的逆差。分析其原因，主要有以下几方面：

一是受全球疫情影响，中国货物贸易顺差扩大。2022年上半年，中国货物贸易顺差达到3 208亿美元，同比增长32.6%。这主要是由于中国疫情防控取得重大成效，生产恢复较快，对外供应能力增强，同时受益于全球需求回升和商品价格上涨，出口增长明显超过进口增长。

二是受旅游等服务业受限制影响，中国服务贸易逆差缩小。2022年上半年，中国服务贸易逆差为364亿美元，同比下降25.9%。这主要是由于疫情导致跨境旅游活动受阻，旅游服务进口大幅下降，同时中国在电信、计算机和信息服务、运输服务等领域出口增长较快。

三是受国际收入分配影响，中国初次收入逆差扩大。2022年上半年，中国初次收入逆差为1 290亿美元，同比增长16.8%。这主要是由于中国对外投资收益率低于外商对华投资收益率，以及全球利率水平低迷导致储备资产收益下降。

（资料来源：根据中国外汇管理局网站整理）

【讨论问题】

1.国际收支平衡表反映了国际收支的哪些内容？

2.净出口与资本净流出之间有何关系?

3.储蓄、投资、资本净流出之间有何关系?

【参考答案】

1.国际收支平衡表是一种反映某国在一定时期内与世界各国经济往来的记录表,主要反映了该国与其他国家之间的贸易、服务、转移支付和资本交易等方面的收支情况。具体来说,国际收支平衡表包括两个部分:经常项目和资本项目。其中,经常项目主要包括商品贸易、服务贸易和转移支付等,而资本项目主要包括资本流动和外汇储备等。

2.净出口和资本净流出之间存在一定的关系。净出口指的是一个国家出口的物品和服务的价值减去进口的物品和服务的价值,是国际收支平衡表中经常项目的一部分。而资本净流出指的是一国居民的资本流向其他国家所形成的净额,是国际收支平衡表中资本项目的一部分。如果一个国家净出口增加,意味着它向外国出售的商品和服务增加,这可能会导致外国对该国的货币需求增加,进而导致该国货币升值。当该国的货币升值时,其出口竞争力降低,可能会导致净出口下降。而当净出口下降时,可能会导致资本净流出增加,因为国内居民将更多的资本流向海外以获取更高的收益。因此,净出口和资本净流出之间存在一定的关系。

3.储蓄、投资和资本净流出之间也存在一定的关系。储蓄指的是一个国家居民为未来而储存的收入,而投资则是指将资金投入到生产、开发和创新等方面,以获得更高的收益。资本净流出是指一个国家的资本流向其他国家的净额。在一个国家中,储蓄和投资是密切相关的。如果储蓄率高于投资率,那么就会出现资本净流出,因为国内的储蓄需求无法满足国内的投资需求,而国内居民可能会将资金流向海外以获取更高的收益。反之,如果投资率高于储蓄率,那么就会出现资本净流入,因为国内的投资需求将吸引国外资本的流入。因此,储蓄、投资和资本净流出之间存在着一定的关系。

【思政启示】

在以习近平同志为核心的党中央坚强领导下,我国经济实现更高质量发展和更高水平开放,在此背景下,我国国际收支韧性和成熟度日益提升,在复杂多变的外部环境中总体保持基本平衡格局。展望未来,我国经济基本面长期向好趋势进一步巩固,高水平对外开放持续推进,外汇市场深度和广度逐步拓展,国际收支平稳运行的内部基础更加坚实。预计我国国际收支将延续经常账户合理均衡、跨境双向投资活跃有序的平衡格局。

14.2　蒙代尔-弗莱明模型

------------------ 案例 ------------------
蒙代尔-弗莱明模型在中国的应用

【案例适用】

蒙代尔-弗莱明模型

【案例正文】

蒙代尔-弗莱明模型研究的是开放的小国的内外部均衡，假定总需求不足，国际资本自由流动，货币需求和资本流动富有利率弹性，并满足马歇尔-勒纳条件。但是在中国，情况有所不同。第一，中国经济规模相当大，不属于小国。第二，中国对资本流动实行严格管制，因此在理论上短期资本流动不受利率变化影响。第三，中国资本市场不发达，投资机会缺乏，对货币的投机需求少，货币需求对利率变化不敏感。第四，即使在达到充分就业之前，物价水平也是有变化的。中国一些大宗商品的进口数量对进口价格就有明显影响。第五，由于中央银行采取对冲措施，国际收支平衡与货币供给量从而与利率之间不存在必然联系。第六，当前中国的情况不是要在新的均衡点上实现更高的国民收入水平，而是要争取以较小的代价实现贸易收支的相对平衡。

然而，从另一个角度看，中国当前的内外部均衡关系仍可在一定程度上由蒙代尔-弗莱明模型解释。尽管中国经济规模相当大，但是近年来外贸依存度大幅上升，2005年达到64%，国民经济通过对外贸易与国际市场的联系越来越紧密，这一点与开放的小国是类似的。中国确实存在资本管制，但事实上管制无法完全限制资本跨国流动，相当数量的短期资本可以在贸易收支、直接投资或收益等国际收支项下跨境转移，因而短期资本流动仍具有一定的利率弹性。

图14-1展示了中国国际收支调节的蒙代尔-弗莱明模型。由于存在资本管制，资本流动对利率变化极不敏感，BP曲线接近垂直；货币投机需求不足使得LM曲线也具有较高的斜率。当前的现状是，中国贸易收支和国际收支长期顺差，商品市场和货币市场的均衡点E远离国际收支均衡曲线BP。在国际收支顺差中，相当一部分集中在金融项目下，主要是外商在华直接投资。由于外资流入的主要决定因素是预期的长期投资收益率，对利率变动并不敏感，因而在模型中无法体现。这样，模型中的国际收支就基本代表了贸易收支。

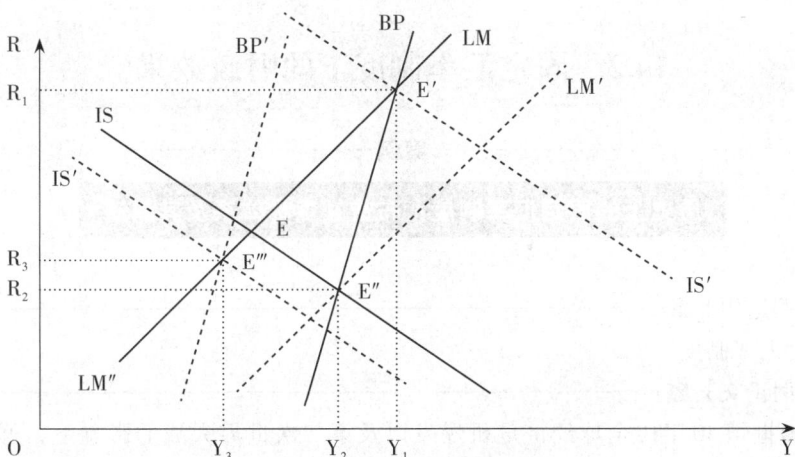

图14-1 蒙代尔-弗莱明模型

【讨论问题】 ▶━━━━━━━━━━━━━━━━━━━━━━━━━━━━━━━━━━

1.蒙代尔-弗莱明模型在中国国际收支调节下有哪些异化？

2.蒙代尔-弗莱明模型为开放经济的宏观财政与货币政策的实施带来哪些启示？

【参考答案】 ▶━━━━━━━━━━━━━━━━━━━━━━━━━━━━━━━━━

为了从更加宽泛的角度考虑中国的国际收支调节，模型中的IS曲线和LM曲线不再单纯对应财政政策和货币政策，而是对应可以实现国内吸收扩张或收缩的任何政策选择或结构调整。同时参考现实中的情况，固定汇率制度下的汇率水平也可以由政府加以主动调整。根据模型，为实现国际收支平衡，可以有以下几种选择：

（1）扩张国内吸收，使得IS曲线右移至IS′，在E′点达到新的均衡。扩张国内吸收的手段，可以是扩张性的财政政策，也可以是进一步提高投资率，或者增加私人消费。由于此时国内吸收的变动不会对货币供给量产生影响，因此LM曲线不发生变化。

（2）扩张货币供给，使得LM曲线右移至LM′，在E″达到新的均衡。基于与上面相同的原因，在货币供给增加后，由于央行不需要因为贸易平衡的变化而回调货币供给量，LM曲线不会回到以前的状态。

（3）调整汇率水平，对人民币进行一次性较大幅度升值，BP曲线左移。人民币升值将导致净出口减少，国民收入下降，国内吸收萎缩，IS曲线左移。最终BP曲线左移至BP′，IS曲线左移至IS′，在E‴点达到新的均衡。

14.3 固定汇率制度下的财政效果

------案例------

历史上的固定汇率制度：布雷顿森林体系及其崩溃

【案例适用】■——————————————————————————

固定汇率制度

【案例正文】■——————————————————————————

在20世纪30年代全球经济危机爆发以及第二次世界大战的影响下，德国、意大利和日本作为战败国，国民经济被破坏殆尽。英国的经济在战争中遭到了严重的打击，实力大大削弱。与此相反，美国的经济实力急剧增长，一跃成为世界上最大的黄金储备国和债权国，这使得建立以美元为支柱、有利于美国对外扩张的国际货币体系成为可能。

1944年7月，联合国和联盟国家在美国新罕布什尔州的布雷顿森林召开了一场国际货币金融会议，共有44个国家参加。会议通过了以"怀特计划"为基础的《联合国家货币金融会议最后决议书》以及《国际货币基金协定》和《国际复兴开发银行协定》两个附件，总称为"布雷顿森林协定"，这是一个以美元为中心的世界货币体系，也确立了美元的霸主地位。

布雷顿森林体系的主要内容是将美元与黄金挂钩，其他国家的货币与美元挂钩，实行固定汇率制度。具体而言：

1.美元与黄金挂钩：各国政府或中央银行可以按照35美元一盎司的黄金官价用美元向美国兑换黄金。为了使黄金官价不受自由市场金价冲击，各国政府需要协同美国政府在国际金融市场上维持这一黄金官价。

2.其他国家货币与美元挂钩：其他国家政府规定各自货币的含金量，并以含金量的比例确定同美元的汇率。

3.实行可调整的固定汇率：《国际货币基金协定》规定，各国货币对美元的汇率，一般只能在法定汇率上下各1%的幅度内波动。如果市场汇率超过法定汇率1%，各国政府有义务在外汇市场上进行干预，以维持汇率的稳定。如果会员国法定汇率的变动超过10%，就必须得到国际货币基金组织的批准。

此外，"布雷顿森林协定"还规定了国际货币基金组织（IMF）的成立和运作方式。IMF的主要任务是促进国际货币合作和稳定，为会员国提供短期财政援助，防止外汇市场崩溃。每个会员国都有一个固定的份额，根据其经济实力和国际贸易情况决定，可以借用IMF的资金来调整国际收支，但需要遵守IMF的条款和条件，包括实行稳健的货币政策、控制通货膨胀等。

然而，布雷顿森林体系在20世纪70年代遭遇了一系列挑战和危机。美国的大规模军事开支和社会福利支出，导致美国国内通货膨胀加剧，外汇储备不足，无法维持黄金兑换。1971年8月，美国总统尼克松宣布停止美元与黄金的直接兑换，取消了美元的固定汇率制度，这意味着布雷顿森林体系的瓦解。随后，其他国家也陆续放弃了以美元为中心的货币体系，转向浮动汇率制度。虽然布雷顿森林体系的失败对全球经济产生了深远影响，但它也为国际货币体系的发展和改革提供了重要经验和借鉴。

（资料来源：根据新浪财经网站相关材料整理）

【讨论问题】

1.布雷顿森林体系对战后国际经济的促进作用体现在哪些方面？

2.布雷顿森林体系解体的原因是什么？

3.什么是"特里芬难题"？

【参考答案】

1.国际货币体系是各国政府为适应国际贸易与国际支付的需要，对货币在国际范围内发挥世界货币职能所确定的原则、采取的措施和建立的组织形式的总称。有效且稳定的国际货币体系是国际经济极其重要的环节。布雷顿森林体系是指第二次世界大战后（以下简称"战后"）以美元为中心的国际货币体系。

2.在布雷顿森林体系下，美元与黄金挂钩，其他国家的货币与美元挂钩，并实行固定汇率制度。与浮动汇率制相比，在固定汇率制下，汇率稳定，风险低，国际清偿力以及进出口商品价格也相当稳定，能在一定程度上抑制外汇市场的投机活动；但固定汇率制易引发通货膨胀，为了稳定汇率，大量的黄金与外汇储备将流失，国内货币政策的自主性会削弱。

20世纪30年代的经济大萧条使得国际金本位制度基本崩溃，国际货币体系分裂成美元、英镑和法郎三个相互竞争的货币集团，各国货币竞相贬值，国际金融市场一片混乱。布雷顿森林体系的形成，暂时结束了第二次世界大战前货币金融领域里的混乱局面，维持了战后世界货币体系的正常运转，在相对稳定的环境下扩大了世界贸易。布雷顿森林体系形成后，国际货币基金组织和世界银行的活动对世界经济的恢复和发展起到了一定的积极作用：国际货币基金组织提供的短期贷款暂时缓和了战后许多国家的收支危机，世界银行提供和组织的长期贷款和投资不同程度地满足了会员国战后恢复和发展经济的资金需要。

3.布雷顿森林体系是以美元和黄金为基础的金汇兑本位系，其实质是一种以美元为中心的国际货币体系。在这一体系下，美元既是美国国内的货币，又作为国际支付手段与国际储备手段存在，充当世界货币。这就首先要求美元币值稳定，只有美元币值稳定才会在国际支付中被其他国家接受。美国若要稳定美元，不仅要有足够的黄金储备，还要保持国际收支顺差，以使黄金不断流入美国，而这必然会断绝国际储备的来源，引起国际清偿能力的不足。若美国保证全世界获得充足的外汇储备，国际收支必然持续出现逆差，这不仅会使美元的黄金保证不断减少，而且美元会不断贬值，引起美元危机。这一难以解决的内在矛盾，国际经济学界谓之"特里芬难题"。布雷顿森林体系的运转与美元的信誉和地位密切相关，但这一制度本身存在着与生俱来的严重缺陷，决定了布雷顿森林体系的不稳定性。

布雷顿森林体系虽然解体了，但是由布雷顿森林会议诞生的两个机构——世界银行和国际货币基金组织，自 1947 年 11 月 15 日起成为联合国的常设专门机构，仍然在世界贸易和金融格局中发挥着至为关键的作用。

14.4　浮动汇率制度下的财政效果

案例

从《经济学家》的麦当劳汉堡包汇率说起

【案例适用】
浮动汇率的决定因素

【案例正文】
根据购买力平价理论，一国货币在所有国家的购买力应该相同。这意味着货币的实际汇率，也就是将一篮子商品在两国的售价按照名义汇率折算成同一种货币后的比率，应该为 1。如果实际汇率不是 1，那么一种货币在不同国家的购买力就会有所不同，这可能会导致货币被高估或低估。以人民币为例，如果 100 元按照 1 美元兑 6.33 元人民币的汇率折算成 15.8 美元，在美国购买的商品就会比在中国购买的商品少，这意味着人民币被低估，美元被高估。在实际汇率不为 1 的情况下，如果贸易是自由无限制的，那么要么各国的价格会调整，要么名义汇率会调整，直到实际汇率等于 1。1986 年，英国的财经杂志《经济学家》开始制作"《经济学家》巨无霸指数"，旨在校正各国货币名义汇率的高估或低估。该指数的一篮子商品仅包括麦当劳的巨无霸汉堡包，以保证在各国购买同等数量的巨无霸汉堡包所需支付的金额相同。例如，在 2011 年 7 月，按市场汇率计算，美国的巨无霸汉堡包平均价格为 4.07 美元，而中国仅为 2.27 美元，便宜 44%。因此，未经加工的巨无霸指数显示人民币对美元的汇率低估了 44%。相比之下，瑞士和挪威的货币看起来低估了约 100%，欧元对美元高估了 21%（根据成员国的巨无霸汉堡包价格加权平均），英镑略微高估，日元似乎合适，印度卢比低估 53%。

巨无霸指数是一种简单易行的实际汇率测算方法，但如果加入更多商品，其说服力会更强。总体来说，中国的普通日用消费品要比美国便宜，但涉及服务时，美国的商品就更昂贵。例如，在中国省会城市，男士去一个较好的连锁店理发需要 30 元左右，而在美国则需要 20～40 美元；去中餐馆就餐，一份蔬菜类菜品的价格在 20~40 元，而在美国则需要大约 10 美元；在中国乘公交车一次需要 1~4 元，在美国则需要 1.5~2.5 美元；一款佳洁士牙膏在中国超市售价约 13 元，而在美国则售价在 3.0~3.5 美元之间；一本经济学教材在中国售价在 50~100 元之间，而在美国售价则在 100~200 美元之间。当然，美国也有一些物品价格较便宜，尤其是奢侈品牌，其价格要比中国低很多。虽然很多人在网上发帖说，美国的物价比中国便宜得多，但实际情况并非如此，因为他们只是选择性地挑选了一些商品进行比较，并且没有考虑美国的消费税结构。因此，综合考虑物价因素后，人民币仍然被认为是被低估的。以 2011 年为例，中国人均 GDP 为 5 414 美元，但考虑到中国的总体物价水平较低，按照购买力平价进行折算后，其购买力相当于 8 394 美元。这意味着 1 美元兑换 6.3~6.4 元人民币的汇率对人民币的价值低估了约 55%。虽然根据巨无霸指数校准后，这个汇率只低估了 44%，但这仍表明中美两国的物价差距要比仅从麦当劳食品价格差异来看的要大。

【讨论问题】
1. 汇率的浮动到底由什么因素决定？
2. 购买力平价与国际收支差额在影响汇率方面所起到的作用是什么？

【参考答案】
1. 汇率浮动是由多种因素决定的，包括但不限于：

（1）国际贸易和资本流动：汇率的最基本决定因素是货币需求和供给之间的平衡。外汇市场的供求关系主要由国际贸易和资本流动等因素决定，例如进出口贸易、外国直接投资、外国投资者的投资决策等都可能对汇率产生影响。

（2）经济基本面：汇率也会受到经济基本面的影响，如通货膨胀、利率、贸易平衡、政府预算和债务、经济增长等。通常来说，一个经济增长强劲、通货膨胀低、贸易盈余和财政状况健康的国家会有一个相对稳定的汇率。

（3）政府政策：政府可以通过货币政策和财政政策等手段影响汇率。例如，央行通过调整货币供应量、利率等来影响汇率，政府通过财政政策的调整来影响国内经济状况，从而间接影响汇率。

（4）地缘政治风险：政治稳定性和地缘政治风险也可能对汇率产生影响。例如，一些地区的战争、恐怖主义活动或政治动荡可能导致资本外流，从而压低该国货币的汇率。

总之，汇率浮动是一个复杂的过程，由多种因素相互作用而决定。理解这些因素并在投资决策中予以考虑是非常重要的。

2. 根据案例，购买力平价（PPP）是指在两个国家之间，同一篮子商品的价格相等。如果一个国家的货币汇率高于其购买力平价汇率，那么这个国家的商品将变得更昂贵，而其他国家的商品将变得更便宜。这将导致该国的进口增加，出口减少，从而导致国际收支差额增加。随着国际收支差额增加，本国货币需求减少，这将导致货币汇率下降，使本国商品更具有竞争力，最终使得货币汇率接近其购买力平价汇率。

国际收支差额是指一个国家在国际贸易和资本流动中收入与支出之间的差额。如果一个国家的国际收支差额为负，那么这个国家需要更多的外汇来支付进口货物和支付对外债务，从而导致本国货币汇率下降。相反，如果一个国家的国际收支差额为正，那么这个国家将拥有更多的外汇储备，从而导致本国货币汇率上升。

因此，购买力平价和国际收支差额对汇率的影响是互相关联的。购买力平价能够促进国际贸易的平衡，而国际收支差额则反映了一个国家在国际贸易和资本流动中的表现。当这两个因素同时存在时，它们会相互作用，从而影响货币汇率的变化。

综合案例

- - - - - - - - - - 案例 - - - - - - - - - -

日本、德国企业如何应对本国货币升值？

【案例适用】■————————————————————
开放经济条件下的宏观经济分析

【案例正文】■————————————————————

20 世纪 80 年代初期，美国面临着财政赤字剧增和对外贸易逆差的问题。为了解决这些问题，美国希望通过贬值美元来增加出口竞争力，以改善国际收支不平衡状况。1985 年 9 月，美国、日本、联邦德国、法国以及英国的财政部长和中央银行行长在纽约广场饭店举行会议，达成了五国政府联合干预外汇市场，诱导美元对主要货币的汇率有秩序地贬值，以解决美国巨额贸易赤字问题的协议，也就是广场协议。

广场协议签署后，五国开始联合干预外汇市场，大量抛售美元，导致美元持续大幅度贬值。在协议签署后不到 3 个月的时间里，美元对日元迅速下跌至 1 美元兑200 日元左右，跌幅 20%。之后，美国当局不断对美元汇率进行口头干预，表示美元汇率水平仍然偏高，还有下跌空间。在美国政府强硬态度的暗示下，美元对日元继续大幅度下跌，最低曾跌到 1 美元兑 120 日元。在不到 3 年的时间里，美元对日元贬值了 50%，也就是说，日元对美元升值了一倍。

1986 年，由于日元升值的影响，日本经济增长放缓，制造业出口的经常性收益比 1985 年减少了 42.9%。

日本企业应对日元升值的措施包括：（1）出口企业的财务对策，如提前或推后结算、变换外币计价债务、使用远期外汇合约和外汇期权；（2）出口企业的非财务对策，如提高产品出售价格和降低成本；（3）从海外生产走向全球最佳生产，构建不受外汇风险影响的经营体制。

德国企业应对马克升值的措施是货币当局选择了独立货币政策和资本自由流动，让马克汇率自由浮动，没有牺牲国内的物价稳定。

（资料来源：刘华，李克国．经济学案例教程［M］．大连：大连理工大学出版社，2007.）

【讨论问题】

1.日本和德国各采取了什么方式来减少本币升值带来的不利影响？

2.我国应该如何借鉴它们的经验？

【参考答案】

1.日本和德国的企业采用不同方式，减少本国货币升值带来的不利影响。日本侧重于企业微观主体的生产和经营策略的转变，而德国更多地得益于政府的宏观调控。对于我国目前的人民币升值问题，可以借鉴日本、德国的经验及教训。

2.中国可以从日本和德国的经验中借鉴以下措施，来应对人民币升值的情况：

（1）采取财务对策：中国的出口企业可以采取提前或推后结算、变换外币计价债务、使用远期外汇合约和外汇期权等财务对策，以降低外汇风险和减轻汇率波动带来的负面影响。

（2）采取非财务对策：出口企业可以通过提高产品出售价格、降低成本等非财务手段来应对人民币升值的情况。

（3）转向海外生产：中国的企业可以考虑从海外生产走向全球最佳生产，构建不受外汇风险影响的经营体制，寻求全球性最佳生产战略。

（4）采取独立货币政策：中国可以借鉴德国的经验，采取独立货币政策，让人民币汇率自由浮动，以适应国内外环境的变化，同时保持物价稳定。

总之，中国可以从日本和德国的经验中吸取教训，采取灵活多样的应对措施，以应对汇率波动带来的风险和挑战。同时，中国还应加强经济结构调整，提高技术含量和附加值，增强企业的核心竞争力，从而实现可持续发展。

第十五章 宏观经济政策

2022年经济社会发展总体要求、主要目标和政策取向

【案例正文】■

2022年召开了中国共产党第二十次全国代表大会，这是党和国家事业发展进程中十分重要的一年。做好经济工作，意义十分重大。

1.总体要求。

做好2022年经济工作，要在以习近平同志为核心的党中央坚强领导下，以习近平新时代中国特色社会主义思想为指导，全面贯彻落实党的十九大和十九届历次全会精神，弘扬伟大建党精神，坚持稳中求进工作总基调，完整、准确、全面贯彻新发展理念，加快构建新发展格局，全面深化改革开放，坚持创新驱动发展，推动高质量发展，坚持以供给侧结构性改革为主线，统筹疫情防控和经济社会发展，统筹发展和安全，继续做好"六稳""六保"工作，持续改善民生，着力稳定宏观经济大盘，保持经济运行在合理区间，保持社会大局稳定，迎接党的二十大胜利召开。

2.主要预期目标。

2022年经济社会发展主要预期目标：

——国内生产总值增长5.5%左右。

——城镇新增就业1 100万人以上，城镇调查失业率全年控制在5.5%以内。

——居民消费价格涨幅3%左右。

——居民收入增长与经济增长基本同步。

——进出口促稳提质，国际收支基本平衡。

——粮食产量保持在1.3万亿斤以上。

——生态环境质量持续改善，主要污染物排放量继续下降；能耗强度目标在"十四五"规划期内统筹考核，并留有适当弹性，新增可再生能源和原料用能不纳入能源消费总量控制。

3.主要宏观政策取向。

为实现上述目标，要坚持稳字当头、稳中求进。宏观政策要稳健有效，微观政策要持续激发市场主体活力，结构政策要着力畅通国民经济循环，科技政策要扎实落地，改革开放政策要激活发展动力，区域政策要增强发展的平衡性协调性，社会

政策重在兜住兜牢民生底线。各方面要围绕贯彻这些重大政策和要求，细化实化具体举措。加强多元目标统筹，做好各项政策协调衔接，进一步发挥中央和地方两个积极性，政策发力适当靠前，及时动用储备政策工具，把握好政策时度效，加强经济监测预警和政策预研储备，对苗头性趋势性问题早发现早处置，在区间调控基础上加强定向调控、精准调控、相机调控，增强前瞻性、针对性、有效性，制订风险防范预案，提高政策执行效能，推出更多有利于提振有效需求、加强供给保障、稳定市场预期的实招硬招，努力以工作的确定性对冲外部环境的不确定性，提振各方面对我国发展的信心，确保经济平稳运行。

积极的财政政策要提升效能，更加注重精准、可持续。2022年赤字率拟按2.8%左右安排，比2021年有所下调，既保证财政支出强度，又增强财政可持续性，为应对可能出现的更为复杂局面预留充足空间。

稳健的货币政策要灵活适度，保持流动性合理充裕。发挥货币政策工具的总量和结构双重功能，为实体经济提供更有力支持。

就业优先政策要提质加力。坚持实施就业优先战略，健全就业影响评估机制，在推动高质量发展中强化就业优先导向。大力拓宽就业渠道，注重通过稳市场主体来稳就业，增强创业带动就业作用。

同时，统筹高效做好煤电油气运调节。充分发挥煤电油气运保障工作部际协调机制作用，压实地方政府、部门、企业责任，坚持先立后破、民生优先，确保能源安全供应。

4.2022年国民经济和社会发展计划的主要任务。

2022年，要按照党中央、国务院决策部署，突出重点、把握关键，着力做好十方面工作。

——加强和改善宏观调控，有效扩大国内需求。优化宏观政策组合，找准政策着力点，增强投资对优化供给结构的关键性作用，发挥消费对经济发展的基础性作用，释放内需潜力，激发国内超大规模市场优势，畅通国内大循环，为稳定宏观经济大盘提供坚实基础。

——深入推进重点领域和关键环节改革，着力激发发展内生动力。突出增强发展动力、加快制度建设、促进共建共享、实现安全稳定，持续深化改革攻坚。

——坚持高水平科技自立自强，强化科技创新支撑作用。深入实施创新驱动发展战略，依靠科技创新提升产业发展水平，培育壮大新动能。

——促进产业链供应链循环畅通，巩固壮大实体经济根基。坚持把发展经济着力点放在实体经济上，促进工业经济平稳运行和提质升级。

——坚持农业农村优先发展，落实落细乡村振兴各项举措。着力保障粮食安全，压茬推进乡村振兴战略，进一步巩固脱贫攻坚成果，持续推进农业农村现代化。

——扎实推动区域协调发展和新型城镇化建设，完善区域协调发展新机制。坚持实施区域重大战略、区域协调发展战略、新型城镇化战略，加快构建高质量发展的动力系统。

——扩大高水平开放，推动外资外贸平稳发展。建设更高水平开放型经济新体制，坚持对内开放与对外开放相结合，全面提升开放平台能级，培育国际合作竞争新优势。

——深入推进生态文明建设，扎实推动绿色低碳发展。建立健全绿色低碳循环发展经济体系，推动减污降碳协同增效，促进生态环境持续改善、资源利用效率不断提高。

——有效防范化解重点领域风险，切实维护经济安全。统筹发展和安全，不断加强风险预警、防控机制和能力建设，守住不发生系统性风险的底线。

——围绕切实保障和改善民生，扎实办好民生实事。正确认识和把握实现共同富裕的主要目标和实践途径，坚持尽力而为、量力而行，不断提升公共服务水平，着力解决人民群众普遍关心关注的民生问题。

（资料来源：根据《关于2021年国民经济和社会发展计划执行情况与2022年国民经济和社会发展计划草案的报告》整理）

【讨论问题】 ■▬▬▬▬▬▬▬▬▬▬▬▬▬▬▬▬▬▬▬▬▬▬▬

宏观经济政策目标有哪些？各个目标间关系如何？我国2022年宏观经济政策目标有哪些？

【参考答案】 ■▬▬▬▬▬▬▬▬▬▬▬▬▬▬▬▬▬▬▬▬▬▬▬

宏观经济政策的四大目标是指充分就业、价格水平稳定、经济增长和国际收支平衡。四大目标既有一致性又有矛盾的一面。经济稳定增长与解决就业问题之间：经济稳定增长的情况下，企业才得以稳定发展，从而能够提供更多的就业岗位，解决就业问题，这是正相关；经济稳定增长与国际收支平衡之间：如果经济稳定增长，那么就业问题得以解决，出口贸易就会随之增长，但会导致国际收支状况脱离预期，若要解决国际收支平衡这一问题，就需要减少国内的需求，但又会导致经济缓慢增长；物价稳定与国际收支平衡之间：为了防止国内物价飘高，就需要增加进口减少出口，但这样会导致国际收支逆差，反过来又会导致国内物价升高，因此如何调和这两者之间的平衡是一件很需要技术含量的事。因此，宏观经济的这四大目标之间都是互相影响的，如何实现这四大目标还需要国家把控其中的平衡。我国2022年宏观经济政策目标有：国内生产总值增长5.5%左右，城镇新增就业1 100万人以上，城镇调查失业率全年控制在5.5%以内，居民消费价格涨幅3%左右，进出口促稳提质，国际收支基本平衡。

15.1　财政政策

案例 1

财政收入企稳回升　留抵退税效应显现

【案例适用】■

财政政策工具

【案例正文】■

2022 年 7 月 14 日，财政部发布数据显示，6 月份全国一般公共预算收入增长 5.3%，增幅由负转正。上半年，全国一般公共预算收入 105 221 亿元，其中，留抵退税冲减收入 18 408 亿元。扣除留抵退税因素后，上半年累计增长 3.3%。随着国内疫情防控形势总体向好，加快推动稳经济一揽子政策措施落地见效，6 月份全国一般公共预算收入企稳回升。上半年，实施大规模留抵退税政策效应集中释放，用于项目建设的新增专项债券额度基本发行完毕。

从税收收入看，上半年，扣除留抵退税因素后，全国税收收入增长 0.9%，按自然口径下降 14.8%。分税种看，国内增值税扣除留抵退税因素后下降 0.7%，其中，6 月份下降 1.1%，降幅比 4 月份、5 月份明显收窄，主要是工业增加值、服务业生产指数等相关经济指标逐步改善。企业所得税增长 3.2%，其中，煤炭、原油等行业利润增长带动相关企业所得税较快增长。进口货物增值税、消费税增长 14.9%，主要受一般贸易进口增长等因素带动。出口退税比上年同期多退 1 913 亿元，增长 21.2%，有力促进了出口平稳发展。

从财政支出看，上半年，全国一般公共预算支出 128 887 亿元，比上年同期增长 5.9%，高于财政收入增幅。民生等重点领域支出得到有力保障，其中，科学技术、农林水、卫生健康、教育、社会保障和就业支出，分别增长 17.3%、11%、7.7%、4.2%、3.6%。

实施大规模增值税留抵退税，是 2022 年稳定宏观经济大盘的关键举措。统计显示，4 月 1 日至 6 月 30 日，全国共为 186.5 万户纳税人办理留抵退税 17 222 亿元，加上一季度继续实施此前出台的留抵退税政策 1 233 亿元，上半年共有 18 455 亿元退税款退付到纳税人账户中，已达上年全年办理退税规模的 2.9 倍。

专项债券是落实积极财政政策的重要抓手，在带动扩大有效投资、稳定宏观经济大盘等方面发挥着重要作用。2022 年我国安排新增专项债券额度 3.65 万亿元，保持较高规模。按照国务院扎实稳住经济一揽子政策措施要求，各地加快发行使用节奏。统计显示，截至 6 月末，各地发行新增专项债券 3.41 万亿元。

（资料来源：申铖，王悦阳. 上半年财政收入扣除留抵退税因素后增长 3.3% ［EB/OL］.［2022-07-14］. https://www.xuexi.cn/lgpage/detail/index.html? id=706816224165763045& item_id=706816224165763045.）

【讨论问题】

1.什么是财政政策？有哪些政策工具？

2.疫情下我国财政政策有何特点？

【参考答案】

1.财政政策是国家干预经济的主要政策之一，其定义为：为了实现宏观经济目标，而对政府收支、税收和借债水平所进行的选择，或对政府收入和支出水平所做出的决策。财政政策工具包括收入类工具和支出类工具，其中收入类工具有税收、公债等，支出类工具包括政府购买、转移支付和净利息支付等。

2.在党中央集中统一领导下，财政部门深入贯彻党的二十大精神，按照党中央、国务院决策部署，坚持稳中求进工作总基调，完整、准确、全面贯彻新发展理念，加快构建新发展格局，扎实推进稳经济一揽子政策和接续措施落地见效，积极的财政政策提升效能，更加注重精准、可持续。具体特点有：（1）受多重因素影响，全国财政收入增幅有所下降；（2）保持财政支出规模，重点领域保障有力。（3）坚持党政机关过紧日子，提高财政资源配置效率。

-------------------- 案例 2 --------------------

透过数字看财政政策的力度与温度

【案例适用】

我国的财政政策

【案例正文】

2023年赤字率拟按3%安排，比上年提高0.2个百分点；拟安排地方政府专项债券3.8万亿元；一般公共预算支出安排27.5万亿元；中央对地方转移支付安排超10万亿元……翻开政府工作报告和预算报告，国家大账本里的一个个数字意蕴深厚。

一、"加力""提效"是关键词

政府工作报告明确，积极的财政政策要加力提效。赤字率拟按3%安排。预算报告显示，这一赤字率安排比上年高出0.2个百分点，赤字规模为3.88万亿元，比上年增加5 100亿元。与此同时，2023年新增地方政府专项债限额3.8万亿元，比上年增加1 500亿元。

"加力"和"提效"是今年财政政策的关键词。"加力"就是要适度加大财政政策扩张力度；"提效"就是要提升政策效能。加力的重要标志是提高赤字率。当前，进一步扩大赤字和债务规模，有利于进一步稳住经济大盘，促进就业，推动经济良性循环。2023年财政政策的特点是聚焦在总量和结构上发力，为经济增活力、添动力、强信心。总量上加力、结构上优化，既保持一定扩张力度，又不一味扩张刺激，财政政策与产业、社会等多项政策协同考虑，兼顾了需要与可能、当前与长远、发展与安全。"一言以蔽之，就是在紧平衡状态、多目标下寻求最优解。"

一方面，3%的赤字率安排，显示积极财政政策在扩大，财政政策在加力；另一方面，3%又是一个相对比较保守的指标，显示了中国财政的稳健性，体现了统筹发展与安全的需要。

政府工作报告显示，五年来我国总体赤字率控制在3%以内，政府负债率控制在50%左右。

二、税费优惠持续助企纾困

2022年，我国新增减税降费及退税缓税缓费超4.2万亿元，税收收入占GDP的比重从2018年的17%下降至2022年的13.8%，在降低经营主体负担、稳住宏观经济大盘中发挥了重要作用。

减税降费政策直击经营主体的痛点和难点，把这个"肥"施到了企业发展的根上。政府工作报告明确提出，完善税费优惠政策，对现行减税降费、退税缓税等措施，该延续的延续，该优化的优化。减税降费从数量规模型转向效率效果型，更加注重精准性，有利于稳定宏观税负。从具体实施看，突出对中小微企业、个体工商户以及特困行业的支持，能够实现政策提效。2023年，将综合考虑财政承受能力和助企纾困需要，尽快研究明确政策，抓好落地见效，推动形成"水深鱼归""水多鱼多"的良性循环。在继续实施好已经明确的减税降费政策、优化完善优惠政策的同时，将进一步增强政策精准性，突出对中小微企业、个体工商户以及特困行业的支持，为微观主体发展增动力、添活力。

三、民生保障更显温度

按照预算报告安排，全国一般公共预算支出安排超过27.5万亿元，增长5.6%。翻开国家账本，保重点、保民生的主线贯穿始终。加大对经济社会发展薄弱环节和关键领域的投入，兜牢基层"三保"底线……一项项具体支出安排的背后，传递保障民生的温度。

2023年，落实落细就业优先政策尤为重要。中央财政就业补助资金安排668亿元，增加50亿元，支持各地落实就业创业扶持政策。教育支出依然占据"大头"。其中，支持学前教育发展资金安排250亿元，增加20亿元；改善普通高中学校办学条件补助资金安排100亿元，增加30亿元。社会保障方面，困难群众救助补助资金安排1 567亿元，兜住困难群众基本生活底线。围绕巩固拓展脱贫攻坚成果，进一步增加中央财政衔接推进乡村振兴补助资金规模，安排1 750亿元，增加100亿元，重点向乡村振兴底子差的地区倾斜……

总之，虽然2023年财政收支矛盾依然突出，但不会在民生支出上退步，将尽力而为、量力而行，继续加大民生投入力度。"民生支出始终是财政支出的优先选项。"财政部门将持续加大民生投入，切实兜牢基本民生底线。

（资料来源：根据学习强国整理）

【讨论问题】

1.案例中提及了哪些财政政策工具？

2.结合鲜活数据谈谈2023年我国财政政策的特点。

【参考答案】

1.案例中提及了地方政府专项债券、中央对地方转移支付、减税降费、支持学前教育发展资金、救助补助资金等财政政策工具。

2.2023年积极的财政政策最大的特点是加力提效。第一，"加力"就是要适度加大财政政策扩张力度。在2022年全国一般公共预算支出26.06万亿元的基础上，2023年我们将统筹财政收入、财政赤字、贴息等政策工具，适度扩大财政支出规模。合理安排地方政府专项债券规模，适当扩大投向领域和用作项目资本金范围，持续形成投资拉动力。持续增加中央对地方转移支付，向困难地区和欠发达地区倾斜，兜牢兜实基层"三保"底线。第二，积极的财政政策还要"提效"，就是要提升政策效能。一方面，完善税费优惠政策，增强精准性和针对性；另一方面，优化财政支出结构，有效带动扩大全社会投资，促进消费。

【思政启示】

我国财政资金取之于民、用之于民，不管有多大困难，也要确保基本公共服务投入只增不减、确保各项惠民政策落实落地、确保每件民生实事扎实完成，让人民群众得到更多实惠。案例引导学生了解当前我国财政政策的动态，切实体会我国财政坚持"人民为中心"，增强制度自信。

15.2 货币政策

案例 1
发挥货币政策工具的总量和结构双重功能

【案例适用】

货币政策工具

【案例正文】

2022年7月13日，国新办举行新闻发布会，介绍上半年金融统计数据有关情况。中国人民银行新闻发言人、调查统计司司长阮健弘在发布会上表示，当前流动性合理充裕，金融支持实体经济力度较大，信贷结构优化，企业的综合融资成本稳中有降，金融服务实体经济的质量和效率有所提升。

金融运行总体平稳

2022年以来，中国人民银行加大稳健的货币政策实施力度，发挥货币政策工具的总量和结构双重功能，主动应对，努力服务实体经济，稳住经济大盘。

流动性合理充裕，金融对实体经济支持力度加大。上半年，人民银行降低准备金率0.25个百分点，上缴结存利润9 000亿元，合理增加流动性供给，金融机构加大对实体经济的信贷支持力度。6月末，广义货币供应量（M_2）同比增长11.4%，比上年同期高2.8个百分点；上半年，社会融资规模增量为21万亿元，同比多增3.2万亿元，人民币各项贷款增加13.68万亿元，比上年同期多增9 192亿元。

信贷结构持续优化。中国人民银行充分发挥结构性货币政策的精准导向作用，不断强化对国民经济重点领域和薄弱环节的支持力度。6月末，投向制造业的中长期贷款余额同比增长29.7%，比各项贷款的增速高18.5个百分点。

从社会融资规模结构看，上半年金融机构对实体经济的信贷支持力度在加大，金融机构对实体经济发放的人民币贷款增加13.58万亿元，比上年同期多增6 329亿元。与此同时，企业直接融资规模平稳增长，上半年企业债券净融资为1.95万亿元，比上年同期多增3 913亿元；股票融资为5 028亿元，比上年同期多增73亿元。此外，金融体系积极配合财政政策，地方政府专项债券融资大幅增加，上半年政府债券净融资4.65万亿元，比上年同期多增2.2万亿元，其中地方政府专项债券净融资为3.39万亿元，比上年同期多增2.23万亿元。

加强对中小微企业的金融支持

2022年以来，风险挑战增多，我国经济发展环境的复杂性、严峻性、不确定性上升。中国人民银行货币政策司司长邹澜表示，中国人民银行主动作为、靠前发力，出台多项政策举措，全力支持稳经济增长、稳市场主体、保就业。

强化受疫情影响行业企业政策支持。中国人民银行联合相关部门落实做好疫情防控和经济社会发展金融服务的23条举措、促进服务业领域困难行业恢复发展、加力帮扶中小微企业纾困解难等政策措施，通过实施延期还本付息等方式，支持受困企业抵御疫情影响。

加强多层次政银企对接。中国人民银行强化与发改、工信等部门协调联动，推进信用信息共享应用，通过线下主动走访、线上服务平台推送等，畅通银企对接渠道。全国建立受疫情影响行业企业和供应链核心企业名录库，包含64.8万家企业，累计发放贷款9.6万亿元。

拓宽多元化融资渠道。推广中征应收账款融资服务平台，发挥供应链票据平台作用。6月末，累计促成应收账款融资36.5万笔，金额16.7万亿元。

此外，2022年以来，中国人民银行出台了三项新的结构性货币政策工具：一是科技创新再贷款，主要支持高新技术企业、专精特新中小企业、国家技术创新示范企业、制造业单项冠军企业等科技企业；二是普惠养老专项再贷款试点，主要支持符合条件的普惠养老机构，推动增加普惠养老服务供给；三是交通物流专项再贷款，主要支持公路货物运输经营企业和货车司机等受疫情影响较大的企业和个人。

我国结构性货币政策工具箱已比较丰富和完善，同时建立了"金融机构独立放贷、台账管理，中国人民银行事后报销、总量限额，相关部门明确用途、随机抽查"的工作机制，有利于激励金融机构优化信贷结构，向普惠金融、绿色发展、科技创新等领域精准倾斜。

继续实施好稳健的货币政策

2020年下半年，中国人民银行将继续实施好稳健的货币政策，加快落实已确定的政策措施，包括：实施好前期出台的各项结构性货币政策工具，引导金融机构按照市场化、法治化原则，增强金融服务实体经济的能力；引导政策性开发性银行落实好新增8 000亿元信贷规模和设立3 000亿元金融工具，支持基础设施建设。

中国人民银行将继续做好稳经济一揽子政策措施，加大稳健的货币政策实施力度，营造良好的货币金融环境，形成政策合力，保持经济运行在合理区间。

在总量上，保持流动性合理充裕，加大对实体经济的信贷支持力度，保持货币供应量和社会融资规模增速与名义经济增速基本匹配，提早完成全年向中央财政上缴结存利润。

在价格上，发挥贷款市场报价利率改革效能和指导作用，发挥存款利率市场化调整机制作用，引导金融机构将存款利率下降效果传导至贷款端，进一步推动金融机构降低实际贷款利率。

在结构上，继续用好结构性货币政策工具，突出金融支持重点领域，运用好科技创新、普惠养老、交通物流专项再贷款，持续支持涉农、小微企业发展，培育新的经济增长点。

（资料来源：吴秋余. 发挥货币政策工具的总量和结构双重功能 金融服务实体经济质效提升［N］. 人民日报，2022-07-14.）

【讨论问题】 ━━━━━━━━━━━━━━━━━━━━━━━━━━━━━━━━━━

1. 央行的三大法宝是什么？

2. 案例中我国推出了哪些结构性货币政策工具？

3. 结构性货币政策调节与传统货币政策调节有何异同？

【参考答案】 ━━━━━━━━━━━━━━━━━━━━━━━━━━━━━━━━━━

1. 央行的三大法宝是：存款准备金率、再贴现率和公开市场业务。

2. 我国推出的结构性货币政策工具有：一是科技创新再贷款；二是普惠养老专项再贷款试点；三是交通物流专项再贷款。

3. 结构性货币政策作为传统货币政策的补充，其最终目标与传统货币政策是一致的。无论是金融危机后，欧美发达国家和地区为缓解市场流动性紧缩而实施的非常规货币政策，还是我国针对实体经济中出现的结构性矛盾而实施的结构性货币政策，最终目标都是稳定经济增长。但是结构性货币政策的操作目标明显不同于传统货币政策。传统货币政策具有总量性的特征，针对整体经济和总量问题，主要通过货币市场利率、基础货币、银行准备金等操作调节整个市场的流动性来影响经济主体的行为。而结构性货币政策通常是在传统货币政策传导受阻时实施的，主要针对特定的行业或产业，从而达到结构性调节的效果。我国经济发展正进入"新常态"，经济结构性矛盾日益突出。传统货币政策有时无法解决地区发展不平衡、产业转型升级障碍等经济发展中存在的结构性问题，因此选择"总量适度"和"精准调控"特性的结构性货币政策是必然要求。

------ 案例2 ------
央行开展逆回购操作

【案例适用】■———————————————————————
货币政策工具

【案例正文】■———————————————————————
中国人民银行2021年1月20日公告称，为对冲税期高峰等因素的影响，维护银行体系流动性合理充裕，1月20日央行以利率招标方式开展了2 800亿元逆回购操作，中标利率2.2%，与上次持平。Wind数据显示，1月20日有20亿元逆回购到期，央行公开市场实现净投放2 780亿元。

中国人民银行2021年3月29日开展了100亿元的7天期逆回购操作。当日有100亿元逆回购到期，央行实现零投放零回笼。央行发布公告称，为维护银行体系流动性合理充裕，当日以利率招标方式开展了100亿元逆回购操作，期限为7天，中标利率为2.2%，与前次持平。

（资料来源：根据学习强国整理）

【讨论问题】■———————————————————————
1.什么是逆回购？
2.如何进行逆回购操作？

【参考答案】■———————————————————————
1.逆回购，指资金融出方将资金融给资金融入方，收取有价证券作为质押，并在未来收回本息，并解除有价证券质押的交易行为，属于公开市场业务的一种，从交易品种看，中国人民银行公开市场业务债券交易主要包括回购交易、现券交易和发行中央银行票据。央行逆回购，指中国人民银行向一级交易商购买有价证券，并约定在未来特定日期，将有价证券卖给一级交易商的交易行为，逆回购为央行向市场上投放流动性的操作，正回购则为央行从市场收回流动性的操作。

2.当经济处于萧条时期，需要放松银根刺激经济，央行则实行逆回购，增加货币供给量，向市场投放流动性；反之，当经济处于繁荣时期，需要抑制通货膨胀、防止经济过热，央行则实行正回购，减少货币供给量，从市场收回流动性。

15.3　财政政策和货币政策的局限性与协调

案例1

政策"及时雨"助服务业纾困

【案例适用】

宏观经济政策应用

【案例正文】

城市"烟火气"正在加速回归。随着全国疫情防控形势逐步好转，各地有序推进复工复产、复商复市，近期旅游、住宿、餐饮等服务业加快复苏回暖，相关平台上火车票、旅游目的地、酒店等搜索量快速增长。

专家表示，随着各项纾困政策举措落地见效，2022年下半年服务业有望加快恢复。要继续高效统筹疫情防控和经济社会发展，推动政策红利充分释放，助力服务业尽快恢复元气，实现更好发展。

服务业稳步复苏

服务业具有点多、面广的特点，在经济循环畅通中发挥着重要作用。具体来看，主要体现在三个方面：一是带动就业；二是为经济运行提供必要的中介服务；三是生产性服务业已成为制造业与服务业深度融合发展的重要载体。

2022年3月份以来，在新一轮疫情冲击下，接触性、聚集性特征明显的服务业受到影响严重。国家统计局数据显示，1月份至2月份服务业生产指数同比增长4.2%，3月份同比下降0.9%，4月份跌幅显著扩大至6.1%，5月份跌幅缩小至5.1%，出现企稳迹象。在此基础上，6月份，服务业商务活动指数为54.3%，比5月份大幅上升7.2个百分点，重返扩张区间，服务业企业经营状况有所改善。

助企纾困政策对服务业渡过难关发挥了重要作用。2022年年初，国家发展改革委等多部门出台《关于促进服务业领域困难行业恢复发展的若干政策》，提出43条精准帮扶措施。国务院5月份推出稳经济一揽子政策举措，部署对文化旅游、餐饮住宿等困难行业给予更大力度支持。

随着国务院稳经济一揽子政策举措出台，中央层面对服务业助企纾困给出了更加明确的信号。例如，增值税留抵退税覆盖行业范围扩大，在原来制造业等6个行业的基础上，将批发和零售业，住宿和餐饮业，居民服务、修理和其他服务业，教育、卫生和社会工作，文化、体育和娱乐业等服务业行业也纳入了按月全额退还增量留抵税额、一次性全额退还存量留抵税额的政策范围内。

国家统计局数据显示，随着国内疫情防控形势总体改善，稳增长的政策措施效果逐步显现，经济运行的积极变化增多。6月份，之前受疫情影响较大的消费相关服务业呈现强劲恢复态势，零售业、住宿餐饮业、文体娱乐以及旅游相关行业的商务活动指数较上月均有大幅上升；随着制造业稳定恢复，与生产相关的批发业、道路运输以及与金融相关的活动也随之稳步恢复。

推动政策落实落细

服务业助企纾困政策含金量高，直接解决了市场主体最迫切的问题，国家政策出台后，各地迅速行动，结合本地实际，制定出台配套举措，将普惠性和针对性相结合。这些政策除了普惠性纾困政策外，还针对餐饮业和批发零售业、文化旅游业、交通运输及物流业等受疫情影响较大的服务业，从资金支持、金融支持、项目支持等方面，提出了一系列针对性强、具体可操作的政策措施，对于提振市场主体信心、帮助企业尽快摆脱疫情负面影响具有重要意义。

各地积极出台实招硬招，推动服务业纾困发展。例如，湖南省部署36条政策措施，涵盖税收减免、房屋租金减免、社会保险费减免、防疫支出补贴、失业保险稳岗返还、金融支持、电力支持、优化营商环境等领域，推动服务业领域困难行业渡过难关、恢复发展。浙江省组建由14个部门组成的省级服务业纾困工作专班，清单化、台账式推进政策落实，依托省惠企政策信息平台分解形成政策清单，逐项落实责任，畅通政策兑付沟通渠道。

针对普遍面临的消费市场萎缩、经营成本上升、人工租金上涨、防疫开支增加、融资难融资贵等突出问题，陕西省推出7方面45条政策措施，涵盖餐饮业、零售业、旅游业、公路水路铁路运输业、民航业纾困扶持以及疫情精准防控。这些措施既有国家已明确的政策措施，也有陕西省配套细化的政策措施，还有结合实际新增的政策措施。云南省按照"精准高效、细致入微、应享尽享"原则，制定出台"服务业政策32条"，对于国家提出的"六税两费"减免、核酸检测补贴等政策，均按国家要求顶格制定。例如，在扩大"六税两费"减征方面，按50%税额幅度顶格减征；在餐饮、零售业从业人员定期核酸检测方面，给予不低于50%的补贴支持；在落实国家房租减免政策基础上，提出对省内承租国有企业、机关事业单位国有房屋的服务业小微企业和个体工商户减免3个月租金。

为更好地发挥支持作用，各地政策重点应体现三方面内容：一是加快和加强对中央政策举措的贯彻落实，发挥政策联动效应；二是根据地方的具体情况查漏补缺，对于在全国层面受影响不大但是在本地受影响严重的行业，要给予重点支持；三是更加高效地统筹疫情防控和经济社会发展，尽最大努力减轻疫情防控对服务业企业经营活动的干扰。

恢复基础还需巩固

疫情影响正逐渐消退，边际改善或将成为下半年服务业运行的重要特点。随着各项纾困举措落地见效，我国服务业将逐步克服疫情的不利影响，呈现恢复势头。但目前国内经济恢复仍然是初步的，主要指标增速还处于低位，服务业恢复基础还需要巩固。下一阶段，要高效统筹疫情防控和经济社会发展，加大各项政策举措落实力度，推动稳增长一揽子政策措施落地见效，着力稳定宏观经济大盘，着力保障和改善民生，推动经济持续恢复，为服务业发展创造更多有利条件。

加快落实退税减税降费、缓缴社保费等助企纾困政策，加强对接触性服务业、中小微企业和个体工商户的精准支持。采取有效措施制止乱收费、乱摊派、乱罚款行为，防止对服务业的各项助企纾困政策效果被"三乱"抵消。运用再贷款、再贴现、普惠小微贷款支持工具等货币政策工具，促进信贷资金更多流向中小微企业、个体工商户等市场主体。支持银行业金融机构做好延期还本付息政策的接续，对受疫情影响较大但有还款意愿、吸纳就业能力强的服务业中小微企业，不得盲目惜贷、抽贷、断贷、压贷，要保持合理流动性。鼓励政府性融资担保机构加大对符合条件服务业企业的融资增信支持力度，依法依约及时履行代偿责任。

（数据来源：熊丽. 政策"及时雨"助服务业纾困［N］. 经济日报，2022-07-08.）

【讨论问题】 ■━━━━━━━━━━━━━━━━━━━━━━━

1.服务业纾困政策用到了哪些政策工具？

2.尝试用IS-LM模型分析纾困政策的政策效应。

【参考答案】 ■━━━━━━━━━━━━━━━━━━━━━━━

1.案例中纾困政策主要用到了税收和补贴等财政政策工具，例如税收减免、房屋租金减免、社会保险费减免、防疫支出补贴、失业保险稳岗返还等。

2.纾困政策用IS-LM模型分析政策效应时，具体表现为IS曲线的右移，从而使得均衡国民收入增加，均衡利率下降。

━━━━━━━ 案例2 ━━━━━━━

超1.8万亿元"落袋" 留抵退税红利直达市场主体

【案例适用】 ■━━━━━━━━━━━━━━━━━━━━━━━

财政政策应用

【案例正文】 ■━━━━━━━━━━━━━━━━━━━━━━━

2022年以来，我国实施新的组合式税费支持政策，帮助市场主体纾困解难。作为其中的"重头戏"，实施大规模增值税留抵退税政策备受关注。统计显示，截至6月25日，已退到纳税人账户的退税款超1.8万亿元，政策平稳有序落地。

制造业受益明显

新的组合式税费支持政策类型多、规模大、覆盖面广，一系列政策红利精准直达市场主体。党中央、国务院确定的新的组合式税费支持政策正在平稳有序落地，其中微型、小型、中型、大型企业存量留抵退税梯次性集中退还的任务基本完成。

统计数据显示，截至6月25日，新的组合式税费支持政策累计新增退税减税降费及缓税缓费约2.58万亿元，预计上半年新的组合式税费支持政策将新增退税减税降费及缓税缓费约2.86万亿元，党中央、国务院做出的"已确定的退税任务上半年基本实施完毕"的部署要求得到较好落实。

在实施大规模留抵退税方面，4月1日至6月25日，增值税留抵退税已有17 033亿元退到纳税人账户。此外，一季度继续实施此前出台的留抵退税老政策，退税1 233亿元。

实施大规模增值税留抵退税政策是2022年组合式税费支持政策的关键性内容，尤其是采用兼顾存量、增量退税的方式，有效解决了企业现金流困难，政策效应在上半年集中释放。从行业看，制造业等6个行业受益明显。

统计显示，4月1日至6月25日，享受存量和增量全额留抵退税的制造业等6个行业获得退税9 912亿元，其中制造业退税4 411亿元。大规模增值税留抵退税政策聚焦制造业等重点行业、基础行业，精准锚定国民经济运行和产业链、供应链中的关键环节，充分体现助力稳增长、保就业、惠民生政策导向。

小微企业获重点扶持

受疫情等因素影响，中小微企业、个体工商户生产经营面临一系列困难，挑战尤为严峻。2022年实施大规模留抵退税，一开始就明确"优先安排小微企业"。

河北某节能科技有限公司是一家生产节能锅炉的小微企业，是留抵退税政策优先受益者。公司存量增值税留抵税额1.51万元、增量留抵税额10.41万元，按照以前的政策，这些留抵税款一直占用企业资金。实施留抵退税后，退税款增加了企业现金流，解决了企业资金短缺难题，企业恢复发展、稳定经营的信心更足了。

统计显示，中小微企业、个体工商户是留抵退税政策的主要受益群体。4月以来，已获得退税的纳税人中，小微企业户数占比94.5%，共计退税7 563亿元，金额占比44.4%；中型企业退税3 783亿元，大型企业退税5 687亿元，金额分别占比22.2%、33.4%。

以留抵退税政策为主导，并辅以其他税收优惠政策的一揽子减税退税政策，大范围惠及中小微企业，上亿市场主体承载着数亿人就业创业，留抵退税对中小微企业的帮助也有助于稳就业。

税务总局在全国选取1.5万户典型企业开展的问卷调查结果显示，留抵退税款中的39%用于增加采购原材料；24%用于投资及研发支出；10%用于房租、水电等日常运营支出；其他退税款用于支付账款和工资薪酬等。实施留抵退税为企业特别是中小微企业提供了重要的现金流支持，有效激发市场活力、稳定产业链供应链，进而推动稳定宏观经济大盘。

七行业扩围实施

组合式税费支持政策等一系列稳经济措施落地见效，特别是留抵退税政策红利逐步释放，助推经济运行快速恢复。面对一系列超预期因素冲击，国务院决定在已出台的制造业等6个行业企业存量留抵税额一次性全额退还、增量留抵税额按月全额退还的基础上，将批发和零售业、住宿和餐饮业等7个行业纳入留抵退税政策范围。此举预计新增留抵退税1 400亿元，在7月份基本退到位。

批发零售业、住宿和餐饮业等行业与民生息息相关，也是稳就业的重要力量，留抵退税政策的扩围有利于帮助这些行业尽快恢复发展。

在推动政策红利直达快享的同时，税务部门严厉打击骗取留抵退税违法行为。4月1日至6月29日，全国税务稽查部门已查实骗取留抵退税企业1 645户，挽回留抵退税款20.34亿元，挽回其他税款损失14.33亿元。实施留抵退税体现了优化服务与严格执法相结合，切实让政策红利直达广大市场主体，有效提升政策实施效果。

（资料来源：曾金华. 今年以来已有超1.8万亿元"落袋"纳税人账户——留抵退税红利直达市场主体〔N〕. 经济日报，2022-07-07.）

【讨论问题】 ■━━━━━━━━━━━━━━━━━━━━━━━━━━━

1.组合式税费支持政策有何特点？

2.运用IS-LM模型分析组合式税费支持政策的政策效应。

【参考答案】 ■━━━━━━━━━━━━━━━━━━━━━━━━━━━

1.2022年李克强总理在政府工作报告中提出，实施新的组合式税费支持政策。"组合式"是一个新提法，就是坚持阶段性措施和制度性安排相结合，减税与退税并举。这些政策既有阶段性措施，又有制度性安排；既有减免政策，又有缓缴退税措施；既有普遍适用的减负政策，又有特定领域专项帮扶措施；既有延续性安排，又有新增部署；既有中央统一实施的政策，又有地方依法自主实施的措施，呈现出全面发力、多点突破的特点。阶段性就是在一定时期内的，制度性的安排就是长期发挥作用的，也就是短期和长期相结合。减税降费既要完善税制、费制，也要完善相关政策；既要在税制要素上做文章，更要从税制整体上想办法。在时间上，短期和长期要结合起来；在体制上，要素和整体要结合起来，税率和税基要结合起来。实施新的组合式税费支持政策，就是要通过成规模、成体系地减税降费来实现稳定预期的目标。

2.组合式税费支持政策用IS-LM模型分析政策效应时，具体表现为IS曲线的右移，从而使得均衡国民收入增加，均衡利率下降。

【思政启示】 ■━━━━━━━━━━━━━━━━━━━━━━━━━━━

实施新的组合式税费支持政策，是党中央、国务院在复杂严峻的国内外形势下，应对经济下行压力、稳住宏观经济大盘的关键性举措，对稳定预期、助企纾困具有特别重大的意义。

综合案例

------------------------------ 案例 1 ------------------------------
中国共产党领导下的百年财政发展

【案例正文】 ◼━━━━━━━━━━━━━━━━━━━━━━━━━━━━

2021年是中国共产党成立100周年。100年间，中国从山河破碎、民不聊生的半殖民地半封建社会变成了民生富足、和谐幸福的社会主义社会。可以说，正是在中国共产党的坚强领导下，全国各族人民勠力奋斗，铸就了中华民族伟大复兴的百年巨变。

回顾党的百年历史不难发现，不论是在新民主主义革命时期，还是在中华人民共和国成立以后的社会主义建设中，坚持党对财政工作的领导是充分发挥财政职能的前提和保障。财政部门在党的领导下认真贯彻落实党中央的决策部署，为经济社会的发展与各项重大战略实施提供了有力的财力保障，充分体现了财政的政治属性。

新民主主义革命时期的财政工作

新民主主义革命时期党的主要工作是联络广大无产阶级革命力量进行革命斗争。虽然当时党面临的核心问题还集中在战争方面，但是毛泽东已经深刻意识到财政是夺取战争胜利、实现政权稳固和国家稳定的关键因素，并对其进行了深入的思考和研究。

1933年8月，毛泽东在《必须注意经济工作》一文中论述了经济工作的重要性，提出了"发展经济，保障供给"的基本思想。1934年，他把这一思想总结为财政的基本方针，在《我们的经济政策》一文中提到"从发展国民经济来增加我们的财政收入，是我们财政政策的基本方针"。这一方针使得陕甘宁根据地的生产热情空前高涨，并普遍在各个革命根据地和敌后解放区取得成功，这一方针反映了解放区经济和财政的关系，也指导着党成功打赢了抗日战争和解放战争，一直贯穿至中华人民共和国成立初期。

这一时期党的领导人已经意识到税收作为财政来源为战争提供经费的重要性和必要性，提出了税收的必要性、税负的适当性，并制定了"取之于民，用之于民；取之合理，用之得当"的原则。到今天为止，这些理财思想依然闪烁着光芒。

毛泽东还强调，经济是财政的基础，财政离开经济基础就是无米之炊，不能本末倒置，只有加大生产，重视培养财源税源，才能保证财政收入，才能通过财政解决问题。

在中国共产党的领导下，这一时期进行了"打土豪分田地"的土地革命，实行"耕者有其田"，消灭封建关系，把土地变为农民的私产。同时，确定农业生产位列经济建设的首位，工业、手工业、运输业和畜牧业为第二位，体现了传统的重农思想，农业稳则国家稳。结合农村根据地人力、物力极为分散的情况，实行"集中领导，分散经营"的生产供给原则。

社会主义革命和建设时期的财政工作

1949年10月中华人民共和国成立，党的任务从打赢战争转向国家建设。那时的中国百废待兴，生产物资极其匮乏、劳动力供给不足、战争灾民等待救济、基础设施落后残缺。为了稳定民生，第一要务就是恢复国民经济正常运行，国家财政一方面需要继续保证军费稳定，防止反动势力的反扑，另一方面需要加大投资恢复农业、工业生产，保障人民生活快速恢复。

为了扭转战争、灾荒、通货膨胀给财经工作带来的严重困难局面，党和国家领导人做出了统一全国财政收支、物资调度和现金管理的决定，努力实现了财政收支平衡。同时，提出厉行节俭，优化支出，实行"边抗、边稳、边建设"的战略方针。建立了"国家预算"的正式财政制度安排，尝试建立统一领导、分级负责的分级财政体制。

1950年，党的七届三中全会召开，毛泽东做了题为《为争取国家财政经济状况的基本好转而斗争》的报告，这标志着党和国家的工作重心正式从革命战争转到经济建设。1952年，随着国民经济的基本恢复，党中央明确提出了社会主义工业化过渡时期的基本路线和总任务。在此期间，财政作为基础性保障，通过调整农业税、工商税，为农村合作社拨款等方式支持了农业生产的社会主义改造；通过营业税替代所得税对资本家的私营企业和平改造，全面消除私人资本主义，创建了社会主义的基本架构；通过对国家"五年计划"基本建设进行拨款的方式，开启了建设财政模式，为工业化生产提供了稳固的财力基础。

由于社会主义建设没有先例可循，在建设中出现了急于发展而违背发展规律的"大跃进"。"大跃进"期间，片面追求速度和下放财权导致了资金分散和滥用，国家财政陷入困境。党和国家领导人意识到问题后，立刻上收财权，加强财政和信贷管理，压缩财政支出规模，及时将经济发展拉回正轨。"文化大革命"期间，经济生产一度停滞不前，党中央及时进行调整，同时配以财政的收支改革和国有经济核算，保全了中国经济总体发展的态势。截至1978年，社会总产值年均增长保持在7%以上的水平，国家财政发挥了积极作用。

在党的坚强领导下，国家财政在这一期间正式建立，形成了"取之于民，用之于民"的社会主义财政观，财政收入稳步提升，支持了社会主义制度的改造和工业体系建设，稳固了民族独立和国家安全，为人民谋幸福打下了坚实的基础。

改革开放和社会主义现代化建设新时期的财政工作

1978年，党的十一届三中全会召开，标志着中国进入了改革开放和社会主义现代化建设阶段，自此经济发展进入快车道。

1978年到20世纪末，党中央以搞活经济为基本目标，"效率优先、兼顾公平"是这一时期的改革特征。财政作为经济改革的排头兵，也开始了全面改革：通过"独立核算、国家税收、自负盈亏"的利改税改革，不断向企业放权让利，赋予企业财务自主权；通过"收支划分、分级包干"的分灶吃饭和"划分税种、核定收支、分级包干"财政改革，彻底破除了中央集中管理的束缚，各方面的积极性大大提升。

1992年，党的十四大召开，正式确立了经济体制改革的目标是建立社会主义市场经济体制，财政也进行了相应的配套改革。1994年，实施分税制改革，按照中央与地方的事权划分合理分配财权，明确了中央税、地方税以及央地共享税体系。分税制从制度上稳固了央地间财政关系，调动了央地两个积极性；明确了税收制度和征管制度的"公平、中性、透明、效率"原则，统一了企业所得税，并根据经济发展情况精简完善了相关税项，调整了税率，建立了中央地方两条收支体系。同时，随着经济的复苏和发展，财政支出逐步退出竞争性领域，转向公共服务和保障领域，不断转变职能顺应国家发展阶段，"公共财政"成为这一时期财政的显著特征。

进入21世纪，中国加入世界贸易组织，借助全球化带来的红利，改革开放进一步深化，综合实力不断增强，人民生活水平持续提高，财政支出从重点支持经济发展逐步转向全面构建社会主义市场经济体系。特别是党的十六大提出要推动经济结构调整，加大对农业领域和西部地区的建设等发展战略，财政在科学发展观的指导下也开启了新一轮的配套改革。

在支出方面，加大对农业生产的支持和农民生活的补贴，加大农村基础设施建设和医疗保障，确保农民生活不断改善，加大医疗和教育等民生重点领域的保障，对贫困地区加大转移力度。在收入方面，按照"分步实施税收制度改革"任务和"简税制、宽税基、低税率、严征管"改革原则，进行相应符合经济发展的税收改革，统一城乡税收体制，全面取消农业税；所得税实现内外统一，结束税收双轨制；大力提高增值税的适用范围，为后期"营改增"做好试点。在收支两端深入改革的同时，财政各项管理制度也不断完善，开始建立部门预算、国库集中支付、政府采购等现代财政管理制度，推动基层财政管理体制改革，精简财政层级；推动规范政府预算公开和实时监测，在全国人大的监督下公开透明，更加科学合理。

这一时期，在中国共产党的带领下，国家经历了天翻地覆的变化，人民的生活水平实现了质的飞跃，中国成为全球经济增长表现亮眼的发展中国家。财政通过不断深化改革，坚决贯彻落实党中央的决策部署，包括以经济建设为中心全力支持改革开放、调整中央地方关系、理顺权力与责任、构建民生财政、全面改善资源配置格局等，充分发挥"四两拨千斤"的积极作用，为改革开放和社会主义现代化建设提供了坚实有力的财力保障。

中国特色社会主义新时代的财政工作

进入中国特色社会主义新时代，经济发展由高速度的粗放增长逐渐转变为高质量的稳步增长新常态，政府也更加注重发展的远期成果与影响。这一时期，财政的属性从建设财政转变为治理财政，其功能与意义被提高到了国家治理的全新高度。

2015年的中央经济工作会议对供给侧结构性改革做出部署。相比货币政策等其他政策手段，财政政策具有传导速度快、结构性特征明显的优势，在供给侧结构性改革中发挥了积极的作用。

在财政支出方面，一方面，严格执行"三去一降一补"要求，安排专项资金支出，全面处置僵尸企业并妥善解决员工安置问题，推动产能过剩行业的企业并购重组和加快出清，推进优胜劣汰，在效率提升的同时尽可能稳定社会秩序，兜牢民生的底线；积极稳妥处置地方政府债务风险，推动地方政府债务存量的置换制度，建立闭环的政府债务管理制度，坚决守住不发生系统性风险的底线。另一方面，坚持创新引领，不断提高财政科技投入力度，特别是基础研究和"卡脖子"关键技术的财政支持力度。引导企业加大科技投入，促进科研成果转化和产业化。成立专项基金，实现补贴奖励和市场化原则相结合，全面提升产业竞争力，加快推动制造业高质量发展。

在收入征管方面，进行了最大规模的省级以下国税、地税部门的合并，调整中央与地方税收分配，配合完善中央与地方的权责分配。根据经济结构转型，全面推行"营改增"税收制度改革，打通全产业抵扣链条，消除重复征税。优化征收范围和税率结构，对小规模纳税人使用简易征税方法，降低企业负担，提高活力。支持民生领域和重点行业的发展，促进社会主义市场经济体制下的全产业链经济规范运行，加大研发费用扣除，加速企业设备折旧，提高高新技术企业所得税优惠幅度。建立综合与分类相结合的个人所得税制度，促进中等收入群体壮大。综合运用税收优惠等方式，鼓励金融机构加大对民营企业和中小企业的支持，并针对中小微企业推进结构性减税降费，增强微观市场主体活力。

按照党的十八大提出的"建立全面规范透明、标准科学、约束有力的预算制度，全面实施绩效管理"的改革目标，建立并不断完善规范、透明的现代预算管理制度，"四本预算账"全面公开并细化，实行中长期的财政规划与预算管理，达到跨期预算平衡，构建"全方位、全过程、全覆盖"的预算绩效管理体系，实现"花钱必问效、无效必问责"。

党的十九大后，中国特色社会主义进入新时代，党中央在实践探索中提出习近平新时代中国特色社会主义思想，其核心是以人民为中心的发展思想。2020年，面对全球疫情、严峻复杂的国际形势以及艰巨繁重的全面建成小康社会关键节点任务，在以习近平同志为核心的党中央的坚强领导下，全国人民众志成城，合力抗击疫情，使疫情很快就得到了控制。其间，财政部门在面临收入大幅下滑、收支矛盾突出的不利环境下，迎难而上，优先保障疫情防控经费，中央财政发行1万亿抗疫特别国债，增加地方政府专项债券并建立直达基层、直达民生的资金拨付机制，积极实施减税降费政策，真正展现了以人为本的大国财政担当。

回首百年风雨历程，正是在党的坚强领导下，中国创造了长期高速增长的奇迹，综合国力不断壮大。我国2020年财政收入超过18万亿元，是中华人民共和国成立初期60多亿元的3 000倍。财政规模的稳步提高，为经济发展和社会进步打下了坚实的财力基础，形成了财政、经济、社会之间的良性互动。

在中国共产党的坚强领导下，在科学的马克思主义理论指引下，财政不断为社会主义建设积极贡献力量。近年来，随着国家治理体系和治理能力的不断现代化，积极的财政政策内涵不断丰富，政策工具也日益多元化，有效降低了经济周期波动的影响，有力维护了经济发展和社会稳定大局。面临复杂多变的国际局势和实现第二个百年奋斗目标的艰巨任务，作为国家治理的基础和重要支柱，财政注定要肩负更多的责任，要坚持系统化的改革理念，加快形成与社会主义现代化国家相匹配的现代财税体制，推动实现中华民族的伟大复兴。

（资料来源：王志刚，高博楠.中国共产党领导下的百年财政发展［N］.中国财经报，2021-06-29.）

【讨论问题】

1.我国财政经历了哪几个发展阶段？

2.中国特色社会主义新时代财政政策有何特点？

【参考答案】

1.我国财政经历了四个发展阶段：新民主主义革命时期的财政、社会主义革命和建设时期的财政、改革开放和社会主义现代化建设新时期的财政和中国特色社会主义新时代的财政。

2.我国一直采取积极的财政政策，随着国内外形势的发展，我国积极的财政政策也在为实现"六稳六保"任务目标发生一些新的变化和产生一些新的特点，具体有如下特点：更加科学精准、更加积极有为、更加务实高效、更加持续有力。

-------------------------------- 案例2 --------------------------------

世界10大经济体应对疫情冲击的经济政策要点

【案例正文】

2019年年底，新型冠状病毒疫情来袭，随后迅速席卷全球。截至2020年5月1日，世界范围内新型冠状病毒确诊人数超过300万人，死亡病例高达21余万人，是近年来传播范围最广、影响最为严重的一次全球性流行疾病。这场疫情给全球经济带来了沉重打击。美股在10天内经历4次熔断，3月12日更是导致世界范围内除美国外另7个国家经历股市熔断；维也纳国际能源谈判会议失败导致国际油价暴跌，

WTI原油期货一度跌到负值。从整体来看，不仅股市、原油市场发生动荡，而且在债市、黄金等经济各个方面都经历着动荡，疫情的蔓延造成了市场对于经济衰退的巨大恐慌。世界GDP增速已从2017年的3.2%到2018年的3%，再到2019年的2.4%，已经连续两年出现增速放缓，世界经济已出现增长乏力现象。加之新冠疫情冲击，国际货币基金组织预测，2020年全球经济将萎缩3%，2020年、2021年两年全球GDP损失高达9万亿美元。

在对抗新冠疫情的同时，世界各国均不断采取各类措施对抗疫情带来的经济冲击。3月26日，二十国集团（G20）领导人临时召开紧急峰会，会议就应当团结协作抗击疫情与维护世界经济稳定达成一系列重要成果。新冠疫情的世界范围内蔓延再一次揭示了经济全球化与人类命运共同体的重要性。尽管世界各主要经济体的体制不同、应对措施各异，但各国经济政策仍然值得分析与借鉴。

世界10大经济体应对疫情的经济政策梳理

（一）美国

货币政策

美联储采用传统货币工具应对国内流动性危机。

1.2020年3月份，采取传统货币工具，缓解国内流动性压力。（1）关于回购政策，美国采取每周实施至少5 000亿美元的3月期及1月期正回购操作各一次的回购政策；（2）关于降息政策，美联储自3月15日起将基准利率降低100个基点至0~0.25%；（3）关于调整贴现窗口工具（DW），美联储将准备金降到0，提高贴现窗口借款的可获得性并放宽借款条件，取消准备金要求，保障了银行体系的流动性充足供应；（4）3月15日，启动量化宽松政策，美联储启动7 000亿美元新一轮量化宽松（QE4），包括5 000亿美元的美国国债购买和2 000亿美元的机构抵押贷款支持证券（MBS）购买，解决公共资产的流动性问题。同时，美联储还把机构债券和机构抵押贷款支持证券到期后的所有本金再投资于机构抵押贷款支持证券（之前再投资到国债中）。3月23日，美联储启动无限量QE，将按需购买国债和MBS。

2.美国开始重启非常规流动性工具，包括一级交易商信贷便利工具（PDCF）和商业票据融资便利工具（CPFF）。

3.进一步扩大流动性支持范围：（1）设立货币市场流动性便利工具（MMLF），加大对货币基金的流动性支持。（2）设立三种工具加大对信用市场的支持，包括一级市场公司信贷便利工具（PMCCF）、二级市场企业信贷便利工具（SMCCF）和定期资产支持证券贷款便利工具（TALF）。（3）商业票据工具（CPFF）和货币基金工具（MMLF）进一步放宽条件。将商业票据工具的利率从3月17日公布时的OIS+200bps下调至OIS+110bps，货币市场基金工具将标的范围放宽至市政可变利率即期票据（VRDNs）及银行存单（CD）。

美联储继而通过外汇互换与设立临时性的回购便利工具，缓解离岸美元流动性压力。

1.进行全球范围内的外汇互换，包括扩大央行流动性互换额度、与更多央行建立临时美元流动性安排等。

2.设立临时性的回购便利工具（FIMA Repo Facility）。3月31日，美联储设立临时性回购便利工具，交易对手为海外/国际货币当局，涵盖外国央行以及国际机构（如IMF/BIS/WB），交易利率为IOER+25个基点，即0.35%。

重心回归修复经济增长。

1.疏通商业银行的信贷传导：暂时放松对大型银行资本金的要求。3月1日，美联储宣布对补充杠杆率（SLR）规定进行为期一年的临时调整，大型银行不再需要将其持有的美国国债和准备金纳入维持资本所需的资产篮子中，降低了银行资本金要求。据美联储的估计，本次政策变动将使银行业整体的资本需求减少约2%。疫情冲击下，前期美债市场流动性状况迅速恶化，交易商做市功能受到破坏，对大型银行资本金要求的暂时放松可以一方面缓解美债市场压力，另一方面适度释放银行资产负债表空间，提高金融机构的金融中介能力。4月8日，美联储对于富国银行增长限制的短暂性小幅放松也是为了提高其支持小企业信贷的能力。

2.美联储提供2.3万亿美元额外贷款支持，主要针对受疫情影响的中小企业。4月9日，美联储再次宣布采取额外行动，提供高达2.3万亿美元贷款以支持经济，主要工具包括设立薪资保障计划流动性便利、主街贷款便利、市政流动性便利，扩大PMCCF、SMCCF、TALF的规模和范围。本次措施主要针对的是各种规模的企业和家庭，以及因为疫情影响评级产生下调的原投资级企业发行的债务。

财政政策

1.3月11日第一轮一揽子援助计划；3月18日第二轮援助计划；3月25日，美国参议院正式通过2万亿美元财政刺激方案，其中2 500亿美元用于直接补贴家庭。

2.3月27日，美国通过了"新型冠状病毒援助、救济和经济安全法案"（CARES法案）。

（1）美国联邦税申报及纳税期限延迟。美国国税局发布2020第18号通告，自动延迟所有原本应在2020年4月15日提交的美国联邦所得税申报表，应缴纳的联邦所得税款延迟至2020年7月15日。纳税人可以在2020年7月15日或之前申请将美国联邦所得税申报表提交截止日自动延期（例如：通过7004表）至2020年10月15日。2020年联邦所得税第二季度预估税截止日仍然是2020年6月15日。州所得税和特许经营税的申报与缴税日期可能与以上不同。

（2）向以前年度结转营业亏损以获得税收返还。CARES法案允许2018年、2019年和2020年产生的净营业亏损向以前5个纳税年度结转，并且暂时停止对于净营业亏损抵扣额不得超过应纳税所得额80%的限制至2020年。

（3）CARES法案把2019年/2020年的净商业利息扣除限制从经调整应税所得额限制的30%调整到50%。

（4）合格改善性资产的100%额外折旧扣除。CARES法案提出纳税人可以就用于合格改善性资产（一般指纳税人对非住宅建筑内部进行的某些改善）的资本支出在第一年一次性费用化扣除100%。该项修正具有追溯性，通常适用于2017年12月31日之后投入使用的合格改善性资产。

（5）新冠病毒疫情导致的损失。在现行美国税法下，纳税人可以在上一年的原始或修订联邦所得税申报表上抵扣因美国联邦政府宣布的灾害造成的损失。2020年3月13日，美国整个国家被宣布因新冠病毒疫情成为灾区。

（6）企业替代性最低税抵免。CARES法案加速了企业纳税人利用剩余替代性最低税抵免的能力，允许在2018年使用50%的税收抵免和在2019年使用100%的税收抵免。或者，纳税人可以选择申请在2018纳税年度使用全部可退还的税收抵免。CARES法案允许纳税人在2020年12月31日前提出申请要求返还其2018纳税年度的所有最低税收抵免额。美国国税局将有90天的时间从提交之日起审查申请并退还税款。

3.4月6日，众议院议长佩洛西表示，将推出总额至少1万亿美元的第四轮经济救助计划，内容包括继续向普通人派发现金、扩大失业保险、小企业贷款以及食品救济等。此前美国已经先后推出三轮经济救助法案，涉及金额2.3万亿美元。

4.4月7日，财政部表示，或追加拨款2 500亿美元助力小企业渡过难关。

（二）西班牙

货币政策

西班牙央行作为单一监管机制（SSM）的组成部分，执行欧洲央行的措施。另外，将不会在较长时间内启动反周期缓冲，已批准采取措施缓解。

财政政策

1.政府通过官方信贷局提供最多1 000亿欧元的担保，帮助企业和个体经营者获得贷款。

2.政府支持商业的措施：在提出需求的基础上，可以灵活处理6个月的税收递延，并返还利息；通过官方信贷局提供4 000亿欧元的融资额度，满足旅游业公司和个体经营者的流动性需求；援助临时性就业变更程序；支持远程办公。

3.政府支持家庭和困难群体的措施：住房抵押贷款延期1个月还款。

（三）英国

货币政策

1.3月11日，英国央行表示，逆周期资本缓冲比率降至0，立即生效。

2.4月1日，英国央行发布声明称，从4月7日开始将购买至少100亿英镑的企业债，并计划将企业债券的持有量增加至少1倍，以应对新冠疫情对经济的影响。

3.4月9日，英国政府表示，已经提高了从英国央行的透支额度，即所谓的垫款工具（Ways and Means Facility），确保英国政府能在新冠疫情使其无法轻易从市场筹资的情况下获得资金。主要资金来源是从金融市场借款，英国央行的工具将只是在市场面临压力时向财政部提供现金。所有通过该工具进行的提款都将在年底前归还。英国央行上一次启用垫款工具是2009年的全球金融危机时。

财政政策

1.英国实施总额3 500亿英镑纾困措施，其中包括向各行业商户提供3 300亿英镑的紧急贷款担保和200亿英镑的财政措施，用于支付租金、工资和供货；为大型企业提供低成本、更易获得的商业票据，确保其资金流动，并对中小企业扩大之前的"商业中断"贷款计划，总额500万英镑，前6个月免息。这相当于英国年度GDP的15%。

2.对零售、餐饮、娱乐等受疫情影响严重的行业，免除企业12个月的营业税，并为每家企业提供25 000英镑现金支持。对于英国70万家规模最小的企业，英国政府将为每家企业提供3 000英镑现金支持。疫情期间，所有英国企业都不用支付增值税，直到6月底。

3.实施"保留职位计划"，政府接入帮助支付工人工资，政府补贴将覆盖企业保留的工人工资的80%，每月额度总计2 500英镑。

4.对于疫情影响的个人，抵押贷款机构将提供至少3个月的"抵押贷款假期"，贷款人推迟偿还贷款；把未来12个月的福利救济金增加到1 000英镑；考虑给每个英国家庭发钱，金额在每人每周48英镑到每人每月1 000英镑之间。

（四）意大利

财政政策

1.3月6日，意大利政府宣布将通过法令出台一系列新经济纾困措施，追加提供4 000亿欧元以保证各类企业渡过难关、重整旗鼓。此举为意大利历史上最大规模的经济干预措施，将以国家担保贷款的形式向意大利企业提供4 000亿欧元流动资金，其中2 000亿欧元用于帮助国内市场企业，另外2 000亿欧元用于加强出口市场。加上之前出台的经济纾困措施中涉及的3 500亿欧元资金，意大利政府总共向市场注入7 500亿欧元，约合国内生产总值的一半。同时法令规定减免4.5个月100亿欧元税收。

2.法令还规定将"黄金权力"法应用范围扩大至食品、金融、保险和医疗领域，并将欧盟内部的收购行为也纳入该法管辖。加强政府对意大利战略性企业收购行为的干预，确保国家利益不会成为投机行为的目标。

3.意大利将支持发行"防疫"欧元债券的计划（Corona-bond），并认为目前的欧洲稳定机制（ESM）"不适用于"当前的紧急情况。

（五）法国

货币政策

将逆周期资本缓冲比率从0.5%调降至0.25%。

财政政策

法国政府将投入大约450亿欧元帮助企业抵抗新冠疫情冲击，同时为企业从银行贷款提供3 000亿欧元的"国家担保"。

（六）德国

货币政策

德国金融稳定委员会2020年3月18日宣布：从4月开始，德国逆周期资本缓冲比率设定为0（此前为0.25%），政策将至少持续到2020年12月。

财政政策

1.4月1日，德国政府为初创企业应对新冠疫情冲击提供20亿欧元纾困资金。

2.4月6日，德国总理默克尔表示德国支持欧盟委员会向成员国提供贷款，承诺德国愿意为这一纾困项目担保70亿欧元。

3.德国正准备采取刺激措施，一揽子计划包括：政府补充预算1 560亿欧元（合1 668.3亿美元），外加2 000亿欧元的额外债务授权，其中1 000亿欧元用于可以直接持有公司股权的经济稳定基金。向公共部门开发银行——德国复兴信贷银行提供1 000亿欧元的信贷（政府已承诺通过德国复兴信贷银行为受影响企业提供50 000亿欧元流动性担保）用于向陷入困境的企业提供贷款，缓解企业资金紧张。

4.德国政府发布一系列财政补助和经济刺激措施，包括放宽劳务补助政策，对受疫情影响不得不减少工时的劳工提高补助标准，新标准4月1日起生效，持续至2020年年底。

5.德国服务行业工会在与护理业雇主协会达成一致后宣布，医护人员将获得1 500欧元的特殊补助，处于实习期的护理人员将获得900欧元的特殊补助。

（七）日本

货币政策

日本金融厅和财务省发布了现金流和信贷灵活性支持指引。另外，日本金融厅为根据《金融工具和交易所法案》要求必须提交的监管申报提供了一定的灵活性。

财政政策

1.3月26日，日本拟向符合条件的家庭发放20万～30万日元（约合人民币1.29万～1.93万元）补助，还将通过发放折扣券和商品券来扶持营业额锐减的餐饮业和旅游业。

2.3月28日，日本政府宣布，为应对新冠疫情对经济的冲击，将推出56万亿日元的经济刺激方案，其中15万亿日元的财政刺激计划中包括贷款计划。

3.4月2日，日本政府提出，2020年2—10月期间出现3月期利润较上年同期减少三成至五成情况的企业，税金减免50%。

4.4月7日，日本正式确定了为应对新冠疫情实施的第三轮紧急经济对策与

2020年度补充预算案，财政支出约为39.5万亿日元，总规模将达到史上最大规模108.2万亿日元，约占日本国内生产总值的20%左右。

（八）韩国

货币政策

3月16日，韩国银行（央行）召开金融货币委员会临时会议，决定把基准利率下调0.5个百分点至0.75%。

财政政策

3月30日，韩国政府宣布向包括中产阶层在内的收入下游70%家庭发放债还补助，4人户的补助标准为每户100万韩元（约合人民币5 800元）。

（九）澳大利亚

货币政策

1.澳大利亚央行将购买澳大利亚政府债。

2.银行将获得固定利率为0.25%的至少900亿澳大利亚元的融资。

3.澳大利亚央行将在其日间市场操作中进行为期1个月和3个月的回购操作，为澳大利亚金融市场提供流动性。

4.根据市场需要，澳大利亚储备银行将至少每周进行期限更长的回购操作。

财政政策

1.政府宣布1 310亿澳大利亚元就业计划。

2.向合格企业提供20 000～100 000澳大利亚元的免税现金援助。

（十）加拿大

货币政策

1.加拿大央行降息至0.25%，累计降息150点。

2.宣布2 000亿加元的债券。

3.购买计划（量化宽松）。

4.扩大债券回购项目范围，向市场提供流动性。向需要临时流动性的金融机构提供贷款；允许流动性覆盖率短暂地低于100%。

（资料来源：杨蕾，兰亚红，柴铎. 智库·报告｜世界10大经济体应对疫情冲击的经济政策要点对比分析［N］. 中国房地产报，2020-05-12.）

【讨论问题】■────────────────────────────

1.对比各国疫情下宏观经济政策调控有何异同。

2.进行宏观经济调控时应注意哪些问题？

【参考答案】■────────────────────────────

1.表15-1列出了上述经济体的主要经济政策的汇总情况。从各个经济体的大致政策内容来看，最常用的政策可以概括为以下几种：降息、对企业提供信贷支持、为企业雇员提供收入补助、发放现金、减少或延迟缴纳税款、延迟偿还债务。

表15-1 各国疫情期间主要经济政策要点对比

国家	降息	为企业提供信贷支持	为雇员提供收入补贴	发放现金	减少或延迟缴纳税款	延迟偿还债务
中国	√	√			√	
美国	√	√	√	√	√	
意大利		√	√		√	√
西班牙		√			√	√
英国	√	√	√		√	
法国			√		√	
德国			√		√	
日本						√
韩国	√	√			√	
澳大利亚	√	√		√	√	
加拿大	√	√		√	√	

虽然国情不同，但在应对疫情与经济动荡时的基本思路是一致的。动荡产生时，保障人民的生活和关注企业的生存是重中之重。保障人民生活和企业生存就是保障消费和生产，从经济循环的角度来看，其本质是相同的。只有国家对居民和企业都提供流动性支持，才能保证经济的流动性，防止经济陷入停滞和衰退。

在特殊时期各国也采取了特殊策略，突破了财政平衡的限制。此次疫情已经在世界范围内造成了严重的影响。这起"国际关注的突发公共卫生事件"不仅对全世界人民的健康造成威胁，还造成了人民对经济衰退的恐慌。因此，在疫情期间，不将财政平衡作为主要目标，而是扩大开支充分发挥财政政策的引导功能，提高市场的信心。对于不同的国家来说，既要有充分的经济政策储备，又要充分了解当前经济状况和预判未来经济状况，合理使用不同的政策工具，从不同的方向和角度缓解经济下行压力，应对疫情的冲击。

2.财政政策和货币政策是政府对国民经济进行宏观调控的两大手段，都不同程度地存在一定的局限性。因此，调控过程中应注意考虑两种政策的时滞，往往实施中需要两种协调起来使用，充分发挥各自的调节功能，使得两类政策的组合效应最大化。另还需要注意以下几个问题：

（1）制定合理的宏观政策目标：宏观政策目标既有矛盾性又有一致性，因此必须适应当前的经济形势和需要，制定合理的宏观政策目标。

（2）把握经济周期的阶段：经济周期是指经济活动的波动和循环，包括繁荣、衰退、萎缩和复苏等阶段。在进行宏观经济调控时，必须把握当前经济周期的运行规律和特点，以便在适当的时候采取相应的调控措施。

（3）数据的准确性和可靠性：宏观调控需要依赖于大量的经济数据，例如GDP、CPI、PMI等指标。因此，必须确保这些数据的准确性和可靠性，以便做出正确的决策。

（4）经济结构的变化：经济结构的变化可能会影响宏观调控的效果。例如，如果一个国家的经济结构正在向服务业转型，那么采取传统的工业政策可能不再有效。因此，在制定宏观调控政策时，必须考虑经济结构的变化和趋势。

（5）国际环境的变化：国际环境的变化也可能会影响宏观调控的效果。例如，全球经济放缓可能会导致一个国家的出口减少，从而影响经济增长。因此，在制定宏观调控政策时，必须考虑国际环境的变化和趋势。

总之，在进行宏观经济调控时，必须全面考虑各种因素，制定合理的政策，并及时调整政策以适应经济形势的变化。

【思政启示】
拓展国际视野，通过国内外政策对比形成制度自信，同时总结国际经验，为日后加强应对经济动荡的能力和提高制定经济政策的水平提供新思路，提升经济思维能力。

第十六章 经济增长

人口增长与国内生产总值的增加

【案例正文】

20世纪80年代，世界人口增加了8.44亿，几乎相当于1800年的世界总人口（9亿）的数量。同一时期，世界人均GDP的增加量等于1820年人均GDP的总量（以1990年美元计算）：20世纪80年代人均GDP增加了661美元，1820年的人均GDP只有651美元。20世纪80年代末的世界人口是1800年的7倍，但1990年的世界产出总量是1820年的40倍，世界人均GDP则是1820年的8倍。

经济增长并非仅仅局限在发达国家。在亚洲和大洋洲的发展中国家，1990年的人均GDP是1820年的5.5倍，拉丁美洲的这一比例为7.1倍，非洲则为2.9倍。在19世纪，欧洲人口增加了85%；20世纪，发展中国家人口增长了350%。尽管人口增长率有如此大的差别，在20世纪的百年间，亚洲和拉丁美洲的人均收入的增长率仍超过了欧洲、北美和澳大利亚在19世纪的增长率。即便在非洲，尽管其在过去的30年中经济状况很不好，其人均收入的增长也快于19世纪的南欧和东欧国家。

就中国的情况来看，1955—1975年间，除1960年由于自然灾害等曾引起人口减少外，这一时期人口的上升趋势是明显的。改革开放以后虽然由于实行计划生育，人口增长的速度有所下降，但是其纯增加的人口规模仍然以每年1 400万人的数量追加，这种每年增长部分的规模在世界上也是空前的。与此同时，中国的国内生产总值和人均消费额也在飞速增长——特别是在改革开放以后，国内生产总值以9.7%的年均增长率高速增长，成为世界上经济发展速度最快的国家之一；同时，人均消费额高速增长，人民生活水平也在不断提高（如表16-1所示）。

按照马尔萨斯的观点，不断增长的人口将一直制约社会养活自己的能力，人口的力量永远大于地球上生产人的必需品的力量，而对人口增长唯一限制的是"灾难和罪恶"，即通过战争、饥荒和瘟疫来抑制人口的增长。因为人口的高速增长将导致人地关系的失衡，造成过剩人口，即农业经济陷入停滞的"低水平均衡陷阱"。此外，人口的迅速增长不仅仅消费了产出额的大部分，也抑制了储蓄额的增加，从而影响了国内生产总值的增长，造成人口增长的马尔萨斯危机。

表16-1   国内生产总值的增加和纯增长人口的消费变化

年份	增加的GDP（亿元）	GDP增长率（%）	纯增长人口（万人）	人口增长率（%）	纯增长人口的消费（亿元）	增加的消费总额（亿元）	人均消费额（元）
1955	51.0	6.8	1 999	1.99	11.3	52.0	93.5
1960	18.0	−0.3	−1 000	−1.49	−10.3	47.0	103.2
1965	262.1	17.0	2 039	2.89	25.2	61.0	123.4
1970	314.8	19.4	2 321	2.88	32.0	78.0	138.0
1975	207.4	8.7	1 561	1.72	24.5	71.0	156.9
1978	422.2	11.7	1 285	1.35	23.5	147.0	182.7
1980	479.6	7.8	1 163	1.19	27.3	356.7	234.8
1985	1 793.4	13.5	1 494	1.43	64.8	1 079.0	433.5
1990	1 638.7	3.8	1 629	1.45	126.8	808.7	797.1
1995	10 825.7	10.5	1 271	1.09	382.7	6 839.0	2 224.6
1999	3 565.7	7.1	1 099	0.88	343.9	3 278.9	3 129.1

注：纯增长人口的消费、增加的消费总额以及人均消费额等根据《中国统计年鉴》（2000）的有关统计数据计算得出。

（数据来源：根据国家统计局《中国统计年鉴》1992年、2000年有关数据计算得出）

但是，以上事实说明，人口增长对经济增长的影响有时并非马尔萨斯预言的那样。那么，马尔萨斯到底是对还是错的呢？

（资料来源：根据豆丁网宏观经济学案例分析大全整理）

【讨论问题】▶

1.什么是经济增长？如何衡量经济增长？

2.结合案例评析马尔萨斯的理论

3.人口增长和经济发展的关系是什么？

【参考答案】▶

1.经济增长通常是指在一个较长的时间跨度上，一个国家人均产出（或人均收入）水平的持续增加。经济增长率的高低体现了一个国家或地区在一定时期内经济总量的增长速度，也是衡量一个国家或地区总体经济实力增长速度的标志。决定经济增长的直接因素：投资量、劳动量、生产率水平。用现价计算的GDP，可以反映一个国家或地区的经济发展规模，用不变价计算的GDP可以用来计算经济增长的速度。

2.托马斯·马尔萨斯（Thomas Robert Malthus）在他的《人口原理》一书中指出：在18世纪末的欧洲，食物供给的增长将引起人口的迅猛增长，最后只能通过战争、饥荒和瘟疫来抑制人口的增长。从历史上看，较低的人口增长率意味着较低的经济增长率。在历史上的大部分时期，世界人口增长率一直很低，到1800年时世界人口达到9亿左右，而这仅为现在世界人口的1/6。在一个漫长的时期内，世界人口的90%主要从事农业生产，这些农户生产的农产品仅够维持自身的消费，几乎没有什么多余的产品可用于出售和交换。所以，如果从大部分人类历史来看，马尔萨斯的理论基本上是正确的。

但是，马尔萨斯未能认识到的一点是，一个地区的人口数量的多少对该地区人均粮食和衣物拥有量的影响实际上是微乎其微的。因为限制粮食供给增长的因素不是土地资源过少，而是劳动生产率过低。因此，贫困水平与人口的绝对数量基本上是无关的。事实上，马尔萨斯后来也发现，在18世纪后半叶，欧洲人民的生活条件显著地改善了，但未引起人口的迅猛增长和食物的供不应求，这一时期死于饥荒和瘟疫的人也比前几个世纪减少了很多。欧洲人开始主动控制生育，从而为他们的子女和整个家庭提供更好的生活条件。

美国芝加哥大学经济系教授盖尔·约翰逊在其著名的"人口增长和经济财富"的演讲中指出，人类历史的经验表明：在人口增长速度很慢、人口总数很低时，人们都很贫穷，大多数人仅能勉强维持生存，人均寿命也很短。但是，随着人口增长速度和人口总数的上升，人们的预期寿命却不断提高，婴儿死亡率不断下降，人均收入和人均每日摄入的卡路里数都不断提高。本案例的内容也证明了盖尔·约翰逊教授的论断。在过去的半个世纪里，世界人口翻了一番，然而世界上的人口（包括绝大多数最贫困的人口）在衣、食、住等方面的生活状况却得到了改善，识字率提高了许多，人们的寿命比以往任何时候都长，婴儿的死亡率也大大下降。

在人口总数迅速增加而资源日渐减少的情况下，究竟是什么原因使全球居民的生活水平仍能不断上升呢？显然，原因在于当今世界的人们拥有更多的知识，这些知识能够提高劳动生产率，增加对自然资源的使用效率并帮助人类找到成本更低、效率更高的替代品。马尔萨斯没有想到的是，20世纪以来人类创造力的增长超过了人口的增长，同时，知识的积累增加在一定程度上是由人口的增加所导致的。首先，人口总数越大，某项知识能够给整个人类带来的好处也就越大，人们把时间和精力投入到探求知识的活动中的激励就越强。其次，今天的人类并不比他们的祖先更聪明，但是现在的人口总数比以前的人口总数要多得多，因而能够做出重大发现增加知识积累的人也就比以往多很多。此外，在过去的200年里，由于农业生产效率的提高、城市的扩大、人均收入水平的大幅度提高，更多的大学、研究所和实验室得以建立扩大。这些机构专门从事探求知识、传播知识的工作，然而人们的生育率并没有随着生产效率和人均收入的上升而提高，从而技术进步的财富增长效应大于人口增长引起的财富减少效应。

3.由此可见，人口增长和经济发展的关系并不是单纯的，对于经济发展的过程来说，既具有促进因素，也具有阻碍因素。一国的人民对该国经济实力能够作多少贡献不仅取决于人口的数量，还取决于他们的家庭和政府在提高人的生产能力方面进行了多大的投资。加里·贝克尔（Gary S. Becker）等经济学家的人力资本理论对此做了很多的论述。在贝克尔看来，人力资本是通过人力投资形成的资本；用于增加人的资源、影响未来的货币和消费能力的投资即为人力资本投资。这一投资对一个国家的长期经济繁荣的作用至少和物质资本投资同样重要，在21世纪也许更为重要。

从表16-1中可以看出，中华人民共和国成立以来国内生产总值的增长速度是比较快的，特别是经济起飞的1978年以后更是显著地上升，年均增长率达到9.7%。推动经济增长的积极因素主要是劳动力的数量增大及资质的改善、劳动生产积极性的上升、技术进步和资本集约度的上升，因而可以说中国人口的增长促进了经济的发展。

另外需要指出的是，近半个世纪以来，随着经济的增长，教育成本不断提高，人们的思想也在变化，全世界的家庭生育率都有了明显的下降，人口增长率慢慢趋缓。这一事实意味着，人口并不会无限增长。

总的来看，人口增长率对经济的作用不能简单论之，需要结合人力资本的状况和人口素质的提高程度综合考虑。

【思政启示】
引导学生回顾我国人口增长政策及其对经济增长的积极意义，树立制度自信。

16.1　经济增长的描述和事实

案例
经济增长与经济发展的区别

【案例适用】
经济增长的描述和事实

【案例正文】
2022年第四季度，中国GDP同比增长8.1%，高于市场预期的7.9%，创下近三年来的最高水平。中国在抗击新冠疫情和推动经济复苏方面取得了显著成效，同时也在加快转变发展方式，优化产业结构，提高创新能力，促进绿色低碳发展，保障民生福祉等方面取得了积极进展。中国的经济发展不仅为本国人民带来了福祉，也为世界经济稳定和增长做出了重要贡献。

经济增长与经济发展是两个经济学上常用的概念，但它们之间有着明显的区别。根据以下几个方面，我们可以对它们进行区分：

1.定义方面：经济增长是指一个国家或地区在一定时期内的总产出与前期相比所实现的增长，通常用国内生产总值（GDP）或人均国内生产总值（GDPPC）的增长率来衡量。经济发展是指随着经济增长、产业结构的不断优化、城市化进程的逐步推进、广大居民生活水平的持续提高、国民收入分配状况的逐步改善等方面，一个国家或地区的经济社会综合素质的提升，通常用人类发展指数（HDI）或多维贫困指数（MPI）等来衡量。

2.规模方面：经济发展比经济增长更为广泛，涉及经济、社会、政治、文化、环境等多个领域，而经济增长只是经济发展的一个重要组成部分或必要条件。

3.影响因素方面：经济增长主要取决于一个国家或地区的自然资源储量、实质资本累积、人力资本累积、技术水平提升以及制度环境改善等。经济发展除了受到这些因素的影响外，还受到教育水平、卫生状况、民主程度、法治水平、社会公平正义等因素的影响。

经济发展和经济增长是相互关联但含义不同的概念。经济发展指的是随着产出增长而出现的经济结构和一般社会经济条件变化的过程。经济发展以经济增长为基础，但其含义更为综合，包括居民收入、生活水平、社会福利、经济结构等各项指标。与此不同，经济增长是一个比较单一的经济目标，侧重于体现经济活动量的变化过程。经济发展侧重于经济活动的质量状况，即如何使经济增长转化为社会各种经济条件的改善，从而促进经济的发展。对经济增长的研究主要关注在什么条件下有利于经济增长，而对经济发展的研究则不仅包括如何促进经济增长，还要研究如何为经济的持续增长创造良好的经济条件。

【讨论问题】

1.经济增长和经济发展有哪些区别？

2.你认为在我国现阶段如何做好发展与增长的权衡。

【参考答案】

1.经济增长和经济发展是两个概念，它们有一定的区别：

经济增长指的是国民经济总量在一定时期内的增长，通常用国内生产总值（GDP）来衡量，反映了一个国家经济总量的增加情况。它通常通过提高生产要素的效率、加强技术创新、推动产业升级等手段来实现。

经济发展则更加广义，它包括了经济增长，但同时还考虑了社会、文化、环境等方面的因素，如教育、医疗、文化、环保等，以及经济增长对人民生活水平的影响。因此，经济发展不仅仅是经济总量的增长，还包括经济结构的优化、人民生活水平的提高、社会制度的进步等多个方面。

2.在当前的背景下，我国现阶段做好发展与增长的权衡需要采取以下措施：

首先，需要更加注重环境保护和可持续发展。过去几十年的高速增长给环境带来了很大的压力，如今，我们需要更加注重生态文明建设，推进绿色发展，同时要更加注重资源的节约和循环利用，避免一味追求经济增长，而忽略了环境保护的重要性。

其次，需要更加注重创新和技术升级。我们应该加强技术创新，培育和引进高端人才，提高企业的科技含量和竞争力，进一步推动经济结构调整，实现经济高质量发展。

最后，需要更加注重民生和社会公平。我们应该继续加大社会保障和教育、医疗等领域的投入，努力提高人民的生活水平和幸福感。同时，需要更加注重社会公平，推动改革开放，落实好分配制度的改革，促进社会财富公平分配。

总的来说，要做好发展与增长的权衡，需要综合考虑经济、社会、环境等方面的因素，采取有力的政策措施，推动经济高质量发展。

【思政启示】■

发展是党执政兴国的第一要务。党的十八大以来，以习近平同志为核心的党中央科学把握我国发展大势，提出并贯彻新发展理念，着力推进高质量发展，推动构建新发展格局，实施供给侧结构性改革，引领我国经济迈上更高质量、更有效率、更加公平、更可持续、更为安全的发展之路。十年来，我国经济实力实现历史性跃升，对世界经济增长的贡献在全球居于首位，特别是历史性地解决了绝对贫困问题，如期全面建成小康社会，实现第一个百年奋斗目标，迈上全面建设社会主义现代化国家新征程。

16.2 经济增长的决定因素

案例
智能手机技术进步的作用

【案例适用】■

技术进步贡献率

【案例正文】■

在中国，智能手机行业是一个快速发展的产业。一项研究发现，2008年至2018年期间，中国智能手机行业的年均增长率为23.6%。然而，这种高速增长不能仅仅归因于资本投入或劳动力增加，技术进步也是一个重要的因素。

具体来说，中国智能手机制造商在生产过程中采用了新的技术和工艺，从而提高了生产效率和产品质量。例如，采用更高级的芯片技术可以提高手机的性能和速度，采用更高精度的加工设备可以生产更小巧、更轻便的手机。此外，智能手机还通过增加摄像头的数量、改进面部识别技术、加强防水性能等方面不断升级，吸引了更多消费者，刺激了消费。

因此，技术进步对中国智能手机行业的增长做出了重要的贡献。研究发现，

2008年至2018年期间，技术进步贡献率占中国智能手机行业年均增长率的42.3%左右。这表明，技术进步对于中国智能手机行业的发展具有决定性的影响。

总之，技术进步贡献率是衡量技术进步对经济增长贡献的一种重要方法。通过分析智能手机行业的案例，可以看出技术进步对经济增长的推动作用，对于了解技术对经济发展的影响具有一定的启示作用。

【讨论问题】 ■━━━━━━━━━━━━━━━━━━━━━━━━━━━━━━

1.什么是技术进步贡献率？试分析历史上几次重大的科技革命对世界经济增长的影响。

2.应该如何衡量技术进步贡献率呢？

【参考答案】 ■━━━━━━━━━━━━━━━━━━━━━━━━━━━━━━

1.技术进步贡献率是指广义技术进步对经济增长的贡献份额，即扣除了资本和劳动之外的其他因素对经济增长的贡献。

这些因素不仅包括科学知识、技术发展或工艺改进，还包括劳动者素质提高和管理创新等。该指标是衡量科技竞争实力和科技成果转化为现实生产力的综合性指标，反映了科技支撑经济社会发展的整体效益。

历史上几次重大的科技革命对世界经济增长产生了深远的影响，主要表现在以下几个方面：

（1）工业革命：18世纪末至19世纪中期，以英国为代表的工业革命引领了机器工业的兴起，大量的机器化生产方法被发明并应用于生产，大大提高了生产效率，促进了商品的批量生产，推动了资本主义经济的发展，进一步拉动了世界经济的增长。

（2）信息革命：20世纪70年代至80年代，信息革命以计算机技术和互联网技术为核心，使信息传递和处理变得更加便捷、高效，带来了信息产业的爆发式增长，促进了全球贸易、投资和流动性的加速发展。

（3）生物技术革命：21世纪初期以来，生物技术革命取得了重大突破，包括基因编辑、人工智能、3D打印、新能源技术等。这些技术的发展应用使生产力不断提高，经济增长模式发生重大变化，新兴产业不断涌现，成为世界经济发展的新引擎。

总的来说，科技革命对世界经济增长产生的深远影响主要体现为：一方面，科技革命推动生产率提高、降低成本、提高品质和速度，促进了经济的发展和市场化的进程；另一方面，科技革命为新兴产业的兴起提供了有利的条件，带来了新的就业机会和经济发展动能。因此，科技创新被视为推动世界经济增长和发展的最重要的驱动力之一。

2.技术进步贡献率是指技术进步对经济增长的贡献程度，通常使用总要素生产率（TFP）的增长率来衡量。总要素生产率是指经济系统生产出的总产出与生产要素（劳动力和资本）的投入量之间的比率，即单位要素生产出的产出量。

技术进步贡献率可以分解为多个因素，例如资本积累、劳动力增长和技术进步等。其中，技术进步是推动经济增长的最重要的因素之一，其贡献率可以通过将总要素生产率的增长率减去资本和劳动要素的增长率得到。

通常情况下，技术进步对经济增长的贡献率越高，经济增长的速度就越快。因此，各国政府通常会鼓励技术创新和推动科技进步，以提高技术进步的贡献率，从而促进经济增长和社会发展。

【思政启示】 ■━━━━━━━━━━━━━━━━━━━━━━━━━━━━━━━

党的十八大以来，习近平对经济改革和发展问题的系统阐释，形成了其治国理政理论中的经济思想，引领着我国经济建设的全新实践。中国经济正在从"中高速"迈向"中高端"，从"数量经济"向"质量经济"转变，做强、做优中国经济，成为中国发展的硬道理。

16.3 经济增长模型

┌╌╌╌╌╌╌╌╌╌╌╌╌ 案例 ╌╌╌╌╌╌╌╌╌╌╌╌┐

中国经济增长模式将发生变化

【案例适用】 ■━━━━━━━━━━━━━━━━━━━━━━━━━━━━

经济增长模式

【案例正文】 ■━━━━━━━━━━━━━━━━━━━━━━━━━━━━

中国的经济增长模式正在发生重大变化，从过去依赖"投资+房地产+出口"的三驾马车，向"制造业+绿色转型+国内消费"的新模式转移，这是一种前所未有的模式。工业和信息化部最新发布的数据显示，2022年，中国制造业的增加值占全球的近30%，连续13年位居世界第一，这说明中国在制造业和非制造业方面都有着令人振奋的表现。《金融时报》报道称，中国3月份的PMI指数也超出了市场预期，反映了中国的零售业、运输业和建筑业的活跃程度都有了大幅提升。其中，建筑业的商务活动指数达到了65.6%，创下了2011年7月以来的最高水平。

与此同时，中国在绿色转型方面也取得了显著的进步。科技的发展为能源转型提供了强大的支撑，未来将加快新能源投资、电网改革、新能源相关基础设施建设等方面的步伐。据媒体报道，结合"十四五"规划的重点内容，绿色刺激政策预计将为相关行业带来累计44.6万亿的投资空间。

在消费方面，今年1—2月的数据显示，春节期间消费和旅游人次都有所增长，但人均消费水平仍然偏低，这反映了人们对未来仍然存在一定的不确定感。研究表明最近政府和企业联合发放的消费券效果很好，政府和企业发放的定向消费券拉动效应达到了500%，这是一种有效地促进消费的方式。

【讨论问题】

1.什么是经济增长模式？中国新的经济增长模式需要政府采取哪些政策来引导？

2.你认为发展中国家应该如何把经济增长模式从不可持续性向可持续性转变。

【参考答案】

1.经济增长模式是指一个国家（或地区）经济增长的实现模式，它可分为两种形式：粗放型和集约型。根据总量生产函数分析和资本产出弹性与劳动产出弹性的计算，可将一个时期的经济增长率进行分解，即生产要素投入量增加导致的经济增长和要素生产率提高导致的部分。如果要素投入量增加引起的经济增长比重大，则为粗放型增长模式；如果要素生产率提高引起的经济增长比重大，则为集约型增长模式。

中国新的经济增长模式需要政府采取以下政策来引导：

（1）推动创新和科技进步：政府可以通过增加科研经费、优化科技人才培养、加强知识产权保护等方式，促进技术创新和应用，提升经济发展的质量和效益。

（2）改善营商环境：政府可以加大市场化改革力度，简化审批流程，优化投资环境，降低企业运营成本，吸引更多的投资和创新活动。

（3）加强公共服务：政府可以加大教育、医疗、社会保障等公共服务投入，提升人民生活水平，同时提高人力资本质量和激发市场活力。

（4）推动城乡一体化发展：政府可以加强城乡基础设施建设，实现城乡一体化，缩小城乡发展差距，促进城乡平衡发展。

（5）加强生态保护：政府可以加大环保力度，推动绿色发展，鼓励企业创新环保技术，促进经济增长与生态保护的协调发展。

（6）拓展国际市场：政府可以加强与国际社会的合作，拓展对外开放，积极推进自贸区建设和国际化发展，促进贸易和投资自由化、便利化。

这些政策有助于推动中国经济从以投资和出口为主的模式向创新、升级和内生增长为主的模式转变，从而实现更加高质量、可持续和全面的发展。

2.发展中国家可以采取以下措施将经济增长模式从不可持续性向可持续性转变：

（1）制定环境保护和资源利用规划：制定和实施有针对性的环保和资源利用规划，合理利用和保护自然资源，同时对生态环境实施有效保护。

（2）推动清洁能源转型：加大清洁能源的开发和应用，例如风能、太阳能、水力能等，减少对化石燃料的依赖。

（3）加强环保投资：鼓励企业和政府增加对环保技术和设施的投资，提高环保治理水平。

（4）推进循环经济：建立循环经济体系，实现资源的循环利用，减少资源浪费，从而实现经济可持续发展。

（5）建立节能减排目标：制定和实施具有可操作性的节能减排目标，促进节能减排和能源效率提高。

（6）加强生态文明建设：注重生态文明建设，保护生态环境，建立可持续发展的价值观和理念，引导公众对环境保护的关注和支持。

【思政启示】

引导学生关注我国经济增长模式，回顾中国经济建设成绩的历史成就，激发爱国情怀与民族自豪感。

综合案例

案例

中国经济增长的源泉和限制条件

【案例正文】

20世纪80年代，中国经济增长主要来自经济改革带来的制度创新，以土地承包制为核心的农业改革释放出巨大的生产力，结果是1980—1990年中国农业年均增长高达5.9%，是世界同期平均农业增长率2.7%的2倍多。但这种制度效率在80年代后期开始减弱，1990—1999年间农业年均增长速度下降到4.3%。中国经济整体增长速度也相应放慢，从1984年的13%下降到1989年的3.4%[①]。

90年代以来，高投资需求成为中国经济增长的主要动力。1978年财政盈余10亿元，1990年财政赤字574亿元，1990—1999年国内投资总额年均增长12.8%，是世界同期平均投资增长率2.9%的4倍多。同时，国外资本开始大量流入，外国直接投资从1990年的34亿美元增加到1998年的437亿美元，外债总额从553亿美元增加到1 545亿美元。生产要素流入最多的工业部门得到快速增长，从1980—1990年平均增长11.1%增加到1990—1999年平均增长14.4%。1979年和1994年的部分国民收入指标比较见表16-2；20世纪80年代以来投资和消费在国内生产总值中所占比例见表16-3。

表16-2　　　1979年和1994年的部分国民收入指标比较（1990=100）

指标	1979年	1994年	1979—1994年间平均增长率
国内生产总值	38.9	159.4	9.8%
国内总投资	40.8	172.6	10.0%
非政府消费	38.8	150.0	9.4%
一般政府消费	48.9	174.3	8.8%

（数据来源：Hansjorg Herry，Priewe.中国经济的高速增长——不具转型危机的转型？[J]. 当代财经，2001（5）.）

[①]　季铸. 结构效率将成为中国未来经济增长动力［EB/OL］.（2002-11-07）.http://www.chinanews.com.cn/2002-11-07/26/240929.html.

表16-3　　20世纪80年代以来投资和消费在国内生产总值中所占比例（%）

年份	固定资本形成总值	私人消费	一般政策消费
1980	29.2	51.3	14.5
1985	29.5	51.1	13.2
1990	25.5	49.1	12.1
1995	34.6	45.6	11.8

（数据来源：IMF（1997））

与此同时，中国的教育事业在过去几十年里得到了快速的发展，全国的教育机构数量不断增加，教师和学生数量也在逐年增长。截至1998年，全国的普通学校和成人学校共有教职工1 580万人，其中专任教师1 206万人。全国的中小学教育也得到了普及，中小学的入学率和升学率大幅提高。

然而，中国经济的快速增长也导致了环境问题的严重恶化。1985年至2002年，全国GDP增长了172.6%，但同时，工业废气排放总量也增长了63%。电力、有色金属冶炼与压延业、黑色金属冶炼和以水泥制造为主的非金属矿物这些污染密集型产业的发展，导致工业废气排放量增加。2002年，全国555个城市（县）中有279个监测到了污染，其中5个城市的酸雨出现频率高达90%。七大水系近一半河段严重污染，海洋环境也受到了越来越大的影响，这对农业生产造成了明显的负面影响，可能导致农民收入增长缓慢，城乡居民收入差距扩大，从而影响到整体经济的发展。城乡居民的收入差距在逐年扩大，从1978年的2.57倍增加到2001年的2.89倍，这还不包括城市居民享受的福利。

【讨论问题】

1.经济增长的源泉有哪些呢？面对严重的环境污染，中国目前能采取哪些措施？经济增长和环境保护两者是否是鱼与熊掌不能兼得？

2.你认为本案例中提到的经济增长源泉在21世纪是否会继续存在。中国新一轮的经济增长应该依靠哪些因素来实现？

【参考答案】

1.经济增长的源泉包括：

劳动的投入数量。取决于人口规模和人口结构，以及劳动者投入的劳动时间的多少。

资本的投入数量。最重要制约因素是资本利用率或生产能力利用率。

劳动生产率。一般用在一定时间内每个劳动者所生产的国内生产总值或单位劳动时间所生产的国内生产总值来计算。在同样的劳动投入的情况下，劳动生产率的提高可以带来经济增长。

资本的效率。单位资本投入数量所能产生的GDP。在其他因素不变的条件下，资本的效率提高就会带来经济增长。

面对严重的环境污染，中国可以采取以下措施：

（1）制定更为严格的环保法规和政策，如对污染排放的限制和处罚力度的加大，鼓励采用清洁能源等环保技术。

（2）推广节能环保产品和技术，如提高能源利用效率、减少废弃物等，同时鼓励研发环保技术和产品。

（3）建立监管体系，加强对环保和能源消耗情况的监管和管理，加强执法力度，确保环境保护法规的有效实施。

（4）加强宣传教育，提高公众环保意识，促进人们形成绿色消费和生活习惯。

经济增长和环境保护两者并非鱼与熊掌不能兼得。实现可持续发展是一个系统工程，经济增长与环境保护需要相互协调、相互促进。中国应该加强环境保护，但也不能忽视经济增长的重要性。同时，促进环境保护也可以促进经济发展，例如通过推动清洁技术的发展和应用，推动绿色经济发展等，可以实现经济与环境的双赢。

2.随着全球化、信息技术和可持续发展等趋势的发展，经济增长的源泉可能会发生变化，但这些基本的源泉仍然会存在。

对于中国新一轮经济增长，可以从以下几个方面来考虑：

（1）提高劳动生产率：通过人力资本积累和技术进步等手段，提高每个劳动者的生产力，实现更高效的生产。

（2）调整产业结构：通过升级传统产业、发展新兴产业和推动服务业转型等方式，实现产业结构的优化升级，从而增强经济增长的动力。

（3）推进创新驱动发展：以技术创新和科技进步为核心，实现产品和产业的创新，提高中国在全球价值链中的地位。

（4）推动可持续发展：从环境、社会、经济等多个维度来考虑，推动可持续发展，促进经济增长的长期稳定。

（5）加强国际合作：通过深入参与全球化进程，与各国开展合作，实现资源的互补和共享，推动中国经济的发展和国际化进程。

总之，中国新一轮的经济增长应该通过综合利用各种资源、推进各项改革和创新，从而实现可持续、高质量的发展。

【思政启示】

绿水青山就是金山银山，这句富含哲理的话如今已广为人知、深入人心，更在生动实践中开花结果、惠及民生。"绿水青山"指的是生态环境，"金山银山"说的是经济发展。两者间有何关系？这句话给出了答案：生态环境是人类生存发展的根基，保护好生态环境，走绿色发展之路，人类社会发展才能高效、永续。也就是说，新时代中国发展追求的是人与自然和谐共生。

参考文献

［1］《西方经济学》编写组．西方经济学［M］．北京：高等教育出版社，2020.

［2］高鸿业．西方经济学［M］．北京：中国人民大学出版社，2021.

［3］梁小民．西方经济学［M］．3版．北京：中央广播电视大学出版社，2017.

［4］曼昆．经济学原理［M］．梁小民，梁砾，译．8版．北京：北京大学出版社，2020.

［5］文建东．西方经济学精要与案例解析［M］．北京：高等教育出版社，2013.

［6］武拉平．宏观经济学案例集［M］．北京：中国人民大学出版社，2013.

［7］KARLAN D，MORDUCH J.经济学［M］．贺京同，等译．北京：机械工业出版社，2017.

［8］刘华，李克国．经济学案例教程［M］．大连：大连理工大学出版社，2007.

［9］罗守贵．中国经济发展案例分析［M］．上海：上海交通大学出版社，2020.

［10］刘吉双，蔡柏良，等．宏观经济学——中国案例分析［M］．北京：中国经济出版社，2022.

［11］常艳花．微观经济学课程思政教学设计与案例［M］．大连：东北财经大学出版社，2022.

［12］陈晓玲，等．宏观经济学课程思政案例集［M］．成都：西南财经大学出版社，2021.